Richard Heinzel

Beschreibung des geistlichen Schauspiels im deutschen Mittelalter

Richard Heinzel

Beschreibung des geistlichen Schauspiels im deutschen Mittelalter

ISBN/EAN: 9783743390782

Hergestellt in Europa, USA, Kanada, Australien, Japan

Cover: Foto ©Thomas Meinert / pixelio.de

Weitere Bücher finden Sie auf **www.hansebooks.com**

BEITRÄGE ZUR ÄSTHETIK.

———

HERAUSGEGEBEN

VON

THEODOR LIPPS und RICHARD MARIA WERNER.

———

IV.

HEINZEL:

BESCHREIBUNG DES GEISTLICHEN SCHAUSPIELS IM DEUTSCHEN MITTELALTER.

———

HAMBURG und LEIPZIG,

VERLAG VON LEOPOLD VOSS.

1898.

BESCHREIBUNG

DES

GEISTLICHEN SCHAUSPIELS

IM

DEUTSCHEN MITTELALTER

VON

RICHARD HEINZEL.

———————

HAMBURG UND LEIPZIG,

VERLAG VON LEOPOLD VOSS.

1898.

INHALT.

ZWEITER ABSCHNITT.
DIE ZWEITEN EINDRÜCKE.

Berichtigungen und Zusätze.

S. 4 Z. 2 v. o. l. XIII statt XVII.

S. 9 Anm. Es war auch Vischer zu citieren, dessen Einfluſs jeder bewuſst oder
unbewuſst erfahren hat. — Wackernells Altdeutsche Passionsspiele 1897
mit der reichen, auch kunstkritischen Einleitung habe ich nicht mehr benutzen können.

S. 95 Z. 1 v. u. l. ausgeführten statt angeführten.

Leider nur an dieser Stelle kann ich dankbar der treuen Sorgfalt ge-
denken, mit welcher Werner den Druck überwacht hat, sowie seiner wertvollen Winke und Verweisungen, die ich mir bei der Revision der Bogen oft
zu Nutze gemacht habe.

EINLEITUNG.

Wie der Titel andeutet, handelt es sich in dem Folgenden nicht um geschichtliche Entwickelung des alten Dramas, wozu unter anderm auch das Verhältnis der einzelnen Dramen zu einander und die Quellenkunde überhaupt gehörten. Es soll ausschließlich der Kunstcharakter desselben nach einer Auswahl aus den Denkmälern des XI. bis Ende des XV. Jahrhunderts beschrieben werden.

DIE QUELLEN.

Ich schicke ein Verzeichnis der benutzten Stücke mit den gebrauchten Siegeln voraus. In Klammern folgen die authentischen Titel, insofern sie geeignet sind, den litterarischen Charakter des Werkes zu beleuchten.

Spiele, deren Handschriften dem XI. und XII. Jahrhundert angehören:

Freis. Her., der Freisinger Herodes, ed. Weinhold, Weihnachtspiele und Lieder, 1875, S. 56. Latein.

Freis. O. Rach., der Freisinger Ordo Rachelis, ed. Froning, Das Drama des Mittelalters S. 871. *(Ordo Rachelis.)* Latein.

Teg. Ant., das Tegernseer Antichristspiel, ed. Froning S. 206. Latein.

Spiele, deren Handschriften dem XIII. Jahrhundert angehören:

Ben. Pass., das Benedictbeurer Passionsspiel, ed. Froning S. 284. Latein und Deutsch.

Ben. Weihn., das Benedictbeurer Weihnachtsspiel, ed. Froning S. 877. S. meine Abhandlungen zum altdeutschen Drama, Sitzungs-

berichte der Wiener Akademie, philosophisch-historische Klasse,
CXXXIV S. 110.   Latein.

Himmelg. Pass., das Himmelgartner Passionspiel, ed. Sievers, Zeitschrift für deutsche Philologie XXI S. 393, Bruchstücke. Deutsch.

Lichtenth. Mkl., die Lichtenthaler Marienklage, ed. Froning S. 251.
Deutsch.

Muri. Ost. H., das Murier Osterspiel mit Höllenfahrt, ed. Froning
S. 228, Bruchstücke.   Deutsch.

Nürnb. Ostf., die Nürnberger Osterfeier, ed. Froning S. 17. *(Rursum
responsorium repetitur propter processionem ad sepulcrum.)* Latein.

Spiele, deren Handschriften dem XIV. Jahrhundert angehören:

Dor., das Spiel von der h. Dorothea, ed. Hoffmann von Fallersleben, Fundgruben II S. 285. *(Incipit ludus de Sancta Dorothea.)*
Am Schluß vielleicht unvollständig.   Deutsch.

Frankf. Pass. Dir., das ältere Frankfurter Passionsspiel von Balde-
mar von Peterweil nach der Dirigierrolle, ed. Froning S. 340.
*(Incipit ordo sive registrum de passione domini. — sic ludo fiat
finis etc.)* Latein und deutsch.

S. Gall. Pass., das St. Galler Passionsspiel, ed. Mone, Schauspiele
des Mittelalters I S. 72. *(Et sic finiatur ludus praenotatus.)*
Latein und deutsch.

S. Gall. Weihn., das St. Galler Weihnachtsspiel, ed. Mone, Schauspiele des Mittelalters I S. 143.   Deutsch.

Innsbr. Fronl., das Innsbrucker Fronleichnamsspiel, ed. Mone,
Altteutsche Schauspiele S. 145. *(Incipit ludus utilis pro devotione simplicium imitandus et peragendus Die corporis Christi vel
intra octavas de fide catholica. — Explicit liber de corpore Christi.)*
Latein und deutsch.

Innsbr. M. Himm., das Innsbrucker Mariae-Himmelfahrtsspiel, ed.
Mone, Altteutsche Schauspiele S. 21. *(Hic incipit ludus de as-
sumptione beatae Mariae virginis. — Explicit ludus de assumptione.)*
Latein und deutsch.

Innsbr. Ost. H., das Innsbrucker Osterspiel mit Höllenfahrt, ed.
Mone, Altteutsche Schauspiele S. 109. *(Hic incipit ludus de resurrectione domini. — Explicit ludus de resurrectione domini. —
completus est liber iste sexta feria in die Aegidii.)* Latein und
deutsch.

Kath., das Spiel von der h. Katharina, ed. Stephan, Neue Stoff-
lieferungen für die deutsche Geschichte II 160. *(Incipit ludus*

de beata Katerina. — Explicit ludus de sanctissima virgine Kathe-
rina.) Latein und deutsch.

Mastr. Pass., das Mastrichter Passionsspiel, ed. Zacher, Zeitschrift
für deutsches Altertum II S. 303. Am Schlufs unvollständig.
Latein und deutsch.

Prag. Mkl., die Prager Marienklage I, ed. Schönbach, Über die
Marienklagen S. 55. Deutsch.

Theoph. Helmst., das Spiel von Theophilus nach der Helmstädter
Handschrift, ed. Hoffmann von Fallersleben, Theophilus, 1854,
S. 51. *(Ach wat was ic vro, Do ik sach finito libro.)* Nach
Creizenach, Geschichte des neueren Dramas I S. 234, könnte die
Handschrift noch ins XIII. Jahrh. fallen. Deutsch.

Trier. Mkl., die Trierer Marienklage, ed. Hoffmann von Fallersleben, Fundgruben II S. 260. Die Orthographie der Hs. bewahrt
Ph. Wackernagel, Deutsches Kirchenlied II S. 347. Latein und
deutsch.

Trier. Ost., das Trierer Osterspiel, ed. Froning S. 49. *(Incipit ludus*
de nocte pasche de tribus Mariis et Maria Magdalena. — Ex-
plicit ludus.) Latein und deutsch.

    Die Hs., welche Trier. Mkl. und Trier. Ost. enthält, wurde
früher dem XV. Jahrh. zugeschrieben; Froning ist geneigt, sie
ins XIV. zu versetzen.

Wien. Pass., das Wiener Passionsspiel, ed. Froning S. 305. *(Ad materie*
reductionem de passione domini. Incipit ludus paschalis.) Am
Schlufs unvollständig. Latein und deutsch.

Zehn Jungfr., das Spiel von den zehn Jungfrauen, ed. Bechstein,
Das grofse thüringische Mysterium oder das geistliche Spiel von
den zehn Jungfrauen. *(Explicit ludus de sanctissima virgine*
Katherina, sequitur de decem virginibus. Ludus de decem vir-
ginibus. — Explicit ludus de decem virginibus.) Latein und deutsch.

Spiele, deren Handschriften dem XV. Jahrhundert angehören:

Alsf. Pass., das Alsfelder Passionsspiel, ed. Froning S. 567. *(Et sic*
est finis presentis ludi. — Processio huius ludi.) Latein und deutsch.

Augsb. Ost. H., das Augsburger Osterspiel mit Höllenfahrt, ed.
Hartmann, Das Oberammergauer Passionsspiel S. 81. Latein
und deutsch.

Augsb. Pass., das Augsburger Passionsspiel, ed. Hartmann, Das
Oberammergauer Passionsspiel S. 3. Am Anfang unvollständig.
Deutsch.

Bord. Mkl., die Bordesholmer Marienklage, ed. Müllenhoff, Zeitschrift für deutsches Altertum XVII S. 288. *(Incipit planctus
devotissimus beatissime Marie virginis cum misericordissima et
devotissima nota. — planctus iste non est ludus nec ludibrium. —
Et sic est finis huius planctus.)* Latein und deutsch.

Cass. Weihn., das Casseler Weihnachtsspiel, ed. Froning S. 904,
„Das hessische Weihnachtsspiel". *(Incipit ludus de nativitate
domini. — Explicit ludus de nativitate domini. Lucifer concludit
ludum.)* Latein und deutsch.

Don. Pass., das Donaueschinger Passionsspiel, ed. Mone, Schauspiele des Mittelalters II S. 184. *(Hie nach volget das register
des lidens Ihesu Christi unsers behalters zů sprüchen gesetzt, in
mass das man das der welt zů gůt und andacht woll spillen mag.)*
Am Schluß unvollständig. Latein und deutsch.

Eger. Pass., das Egerer Passionsspiel, ed. Milchsack, „Egerer Frohn-
leichnamsspiel". *(Incipit ludus de creacione mundi. — Et sic [fit]
tota processio tocius ludi.)* Auch Creizenach, Geschichte des
neueren Dramas I S. 224, meint, daß es eher ein Passionsspiel
sei. Latein und deutsch.

Erl. Dreik., das Erlauer Dreikönigsspiel, ed. Kummer, Erlauer
Spiele S. 15. *(Incipit ludus trium magorum. — Incipit ordo et
processio trium magorum. — Nota. Ad illum precedentem ludum
requiruntur.)* Latein und deutsch.

Erl. Mkl., die Erlauer Marienklage, ed. Kummer, Erlauer Spiele
S. 151. Latein und Deutsch.

Erl. Ost., das Erlauer Osterspiel III, ed. Kummer, Erlauer Spiele
S. 35. Latein und deutsch.

Erl. Ost. H., das Erlauer Osterspiel mit Höllenfahrt V, ed. Kummer,
Erlauer Spiele S. 125. *(Incipit ludus Iudeorum circa sepulchrum
domini.)* Latein und deutsch.

Erl. Weihn., das Erlauer Weihnachtsspiel, ed. Kummer, Erlauer
Spiele S. 5. *(Incipit ludus incunabilis Christi. — Et sic est finis
huius ludi.)* Latein und deutsch.

Frankf. Pass., das Frankfurter Passionsspiel, ed. Froning S. 379.
(Incepit laudus [!] de passione domini nostri Ihesu Cristi.) Latein
und deutsch.

SGall. Chr. Himm., das St. Galler Christi-Himmelfahrtsspiel, ed.
Mone, Schauspiele des Mittelalters I 254. Am Schluß unvollständig. Deutsch.

Himmelg. Mkl., die Himmelgartner Marienklage, ed. Sievers, Zeitschrift für deutsche Philologie XXI S. 397. Eine Marienrolle. Deutsch.

Luz. Grabl., die Luzerner Grablegung von Matthias Gundelfinger, ed. Mone, Schauspiele des Mittelalters II S. 131. *(Ludus de resurrectione Christi editus* [s. Schönbach Zs. XL S. 103] *per Mathiam Gundelfinger.)* Es ist eine Grablegung, kein Teil eines Osterspiels, wie der gut erhaltene Schluſs zeigt. In dem zu einem andern Stück gehörenden Personenverzeichnis S. 121 kommt der richtige Titel unserer Grablegung vor: *personae ad ludum depositionem* (sic) *Iesu acturae.* Am Anfang unvollständig. Deutsch.

M. Magd., das Maria-Magdalenenspiel, ed. Kummer, Erlauer Spiele S. 95. *(Incipit ludus de Maria Magdalene in gaudio.)* Latein und deutsch.

Red. Ost. H., das Redentiner Osterspiel mit Höllenfahrt, ed. Froning S. 123. Latein und deutsch.

Rhein. j. Tag, das Rheinauer Spiel vom jüngsten Tag, ed. Mone, Schauspiele des Mittelalters I S. 273. Am Schluſs etwas verstümmelt. *(Ich Hans Trechsel han das bûch geschriben.)* Deutsch.

Sterz. Mkl., die Sterzinger Marienklage, ed. Pichler, Über das Drama des Mittelalters in Tirol S. 115. *(Incipit ludus virginis planctus cum prophetis.)* Deutsch.

Sterz. M. Lichtm., das Sterzinger Maria-Lichtmeſsspiel, ed. Pichler, Über das Drama des Mittelalters in Tirol S. 99. *(Incipit ludus honestus de purificatione beatae virginis.)* Latein und deutsch.

Sterz. Ost., das Sterzinger Osterspiel, ed. Pichler, Über das Drama des Mittelalters in Tirol S. 143. Latein und deutsch.

Theoph. Trier., das Spiel von Theophilus nach der Trierer Handschrift, ed. Hoffmann von Fallersleben, Theophilus, niederdeutsches Schauspiel 1853. Am Schluſs unvollständig. Deutsch.

Wien. Ostf., die Wiener Osterfeier, ed. Kummer, Zeitschrift für deutsches Altertum XXV S. 251. *(Post gloria patri Responsorium.)* Latein.

Wien. Ost. H., das Wiener Osterspiel mit Höllenfahrt, ed. Hoffmann von Fallersleben, Fundgruben II S. 297. *(Hie hebet sich an das spil von der besuchunge des grabes und von der uferstendunge gotes.)* Latein und deutsch.

Wolf. Mkl., die Wolfenbüttler Marienklage, ed. Schönemann, Der Sündenfall und Marienklage S. 129. *(Hic incipit ludus passionis domini nostri Iesu Christi.)* Latein und deutsch.

Wolf. Ost., das Wolfenbüttler Osterspiel, ed. Schönemann, Der Sündenfall und Marienklage S. 149. Latein und deutsch.

Wolf. Sünd., das Wolfenbüttler Spiel vom Sündenfall von Arnoldus Immessen von Eimbeck, ed. Schönemann, Der Sündenfall und Marienklage S. 1. Vielleicht der erste Teil eines Passions- oder Fronleichnamsspiels; s. 118 ff., Creizenach, Geschichte des neueren Dramas I S. 229. Latein und deutsch.

In der Beschreibung werden die Spiele in derselben Reihenfolge citiert wie im Vorhergehenden. Nur fasse ich die beiden Theophilusspiele zusammen und citiere immer Theoph. Helmst. unmittelbar vor Theoph. Trier., da ein dem Theoph. Helmst. ähnliches Stück den Ausführungen des Theoph. Trier. im XV. Jahrhundert notwendig folgen mußte.

Nicht benutzt sind demnach alle eigentlich liturgischen Stücke, die bei Milchsack, Die Oster- und Passionsspiele 1880, C. Lange, Die lateinischen Osterfeiern 1887, Weinhold, Weihnachtspiele und Lieder 1875, s. Köppen, Beiträge zur Geschichte der deutschen Weihnachtsspiele 1893, und sonst gedruckt sind, mit Ausnahme von Nürnb. und Wien. Ostf.

Aufserdem wurde ausgeschlossen von Stücken, deren Handschriften ins XI. XII. Jahrh. fallen:

das Bilsener Dreikönigsspiel, ed. Cahier et Martin, Mélanges d'Archéologie I, 1849, S. 259, latein,

das Einsiedler Nicolausspiel, ed. Gall Morel, Anzeiger für Kunde der deutschen Vorzeit, 1859, S. 207; s. Zs. XXXVI S. 238, latein,

das Vorauer Spiel von Isaac und Rebecca und ihren Söhnen, ed. Kernstock, Anzeiger für Kunde der deutschen Vorzeit, 1877, S. 169, latein;

deren Handschriften ins XIII. Jahrh. fallen:

das Klosterneuburger Osterspiel, ed. B. Pez, Thesaurus anecdotorum novissimus II, LIII, Milchsack, Die Oster- und Passionsspiele S. 105, ein Bruchstück von sieben Zeilen, latein,

das Stadesche Weihnachts-(Propheten)spiel, ed. F. v. Stade, Specimen lectionum antiquarum francicarum, 1708, S. 34, s. Bartsch, Germania VII S. 35, ein Bruchstück, deutsch,

das Strafsburger Dreikönigsspiel, ed. Lange, Zeitschrift für deutsches Altertum XXXII S. 412, von 1200, latein;

deren Handschriften ins XIV. Jahrh. fallen:

das Berliner Osterspiel mit der Höllenfahrt, s. Creizenach I
S. 114, deutsch,

die Breslauer Marienklage, ed. A. Schultz, Germania XVI
S. 57, deutsch,

der Donaueschinger jüngste Tag, s. Bolte, Za. f. d. A. XXXII
S. 1, deutsch,

die Engelsberger Marienklage, ed. Mone, Schauspiele des Mittelalters I S. 201, deutsch,

das Göttinger Spiel von Jacob und Esau, ed. K. Meyer, Zeitschrift für deutsches Altertum XXXIX S. 425, ein Bruchstück,
deutsch und latein,

Theophilus nach der Stockholmer Hs., ed. Hoffmann von Fallersleben, Theophilus, 1854, S. 3; Hoffmann hatte die Hs. ins XV. Jahrh.
versetzt, Creizenach I S. 234 schreibt sie dem XIV. zu; deutsch,

das Wiener Dreikönigsspiel, ed. Du Méril, Origines S. 151,
latein;

deren Handschriften ins XV. Jahrh. fallen:

Docens Marienklage, ed. Hoffmann von Fallersleben, Fundgruben II S. 281, deutsch,

die Dirigierrolle des Friedberger Passionsspiels, ed. Weigand,
Zeitschrift für deutsches Altertum VII S. 545, deutsch,

die S. Galler Marienklage, ed. Mone, Schauspiele des Mittelalters I S. 199, deutsch,

das Spiel vom h. Georg von M. Schüttenhelm, ed. Keller, Fastnachtsspiele, Nachlese, N. 126, deutsch,

die Gothaische Eroberung Jerusalems, ed. Bartsch, Beiträge
zur Quellenkunde der altdeutschen Litteratur S. 355, Sievers, Za.
XXXVIII S. 223, eine Botenrolle, deutsch,

das Spiel von Frau Jutta von D. Schernberg, ed. Keller, Fastnachtsspiele N. 111, deutsch,

die Kölnische Marienklage, ed. Schade, Geistliche Gedichte vom
Niederrhein S. 214, s. Priebsch, Jahrbuch des Vereins für nieder-
deutsche Sprachforschung, Jahrgang 1892 S. 105,

das Spiel vom h. Kreuz, ed. Keller, Fastnachtsspiele, Nachlese, N. 125,

das Künzelsauer Fronleichnamsspiel, z. T. ed. von Werner, Germania IV S. 338, s. T. Mansholt, Das K. F., 1892, deutsch,

die Luzerner Marienklage, ed. Mone, Schauspiele des Mittelalters I S. 201, deutsch,

die Münchener Marienklage, ed. Pfeiffer, Altdeutsche Blätter
II S. 373, deutsch,

Simson, ed. Hänselmann, Jahrbuch des Vereins für niederdeut-
sche Sprachforschung, Jahrgang 1880 (VI) S. 137, ein Bruchstück
von 61 Versen, deutsch (das Alter der Papierhandschrift ist nicht
angegeben),

das Sterzinger Spiel von der Himmelfahrt Christi, *ludus de
ascensione Christi*, ed. Pichler, Gymnasialprogramm Innsbruck, 1852,
deutsch,

die Tiroler Passionen und Weihnachtsspiele, s. Wackernell, Die
ältesten Tiroler Passionen, 1887, Koeppen, Beiträge zur Geschichte
der deutschen Weihnachtsspiele, 1893, S. 29, deutsch[1]).

Auch das im Anfang des XVI. Jahrhs. (1514) geschriebene
Heidelberger Passionsspiel, ed. Milchsack, 1880, wurde nicht berücksichtigt.

Bei dem Spiel vom h. Georg und dem h. Kreuzspiel ist zu
beachten, daß sie vielleicht als Fastnachtsspiele gemeint waren und
deshalb hier ausgeschlossen werden mußten. Sie kommen in der
Sammlung einer Augsburger Handschrift vor, welche auch vom
'König Artus und seinem hörnlein' und 'Meister Aristoteles' ent-
hält, die beide ausdrücklich als Fastnachtsspiele bezeichnet werden.
Ein h. Georg wurde in Dortmund als Fastnachtsspiel aufgeführt;
Creizenach I S. 249.

Die Begrenzung der bewußten Stücke von den ältesten Zeiten,
d. i. dem XI. Jahrhundert, bis zum Ausgang des XV. Jahrhunderts,
kann dadurch gerechtfertigt werden, daß innerhalb dieses Zeitraums
keine Bühne vorkommt, die, der Bühnenstände entbehrend, in ihrer
ganzen Ausdehnung für verschiedene Scenen verschiedene Örtlich-
keiten darstellt. Die Bühne ist mit wenigen Ausnahmen durch Bühnenstände, die verschiedene Lokale bezeichnen, abgeteilt. Die Bühnen-
einrichtung wie die Texte zeigen noch keinen Einfluß der Antike.

---

[1]) Während des Drucks erschienen die altdeutschen Passionsspiele aus
Tirol, ed. J. E. Wackernell, Graz 1897.

PLAN DER BESCHREIBUNG.

Die Beschreibung [1]) zerfällt in zwei Abschnitte. Der erste stellt
die ersten, früheren, der zweite die folgenden, späteren Eindrücke
dar [2]), welche in fortwährendem Wechsel die behandelten Stücke auf
ihr Publikum machten. Beim ersten Eindruck ist angenommen,
daß das Publikum noch nicht zum Bewußtsein über die wahr-
genommenen Gesichts- und Gehörseindrücke gekommen sei, als ob
es die im Stücke gebrauchte Sprache des Monologs, Dialogs, der
Chöre nicht verstünde, wenn auch die Schälle der Sprachlaute und

---

[1]) Um das ohnehin schwerfällige Buch nicht noch mehr zu belasten, ver-
meide ich es, mich mit den Ansichten meiner Vorgänger auseinanderzusetzen,
und setze nur die Namen jener Gelehrten hierher, denen vor allem ich Ver-
mehrung meiner Einsicht in das Wesen der poetischen Kunst und in die Be-
dürfnisse ihrer Theorie zu schulden glaube. In erster Linie nenne ich W.
Scherer, der schon vor vielen Jahren einen Kanon für die Beschreibung
poetischer Kunstwerke verlangt hat, in dessen Fachwerk alles, was wir an
ihnen zu beobachten vermögen, so vollständig aufgenommen würde, wie die
Eigenschaften der natürlichen Organismen in ihre Systematik, also im wesent-
lichen größere Vollständigkeit und strengere Ordnung in dem, was Aristoteles
für die griechische Poesie, Miklosich für das slavische Volkslied geleistet
haben oder leisten wollten.

An Beobachtungen und Gesichtspunkten in Bezug auf die Technik des
neueren Dramas habe ich nach Freytag (Technik des Dramas) manches zu
danken Wackernell (Die ältesten Passionsspiele in Tirol), R. Fischer (Zur
Kunstentwickelung der englischen Tragödie) und Creizenach (Geschichte des
neueren Dramas I).

Was Ästhetik überhaupt und die des Dramas insbesondere betrifft, so fühlte
ich mich während der Arbeit am meisten gefördert durch Belehrung oder
durch Bestätigung meiner sonst gewonnenen Überzeugungen, welche ich in
den Schriften von Dubos (Réflexions), Schiller (Ästhetische Erziehung), Spencer
(Psychology), Fechner (Vorschule), O. Ludwig (Shakespearestudien), E. von
Hartmann (Ästhetik II S. 64), J. L. Klein (Drama II S. 85, über das Komische),
Nietzsche (Die Geburt der Tragödie), Lipps (Der Streit über die Tragödie),
Ziegler (Zeitschrift für vergleichende Litteraturgeschichte VII, über Einfühlung), Groos (Einleitung in die Ästhetik, innere Nachahmung, Schein-
gefühle) gefunden habe.

[2]) Im Halbschlafe begegnet es mir öfters, daß ich ein mir sehr geläufiges
Geräusch vollkommen deutlich höre, aber erst in meßbarer Zeit darauf komme,
daß es die Hausthür, ein knarrender Kasten, ein Krähenschrei war. Vor
dieser Erkenntnis wundere ich mich über das Geräusch und denke darüber
nach. Im Traum würde sich sehr bald eine phantastische Erklärung dafür
einstellen. Eine allgemein bekannte Erscheinung ist es, daß bei mangelnder
Aufmerksamkeit die vollkommen richtig gehörte Rede gar nicht oder fehlerhaft verstanden wird.

ihrer Gruppen, der Metren, der Musik an sein Ohr schlagen, ihre
Tonstärke, -höhe, -farbe, ihre Dauer und Wiederholung aufgefaßt wird.

Es wird zunächst gewahr, wie verkleidete Menschen, Mitbürger in
königlichem, kriegerischem, orientalischem, weiblichem Kostüm einzeln
oder in Gruppen in verschiedene Zustände geraten, sich mannigfach
beschäftigen, einzeln oder zu einander gewendet oder in Gruppen
sprechen und singen, in ruhiger Stimmung, lachend, zornig, weinend.
Dabei wird unterschieden, was, wie Beschaffenes die Zuschauer gewahr werden, dann, wieviel davon, d. i. z. B. wie lange das Stück
dauert, anders ausgedrückt: wieviel Verse gehört werden, ob
Aktionen allein vorkommen, ob sie sich mit Rede und Gesang verbinden; dann, wie oft dasselbe, z. B. wie oft dieselben Personen
handelnd, redend auftreten; dann, wieviel verschiedene Objekte —
wenn auch öfters gleichartige Objekte, z. B. Personen, Rollen,
Hauptrollen, erscheinen. Bei diesen quantitativen Verhältnissen wird
das Publikum natürlich nicht die unten mitgeteilten Zählungen
vornehmen, aber den Eindruck eines Mehr oder Weniger erhalten. — Ferner wird ihm eine gewisse Ordnung und Eintheilung
nicht verborgen bleiben, z. B. die durch Silete gebildeten Abschnitte. — Schließlich werden auch diese Wahrnehmungen und
ersten Vorstellungen von einem ästhetischen Eindrucke begleitet sein.

Im zweiten Abschnitt handelt es sich um jenen geistigen
Prozeß im Publikum, der das volle Verständnis des Dargestellten
und den entsprechenden ästhetischen Genuß zur Folge hat. Es
erkennt den Sinn der Reden und Gegenreden, ihren Gedanken-
und Gefühlsinhalt, ihre Formen, auch die quantitativen, und ihre
Ordnung, so daß dieselben Kategorien quid? quoties? quot? quo
ordine? auch hier begegnen, von Wiederholungen unter quoties?
also hier jene bemerkt werden, welche sich aus dem vollen Verständnis ergeben, während im ersten Abschnitt nur von den gesehenen und gehörten die Rede war.

Durch diesen zweiten Prozeß werden die ersten Eindrücke
erst verständlich. Während beim ersten Eindruck das Publikum
z. B. eine redende Versammlung von Schauspielern in gewisser
Gruppierung wahrgenommen hatte, erkennt es beim zweiten, daß
dies ein Verhör ist, und zwar das Verhör Christi vor Pilatus, das
in seiner Lebensgeschichte eine bestimmte Bedeutung hat. Wenn
es zuerst ein stummes Kampfgetümmel kriegerisch gekleideter
Schauspieler gesehen hat, wird es ihm später klar, daß dies eine

Schlacht darstellt, und zwar die Schlacht zwischen einem christlichen König und den Juden, die durch jenen für ihr Verhalten gegen Christus gestraft werden sollen.

Auch bei den Dekorationen der Bühne versteht jetzt allmählich das Publikum, dafs ein in der Mitte der Bühne stehendes Fafs, das *dolium*, einen Berg, eine Zinne, und zwar den Berg und die Tempelzinne bei der Versuchung Christi, oder auch den Thron Luzifers, einige Bäume den Ölberg vorstellen.

Ebenso wie die Bedeutung des Quid? Quale? wird dem Publikum nun die Bedeutung der quantitativen Verhältnisse des ersten Eindrucks des Quantum?, Quoties?, Quot? klar werden; wenn es mehr von einem Schauspieler oder einem Bühnenvorgang sieht und hört, wird es beide schärfer ansehen und erfassen, dafs diese Person, dieser Vorgang von grofser Wichtigkeit ist, ebenso wenn dieselbe Person sehr oft redend und handelnd auftritt; es wird ferner, was die Anordnung anbelangt, sogar verstehen, dafs zuweilen, wenn zwei Vorgänge nacheinander kommen, es sich dieselben als gleichzeitig vorzustellen habe.

Dadurch wird das Publikum nicht nur eine Reihe von kleinen Einzelvorgängen als eine zusammenhängende Handlung, die eine in der Wirklichkeit vorkommende oder mögliche — Verhör, Kreuzigung, Schlacht — nachahmt, erfassen, sondern auch deren Bedeutung im Zusammenhang des ganzen Stückes, wieder einer Nachahmung einer höheren Einheit menschlicher Vorgänge, begreifen.

Zu gleicher Zeit kann ein Teil des Publikums, wie der späte nachempfindende Leser, auch erkennen, wie sich die dargestellten Vorgänge zu entsprechenden, in der Wirklichkeit möglichen Vorgängen verhalten, welche Auswahl aus der Wirklichkeit getroffen, welche Veränderungen mit ihr vorgenommen wurden. Also z. B., dafs nicht alle Eigenschaften und Schicksale jeder in einem Stücke vorkommenden Person dem Publikum vorgeführt werden, dafs Wiederholungen gebraucht werden, die jeder Erfahrung widerstreiten, dafs, wie eben bemerkt, das Nacheinander eine Gleichzeitigkeit bedeuten kann, dafs vor allem eine Fülle sowohl von einander folgenden als auch gleichzeitigen Zuständen und Vorgängen dargestellt wird, die zwar der Fülle des wirklichen Lebens nahe kommt, die wir aber in diesem nie beobachten können.

Dementsprechend wird nun dem ersten ästhetischen Genufs, der wesentlich in einer Befriedigung der Schau- und Hörlust bestand, ein anderer folgen, der das volle Verständnis vor allem der Zusammenhänge zur Voraussetzung hat.

Die gebrauchten Kategorien des Quid? u. s. w. sind allerdings nicht immer scharf zu trennen. Die Qualität wird durch Eigenschaften empfunden, die sich auch quantitativ ausdrücken lassen, z. B. die Buntheit der Bühnenbilder, die durch die Quantität der gesehenen Objekte erzielt wird. Das wie oft? und wieviel? berühren sich ebenfalls. Wenn man fragt, wieviel redende Schauspieler kommen in dieser Scene vor? so könnte das auch ausgedrückt werden: wie oftmal hört das Publikum in dieser Scene eine neue Stimme? Ich habe diesem Übelstand durch reichliche Verweisungen abzuhelfen gesucht und mich auch vor Wiederholungen nicht ängstlich gehütet.

Ganz anders erscheinen die ersten und zweiten Eindrücke bei Kunstwerken, deren Material von der Wirklichkeit, die sie nachahmen, weiter entfernt ist, als das des Dramas.

Wenn wir eine ähnliche Betrachtung etwa auf das Epos anwenden, so ist hier der erste Eindruck wesentlich verschieden von dem Resultat des zweiten; weiter von ihm entfernt als beim Drama. Denn das Publikum sieht hier nur einen Mann und hört ihn, wie er ihm etwas in einem bestimmten Metrum, einer bestimmten Melodie Abgefasstes vorträgt, mit Pausen und Wechsel des Ausdrucks. Wenn wir wie beim Drama den Moment, in welchem das Publikum eben noch nicht zum vollen Verständnis dieser Mitteilung gelangt ist, als Grenze zwischen dem ersten und zweiten Eindruck annehmen, so ist, was vor dieselbe fällt, aufserordentlich dürftig, nur das wenige, was dem Verständnis der Dichterworte vorhergeht, der Vorstellung heroischer Vorgänge, dem Inhalt des Epos, viel unähnlicher als die Gestaltenfülle, die Menge von Eindrücken des Gesichts und Gehörs, welche sofort auf das Publikum des Dramas eindringt, das ihm die Personen seines Inhalts leiblich und verständlich bewegt vor Augen stellt.

Noch unscheinbarer wäre der erste Eindruck bei einem stumm gelesenen Roman.

Anders wieder verhält es sich mit den Werken der bildenden Kunst. Hier wird man wohl mehr als zwei Stadien unterscheiden müssen. Bei den malenden oder zeichnenden Künsten bildet den ersten Eindruck die Erfassung der Farben und ihrer Grenzen und der Linien- und Punktsysteme auf einer Ebene, vorausgesetzt, dafs

ein Stück aus der Nähe besehen wird, sonst der lichten und dunklen
Stellen. In die Beschreibung dieses ersten Eindrucks würde hier
gehören, ob die Farben tief, leuchtend oder matt sind, ob — und wo —
sie sich scharf abheben oder allmählich ineinander übergehen, welche
Farben vorherrschen, ob ein Stich parallele oder gekreuzte, dicke
oder dünne, gleichstarke oder anschwellende Linien zeigt, ob daneben Punkte verwendet werden, oder sich nur Punkte finden, oder
ob er die Eigenschaften einer Radierung zeigt.

In der Fortsetzung einer solchen Beschreibung müßte dann
gesagt werden, was die durch die erwähnten Kunstmittel hervor-
gebrachten verschiedenfarbigen oder bloß dunkleren und lichteren
Flecken verbunden mit der Farbe des Papiers bedeuten, Menschen,
Tiere, Bäume, Wasser, Himmel. Dazu käme als drittes, welchem
bestimmten Punkt in Raum und Zeit das Dargestellte entspricht,
welcher Landschaft, welchem historischen Vorgang oder Zustand.

Dieser zweite und dritte Eindruck würde sich dem ersten und
zweiten beim Drama vergleichen, während der erste im Drama
nichts Vergleichbares hätte, außer etwa von der Natur ganz ab-
weichende Dekorationen wie das *dolium*, das einen Berg, eine Zinne,
einen Thron bedeutet.

Noch jetzt werden einem in der Kunst ganz ungeübten Menschen
die Linienlagen eines Stiches oder einer Radierung durch längere,
meßbare Zeit Schwierigkeiten bereiten: er wird nicht sofort im
Stande sein, sie in Vorstellungen von Formen und Farben um-
zusetzen. In älteren Zeiten wird der Prozeß oft noch länger gedauert haben, wenn dem ungebildeten Beschauer etwa eine Feder-
zeichnung mit einer auf einem Stil ruhenden herzförmigen Figur
vorgelegt wurde, deren Inneres mit seltsamen Arabesken ausgefüllt
war, die traditionelle Form eines Baumes. Bei dem Gebildeten und
Geübten ist der Vorgang natürlich viel kürzer, kann aber nie
fehlen, — und ist für den Kunstkenner so wichtig, daß er willkürlich
zu ihm zurückkehrt.

Wann bei solchen Kunstwerken das volle Verständnis eintritt,
ist übrigens oft zweifelhaft und in verschiedenen Zeiten verschieden.
Nach dem ersten Stadium werden zunächst, wie gesagt, Gestalten
erkannt werden, ein Baum, ein Berg u. s. w., ein, mehrere Reiter
in gewisser Stellung; daraus wird sich dann die Vorstellung eines
zusammenhängenden Zustands oder Vorgangs, einer Landschaft, eines
Reitergefechts ergeben, und weiter die einer bestimmten Landschaft
und die eines bestimmten historischen Gefechts. Schon dies wird einen

Teil des Publikums kalt lassen. Noch weniger wird es sich um die Bedeutung dieser Landschaft in einem geologischen oder landwirtschaftlichen, des Gefechts in einem historischen Zusammenhang kümmern. Vor allem deshalb nicht, weil der Maler oder Zeichner ja nicht einmal das ganze Gefecht, sondern nur einen Moment desselben dargestellt hat, die Andeutungen, die er mit seinen Mitteln über das Vorher und Nachher machen kann, außerordentlich dürftig und undeutlich sind, und er weiter nichts bietet, als dieses eine Bild gegenüber den chronologischen Reihen des Epos und des Dramas. Aber zur Zeit der Entstehung eines Bildnisses oder eines historischen, allegorischen oder eines Rätselgemäldes erschien das volle Verständnis als etwas sehr Wichtiges.

Bei plastischen Werken würde zum ersten Eindruck das einfarbige Material gehören und vieles Technische, so z. B. die Behandlung des Haares. Was den letzten Eindruck anbelangt, so wird es für viele Beschauer gleichgültig sein, welcher römische Kaiser gemeint ist. Eine bemalte oder gar mit wirklichen Kleidern und Schmuckstücken versehene Statue wird zunächst einen Eindruck erregen wie der Schauspieler in seiner Verkleidung.

Nach dem oben Bemerkten zerfällt jeder der zwei Abschnitte in vier Kapitel: 1) über die Qualität, 2) über die Quantität, a. quantum, b. quoties, c. quot, 3) über die Anordnung und Einteilung, 4) über den ästhetischen Eindruck.

ERSTER ABSCHNITT.

DIE ERSTEN EINDRÜCKE.

I. QUALITÄT.

A. ZUSTÄNDE.

DIE BÜHNE.

Das erste, was dem Publikum in die Augen fiel, war der zum Spiel bestimmte Ort. Diesen haben wir uns in den meisten, besonders den späteren Spielen als einen Platz in der Stadt vorzustellen; — für das Zehn Jungfr. ist uns der ortus ferarum bei Eisenach, Bechstein S. 4, bezeugt, während der Freis. Her., Freis. Ordo R., die Osterfeiern wie die Nürnb. Osterf., die Bord. Mkl, das Sterz. M. Lichtm. wohl meistens in der Kirche aufgeführt wurden. Bord. Mkl. S. 288 *in ecclesia ante chorum in loco aliquantum elevato vel extra ecclesiam, si bona est aura.* Sterz. M. Lichtm. S. 100 *Tunc sit altare in medio ecclesiae vel loco congruo paratum.*

Im Innsbr. Fronl. 143. 278[1]) wird auf Christus mit *dort* hingewiesen, 591 *ich sehe en dort in des pristers henden,* was vielleicht, aber nicht notwendig auf Aufführung in der Kirche deutet. Ben. Weihn. 1. *Primo ponatur sedes Augustino in fronte ecclesie.*

Daß bei Aufführungen in der Kirche zu diesem Zwecke Gerüste aufgeschlagen wurden, ist nicht bezeugt. Der Ausdruck *in loco aliquantum elevato* der Bord. Mkl. braucht nicht so verstanden zu werden.

---

[1]) Zahlen ohne Vorzeichen bedeuten von den Herausgebern gezählte Verse, oft mit den nachfolgenden, — oder die vorhergehenden, ungezählten Texte und Spielanweisungen. — Vollständigkeit der Belege ist bei häufigen Erscheinungen nie beabsichtigt worden, meist gelten sie als Beispiele.

Ob bei den Aufführungen im Freien immer ein hölzerner
Unterbau oder ein sonst mit verschliefsbaren Standplätzen aus-
gestatteter Raum vorkam, auf dem sich die Schauspieler schon vor
der Aufführung einfanden, ist nicht sicher, nur für einige spätere
Aufführungen bezeugt, s. die *hütte, machina* in Frankfurt, Froning
S. 539. 540. 543. 544.

Es scheint vielmehr, dafs die Schauspieler sich hie und da
ihren Weg durch das schon versammelte Publikum bahnen mufsten.
Denn in Innsbr. M. Himm. 5 sagt der Praecursor zu den Zuschauern:
nû wicht em (Gott und den Engeln) *al glich*, s. 37. 43, Wien. Ost.
H. S. 297, 1. 298, 29, auch im Anfang des Stückes: *Hüt und tret
mir aus dem wege — Ir sult uf treten alle*, und vor Pilatus' Auftreten sagt der erste Ritter S. 298, 30 *Weicht und tret uf zwor Und
lot meinen herren gen hervor.* Alsf. Pass. 109 *ich wyl uch vorkun-
digen eyn gebott, das der her schultheys thut: wer da betredden wirt
in dissem Kreysz, er sij Heyncz adder Concz adder wie er heysz,
der do nit gehoret in dit spiel, — der musz syn busze groiplich ent-
phan: mit den tufeln musz er yn die helle gan,* 123 *her schultheys,
mach ir den slagk, do sich eyn iglicher nach richten magk, nu wyt
gnung wol umb die wyde vnd auch die krumme, die lenge und auch
die ferre! uns sal nymmants irren! mer woln ungedrungen syn! ir
hot wol gehoret der herren pynn, die der schultheys hot gethon:
darumb rumet unse dissen plann.* Im Beginn des Erl. Weihn. heifst
es von den agierenden Personen *Et procedunt usque ad locum, ubi
ludus fieri debet.* — Erl. Ost. 75, Pusterbalg, der seinem Herrn,
dem Medicus, voranschreitet: *Weicht ier herren all, das mein herr
icht vall.* — Red. Ost. H. 119 Servus Pilati: *Wiket al ghelike, beyde
arm unde rike! gy scholen alle van dessen straten keren unde rumen
Pilatuse, myme heren,* sind zweifelhaft, da es Anreden an die Schauspieler sein können.

Der Zugang zur Bühne und von ihr ins Publikum mufs leicht
gewesen sein, wenn im Zehn Jungfr. S. 30 die Anweisung steht:
Post hoc fatue vadant inter populum cantando planctus, oder im
Alsf. Pass. 109 jeder aus dem Publikum mit strengen Strafen be-
droht wird, der sich innerhalb des 'Kreises' sehen lasse, 123, s. o.
oder im Wien. Ost. H. S. 334, 25: sogar Petrus klagt bei seinem
Wettlauf mit Johannes, dafs sich ihm die alten Weiber in den Weg
stellen. Auch im Erl. Ost. 647 und im Wien. Ost. S. 317, 29 sind
die alten Weiber, mit denen Rubin, der Diener des Krämer-Arztes,
zu thun hat, vielleicht unter dem Publikum zu suchen, wie über-

haupt in der Krämerscene das wirkliche Publikum mit dem des
auf der Bühne spielenden Krämers zusammenzufallen scheint.
Allerdings ist die Möglichkeit nicht ausgeschlossen, daſs die aus
Wien. Ost. H. S. 317, 29. 334, 25 und Erl. Ost. 647 angezogenen
Stellen sich auf Statisten bezogen, die auf der Bühne das Publikum
des Krämer-Arztes darstellten oder den Aposteln beim Wettlauf in
den Weg kamen.

In der Kirche sah das Publikum dem Spiele fast immer nur
von einer Seite zu, Creizenach I S. 168, und dieses wird darauf
Rücksicht genommen haben, während bei den Spielen auf freien
Plätzen das Publikum auf allen Seiten stand, entweder gerade vor
sich hin oder, wenn Gerüste vorhanden waren, von unten hinauf-
sehend oder, wenn es sich in den benachbarten Häusern befand,
von oben nach unten.

Dieser Bühnenraum bildete mit gelegentlicher Ausnahme eine
Ebene. Sie war mit festen Bühnenorten, Bühnenständen, Stand-
plätzen versehen, die bestimmte Lokale darstellten, häufig ein offenes
Haus, in welchem sich ein oder mehrere Schauspieler aufhielten,
wohin sie zurückkehrten, wenn sie nicht an anderen Orten der
Bühne beschäftigt waren, mitunter aber auch ein Lokal, auf dem
nur zeitweilig eine Handlung vorging, das aber sonst nicht mit
Schauspielern besetzt war.

Was die Bühnenorte anbelangt, s. für unsere Zeit die Pläne
bei Mone, Schauspiele des Mittelalters II S. 156, oder Könnecke,
Bilderatlas S. 55, oder Froning S. 277, dazu das Verzeichnis, Mone
S. 184, Froning S. 277, Donaueschingen, — Froning S. 267. 860 oder
Grein, Alsfelder Passionsspiel S. 258, Alsfeld, — Pichler, Über das
Drama des Mittelalters in Tirol S. 63, Sterzing, und meine Abhand-
lungen zum altdeutschen Drama S. 25. Neben Standplätzen, die
einer oder mehreren Personen zum ständigen Aufenthalt dienten,
wenn sie nicht an einem andern Ort zu spielen hatten, gab es
auch solche zu verschiedenen Zwecken, so die gemeine Burg der
Donaueschinger Passion, S. 184, die für die Geiſselung und Krönung
Christi mit der Dornenkrone wie für das Abendmahl bestimmt war.

Unter den Plätzen, welche als regelmäſsiger Aufenthalt für
Schauspieler dienten, finden wir einen erhöhten, zu dem eine Leiter
hinaufführte (Alsf. Pass. 7914), den Himmel, dann verschiedene kleinere
und gröſsere offene Buden, Häuschen, Sitze, Gräber (Don. Pass., Plan
S. 156) in einer Ebene, auch Gerüste, die Ähnlichkeit mit Städte-

bildern zeigten (s. die Pläne von Alsf., Don. Pass.), — unter den nur
zeitweilig benutzten auch Buden, Sitze, Gräber (Eger. Pass. 3181.
7256), Brunnen (Don. Pass. S. 184), Pfähle, Säulen (Don. Plan und
Verzeichnis), Bäume (Himmelg. Pass. S. 394, Ben. Pass. 8, Frankf.
Pass. 2212, Wolf. Sünd. 960), dann einen erhöhten Punkt, ein
grofses Fafs *(dolium)*, auf dessen oberer Fläche gespielt wurde
(Frankf. Pass. Dir. 34. 37, Alsf. Pass. 133. 139. 1048, Don. Pass.
389 und S. 184, Red. Ost. H. 1042. 1934), Altäre (Eger. Pass. 811,
Wolf. Sünd. 1960), Götzenbilder (Ben. Weihn. 631, Dor. S. 288, 7,
Eger. Pass. 899). Sehr umständlich wird das Gerüst beschrieben,
an dem Judas sich henkt; Don. Pass. 2411: *Hie sol Iudas bôum
oder ein leiter zû gerust sin — von Anfang an? — und ein seil dar von
bits in die hell gespannen, mit schiben wol versorgt etc. und uff disse
red, des Teufels, erschrickt Iudas vast ubel, und gat der tuffel vor
im die leiter uff und zôgt im allweg den stricke, und gat im Iudas
nach uff und spricht —. 2471 Uff dissen spruch, Judas', leit Belse-
bock dem Iudas den strick an und versorgt im wol am haggen, und
setzt sich denn hinder in uff ein dengel —. 2479 denn farent sy beid
zû der hell und loufft Fdderwisch under dem seil zur hell. 2489 Nu
loufft Lucifer her fur ufz und nimpt Iudas ab dem seil.*

Diese Bühnenorte waren, wenn sie Häuser darstellten, meist
offen; fand die Aufführung im Freien statt, wahrscheinlich von allen
Seiten, damit das Publikum von jedem Platze aus hineinsehen
konnte.

Die Sichtbarkeit der Personen innerhalb ihrer Häuser für das
Publikum zu beweisen, ist nicht nötig, da sie alle Scenen, die
innerhalb eines geschlossenen Raumes spielen, voraussetzen. Meist
benehmen sich auch die Schauspieler so, als ob sie wie das Publikum in das Innere der Häuser sehen könnten. So Dor. S. 288, 19
*Tunc Fabricius vadit ad mansionem Dorotheae et dicit: Got grüeze
dich allerschoenste klâr, Die ich hân gesehen bi manigem jâr. Dorothea refert grates: Herre, en ist ez niht iuwer spot* u. s. w. *Tunc
Fabricius transit ad mansionem suam;* Kath. S. 166. Alsf. Pass. 814
ist Johannes der Täufer in den Kerker geworfen worden, 832 verkehren seine Schüler mit ihm. Augsb. Pass. 335 *Ihesus gat ein
in das haus, darin er das osterlamb wil essen,* und die Scene des
Abendmahls ist sichtbar.

Aber bequem waren nicht alle Plätze für das Publikum zu
sehen. Das geht daraus hervor, dafs mitunter etwas, was man
innerhalb derselben erwartete, aufserhalb geschieht. Wien. Pass. 36

Quo facto, nach dem Engelsturz, *Lucifer sit paratus in forma diaboli et ducatur per dyabolum ad sedem suam in medium omni silentio, et dyaboli in infernum.* Aus dieser Hölle ruft nun der nicht in der Hölle befindliche Lucifer die Teufel zu einer Berathung: *Wol her gesellen alle aus der helle.* Ebenso sind die Teufels- und Höllenscenen sonst oft aufserhalb der Hölle, Alsf. Pass. 133. 460. 620. 1044 *disponatur Lucifer cum silencio ad dolium cum suis*, 1048. 1138 Lucifer sitzt dabei auf dem *dolium*, Cass. Weihn. 718. Red. Ost. H. 371, Lucifer sitzt aufserhalb der Hölle auf dem *dolium* und ruft die Teufel zur Berathung: *Wol her, wol her, alle duvelsche her! wol ut der helle* u. s. w., 376. 460. 484. 1042. 1969. Wenn Wien. Pass. und Alsf. Pass. hier die Ausdrücke *omni silentio, cum silentio* gebraucht werden, so soll das wohl besagen, dafs das Publikum die Vertauschung der Orte, die Ersetzung der Hölle durch den Raum um das Dolium, eigentlich nicht merken solle; der Scenenwechsel sollte möglichst unauffällig geschehen. Schon die Vorstellung des für immer in die Hölle verbannten und dort von Christus gefesselten Lucifer widerspricht seinem Aufenthalt an einem andern Ort; s. Erl. Ost. H. 444, wo Christus zu ihm sagt: *und solt auss der hell nimmer chumen*, und trotzdem fordert Lucifer die Teufel auf 454: *nu lauf wir pald von hinn*, wie sie 457 auch thun: *et sic currunt vias.* Daselbst wird 1042 Lucifer sogar gefesselt zum Dolium geführt, 1042 *Tunc diaboli educunt Luciferum cathenatum, qui sedens in doleo lamentando dicit.* — In Don. Pass. 3891 heifst es bei der Erlösung der Altväter aus der Hölle durch Christus: *Und dar uff nimpt der Salvator Adam by der hand und gand im die andern all nach bis her uff für das volck, da mit das iederman gesehen mög und hören*, es folgen die Danksagungen für die Erlösung.

In Alsf. Pass. ist Johannes der Täufer 814 in den Kerker geworfen worden. 1011 folgt die Enthauptung. *Hoc dicto Sreddel vadit ad carcerem, fingit se Johannem decollari, dicit: Wo bistu, her zeuberer? kom herusz, vor dissen kerkener.* Also die Enthauptung findet im Freien statt.

Aber auch die Schauspieler sehen und hören nicht immer in die Häuser und aus den Häusern, d. h., stellen sich, als ob sie nicht sähen, hörten. So zieht Christus bei der Befreiung der Altväter nicht durch die dem Publikum offene Seite in die Hölle ein, sondern von einer andern, wo sich eine zu zerbrechende Thür und ein Fenster befand, aus dem Lucifer hinaussehen konnte. Alsf.

Pass. 7137 *Luciper videns per fenestram legit sub accentu prophecie: Quare rubrum ergo est indumentum tuum et vestimenta tua sicut calcantium in torculari?* In Augsb. Pass 727 hört Petrus das Verhör Christi; 817 wird Jesus im offenen Haus des Caiphas mifshandelt. Das können die h. Frauen, die vor dem Hause sind, nach 950. 968 nicht sehen. Auch das erste Verhör Christi durch Pilatus, 1096, sehen und hören die Juden und h. Frauen vor dem Hause nicht. Ebenso wenig sehen diese das Verhör Christi durch Pilatus, 1210, die Geifselung, 1346, die Verurteilung 1502, alles im offenen Hause des Pilatus, trotzdem sie daneben stehen, 1174. Denn als nach dem Urteilsspruch die Posaune geblasen wird, fragt die h. Jungfrau Maria Magdalenen 1512: *O Magdalena, liebe fraindin mein, was mag das für ein zaichen sein? Wöll gott, das ain güts zaichen sey, das er des tods sey gesprochen frey.* Erst durch den Büttel, der dem gesamten Volk das Urteil verkündet, erfährt sie die Wahrheit. Eger. Pass. 7866 *Medicus dicit ad servum: Geh hin aus für das thor, Mich duncht, ich hor leit* (Leute) *da for.* Es mögen auch in der That die Säulen und Gerüste der Häuschen öfter für das Publikum wie für Schauspieler den freien Einblick gehindert haben.

Ein Bühnenstand konnte aber auch in verschiedene kleine *loca* zerfallen und dadurch die Mannigfaltigkeit der Scenen vermehren. So das Haus Pilatus' in den Passionen, wo wir uns meist auch Procla zu denken haben. In der Augsburger Passion befindet sich im Rathaus, Pilatus' Haus, die eigentliche Gerichtshalle, der Raum davor, 1058. 1098, ein weiter hinten liegender Teil der Halle, 1412, *Nach dem so nempt Pylatus ihesum und fürt in wider hindersich auf ein ort im haws*, der Kerker Barabas' 1302, die Säule zur Geifselung 1360, der Balkon *(prugk)* 1316. 1390. Im Eger. Pass. wird zwischen dem Palacium und Pretorium Pilatus' unterschieden, 5117. 5248. — Die Scene der feierlichen Einführung Christi bei Pilatus mit den sich neigenden Fahnen beruht darauf, Alsf. Pass. 3784, Frankf. Pass. 3007. Im Alsf. Pass. mufs im Hause des Herodes auch für Herodias und deren Tochter Platz sein. Ebenso finden neben Scenen in Lazarus' Haus auch solche vor demselben statt 2235, neben Scenen im Tempel auch solche vor dem Tempel, 2678, *Sinagoga cum Iudeis modicum recedit a templo dicens eis.* S. die verschiedenen Stellen des Ölbergs Alsf. Pass. 3306 ff., des Calvarienbergs Alsf. Pass. 6152 ff. 6360 und Froning S. 268.

Die Bühnenstände konnten fehlen, wie in den Marienklagen

aufser Himmelg. Mkl.; s. die Angaben der Bord. Mkl. S. 289: *beata virgo stat a dextris Ihesu Cristi cum Maria Magdalena, Johannes a sinistris cum matre sua. virgo Maria quum facit actum suum vadit ad medium —. quandocumque fecit actum suum, vadit ad locum suum et stat a dextris. Simili modo faciunt alii; s.* 169. Hier ist *locus* nur der Bühnenort, wo der Schauspieler in Ruhe zu stehen pflegt.

Aufserdem befand sich ein grofser, freier Raum in der Mitte der Bühne, der mittlere Ort, der Kreis, auf dem auch zeitweilig Schauspieler erschienen und spielten. S. meine Abhandlungen zum altdeutschen Drama S. 32.

Künstlerische Rücksichten scheinen bei der Aufstellung der Bühnenstände nicht gewaltet zu haben, aufser im Teg. Ant, wo vier Hauptplätze, *sedes,* symmetrisch aufgestellt waren: 1 *ad orientem templum domini; hinc collocantur sedes regis Hierosolimorum et sedes Sinagoge. Ad occidentem sedes imperatoris Romani; hinc collocantur sedes regis Theutonicorum et sedes regis Francorum. Ad austrum sedes regis Grecorum. Ad meridiem sedes regis Babilonie et Gentilitatis.* Für keinen Zuschauer können alle Bühnenräume bequem sichtbar gewesen sein. Die Bühnenstände mufsten sich gegenseitig überschneiden, verdecken.

DIE SCHAUSPIELER.

Auf dem so ausgestatteten Raume stand, safs oder bewegte sich sprechend, singend und handelnd eine gröfsere oder kleinere Menge von Schauspielern.

In ihnen konnte das Publikum meist Bürger, Geistliche und Schüler seiner Vaterstadt erkennen; s. meine Abhandlungen zum altdeutschen Drama S. 18.

Die Schauspieler trugen eine ihrer Rolle angepafste, mitunter durch Attribute vermehrte, nach Alter, Geschlecht und Stand verschiedene und wechselnde Tracht, die sich besonders, wo sie fürstliche, himmlische oder höllische Personen darzustellen hatten, stark von der gewöhnlichen unterschied. Auch hohes oder jugendliches Alter, Schönheit und körperliche Gebrechen kamen zur Erscheinung, ebenfalls mitunter wechselnd. Die Angaben darüber sind meist spärlich und dürftig.

Teg. Ant. 45 *Tunc Ecclesia in muliebri habitu induta thoracem et coronata, assistente sibi Misericordia cum oleo ad dextram et*

Iustitia cum libro et gladio ad sinistram, utrisque muliebriter indutis,
160 *Statim ingreditur Antichristus sub aliis indutus loricam.* — Ben.
Weihn. 58 Archisynagogus trägt einen *baculus,* 61 *Deinde procedat
Aaron, quartus propheta, portans virgam,* 76 *asinus cui insidet Balaam,*
242 *Cui* (Mariae) *assideat Ioseph in habitu honesto et prolixa barba.* —
Nürnb. Ostf. S. 17 *Tunc tres Marie simul egredientes de choro cum
thuribulis et incenso,* S. 18 *Mox ex improviso dominica persona ad-
veniens, que sit vestita dalmatica casulamque complicatam super
humeros habeat coronamque capiti superpositam, nudis pedibus in-
cedat.* — Kath. S. 171 *angeli veniunt cum thuribulis.* — SGall. Pass.
1 *Omnibus personis decenter ornatis.* — Innsbr. Ost. H. 1043 *Tunc
Ihesus venit in specie hortulani.* — Alsf. Pass. 968 *Tunc Sathanas
ingerat se in habitu prioris et dicat* zur Tochter der Herodias, 1307
Samaritana, que venit cum vase suo, 3439 Christus ist schwarz-
bärtig, 2363 *Tunc Iudeus senex et decrepitus nomine Gumprecht
dicit ad Sinagogam,* 5178 *capellanus stans cum thuribulo,* 7714 *Salvator
apparet matri in Hierusalem corpore glorificato,* 7736 *Salvator obviat
Marie Magdalene velut ortulanus.* — Bord. Mkl. 1 *Ihesus debet se
praeparare cum casula rubra, Iohannes simili modo. Ihesus et Iohannes debent habere dyademata de papiro. dyadema Ihesu habeat
rubeam crucem ante et retro. Maria debet se praeparare cum vestibus, sicut Maria Magdalena in nocte pasche. Iohannes habeat gladium de ligno cum vagina, quem tenet in manu, quum exit cum
rigmo suo —. iuvenis quidam bene vestitus potest tenere gladium cum
panno de serico, cum quo beata virgo tegit postea lumbos crucifixi.
dominus Ihesus quum primo exit — devote portat crucem in manibus
suis — et quum faciunt planctum, dominus Ihesus debet habere cruci-
fixum ante se.* Er hat also ein Kreuz und ein Kruzifix. — Don. Pass.
2614 wird Jesus eine lange Nase, 2670 roter Bart zugeschrieben
von den Schergen. — Eger. Pass. 1717 die h. drei Könige bleiben
zu Pferde bis 1993, — 3939 der Mann mit dem Krug, 4965 Jesus
ist bärtig, 5807 Jesus habe einen langen Hals, sagt ein Scherge,
6009 Symon von Cyrene als Bauer, 7798 *Salvator preparat se cum
suis ornatibus ut ortulanus,* — heißt das die Priesterkleidung unter
der Gärtnertracht? s. 8014 —, 7979 *Et sub illo venit Salvator in
specie ortulani habens fossorium in manu,* 8125 Petrus hinkt. — Erl.
Dreik. 185 Einer der h. drei Könige hat einen falschen grauen Bart.
Erl. Dreik. S. 30 *Nota. Ad illum precedentem ludum requiruntur:
quatuor corone tribus magis et Herode cum ornamentis paliorum;
circa potatorium curet predictorum; et sceptrum Herodi et palium*

nimium speciale bene et aliis longa; Maria cum angelis et Ioseph provideatur de vestibus ipsis decentibus secundum beneplacitum registrantis; et stella aurea ornata cum sonis (?) *etc.; provideat registrans pro prandio et aliis requisitis, ut laudabilis vult aliis apparere.* — Erl. Ost. 1077 *Ihesus in specie ortulani apparet,* 1146 *Tunc dominica persona veniet in habitu sacerdotali.* — Erl. Weihn. 1 Prozessionsordnung: *Deinde Ioseph qui ducat Mariam sedentem supra asinum, que habeat puerum in sinu. Tunc sequatur obstetrix portans cunabulum et patellam et coclear, deinde pastor ducens duos canes fortes.* — *cithariste qui vestiti sint sicut milites.* — Luz. Grabl. 51 Joseph von Arimathia trägt einen Hut. — Sterz. M. Lichtm. S. 99 *primo exit praecursor non larva nec equina barba indutus, sed honestis vestimentis, nec vesicas in manu gestans, sed sceptrum vel baculum depictum.* S. 100 *cum duobus angelis precedentibus et candelas ardentes in manibus portantibus.* — *Item sit Ioseph honeste vestibus mediocribus, nec vitiat, si habeat barbam decentem. Ferat etiam secum par columbarum.* S. 103 *et interim venit Simeon in habitu prophetali modicum incurvatus ad modum senum cum uno servo in habitu clericali vel studentali, qui librum gestans et gladium in vagina.* S. 108 *et Anna prophetissa venit cum una ancilla honeste indutae, sed Anna ad morem senum interdum baculo se sustentans.* — Sterz. Mkl. S. 118 *antecedentibus duobus iuvenibus albis in vestibus, qui portant candelabras cum luminibus, s.* S. 138. — Sterz. Ost. S. 167 Petrus hinkt. — Wien. Ost. H. S. 326, 19 Jesus *in der gestalt eines gerteners spricht.* S. 334, 28 Petrus hinkt.

Einige Personen sind vollkommen nackt[1]): so Christus Frankf. Pass. Dir. 223 *Maria iam panno circumdabit Ihesum*, bei der Kreuzigung. Ebenso nackt ist Christus Alsf. Pass. 6090, Eger. Pass. 6209 Adam und Eva, Wien. Pass. 110 *et erubescentes*, Adam und Eva, *tegant pudibunda perisomatibus*, Eger. Pass. 438, Wolf. Sünd. 811. 1001. 1020. Die Altväter und die unschuldigen Kinder. Don. Pass. 3891 *doch sönd die altvätter nackent oder in wissen hemden har uss, und vil kleiner kinder gants nackent vor inen mit ufgehepten henden, des glich die alten, usheren gan.* Katharina wird entkleidet gegeißelt, Kath. S. 165, Marcellus entflieht nackt, Don. Pass. 2103. — Allerdings, die Bord. Mkl. spricht auch 417. 825. 831 von dem Tuch, das Maria um den nackten Christus am Kreuze

---

[1]) Wenn nicht *Röckleider* gemeint sind, wie im XVI. Jahrh., Germania XXX S. 205. 207. 325. 333. 348; *Röbstrümpfe*, Germania XXX S. 342.

schlingt, und doch steht Christus in priesterlicher Kleidung neben ihr, s. auch Sterz. Mkl. Aber diese blofs andeutende Darstellung beschränkt sich auf die Marienklagen.

Da die Schauspieler fast immer, auch wenn sie nicht spielten, zu sehen waren, so bot ihre Menge ein überaus buntes Bild.

Dabei wurden G r u p p e n unterschieden, die auch in der Bewegung des Stückes meist beisammen blieben und oft durch ähnliche Kleidung dem Auge als Gruppe bezeichnet wurden. Gott und die Engel, Christus und die Apostel bis zur Gefangennehmung Christi, Maria und die Apostel, Innsbr. Mar. Himm. 179, Rhein. j. Tag 461, die Apostel ohne Christus, Frankf. Pass. Dir., Innsbr. M. Himm., Alsf. Pass., die h. Familie in den Weihnachtsspielen und z. Th. in den Passionen, Könige, Fürsten, Hohepriester mit Gefolge, Dienern, Boten, der Antichrist mit den *Hypocritae* im Teg. Ant., der Archisynagogus mit den Juden im Ben. Weihn., die Töchter Sions, die Hirten in den Weihnachtsspielen und z. Th. in den Passionen.

Besonders nahe schlossen sich solche Gruppen zusammen, wenn sie gemeinschaftlich eine Rede oder einen Gesang vortrugen, was ja auch einen Eindruck für das Auge machte. So die *chorus* genannte Gruppe, Freis. Her. (in der Hs. von Orléans, Weinhold S. 59), Freis. O. Rach. 16. 71, Teg. Ant. 155, Ben. Pass. 89. 169, Ben. Weihn. 241, Himmelg. Pass. S. 394. 395, Nürnb. Ostf. S. 17, Innsbr. M. Himm. 45. 1317. 1555. 2123. 2143, drei Engelchöre, — Zehn Jungfr. S. 15, Alsf. Pass. 528. 536. 924. 1198. 7123, Chöre der Engel, der Teufel, der Väter, — Eger. Pass. 49, vier Engelchöre, 331. 335. 3359, sechs Chöre der Judenknaben, unterbrochen von *Chorus, totus chorus Iudeorum, Iudei omnes, chorus* 3371. 3407. 3453, Erl. Weihn. 1 *chorum Iudeorum,* — Wien. Ostf. S. 252, Red. Ost. H. 585, — 114 ist *chorus* Konjektur, — Wien. Ostf. S. 252, Wolf. Sünd. 183, acht Engelchöre, 404 *omnes novem chori — Et duo excelsiores. — Chorus* ohne Zusatz ist von *chorus* mit einem Gen. Pl. oder einem Ordinale zu scheiden, *primus chorus filiorum, angelorum, Iudeorum.*

Aufserdem *clerus,* Ben. Pass. 130. 172, — die *cantores,* Nürnb. Ostf. S. 20 —, *personae* Frankf. Pass. Dir. 91ª. 355 (nicht die drei Marien), — *omnis populus* Dor. S. 285, 16 —, *omnes* Innsbr. Fronl. 39, Kath. S. 172, Sterz. M. Lichtm. S. 100. 101. 110, — *Unusquisque.* Bord. Mkl. 887.

Engel, S. Gall. Pass. 1. 118, Kath. S. 169. 170, Mastr. Pass. 9,
Cass. Weihn. 143. 181. 207. 266, Wien. Pass. 34, Zehn Jungfr. S. 15.
16, Alsf. Pass. 6505, Augsb. Pass. 2411, Cass. Weihn. 143. 181. 207.
266, Don. Pass. 427, Eger. Pass. 49, Erl. Ost. H. 1, Erl. Weihn. 49,
Frankf. Pass. 1, M. Magd. 1. 310, Red. Ost. H. 227. 231, Sterz. Ost.
S. 147 (*Et recedunt simul cantando Salvator cum angelis: Resurrexit
etc.*). 150. 151, Wien. Ost. H. S. 302, 11. 303, 15, Wolf. Sünd. 183.
227. 334. 404. — Teufel, Wien. Pass. 38 (*clara voce vereantur* ohne
Text), Kath. S. 168 (*clamando: Ho, ho*), Zehn Jungfr. S. 26, Alsf.
Pass. 139, Frankf. Pass. 1, Red. Ost. H. 1287. — Apostel und Jünger,
Frankf. Pass. Dir. 312, Innsbr. M. Himm. 1624, Alsf. Pass. 1243.
3104, Augsb. Pass. 107, Frankf. Pass. 1364. 1813, SGall. Chr. Himm.
59. — Die Väter in der Vorhölle, Augsb. Pass. 2371. 2477, Red.
Ost. H. 311. 585, Wien. Ost. H. S. 303, 15. — Die Hohenpriester, Ben.
Pass. 133. 139. 170. — Juden, Ben. Pass. 173. 175, Innsbr. Ost. H.
50. 66, Alsf. Pass. 1555. 1952. 3372, Don. Pass. 1, Eger. Pass. 3453,
Erl. Ost. H. 73, Erl. Weihn. 1. 29, Frankf. Pass. 2588, Theoph. Trier.
437. — Judenknaben, Ben. Pass. 13, Mastr. Pass. 1244, Don. Pass.
465. 1559, Eger. Pass. 3359, Frankf. Pass. 1835. 1855. — Gefolge,
Diener, Boten, Teg. Ant. 50. 62. 76. 137 (*legati*), 180. 187.
196 usw. (*ypocritae*), 205 (*nuntii*), Ben. Weihn. 564. 580. 670 (*comi-
tatus*), Ben. Weihn. 342. 366 (*nuntii*), Dor. S. 293, 13 (*servi*),
S.Gall. Pass. 69 (*nuntii*), Frankf. Pass. Dir. 99 (*servi reguli*). —
Hirten, Freis. Her. S. 60, Freis. O. Rach. 7. 13, S.Gall. Weihn. 159,
Erl. Dreik. 41. — Heiden, Innsbr. M. Himm. 383. 502. — Die Töchter
Syon, S.Gall. Weihn. 471. — Die unschuldigen Kinder, Freis. Her.
S. 61. — Die Mütter der unschuldigen Kinder, Ben. Weihn. 540. —
Die Hypocritae, Teg. Ant. 325. 388. — Die Chorherren, Theoph.
Trier. 150. 278. — Die Verdammten, Rhein. j. Tag 481. 489. 791. —
Die Geretteten beim jüngsten Tag, Rhein. j. Tag 398. — Die Sterne
bei Christi Tod, Alsf. Pass. 6334.

Eine besondere oder mit einer der genannten zusammenfallende
Gruppe bilden die Sänger des Silete. Frank. Pass. Dir. 1ᵃ *surgant
pueri clamantes silete*, S.Gall. Pass. 51 *iterum angeli silete*, 112. 973,
Innsbr. M. Himm. 45 *Angeli Silete*, Kath. S. 160 *Tunc angeli canunt:
Silete*, u. oft, Wien. Pass. 1 *Primo duo pueri cantant: Silete* 36. 279.
507, Zehn Jungfr. S. 18 *Angeli: Sile*, S. 19. 20. 22. 27, Alsf. Pass. 1
Angeli canunt: Silete, 1255. 1307. 4150, Cass. Weihn. 217, Don.
Pass. 1711, Eger. Pass. 5514 *Angeli canunt: Silete*, Erl. Ost. H. 1
primo cantant angeli: Silete, 247, Frankf. Pass. 1 *Et primo angeli*

cantant: Silete, M. Magd. 1 *Primo angeli cantant: Silete,* 310, Wien.
Ost. H. S. 303, 11 *Nu singt man: Silete,* 307, 23 *die engel singen:
Silete.* — Unklar ist, von wem es gesungen wird Dor. S. 285, 1 ff.,
Don. Pass. 1, S.Gall. Chr. Himm. 1, Theoph. Trier. 1.

Ob und wo die Chöre, wenn sie eine besondere Gruppe neben
der Gesamtheit der eigentlichen Schauspieler bildeten, ihren eigenen
Standplatz auf der Bühne hatten, ist aus den Angaben unserer Texte
nicht zu ersehen.

Daß eine Mehrzahl von Personen zu gleicher Zeit spricht oder
singt, kommt in der Mehrzahl der Stücke vor. Selten ist es in
Dor. S. 293, 13, Mastr. Pass. 9. 404. 1243, Trier. Mkl. S. 260, 21,
Augsb. Ost. H. 2371. 2411. 2477, Bord. Mkl. am Schluß, Frankf.
Pass. 2588, Theoph. Trier. 150. 278. 437. Die Stellen sind meist
sehr kurz, lateinisch. — Ganz ohne diese Form sind Erl. Mkl.,
Luz. Ost. (wenn nicht 476 *cantor incipiat responsorium: sepulto
domino* auf Gesang der Menge deutet), Lichtenth. Mkl., Muri. Ost.
H., Prag. Mkl., S.Gall. Chr. H., Theoph. Helmst., also mit Aus-
nahme des ersten ganz deutsche Stücke.

Kleinere stehende Gruppen bildeten die Schergen in den Pas-
sionen, die Grabeswächter, Innsbr. Ost. H. 142, Augs. Pass. 2101,
Erl. Ost. H. 123, Sterz. Ost. 1, — die Propheten, fünfzehn in Wolf.
Sünd. 2824, sieben in Frankf. Pass. Dir., sechs in Frankf. Pass.,
Sterz. Mkl. S. 119, oder in unbestimmter Zahl, Ben. Weihn., —
die Sibyllen, zwölf Wolf. Sünd. 2910, in unbestimmter Zahl Ben.
Weihn., — die fünf klugen und die fünf thörichten Jungfrauen,
Zehn Jungfr. S. 16. 18. 19, — Maria und drei *puellae,* Innsbr. M.
Himm. 9, — die vier Engel des jüngsten Gerichts, Rhein. j. Tag
200, — die drei Marien Nürnb. Ostf. S. 17, Frankf. Pass. Dir. 91ᵃ.
272. 312, Innsbr. Ost. H. 991, Trier. Ost. 41. 55. 67, — Christus
und die beiden Schächer am Kreuz, — die h. drei Könige in den
Weihnachtsspielen und Passionen, — Joseph von Arimathia und
zwei Diener, Luz. Grabl. 31. 51, — die drei jüdischen Priester,
Sterz. M. Lichtm. S. 100, — die zwei Hebammen bei Christi Geburt,
Freis. Her. S. 60, s. Cass. Weihn. 615 die zwei Mägde, — Johannes
und Petrus, u. a. zum Grabe Christi laufend, Nürnb. Ostf. S. 20,
Frankf. Pass. Dir. 325, Trier. Mkl. S. 260, 21, Erl. Ost. 705.
777. 999, Sterz. Ost. S. 160. 163, Wien. Ost. H. S. 316, 23. 322, 7.
323, 17, Wolf. Ost. 21. 47, — Maria und Johannes in den Marienklagen und Passionen, — die zwei Propheten Elias und Enoch,
Teg. Ant. 349. 400. 408, — Adam und Eva, Wien. Pass. 136, —

zwei Marien von den dreien, Bord. Mkl. 346, Sterz. Mkl. S. 139, Wien. Ost. H. S. 307, 13, Wolf. Mkl. 68, — Simeon und sein Diener, Sterz. M. Lichtm. S. 103, — Anna und Dienerin, Sterz. M. Lichtm. S. 108, — Joseph und sein Diener, Cass. Weihn. 181, — zwei Engel, Erl. Dreik. 1, — zwei *pueri*, die das *Silete* singen, Wien. Pass. 1 (36. 279. 507), — zwei *iuvenes*, Sterz. Mkl. S. 118.

Die Erl. Weihn. 1 angegebene Gruppe, Maria mit dem Kinde in der Mitte, Joseph zur Linken, die Hebamme zur Rechten, die zwei Spielleute und ein Hirt an den Seiten, scheint für das ganze, sehr kurze Spiel gegolten zu haben.

Näheres über die Gruppen unter I, B, a, β, bei ihrer Bildung und II, C.

Über die verschiedenen Zustände, in denen Schauspieler, Tiere, Sachen erscheinen können, s. unten bei den Vorgängen, wo sie als eintretend behandelt sind. Hier genüge, daß die Schauspieler stehen, sitzen, fallen, knieen, liegen, horchen, schauen, schlafen, krank sind, tot sind, ohne Zweck hin- und hergehen Alsf. Pass. 728, Eger. Pass. 3557. 3645. 7979. 7995, Theoph. Trier. 526, die Herde treiben usw.

Aus einigen Stellen geht hervor, daß die Schauspieler, wenn sie nicht spielten, auf ihren Standplätzen saßen: Ben. Weihn. 1 *Postea surgat Ysaias cum prophetia sua sic*, Frankf. Pass. Dir. 1ª *Quo peracto surgant pueri clamantes: Silete*, 23 *Ihesus autem surgat a loco suo et vadat ad Iohannem baptistam*, S. Gall. Pass. 288, Innsbr. M. Himm. 667. 767. 891. 1008. 1473, Alsf. Pass. 730, 878 *Ihesus in loco suo manebit sedens, donec ordo iterum tangit eum*, Frankf. Pass. 2112, Don. Pass. 169 *und stat aber Simon uff*, Wolf. Sünd. 129. S. auch Ben. Weihn. 232 *Hoc completo detur locus prophetis, vel ut recedant, vel ut sedeant in locis suis propter honorem ludi.*

Mitunter ist der Schauspieler dem Publikum unsichtbar, oder er spricht nur bei einer Gelegenheit, bei welcher er nicht gesehen werden darf. Das ist bei allen Darstellungen der Grabwache anzunehmen, sowohl in den Osterspielen Muri. Ost. H., Innsbr. Ost. H., Augsb. Ost. H., Red. Ost. H., Sterz. Ost. H., Wien. Ost. H., als auch bei den Passionen, welche diesen Vorgang enthalten, Frankf. Pass. Dir., S. Gall. Pass., Alsf. Pass., Augs. Pass., Don. Pass., Eger. Pass.; denn hier konnte die Vorstellung des Publikums, daß Christus in dem bewachten Grabe läge, doch nicht durch die Sichtbarkeit des Schauspielers für Christus an seinem Standplatz gestört werden.

Aufserdem: Ben. Weihn. 232 *Hoc completo*, nach dem Vorspiel, *detur locus prophetis, vel ut recedant vel sedeant in locis suis propter honorem ludi.* 242 *Deinde recedat Elysabeth, quia amplius non habebit locum hec persona.* — Frankf. Pass. Dir. 190 *Hoc dicto Iudas ad suspendium eat: sit ymago autem facta ad instar Iude, que ad patibulum trahatur.* Daneben wird Judas nicht sichtbar gewesen sein. 337 *Christus* in Emaus *accipiat panem, benedicat et frangat statimque evaneat*, ist zweifelhaft. — S.Gall. Pass. 106 *Tunc*, bei der Taufe Christi, *mittatur columba super caput Ihesu et cantet ter aliqua persona abscondita voce (l. vice?) patris.* — Kath. S. 166 Maxentius verläfst sein Land, kehrt S. 167 zurück. — Mastr. Pass. 652 *Eine stimme van den himele sprach*, Gott Vater bei Christi Taufe. — Alsf. Pass. 3528 *Gallus cantat primo: Gucze gu gu gu ga! Peter lug lug lug nu da*, s. 3594. 6320 *Luna alloquitur Cristum passum: O goitt, du schepper in ewigkegt* usw. 6334 *Stelle alloquuntur Christum: O goitt vatter und sone und heilger geist* usw. 7714 *Salvator apparet matri in Hierrusalem corpore glorificato dicendo* und 7736 *Salvator obviat Marie Magdalene, velud ortulanus dicens.* Vorher und inzwischen wird der Schauspieler sich, vom Publikum ungesehen, umgekleidet haben. — Cass. Weihn. 183. 302. 334 spricht das neugeborene Jesuskind. That das ein versteckter Schauspieler oder ein kleiner Knabe als Schauspieler für das Jesuskind? — Don. Pass. 2233 *Mit disem zeichen und zonnen koment sy*, die Juden mit Christus, *in Cayphas huss, und sol Cayphas nit da sin, als ob er schlieffe.* 3665 *Nu legend sy den Salvator in das grab und beschliessent das.* — *Und in dissem schlicht der Salvator uss dem grab und becleidet sich anders und leit sich den wider dar in.* 563 und 1563 braucht das Schleichen und Sichverbergen den Schauspieler nicht den Augen des Publikums zu entziehen. — Eger. Pass. 535 *Adam veniens de campo ad habitacionem intrat cum Eva ad habitacionem. Deinde exeunt habentes pueros.* 539 *Deinde Adam transiens ad campum, faciendo ut supra. Deinde veniens ad habitacionem, faciens ut supra, exeunt cum duobus magnis filiis.* 1243 *Et sic fit amplexus a duobus*, Joachim und Anna. *Deinde transeunt ad Nazaret et intrant domum et manent ad parvum tempus. Deinde exeunt cum filia.* — Erl. Dreik. 67 *Et sic recedant pastores. Deinde venient magi equitantes cum suis clientibus, portantes munera sua.* Sie treten erst hier auf, kommen in der Eingangsprozession nicht vor. — Erl. Ost. 120 *Uxor*, des Arztes, *abscondit se et maneat in angulo uno, donec Pusterpalkch eam inveniet*, ist zweifelhaft. 1121 *Et sic* recedit ortulanus. 1146 *Tunc dominica persona veniet in habitu sacerdotali*, ist zweifelhaft. — Frankf. Pass. 2671 *Iudas recedit suspendens eius ymaginem, dyabulus ex ventre eius capit animam.* — Sterz. M. Lichtm. S. 100 *post istum cantum*, der jüdischen Priester, *egrediantur de loco abscondito Ioseph et Maria baiulans parvulum in manibus cum duobus angelis praecedentibus et candelas ardentes in manibus portantibus et omnibus cantantibus.* — Sterz. Ost. S. 147 ersteht Christus aus dem Grab, *surgit de sepulcro*, und äufsert die Absicht, die Väter in der Hölle zu befreien und den Teufel zu binden; S. 158 sagt er Magdalenen, dafs er das gethan habe. Dargestellt aber wird es nicht. Da ist es wohl wahrscheinlich, dafs Christus zwischen S. 147 und 152, wo er Marien Magdalenen als Gärtner erscheint, nicht dem Publikum sichtbar an seinem *locus* gestanden haben wird. — Wolf. Mkl. 211 *Maria sumit crucem in brachium*, 366 *Hic portant crucem ad sepulcrum* scheint es, dafs Christus, obwohl er spricht, V. 117. 135. 141. 156 auf der Bühne nur durch ein Kreuz vertreten war. Dann hätte seine Worte ein Schauspieler hinter der Bühne vorgetragen. Aber es ist nicht sicher, s. Bord. Mkl. — Wolf. Sünd. 960 *lucifer intrat paradisum et ascendit arborem vel aliud (l. alius?) nomine ipsius et dicit serpens in specie virginis.* 1172, wahrscheinlich verschwinden hier Adam und Eva, 1195 ist Cain erwachsen. 3848 *Hic intrant domum suam*, Joachim und Anna, um Maria zu erzeugen, 3918 ist sie geboren.

Der Vortrag und die Aktion sind allerdings etwas Wechselndes. Aber die Bord. Mkl. enthält Vorschriften, welche sich auf den ganzen Verlauf der Aufführung beziehen. S. 288 verwahrt sich der Schreiber, dafs das Stück ein *ludus* oder *ludibrium* sei; — *et omnia quae tunc fiunt ab illis quinque personis non debent fieri cum festinatione nec nimis mora, sed medio et bono modo*, — die Schmerzensäufserungen Marias sollen *cum moderamine* geschehen, — *unusquisque dicat rigmum suum cum devotione plangendo in eadem nota et tono discreto.* Das Sterz. M. Lichtm. nennt sich S. 99 ebenfalls einen *ludus honestus.* Die Wolf. Mkl. 1 schreibt auch klagenden Vortrag für das ganze vor: *et debet cantari — lamentabiliter cum ceteris, sicut consuetum est fieri.*

Was auch als ein dauernder Eindruck, für das Gehör, bezeichnet werden kann, ist, dafs die Schauspieler fast ununterbrochen während der ganzen Dauer des Stückes oder des Tages sprechen oder singen. Daneben gab es stumme Schauspieler, Statisten, die im ganzen Stück nicht gehört wurden. Im Freis. Her. die h. Familie, im

Freis. O. Rach. das Jesuskind, der getötete Knabe, vielleicht andere
Mütter und Kinder als Rachel und das ihre, im Teg. Ant. der
Apostolicus, in Ben. Pass. die Frau des Pilatus, die nur in der
Prozession erscheint, und vielleicht auch der Mercator et uxor sua,
in der Bord. Mkl. der Juvenis, welcher Marien Schwert und Tuch
zu halten hatte, S. 289, der Rektor, der nur an der Eingangs-
prozession teilnimmt, S. 289, und am Schluß S. 318 den Psalm
anstimmt, im Erl. Weihn. Maria und das Jesuskind, in Luz. Grabl.
der Leichnam Christi, im Sterz. M. Lichtm. das Jesuskind, in der
Sterz. Mkl. Christus. Ob die kreuzigenden Juden in den Marienklagen jemals als Statisten vorkamen, ist zweifelhaft; in der Bord.
Mkl. bestimmt nicht. — Im Theoph. Helmst. 295 muß man wohl
Kirchengänger als Statisten annehmen, da der Priester nicht für
Theophilus allein gepredigt haben wird.

SACHEN UND TIERE.

An Sachen, d. i. Dekorationen, insofern sie Versatzstücke sind,
und Requisiten — s. die Verzeichnisse Don. Pass. S. 184, Erl. Dreik.
S. 30 *Nota* — kamen vor:

Erde, Wolf. Sünd. 810, bei Erschaffung Adams, — Steine, Don.
Pass. 1633, bei den Angriffen der Juden auf Christus, — Gras,
Don. Pass. 1789, bei der Fußwaschung zum Abtrocknen, — Heu,
Erl. Weihn. 1, — Sonne und Mond, Don. Pass. 3447, — Sterne,
Ben. Weihn. 241, Erl. Dreik. 67, — Regenbogen, Eger. Pass. 747, —
der brennende Dornbusch, Wolf. Sünd. 2001. 2048, — Bäume s.
oben S. 20, — Donner und Blitz, Teg. Ant. 436, Muri. Ost. H. 372,
Dor. S. 294, 23, Kath. S. 168, Augsb. Pass. 1565. 1789, Don. Pass.
1105, — Feuer, Alsf. Pass. 7958, — Lichtglanz von Kerzen, Kath.
S. 166.

Wasser, Speisen, Getränke, Tischgerät, Kochgerät, Erl. Weihn. 1, —
Waschgerät, Opfergerät, die Monstranz, Innsbr. Fronl. 143. 278.
501, — Tücher, Kleider, Schmuck, Kränze, Kronen, Scepter,
Schminke, Schwamm, bei der Kreuzigung Christi, — Tische, Stühle,
Don. Pass. 2991, — Throne, Betten, Wiegen, Kerzen, Fackeln, bei
der Gefangennahme Christi, — Bücher, Federn, Pergament, Tinte,
Siegel, Geld, Würfel, Spielbretter, Bälle, Musikinstrumente, die
Arche als Boot, Wagen, Gepäck, Waffen, Schwerter, *gladium de
ligno*, Bord. Mkl. S. 289, — Bogen, Schleuder, Fahnen.

Die Einrichtung der Krambude, der Wechselbank, s. oben S. 19 f.

Anderes Gerät, besonders zur Kreuzigung, Kreuze, Nägel, Hämmer, Bohrer, Zangen, Leitern, die Dornenkrone, Fesseln, Stricke und Hängen, ein Ölkessel, ein Rad, ein brennender Scheiterhaufen, Ruten, Geifseln, die INRItafel. — Schaufeln, Fahnen.

Puppen: für das Jesuskind Freis. Her. S. 60 *Obstetrices: Ecce puer adest, quem queritis*, Freis. O. Rach. 13 *Venientes ad praesepe* (pastores) *dicant*, Ben. Weihn. 242 *Deinde vadat Maria in lectum suum et pariat filium*, s. die Anbetung durch die Hirten und Magier, die Flucht nach Ägypten, 511. 514. 631, S.Gall. Weihn. 459. 756. Anbetung durch die Hirten und die Magier, Eger. Pass. 1693. 2137, dasselbe Erl. Weihn. 1 *Deinde Ioseph, qui ducat Mariam sedentem supra asinum, quae habeat puerum in sinu*, Sterz. M. Lichtm. S. 100 *Maria baiulans parvulum in manibus*, — für Judas bei seiner Erhängung, Frankf. Pass. Dir. 190 *Hoc dicto Iudas ad suspendium eat: sit ymago autem facta ad instar Iude, que ad patibulum trahatur*, Frankf. Pass. 2671 *Iudas recedit suspendens eius ymaginem . dyabulus ex ventre eius capit animam*, — für Mariens Seele Innsbr. M. Himm. 1555 *Post haec dominica persona vadit ad coelum cum angelis suis baiulans animam matris suae*; vor 1624 wird ihr Körper begraben. Vielleicht wurde Mariens wie Judas' Seele durch stark verkleinerte Nachbildungen ihrer Gestalt angedeutet, wie die Sünderseelen Innsbr. Ost. H. 362 *Tunc Sathanas veniens portans multas animas dicit* —, wurden deren spätere Reden hinter der Scene gesprochen? — oder wie die Seelen der Schächer, Don. Pass. 3455 *In dissem sol jeglicher schacher ein bildly im mull han, als ob es ein sel were . den nimpt der engel des güten Schachers sel und gat in himel, und der tuffel des andern sel und leufft mit grossen geschrey in die hell.* — Eine Nachbildung des Kopfes Johannes' des Täufers, Frankf. Pass. Dir. 78, Alsf. Pass. 1020.

Von Tieren wurden lebende Tauben und andere Vögel verwendet, S.Gall. Pass. 106 *Tunc mittatur columba super caput Ihesu*, Alsf. Pass. 6274 *Tum Ihesus inclinat caput (Et fit motus terre per sonum terribilem). Angelus secundus stat in cruce a dextris et mittit columbam albam volare*; 7962 *et mittunt columbam*, bei der Ausgiefsung des h. Geistes, Augsb. Pass. 1789 *Mit den worten naigt Saluator das haupt am creitz vnd ist tod; fleugt aim weisse tawb von im*, Sterz. M. Lichtm. S. 100, Eger. Pass. 727 *Et tunc turtur volat de archa*, 2223 die Tauben bei der Darbringung Christi im Tempel, Wolf. Sünd. 1803 *Hic emittit columbam*, Noe, — ebenso

der Rabe Eger. Pass. 721 *et tunc corvus volet de archa*, Wolf. Sünd.
1790 *Hic emittit corvum*, Noe, — und der Vogel in Don. Pass. 1845
*Iecs sol Iudas ein swartsen vogel by den füssen in das mull nemen,
das es flocke,* 2479 *Iudas sol ein swartsen vogel und etwas
tdrmen vor im büsen han, den sol im Belcscbug uff risten, das es
usxher vall.*

Pferde, Eger. Pass. 1993 *Et sic equitant,* die h. drei Könige, *ad
locum diversorii — reges descendant de equis.* Erl. Dreik. 67 *Deinde
veniunt magi equitantes,* 145 *Et sic descendant equos,* bei Herodes,
173 *Et sic ascendentes equos recedant,* 178 *Et sic equitant* — bei
der Krippe *descendant equos,* 271 *supra vehiculum sint Maria et
Ioseph,* Wolf. Sünd. 2546 *Hic equitant,* die Königin von Saba mit
Gefolge, *ad curiam Salomonis,* 2665 *hic Salomon equitat cum regina
primum spacium usque ad medium.* — Esel, Ben. Weihn. 77 *et
asinus, cui insidit Balaam, perterritus retrocedat,* 561 *Precedens
Maria asinum dicat,* Frankf. Pass. Dir. 127ᵃ *discipuli euntes inveniant asinum ligatum, quem solutum adducunt et super quem Salvator
sedeat vestimentis tamen discipulorum superpositis,* S.Gall. Pass. 562
Post hoc ascendat asinum, Christus, Alsf. Pass. 2532 *Interim ducunt
asinum ad Ihesum,* 2584 *Tunc Ihesus equitat ad Iudeos sedens super
asinum,* Don. Pass. 1541, der Esel, auf dem Christus seinen
Einzug in Jerusalem hält, Eger. Pass. 1549 *Maria respondit,* auf
Mahnung Josephs zur Reise nach Bethlehem, *et summit bovem et
asinum. Maria desuper sedit,* 2281 *Et sic Maria sedit super asinum
et equitat ad Nazareth.* 3331 ff. der Esel, auf dem Christus seinen
Einzug in Jerusalem hält, Erl. Weihn. 1 *Deinde Ioseph, qui ducat
Mariam sedentem supra asinum — Pastor vero per bonam differentiam loci stet a Maria, facie versa in oppositum Marie, tenens
asinum, cui fenum imponat,* Wolf. Sünd. 1930 *Abraham praeparat
asinum et sternit eum.* — Hunde, Erl. Weihn. 1 *pastor ducens, duos
canes fortes.* — Rinder und Schafe, Eger. Pass. 1193 *Ioachim respondit
Anne et preparat se cum ovibus dicens,* 1201 *Et sic Ioachim cum
ovibus pergit ad desertum locum et custodit ibi oves,* 1549 *Maria re-
pondit et summit bovem et azinum,* 1689 *Primus pastor respondit et
pellit pecora de via,* Erl. Weihn. nur im Text 1, während die Spielanweisung von einem Esel spricht.

Schlangen, Wien. Pass. 81 *Adam et Eva sint in paradyso et
serpens dyabolus clam veniens ad Evam et introspiciat sicut dicens,*
Wolf. Sünd. 960 *lucifer intrat paradisum et ascendit arborem vel*

aliud (alius?) nomine ipsius et dicit serpens in specie virginis, d. i.
mit einem Frauenantlitz, mit weiblicher Stimme [1]).

Gedärme, Don. Pass. 2479 *Iudas sol ein swartzen vogel und
etwas tärmen vor im büsen han, den sol im Belcsebug uff risten, das
es ussher vall.*

Einige von diesen Bühnenrequisiten hat man sich als immer
auf der Bühne gegenwärtig zu denken, wie Sonne, Mond, Bäume;
anderes wurde sichtbar gemacht, sobald man es brauchte.

DAS PUBLIKUM.

Zum Teil konnte dem einzelnen Zuschauer auch das Publikum
als mitspielend erscheinen. Über die häufigen Ansprachen desselben
von der Bühne herab, über Zeichen des Mitgefühls, einzelne Reden
und Lieder, die man von ihm erwartete, s. unten.

In diesem Publikum gab es auch Frauen: Innsbr. M. Himm. 45,
Innsbr. Ost. H. 442, Wien. Pass. 2, Alsf. Pass. 78, Augsb. Pass. 251,
Bord. Mkl. 120, Eger. Pass. 8299, Erl. Mkl. 130, Luz. Grabl. 476,
M. Magd. 6, Prag. Mkl. 65, Sterz. Mkl. S. 115. 118. 140, Trier.
Mkl. S. 269, 21, Wien. Ost. H. S. 298, 2. 317, 29. 334, 25. 336, 4,
Wolf. Mkl. 24, — und Kinder, Cass. Weihn. 2, Augsb. Pass. 2157,
Eger. Pass. 2. 2798. 5723, Erl. Mkl. 130. 140. 192. 194, Erl. Ost.
64, M. Magd. 371, Sterz. Mkl. S. 115, Wien. Ost. H. S. 297, 16.
335, 27. 33, — wenn der Ausdruck 'Grofs und Klein' dafür be-
weisend ist.

Was den Stand anbelangt, so ist die Ansprache 'Herren', die
sich oft findet, z. B. Wien. Pass. 2, Erl. Ost. H. 1, Sterz. M. Lichtm.
S. 110, wohl nicht wörtlich zu nehmen; s. Erl. Dreik. 41, wo Herodes die Hirten mit *ir herren* anspricht, Augsb. Pass. 2163 *Die
figur sich erhöhet hat sü lob vnd er, wer hie da stat, Auch loblicher
stat, rat vnd gmain.* Innsbr. M. Himm. 2773. 2859 ist für ritterliches Publikum bestimmt.

Bei einem Teil des Publikums wurde besonders in den älteren
Stücken Kenntnis des Lateins vorausgesetzt, aber zum Teil auch
bei den jüngeren deutsch-lateinischen, wenn nämlich dem lateinischen Text nicht eine deutsche Umschreibung folgt. So oft in
Ben. Pass., Frankf. Pass. Dir. 127ᵃ, S.Gall. Pass. 508. 881. 1157.
1158. 1224. 1283, am Schlufs nach 1341, Innsbr. Ost. H. 531. 874,

---

[1] S. Germania XXX S. 206. 325, Lusern, XVI. Jahrh.

Trier. Ost. 41. 125. 134, Bord. Mkl. 144, Erl. Dreik. 173, Frankf.
Pass. 1364. S. auch die vielen lateinischen Citate in Wolf. Sünd.
S. unten.

Dieses Publikum ist zum grofsen Teil sitzend, also an einem
Punkte verharrend zu denken. Sitzen ist bezeugt Innsbr. M. Himm.
46. 276. 864. 2043. 2473, Innsbr. Ost. H. 5. 23, Bord. Mkl. 130
ghat sytten, gy leven kinder, Eger. Pass. 25. 2844. 5722, Red. Ost.
H. 9. Viel ist auf diese Phrasen allerdings nicht zu geben. Im
ersten Beispiel heifst es auch *dye dye sycsen ader stan*, in Eger. Pass.
wird vor 2844, nämlich 2814, das Publikum als stehend bezeichnet,
und solt alle schweigen und still stan. Über stehendes und daher
bewegliches Publikum s. unten.

B. VORGÄNGE.

a. SICHTBARE VORGÄNGE.

α. Bei einzelnen Schauspielern.

1) Sich ändernde Zustände.

Das Aussehen der einzelnen Schauspieler ändert sich. Teg.
Ant. 156 der Kaiser opfert seine Krone auf dem Altar in Jerusalem *tollens coronam de capite*, 196 *Tunc exuentes ei*, dem König
von Jerusalem, *superiora indumenta*, 380 *Tunc tollunt ei*, der Synagoga, *velum*, Ben. Pass. 82 *Tunc deponat* (Maria Magdalena) *vestimenta secularia et induat nigrum pallium*, Wien. Pass. 36 *Quo facto*,
nach dem Engelsturz, *Lucifer sit paratus in forma diaboli*, 415 *Et
tunc reiciat ornatum* (Maria Magdalena), Frankf. Pass. Dir. 127
super quem (asinum) *Salvator sedeat*, 223 *Maria iam panno circumdabit Ihesum*, am Kreuz, 352 *Hoc completo dominica persona pre-
cedat discipulos et veniens ad paradysum accepto vexillo sumat
animas et dirigat viam versus locum*, ubi *velit ascendere*, in den
Himmel nämlich, 372 *Hic Synagoge cadat pallium de humeris, corona
de capite*, S.Gall. Pass. 562 *post hoc ascendat asinum* (Christus sc.),
973 *Tunc induatur alba*, Christus bei Herodes, Innsbr. Ost. H. 1081
Ihesus venit cum vexillo, nachdem er 1043 *in specie hortulani* gekommen war, Innsbr. M. Himm. 1421 *Mariam induunt vestimento,
fimbria*, dem Sterbekleid, Alsf. Pass. 689 Satan verkleidet sich als

altes Weib, 698 *et sic vadit lento pede*, 1144 *Angelis recedentibus Sathanas venit cum habitu lolhardi*, bei der Versuchung Christi, 2036 *Sub tali cantico Maria Magdalena mutat habitum*, 2584 *Tunc Ihesus equitat ad Iudeos sedens super asinum*, 4102 *Induitur alba veste*, Christus bei Herodes, 4242 *Interim vestis exuitur, scilicet alba*, Christus bei Pilatus, 4286 *Et sic induunt eum* (Christum) *cum rubea veste*, bei Pilatus, 6090 *Hic Maria portat pannum Salvatori ipsum cooperiendo*, 7714 *Salvator apparet matri in Hierusalem corpore glorificato*, 7736 *Salvator obviat Marie Magdalene velud ortulanus*, Augs. Pass. 541 *Yets so Salvator an den ölberg will gan, spricht er vor sü den drey iungern vnd der maler streicht in an*, 683 Johannes wird bei der Gefangennahme Christi der Mantel abgerissen, 1164 *Herodes haisst im* (Christus) *an legen ain weisses claid*, 3164 *Yets lösend sy ihesum wider auf, vnd legt im der erst schörg pylati ain purpur gwand an*, 1378 *Yetz nemend sy ihesum vnd setzend in auf ain stůl vnd krönend in mit ainer dürnin kron*, s. 1390. 1576 *Yets nemend die vier schergen pylati ihesum vnd ziehend im ab das purpur gwand vnd legend im sein rock an*, Bord. Mkl. 422 *Beata Maria accipit hic pannum de serico album, cum quo tegit lumbos crucifixi*, Don. Pass. 1559 *Hie mit spreit Iohannes den mantel uff den esel. — denn sitzt der Salvator uff den esel und ritt gegen inen*, 1845 *Iecs sol Iudas ein swartzen vogel by den füssen in das mull nemen, das es flocke*, 2107 Marcellus wird bei der Gefangennahme Christi der Mantel abgerissen *vnd entrint er nackent*, 3455 *In dissem sol ieglicher schacher ein bildly im mull han, als ob es ein sel were*, 3775 *Hie mit verbindet die cristenen kungin der judischen die ougen und zerbricht ir das banner*, 3859 Christus ersteht aus dem Grab, *und den kumpt der ander engel und bringt ein guldin kron und ein wisz venly mit eim roten crütz*, für Christus, Eger. Pass. 1549 *Maria respondit et summit bovem et asinum, Maria desuper sedit*, 1993 *reges descendunt de equis*, 5478 Belial giebt sich der Pilatissa für einen Engel aus, ist also verkleidet, 4005 *lintheo se precingendo*, Christus bei der Fußwaschung, 5332 *quasi nil videns in eo* (Christo) *absque vulnere*, 7978 *Et sub illo venit Salvator in specie ortulani habens fossorium in manu*, 8019 *Et sic Ihesus portat vexillum in manu sua*, Erl. Dreik. 145 *Et sic descendunt equos*, die h. drei Könige, 173 *Et sic ascendentes equos*, die h. drei Könige, *recedant*, 185 Caspar gibt dem zweiten der h. drei Könige seinen grauen Bart, 189 *Tunc primus dicit flexis genibus*, sie sind also wieder vom Pferde gestiegen, 271 *Et sic recedunt*, die h. Familie, *supra vehiculum sint Maria et*

Ioseph, Erl. Ost. 1146 *Tunc dominica persona veniet in habitu sacerdotali*, Erl. Weihn. 1 Maria steigt vom Esel, Frankf. Pass. 1813 *Philippus et Petrus adducant asinum, super quem sediat dominus et viam suam dirigit ad Iudeos*, 2887 *et Salvator induitur alba veste*, bei Herodes, 3477 *Alba rubea*, bei Pilatus, 3695 *Interim quod deponatur Cristi tunica*, bei der Kreuzigung, M. Magd. 682 *Maria* (Magdalena) *frangat cornale* (ein Schmuckgegenstand), *et iactat ad populum*, Wolf. Sünd. 960 *Lucifer intrat paradisum et ascendit arborem vel aliud nomine ipsius et dicit serpens in specie virginis*, 2546 *Hic equitant ad curiam Salomonis*, d. i. die Königin von Saba und ihr Gefolge steigen zu Pferde und begeben sich zu Salomon, 2666 *Hic Salomon equitat cum regina primum spacium usque ad medium*, vorher saſs die Königin und ihr Gefolge an Salomons Tafel.

Sie ändern auch ihren Gesichtsausdruck und ihre Haltung, so daſs dadurch körperliche und geistige Vorgänge und Zustände, besonders Gemütsbewegungen, sichtbar werden. Das geht auch aus Spielanweisungen hervor, die sich auf hörbare Wahrnehmungen beziehen. Wenn ein Schauspieler schluchzte, schrie, so verzog er auch sein Gesicht. — In der folgenden Aufzählung ist die sich an die Gebärde anschlieſsende oder mit ihr gleichzeitige Rede durch einen Doppelpunkt angezeigt.

Ruhe, Gleichmut.

Ben. Weihn. 166 *Voce sobria et discreta respondeat Augustinus:* — 237 *Deinde Maria vadat casualiter, nichil cogitans de Elisabeth vetula Iohanne impregnata.* — Bord. Mkl. S. 289 *et omnia, que unc fiunt ab illis quinque personis, non debent fieri cum festinatione nec nimia mora sed medio et bono modo.* Auch der Ausdruck des Schmerzes soll *cum moderamine, cum devotione* geschehen, *plangendo in eadem nota et tono discreto.*

Nicht von Rede der agierenden Person begleitet ist der Fall Ben. Weihn. 237.

Schläfrigkeit.

Erl. Ost. 907 *Tunc medius surgens de sompno apparens sompnolentus dicit:*

Trauer, auch körperlicher Schmerz.

Die Kategorie ist die reichste. S. den Kindermord, die Marienklagen, Kreuzigungen, die Bekehrung Magdalenas, die Krankheit und den Tod Lazarus', Petrus' Reue.

Freis. O. Rach. 73 *Rachel plorans super pueros dicat:* — Ben. Pass. 91 (Maria Magdalena) *vadat ad dominicam personam cantando flendo:* — 117 *Tunc Maria* (Magdalena) *surgat et vadat lamentando cantans:* — 204 *Tunc Iudas ad pontifices vadat cantando et reiectis denariis dicit flendo:* — 233 *Item mater domini omni ploratu exhibens multos planctus et clamat ad mulieres flentes et conquerendo valde:* — Nürnb. Ostf. S. 18 *Maria* (Magdalena) *mox conversa ad personam dominicam, quam presentem videns nec tamen adhuc cognoscens, ita prosequi debet cantando suppressa voce:* — Frankf. Pass. Dir. 115 *et Ihesus lacrimabitur coram Iudeis* über Lazarus' Tod. — 187 (Petrus) *recordatus, quod dixerat Ihesus* —, *incipiet flere et dicat:* — S. Gall. Pass. 508 *Ihesus turbatus,* über den Tod Lazarus', *dicat:* — 839 *dominus respicet Petrum, qui egressus fleat amare.* — Kath. S. 171 *Circumstantes debent ululare,* bei der Enthauptung Katharinens. — Trier. Mkl. S. 263, 6 *Tunc vadunt ad crucem et Maria cantat plangendo cum manibus:* — S. 265, 25 *et sic residet in terram,* Maria nach ihrer Anrede an den gekreuzigten Christus. — Wien. Pass. 136 *Tunc plangentes cantant,* Adam und Eva aus dem Paradies vertrieben: — Zehn Jungfr. S. 23 *Omnes fatue prostrate in terram cantant:* — S. 27 *Tunc omnes fatue faciant pendere coronas in capite et plangant; prima dicit:* — S. 30 *Post hec fatue vadant inter populum cantando planctos. Prima cantat:* — S. 31 *Tertia fatua vertit se ad Mariam inclinando caput cantat:* — Alsf. Pass. 3594 *Ihesus inspicit Petrum oculis, et Petrus exiit flens amare et recedit ab ipso et dicit:* — 5382 *Et sic Ihesus portans patibulum crucis propter debilitatem corporis labat sub pondere.* — 5496 *Ihesus,* das Kreuz tragend, *procedit ultra paulatim et in via cantat submissa voce:* — 5906 *Deinde Maria,* auf dem Weg zum Kreuze, *plangendo cantat:* — 5942 *Tunc Maria,* beim Kreuzgang, *plangit et canit:* — 6054 *Et tunc transeunt ante crucem plangendo manibus,* Maria und Johannes. *Maria iterum cantat:* — 6138 *Maria ponit se ad terram residendo,* unter dem Kreuz. — 6172 *Maria audita voce Christi* (Hely, hely, lamazabathani) *plangit acuta voce:* — 6217 *Et sic cadit in terram,* Maria unter dem Kreuz, *et erit amens.* — Augsb. Pass. 747 *vnd Petrus gat hin weynend vnd sprechend nachuolgenden reym:* — Cass. Weihn. 358 *Tunc,* nachdem der Hirt den Knecht durch einen Stofs mit dem Stock geweckt hat, *servus surgit orribiliter clamans:* — Don. Pass. 1295 *Iecz tůt der Salvator glich als ob er weine, und wust die ougen,* bei Lazarus' Tod. — 2373 *und so das* (den Blick Jesu) *Petrus sicht, gat er hinweg weinde und spricht:* —

3177 *Nu bruchent die Iuden den Salvator aber untugentlich, das in demselben Maria zuwurent oder dristunt sol nider sincken mit grossen achtzen und jamer, und zületzt facht sy an mit cláglicher gebírd und spricht:* — 3197 *Und damit falt sy,* Maria bei den Mißhandlungen, die Christus erleidet, *aber dahin amechtigklich und spricht dar uff Iohannes sy ze trósten:* — 3831 *und falt Maria hin, als ob ir geschwunden, und den spricht sie cláglich,* mit Christi Leichnam in ihrem Schoſs: — Eger. Pass. 453 *Eva lamentabiliter respondit,* Gott auf seinen Vorwurf: — 5009 *Tunc,* nach Maria Magdalenens Bekehrung, *venit Sathanas et insanit dicens:* — 1613 *Ioseph dicit ad Mariam valde lamentabiliter,* nach der Abweisung in Bethlehem: — 1957 *Herodes cum tristica dicit ad reges,* die h. drei Könige: — 4966 *Ihesus cadit ad terram quasi in exthasi.* — 5332 *Et sic quartus,* der Geisler, *cadit in terram,* vor Erschöpfung. — 5336 *Tunc Ihesus inclinans se, ac si vellet cadere in terram.* — 6636 *Et sic Maria patitur exthasim.* — Himm. Mkl. S. 403 *Et facit quasi cadere velit,* Maria bei der Klage um Christus. — Luz. Grabl. 157 *Tunc applicent servi scalas et linteum sternant, et ascendat Nicodemus a tergo crucis et in summitate crucis intuens corpus crucifixi moveat caput alta et lamentabili voce dicens:* — Red. Ost. H. 1928 *Item Lucifer lamentando,* über seinen Fall: — Rhein. j. Tag 801 *Schrigt ein sel:* — 825 *Schrigt aber ein sel:* — Sterz. Mkl. S. 123 *Prima persona plangit cantando:* — *deinde plangit secunda persona cantando:* — S. 127 *Tertia persona,* die Jungfrau Maria, *cantanto plangit:* — S. 133 *Tertia persona,* die Jungfrau Maria, *ad populum extensis manibus cantando,* sie wünscht sich den Tod: — Wien. Ost. H. S. 306, 25 *Der teufel nimt eine sele, und die sele schreit:* — S. 327, 21 *Maria, Magdalena, get weklagende und singet:* — Wolf. Mkl. 1 *et debet cantari — lamentabiliter:* — 211 *Maria sumit crucem in brachium,* und klagt über Christi Leiden: — 421 *Maria,* die h. Jungfrau, *cadit ad sepulcrum, Iohannes lenit eam. Iohannes dicit:* — Wolf. Sünd. 2181 *Adam, Eva et alii patres clamant,* in der Vorhölle, *sicut suus desiderat.*

Nicht von Rede der agierenden Person begleitet sind die Fälle Frankf. Pass. Dir. 115, S. Gall. Pass. 839, Kath. S. 171, Trier. Mkl. S. 265, 25, Zehn Jungfr. S. 27 zum Teil, S. 30 z. T., Alsf. Pass. 3594 z. T., 5382. 6054 z. T., 6138. 6217, Don. Pass. 1295. 3177 z. T., 3197 z. T., 3831 z. T., Eger. Pass. 4966. 5332. 5336. 6636, Wolf. Mkl. 421 z. T., Wolf. Sünd. 2181.

Mitleid.

Freis. O. Rach. 87 *Tergat hic consolatrix oculos Rachelis:* — Don. Pass. 2901 *Hie sol Pilatus tûn und ersunfsen, als ob in der Salvator ubel erbarmet, und stat uff vom stůl, gat her fûr, spricht zů allen Iuden:* — Wolf. Mkl. 421 *Maria*, die h. Jungfrau, *cadit ad sepulcrum. Iohannes lenit eam. Iohannes dicit:*

Nicht von Rede der agierenden Person begleitet sind die Fälle Don. Pass. 2901, Wolf. Mkl. 421.

Zorn.

Freis. Her. S. 59 *et proiiciat librum*, Herodes, der über die Antwort seiner *suibe* erzürnt ist. — Freis. O. Rach. 57 *Rex de solio prosiliens cantet*, Herodes über die Nachricht vom neuen König erzürnt: — Teg. Ant. 412 *Tunc Antichristus commotus dicit ministris:* — Ben. Weihn. 118 *Veniat archisynagogus cum magno murmure sui et suorum, quibus dicat Augustinus.* — 382 *respondet Herodes cum magna indignatione:* — 390 *Herodes maxime indignatus vocari faciat archisynagogum.* — Dor. S. 290, 13 *Fabricius furore succensus ad Dorotheam dicit:* — Frankf. Pass. Dir. 30 *Herodes furioso animo dicat*, er befiehlt seinen Dienern, Johannes den Täufer gefangen zu nehmen: — Wien. Pass. 391 *Maria* (Magdalena) *vero quasi indignans verba nuncii*, der sie zum Gastmahl des Symon lädt, *peragat officium suum ut prius.* — Alsf. Pass. 556 *Herodes dicit furioso animo*, zu Johannes dem Täufer: — Augsb. Ost. H. 2409 *Lucifer schreyend antwurt:* — Don. Pass. 173 *und so sy also siczent, stost Maria Magdalena das spil frdvenlich von ir und wust uff und spricht:* — 475 *und fachent die Iuden an zů murmeln*, auf Jesu erzürnt. — 553 *Yetzund fachent aber an die Iuden fast zů murmeln*, gegen Christus, *und spricht Keyphas, der bischoff:* — 1103 *Nu gat Leviathan har zů und stost Marcellum*, den geheilten Blinden, *uss dem tempel zornenklichen und spricht:* — 1409 *Caiphas antwurt frdvenlich.* — 3871 *die hell sol nit uff gan*, als Cusbrist an die Thüre stöst, *und den machent die tuffel ein wild gefert in der hell.* — 3877. — 3882 *Und so die hell uf gat, machend die tuffel ein wild geschrey — und die wil sy also brůlend, den fachend die engel an ze singen dis nach geschriben gesang.* — 3999 *Samson wust uff und spricht zornenklich:* — Eger. Pass. 423 *Et tunc*, nachdem Eva vom Apfel gegessen, *Adam accedit ad Evam, horribiliter eam inspiciendo et summens pomum dicit:* — 2291 *Herodes horribiliter clamat de recessu eorum*, der h. drei Könige, *dicens:* — 3009 *Tunc venit Sathanas et insanit dicens*, über Maria Magdalenas Bekehrung: — 3071 *Iudas clamans*, über die Verschwendung der Salbe, *in mensa dicit:* — 6180 *finitis dicit furiose*, Pilatus zu den Juden: — 8209 *Et sic commedit de lagina et subridit* (Thomas) *Mariam. Mariam irascitur dicens:* — Frankf. Pass. 1862 *Iudei murmurant ululantes*, beim Einzug Christi. — M. Magd. 666 *Procus recipit servo gladium*, um die Kupplerin zu töten.

Nicht von Rede der agierenden Person begleitet sind die Fälle Freis. Her. S. 59, Ben. Weihn. 118, Don. Pass. 475. 553 z. T., 3871. 3877. 3882, Eger. Pass. 423 z. T., Frankf. Pass. 1862.

Furcht, Schrecken.

Ben. Pass. 154 *Et turba retrocedat*, bei der Gefangennahme Christi, s. S. Gall. Pass. 712 und in den übrigen Passionen. — Cass. Weihn. 27 *Maria perterrita*, durch die Verkündigung Gabriels, *hac vice non respondet.* — Don. Pass. 169 *Mit dissem gat Matusalem*, der Magdalena ermahnt hatte, *enweg und stost Magdalena das spil von ir und siezt erschrockenlich stil, als ob sy ir förcht.* — Eger. Pass. 2061 *Maria dicit ad reges*, die h. drei Könige, *et suscipit eos cum timore:* — 4374 *Et hoc*, die Gefangennahme Christi, *videntes apostoli, omnes absconso modo fugiunt.*

Nicht von Rede der agirenden Person begleitet sind die Fälle Ben. Pass. 154, S. Gall. Pass. 712 usw., Cass. Weihn. 27, Don. Pass. 169, Eger. Pass. 4374.

Hohn, Spott.

Ben. Pass. 190 *Tunc dicant Iudei plasphemando ad Iesum: ave rex Iudeorum.* — Ben. Weihn. 78 *Archisynagogus cum suis Iudeis valde obstrepet auditis propheciis et dicat trudendo socium suum, movendo caput suum et totum corpus et percuciendo terram pede, baculo, etiam imitando gestus Iudei in omnibus et sociis suis indignando dicat:* — 126 *Respondeat archisynagogus cum nimio cachinno:* — 232 *Inter cantandum omnia ista*, Reden der Propheten und des Augustinus, *archisynagogus obstrepet movendo corpus et caput et deridendo predicta.* — Zehn Jungfr. S. 26 *Omnes diaboli clamant: Prelle, herre, prelle.* — Augsb. Ost. H. 2223 *die teufel spottend der altudtter, vnd lucifer spricht zů in:* — Eger. Pass. 6970 *Pilatus faciens ante se crucem dicit ad Ioseph* (de Arimathia), *irrisorie:* — 6396 *Cayphas dicit irrisorie:* — 6409 *Annas deludit eum* (Christum) *dicens:* — 8209 *Et sic comedit de lagina et subridit Mariam* (Magdalenam Thomas).

Nicht von Rede der agierenden Person begleitet sind die Fälle Ben. Weihn. 232, Augsb. Ost. H. 2223 z. T., Eger. Pass. 8209.

Stolz.

Ben. Weihn. 398 *Modo veniat archisynagogus cum magna superbia.* — 406 *Respondeat archisynagogus cum magna sapientia et eloquentia:* — Wien. Pass. 6 *Hic Lucifer de angelis ibidem in ornatu sedens contra dominicam personam praesumens de sua pulcritudine sic orditur:* — 279 *Maria Magdalena exeat in superbia cantans cum uno iuvene:*

Nicht von Rede, Gesang begleitet ist der Fall Ben. Weihn. 398.

Scham.

Wien. Pass. 110 *Sumat Eva pomum et det Ade. Adam statim comedit, et erubescentes tegant pudibunda perizomatibus et dolentes consedeant.* — Eger. Pass. 435 *Eva lamentabiliter clamans sequitur Adam dicens:* klagt über ihre Nacktheit.

Nicht von Rede, Gesang begleitet ist der Fall Wien. Pass. 110.

Liebe.

Ben. Pass. 246 *Tunc Maria complexatur Iohannem et cantet cum habens inter brachia:* — 255 *Tunc iterum amplexetur Iohannem et cantet:* — Nürnb. Ostf. S. 18 *Max — dominica persona — leni voce dicat Marie* (Magdalenae): — Wien. Pass. 279 *Maria Magdalena exeat in superbia cantans cum uno iuvene, quem interdum amplexatur.* — Zehn Jungfr. S. 15 *Dominica persona cantat et agit: Dicite invitatis, ecce prandium meum paravi. Venite ad nuptias.* — S. 26 *Dominica persona ad Mariam leniter:* — Alsf. Pass. 6108 *Salvator cantat submissa voce: Mulier, ecce filius tuus.* — 6739 *Et sic osculat wolnera Christi,* Maria, den toten Christus im Schofse haltend. — Augsb. Pass. 2521 *Salvator erscheint Maria, seiner mutter, vnd vmfacht sy vnd singt: Salve sancta parens:* — Wolf. Mkl. 211 *Maria sumit crucem in brachium: owe der iammerliken leide.*

Nicht von Rede, Gesang begleitet sind die Fälle Wien. Pass. 279, Alsf. Pass. 6739.

Freude.

Himmelg. Pass. S. 394 *et accedant angeli,* nach Christi Versuchung, *et ministrent ei et cantent dulcisona voce iubilando:* — Nürnb. Ostf. S. 19 *Quo finito Maria Magdalena procedat in occursum discipulorum quasi gaudens nunciatura eis resurrectionem domini ita cantando:* — Zehn Jungfr. S. 18 *Tunc fatue corizando et cum magno gaudio vadant ad alium locum.* — Red. Ost. H. 259 *Post hec exultantibus animabus in inferno Abel dicit:*

Nicht von Rede, Gesang begleitet sind die Fälle Zehn Jungfr.
S. 18, Red. Ost. H. 259 z. T.

Ehrfurcht, Gebet, Bitte, Dank.

Nürnb. Ostf. S. 18 *Maria Magdalena sola circa sepulchrum de
sublatione corporis domini flexis poblitibus ita cantet:* — S. 18 *Ad
hanc vocem* (Christi) *illa* (Maria Magdalena) *quasi cognito Domino
procumbat ante ipsum et volens pedes amplexari dicat:* — S. 19 *Post
hec,* nachdem Maria Magdalena Christus erkannt hat, *exhibeat se
Maria cum reverentia quasi auscultatura verba ipsius.* — S. 19 *Tunc
Maria tribus vicibus flexis genibus ita cantet:* — S.Gall. Pass. 436
Tunc caecus procidens ad pedes Ihesu dicat: — 508 *Quo audito
Maria* (Magdalena) *vadat ad Ihesum et procidens ad pedes eius canat
antiphonam:* — Innsbr. M. Himm. 2360 *Deinde omnes angeli cantant
flexis genibus:* — Kath. S. 171 *Katherina flexis genibus cantat,* bei
ihrer Enthauptung: — Zehn Jungfr. S. 24. 26 *Maria flexis genibus
cantat, dicit:* für die thörichten Jungfrauen bittend. — Alsf. Pass.
6679 Nicodemus und Joseph wollen Christi Leichnam begraben.
Tunc Maria cadens ante Ioseph et dicit: sie beschwört ihn, ihr den
Leichnam zu lassen. — 6685 *Tunc Nichodemus et Ioseph portant
eum ultra. Maria sequendo eos dicit:* erneute Beschwörung an beide. —
Bord. Mkl. 875 *Iohannes concludit — devotissime dicens:* — Don.
Pass. 21 *den stat der proclamator uff und gat enmitten in blatz mit
hoflicher berd und spricht:* — 309 *den so knüwt sy,* Maria Magdalena vor Jesus, *nider uff ir knüw mit uff gehepten henden und
spricht:* — 929 *Uff das falt das fröwly,* die Ehebrecherin, *nider uff
sine knüw und spricht zu dem Salvator:* — 1113 *Ietz falt Marcellus,*
der geheilte Blinde, *mit uff gehepten henden gegen den Salvator uff
die knüw und spricht:* — 1289 *Nu stat Maria,* Magdalena, *uff und
gat zů dem Salvator, falt uff ire knüw und spricht:* — 1309 *und
facht der Salvator mit uff gehepten henden und ougen in himel an
und spricht:* — bei der Erweckung Lazarus'. — Eger. Pass. 3009 *Et
sic iacet prostrata ante pedes Ihesu,* Maria Magdalena. — 3901 *Et
sic Ihesus faciens reverenciam Marie et aliis mulieribus deinde dicit
ad discipulos:* — Luz. Grabl. 31 *Deinde Ioseph ab Arimathia cum
duobus servis accedat Mariam, inclinando se dicat:* — 51 *Deinde
vadat Ioseph,* von Arimathia, *cum duobus servis ad Pilatum et de-
posito pileo dicat:* — 139 *Tunc Nicodemus genu flexo dicit,* im Gebet
an Christus: — Sterz. M. Lichtm. S. 99 *Honeste incedens loquendo
dicat Praecursor:* — Sterz. Ost. S. 151 *Et tunc personae canunt*

erigendo se: Die drei Marien haben also vorher am Grabe Christi, gekniet. — S. 158 *Maria Magdalena canit inclinando se*, vor dem ihr erscheinenden Christus: — Wien. Ost. H. S. 329, 21. 330, 21 *Maria*, Magdalena, *kniende spricht, singet*, zu dem ihr erscheinenden Christus:

Nicht von Rede der agierenden Person begleitet sind die Fälle Nürnb. Ostf. S. 19, der erste, Eger. Pass. 3009. 3901.

Erstaunen.

Ben. Weihn. 242 *qua* (stella) *visa tres reges a diversis partibus mundi veniunt et ammirentur de apparitione stelle, quorum primus dicat:* — Cass. Weihn. 346 *Et angelus*, der den Hirten die Geburt Christi verkündet hat, *recedit. Tunc pastor surgit servo manente et vidit sursum, ubi illa vox esset, et ponit se viceversa dormitum.* — Don. Pass. 2341 *Uff sollichs antwurt der Salvator nut, das sich Cayphas verwundert, und so er nut wil reden, facht Cayphas an und spricht:* — Eger. Pass. 8243 *Et Thomas obstupuit*, beim Erscheinen Christi.

Nicht von Rede der agierenden Person begleitet sind die Fälle Ben. Weihn. 242 z. T., Cass. Weihn. 346, Don. Pass. 2341 z. T., Eger. Pass. 8243.

Erregtheit, Ergriffenheit überhaupt.

Ben. Pass. 184 *Iesus paulatim dicit*, zu Pilatus: *Regnum meum non est de hoc mundo.* — Ben. Weihn. 38 *Tercio loco Sybilla gesticulose procedat, que inspiciendo stellam cum gestu mobili cantet:* — 274 *Hoc*, die vorhergehende Rede, *dicat primus* der h. drei Könige *semper inspiciendo stellam:* — 309 *Dicat tertius* der h. drei Könige *monstrando et disputando de stella:* — Nürnb. Ostf. S. 18 *Finito responsorio Maria* (Magdalena) *secunda vice prospiciens in monumentum repetat:* — S. 18 *Quo finito Maria* (Magdalena) *tercia vice introspiciens sepulchrum repetat:* — S. 19 *et dominus ad eam* (Maria Magdalena) *auctorabili voce dicat:* — Dor. S. 287, 9 Beginn des Stückes nach dem Prolog. *Primus miles Grim dicit haec 'Herre Fabricius, sagå mir, Waz ist nú dînem herzen gir? Oder was nåch trahtet dîn mût'?* Fabricius mufs also nachdenklich dastehen; sonst ist die Rede unverständlich. — Don. Pass. 2333 *Dissem nach springt Iesse neben Cayphas uff den stûl und hept sin hend uff, als ob er ein eyd schwer, und spricht:* — Eger. Pass. 4167 Nachdem Judas beim Abendmahl gegenüber den Andeutungen Christi seine Treue betheuert hat: *Et sic surgit de mensa et transit hinc inde usque finitur conclusio Salvatoris.*

Nicht von Rede der agierenden Person begleitet sind die Fälle Ben. Weihn. 38 z. T., Dor. S. 287, 9, Eger. Pass. 4167.

Veränderte Zustände, Vorgänge sind dann auch: etwas sehen, hören, einschlafen, erwachen, stürzen, fallen, krank, ohnmächtig, gelähmt werden, sterben, vom Blitz erschlagen werden, verschwinden, s. oben S. 29.

Hier wie bei den Handlungen sind die Spielanweisungen oft unvollständig; s. meine Abhandlungen zum altdeutschen Drama S. 10. In Theoph. Helmst. 606 z. B. fehlt die Anweisung, daß Theophil jetzt einschläft, s. oben S. 45 über Dor. S. 287, 9.

2) Handlungen.

Die erste Aktion des Schauspielers ist sein Auftreten auf der Bühne, was öfters von allen gemeinsam in Form einer Prozession geschieht, s. unten, die letzte das Verlassen der Bühne; s. meine Abhandlungen zum altdeutschen Drama S. 5.

Ferner sind die Schauspieler häufig während des Stückes in Bewegung. Die Einzelnen verlassen ihre Standorte, begeben sich wieder auf dieselben zurück, gehen im Kreise herum, gehen von einem Ort zum andern (s. Innsbr. Mar. Himm. 921), in einen Ort hinein und wieder heraus, suchen jemand, gehen ohne praktisches Ziel herum, hin und wider (Alsf. Pass. 728 *Et sic recedit circueundo et auscultando*, Sathanas, 784 *transeunt transeundo*, Eger. Pass. 3557 *Iudas transit in circulo*, 3645 *Et sic Iudas transit vagatum hinc inde*, 7979 *Et transit hic inde lamentando*, Maria Magdalena, 7995 *ortulanus*, Christus, *transiens hinc inde in ortu cum fossorio*, Theoph. Trier. 526 *Hyr geit Theophilus in den kreis her unde der unde klaget, wo he verdreven sy*).

Außer dem Gehen kommt vor: aufstehen, sich setzen, knieen, sich legen, sich auf die Erde hinstrecken, hinauf-, hinabsteigen (Don. Pass. 389), fallen, im Laufe stürzen, laufen, fliehen, springen, tanzen (Frankf. Pass. Dir. 65, Alsf. Pass. 938 *dissolutis manibus*, 1026. 1796 *cantat corizando sola*, Erl. Ost. 353 *saltat cantando*), fliegen (Don. S. 294, 23 *daemon per aerem clamat?*), blicken, herumsehen (Frankf. Pass. 4151 *quo facto*, nach Christi Tod, *veniens Luciper et dicens vydens hinc inde*), horchen (Don. Pass. 1047), sprechen, zu einem Schauspieler, zu mehreren, zum Publikum, zu niemand gewendet, schwören, klagen, singen (im Schlafe Theoph. Helmst. 692), sich schlafen legen.

Dann Handlungen, zu denen der Einzelne ein Gerät, ein Tier oder ein Dekorationsstück des Standplatzes bedarf: reiten, fahren, etwas holen, bringen, hinlegen, nehmen, tragen — Opfergerät, das Kreuz, Puppen, welche Seelen, kleine Kinder darstellen, — sich umkleiden, sich waschen, sich das Gesicht abwischen, etwas anblicken (Frankf. Pass. Dir. 230 *Item dicet Ihesus aspiciens in celum*, Frankf. Pass. 3625 *Ihesus quoque inspiciat crucem dicens*. 3749 *Quo facto venit Iohannes volens videre crucem*, 4149 *Et modica pausa Ihesus aspiciens in celum (t dicit)*. essen, trinken, Brot brechen, Wein segnen, ein Kind gebären, wickeln, wiegen, die Herde treiben, Vieh füttern, anklopfen, die Thür auf- und zumachen, sie einstofsen, an das Grab stofsen, den Tisch decken, abdecken, Feuer machen, Sessel, Leuchter hinstellen, Geld zählen, schreiben, opfern, lesen, Bücher aufschlagen, musizieren, ein Boot (die Arche) bauen, mit Bogen schiefsen, auf einen Baum steigen, Laub streuen, Gewand auf den Boden breiten, einen Kram aufschlagen, Arznei bereiten, Kränze binden, auspacken, die Krone ablegen, die Fahne senken, das Inri am Kreuz befestigen, Götzen zerstören, das Grab versiegeln, sich erhängen, Vögel fliegen lassen, zappeln lassen, s. oben S. 34. 37, Feuer vom Himmel werfen.

Viele Handlungen des einen können nur an dem andern vollzogen werden, oft vermittelst einer Sache, eines Gerätes, so dafs sich für das Publikum zweigliedrige, auch mehrgliedrige Gruppen darstellen, deren eine Person handelnd ist, während eine andere Person oder mehrere leiden, oder deren beide Personen sich in die Handlung teilen. Schaffen, wie der Schöpfer den Menschen, einem etwas anbieten, bringen, reichen, geben, etwas verteilen, einen anblicken, sich zu jemand wenden (so Jesus zu Petrus, Frankf. Pass. Dir. 186 *Cum hec dixerit Petrus, gallus cantabit; Ihesus quoque Petrum inspiciat*, S. Gall. Pass. 839 *Nunc cantat gallus et dominus respicet Petrum*, Alsf. Pass. 3594 *Hoc facto gallus cantat ut prius. Ihesus inspicit Petrum oculis*, Augsb. Pass. 747 *Yetz krät der han vnd sicht ihesus petrum an*, Don. Pass. 2373 *Und in dissem facht der han an se kreyen, und denn lügt der Salvator hinder sich Petrum an, und so das Petrus sieht, gat er hinweg weinde*, Eger. Pass. 4568 *Tunc gallus cantat et Ihesus respicit Petrum*, Frankf. Pass. 2614 *Cum hoc dixerit Petrus, gallus cantavit [l. cantabit]. Ihesus quoque Petrum inspiciat*. Oder Frankf. Pass. Dir. 231 *Cum hec dixerit Ihesus*, am Kreuz, *aspiciens matrem eius dicat*: und empfiehlt ihr Johannes, S. Gall. Pass. 1028 *Tunc servus vertens se ad Pylatum dicat*, 1154 *Tunc Ihesus*, am Kreuz, *respiciens Mariam dicat ad eam:* und empfiehlt ihr Johannes. Alsf. Pass. 6112 *Salvator, am Kreuz, vertit se ad Iohannem et cantat:* er empfiehlt ihm Maria, Eger. Pass. 423 *Et tunc Adam accedit ad Evam horribiliter eam aspiciendo,* Frankf. Pass. 3971 *Maria videns Ihesum in cruce dicit.)* — Einen berühren wollen, berühren, auch mit dem Schwert (Sterz. Ost. H. S. 146), wie Simon oder Johannes es Marien thut (Bord. Mkl. S. 289, Sterz. M. Lichtm. S. 107), einen bei der Hand nehmen, führen, aufstellen, einem etwas zeigen, einen salben, einem die Füfse waschen, einen bekleiden, verkleiden (Alsf. Pass. 690), Lebende und Tote, auch den nackten Christus mit dem Lendentuch, bekränzen, entkleiden, entblöfsen, speisen, heilen, auferwecken, trösten, aufheben, in den Arm nehmen, halten, küssen (Ben. Pass. 180), tragen, herabheben vom Kreuz, niederlegen, sich einem an die Brust legen, einen auf den Schofs nehmen (Maria Christus, Pietà), einen anreden, begrüfsen, durch Verbeugung, durch Abnehmen des Hutes (Luz. Grabl. 51), einen verehren, krönen, anbeten, anflehen, einem danken, sich von einem verabschieden, ein Kind wiegen, wickeln, wenn es ein Schauspieler, keine Puppe ist, einen taufen, begraben, einem das Kreuz tragen helfen, von einem etwas kaufen, einem das Banner übergeben, einen zum Ritter schlagen, einem vorlesen (Augsb. Pass. 1444, Red. Ost. H. 997), einen ausspionieren, behorchen, die zu einem dritten oder beiseite gesprochene Rede hören (Alsf. Pass. 728 *Et sic recedit Sathanas circueundo et auscultando de fine huius facti,* die Gefangennahme Johannes des Täufers, die 814 erfolgt, Don. Pass. 303 *dise red,* die Oseas zu den Aposteln gehalten hat, *gehört der Salvator und spricht zů den Iuden,* 2019 *Nu falt der Salvator uff das antlit und blipt also ligen,* auf dem Ölberg, *und kumpt Iudas in garten dieplich slichen und geschout im wol, und dem nach gat er dann in Cayphas huse und spricht.* 2067 *Iudas sol den Salvator etwe dick hinden zů schlichende geschowen urd allewegen den Iuden tůten, das sy still stand,* Eger Pass. 3051, — dann gewifs auch oft, wo Bühnenanweisungen fehlen; so wenn Christus die beiseite gehaltene Rede des Simon leprosus hört, Alsf. Pass. 2777, Eger. Pass. 3045, Frank. Pass. 1306, der Krämerarzt die Klage der drei Marien, Eger. Pass. 7864, der alte Priester die Rede der zwei jungen, Sterz. M. Lichtm. S. 101), einen bedrohen, fortjagen, gefangen nehmen, berauben, fesseln, fortschleppen, kämpfen, fliehen, einen verhöhnen, anspucken, zum Hohn bekleiden, zum Hohn mit ihm spielen, mifshandeln, das Ohr abhauen, am Ohr ziehen (Frankf. Pass. 2399), töten, kreuzigen, enthaupten, verbrennen, hängen, den Leib aufreifsen,

s. Don. Pass. 2479, oben S. 34 f., mit dem Bogen, der Schleuder er-
schiefsen, in die Hölle schleppen. Bei Verhöhnungen, Mifshandlungen, Tötungen eine Fülle von kleinen Handlungen, aus denen
die Verhöhnung, Tötung, Mifshandlung sich zusammensetzt. — Zu
einem Schauspieler oder zum Publikum sprechen auch ohne hörbare Rede, Ben. Pass. 58 *et cum parum locuntur*, Magdalena und
ihr Liebhaber, *cantet Maria*, S.Gall. Pass. 1002 *Hic diabolus susurrat uxori Pylati dormienti*, Frankf. Pass. 1876 *Diabolus vadat
ad Iudam sibulando sibi in aurem, ut tradat Christum*, 2112 *Diabolus
venit et sibulat Iude in aurem, surgit et vadit ad Iudeos, quibus
Iudas sibulat in aures tacendo.* Letzteres ist Unsinn: Judas hat
gar keinen Grund, den Juden seine Rede zuzuflüstern. Er soll nur
die Gebärde haben zu sprechen, ohne dies wirklich zu thun, da
die gesprochene Abendmahlsscene fortdauert.

Gleich oder ähnlich ist die Thätigkeit beider Schauspieler bei
Handlungen wie: mit einem würfeln, Frank. Pass. Dir. 225, Alsf.
Pass. 5694, Don. Pass. 3352, Eger. Pass. 6294, Prankf. Pass. 3809,
mit einem Brett spielen Don. Pass. 127, mit einem tanzen Alsf. Pass.
1770. 1790, Frankf. Pass., mit einem auf Instrumenten musizieren
Erl. Weihn. 1. 49, Don. Pass. 21. 127, mit einem wettlaufen, wie
Petrus und Johannes, Frankf. Pass. Dir., Nürnb. Ostf., Innsbr. Ost.
H., Eger. Pass., Erl. Ost., Sterz. Ost., Wien. Ostf., Wien. Ost. H.,
mit einem raufen, kämpfen, abgesehen von Schlachten Innsbr. Ost.
H. 204. 628, Alsf. Pass. 7411, Cass. Weihn. 636, Don. Pass. 4033,
Sterz. Ost. S. 148, Wien. Ost. H. S. 312, 5.

In der Regel beschränken sich die veränderten Zustände und
Handlungen des Schauspielers, wo er nicht einen Weg zurückzulegen
hat, auf seinen Bühnenort. Zuweilen aber richten sie sich auf
Dinge oder Personen aufserhalb desselben. Teg. Ant. 287, der deutsche
König sieht von seinem Thron aus die Heilungen des Antichrists in
Jerusalem. Frankf. Pass. Dir. 186 *Cum hoc dixerit Petrus, gallus
cantabit; Ihesus quoque Petrum inspiciat* usw., s. oben S. 47. Alsf.
Pass. 491 *Et sic digito demonstrando eum* (Johannes der Täufer auf
Christus zeigend), *Ihesus surgit a loco suo, vadit ad Iohannem.*
1198 *Interea Salvator videns Petrum et Andream qui stant a longe,
vocabit eos ad apostolatum dicens eis.* 2333 *Tunc Sinagoga cantat
et dicit, Lazaro demonstrando Ihesum.* 3790 im Praetorium ist sichtbar, was vor demselben geschieht. Bord. Mkl. 187 Maria sieht von
weitem etwas an einem Baum sich winden wie eine Schlange. Don.

Pass. 1261 Martha: *wann ich han gesehen, das Ihesus kunt*, 2019.
2067 Judas sieht auf dem Ölberg, dafs Christus betet, Red. Ost. H.
1485 David in der Vorhölle sieht Christus von weitem. S.Gall.
Pass. 106 bei Christi Taufe singt Gott vom Himmel herab, wird
also auf Erden gehört, Alsf. Pass. 528 ebenso. Alsf. Pass. 728 *Et
sic recedit* (Sathanas) *circueundo et auscultando de fine huius facti*
(Gefangennahme Johannes' des Täufers). 1555 Sinagoga scheint
von ihrem Standplatz aus die Rede des Blindgeborenen an Christus
zu hören und Nathan die Christi. Eger. Pass. 6144 Maria hört
die Hammerschläge der Kreuzigung von weitem, 7864 der Krämerarzt hört die drei Marien von weitem. Red. Ost. H. 1752 Lucifer
hört Satan von weitem, als er den Priester in die Hölle trägt.
Wolf. Sünd. 2181 David im Himmel hört die Väter in der Vorhölle.
3919 Joachim und Anna hören die Propheten bei Salomo singen.

β) bei Gruppen von Schauspielern.

Die Schauspieler stehen entweder allein auf einem Standplatz,
oder sie bilden auf demselben eine scenische Gruppe von zwei
Personen bis zu sehr hohen Zahlen, entweder vom Anfang des
Stückes an, oder sie treten während des Stückes zu solchen Gruppen
zusammen. Die scenischen Gruppen können mit den oben S. 26
besprochenen stehenden zusammenfallen.

Diese Gruppen verändern sich vor unseren Augen. Ich nehme
in den folgenden Beispielen auch Rücksicht auf Rede oder Stumm-
heit der Schauspieler, was ja nicht nur ein Eindruck für das Gehör,
sondern auch für das Auge ist.

So giebt es z. B. im Alsf. Pass. seit 464 die scenische Gruppe
Johannes des Täufers mit seinen Jüngern; 490 kommt Jesus dazu,
die Gruppe wird um eine Person reicher. 698 Satan kommt zu
Herodias. 1810 ein Soldat des Herodes kommt zu Maria Magdalena und ihrem Gefolge. 1854 kommt Martha zu Magdalena und
ihrer Begleitung. Seit 4024 giebt es die scenische Gruppe im Hause
des Herodes: Herodes und Natei; Christus und die Knechte *manent
ante ianuam Herodis*; 4052 wird Jesus hineingerufen und befragt.
5382 beginnt der Kreuzgang; die Zahl der Handelnden und Redenden
wird vermehrt; 5393 *Et sic a longe vident virum simplicem Symon
nomine. Iosaphat currens ad ipsum adducendo ipsum ad Ihesum et
dicit*. Die Zahl der unter dem Kreuz Versammelten wird 5724
durch Pilatus vermehrt, der das Inri anheftet, 6274 durch einen

stummen Engel und die redenden Teufel Sathanas und Lucifer. —
Frankf. Pass. 1649. 2997. 3392. 3749. 3779. 3887 *Iohannes manet
apud crucem, sed Magdalena, Martha et alie mulieres, qui steterunt
aput crucem, rediunt ad loca sua, ad quas mater domini dicit*, dann
3919 *Iohannes veniet de cruce dicens Marie.* 4151.

Etwas anders ist der Fall, wenn von einer redenden Gruppe
sich ein oder mehrere Schauspieler ablösen und zu einer vorher
stummen Person oder Gruppe treten, bei der nun gesprochen wird.
Alsf. Pass. Die sprechende scenische Gruppe waren seit 620 die
Teufel, unter ihnen Sathanas; 698 *Alii* (Teufel) *vadunt in infernum.
Et sie vadit* (Satanas sc.) *lento pede et dum pervenerit ubi est Herodias, exhibeat se ei quasi reverenter et dicit.* — 844 Johannes'
Schüler, die eben mit ihm im Kerker gesprochen hatten, kommen
zu Jesu, bei dem die Sprechscene sich fortsetzt. — 4450 *Ancilla
vadit ad Pilatum et dicit*, nachdem sie vorher mit ihrer Herrin
Procla gesprochen hatte. — 5340 Maria und Johannes kommen zum
Kreuz, nachdem sie vorher auf Marias Standplatz miteinander gesprochen hatten. — Frankf. Pass. 3180 *Ancilla dicit ad Pilatum*,
nachdem sie vorher mit ihrer Herrin Procla gesprochen hatte. —
3957 *Maria mater domini, Iohannes, Magdalena, Martha, Salomee
et Cleophe, Veronica vadunt ad crucem*, nachdem sie vorher an
ihrem Standplatz gesprochen hatten. — 3887 *Iohannes manet apud
crucem, sed Magdalena, Martha et aliae mulieres, qui steterunt aput
crucem, rediunt ad loca sua, ad quas mater domini dicit.*

Oder eine scenische Gruppe redet fort, nachdem sie um eine
oder mehrere Personen verringert worden ist. Alsf. Pass. 1850
Miles, der Liebhaber Maria Magdalenas, *revertitur ad castrum suum*,
Maria Magdalena aber spricht weiter, erst allein, dann mit Martha. —
3306 Jesus läfst einen Teil der Jünger vor dem Garten auf dem
Ölberg zurück und spricht weitergehend mit den anderen. — Frankf.
Pass. 2112 Judas entfernt sich vom Abendmahl, dieses dauert fort. —
2147 Judas entfernt sich von den Juden, diese sprechen fort. —
In Eger Pass. 7698 sprechen Caiphas und Abraham bis 7705 zu-
sammen; Abraham geht fort, sieht das leere Grab, die schlafenden
Wächter, kommt zurück und setzt berichtend das Gespräch mit
Caiphas fort.

Oder es gehen zwei oder mehrere von einer Gruppe fort und
bilden sprechend eine neue Scene. Alsf. Pass. 784 die Knechte
haben von Herodes den Auftrag bekommen, Johannes zu suchen.

Et sic transeunt transeundo, das heifst, sie gehen suchend hin und
her und sprechen dabei.   S. unten.

Oder es bilden Glieder einer gröfseren Gruppe eine besondere
kleinere, ohne sich von der gröfseren beträchtlich zu entfernen.
Alsf. Pass. 964 Gastmahl des Herodes.   Die Frau des Herodes, ihre
Tochter, die später hinzutritt, Satan.   Am Anfang: *Filia conversa
ad matrem dicit*, nachdem sie früher mit Herodes gesprochen hatte.
Nach der Zwischenscene 992 *Et sic convertat se* (filia sc.) *ad regem.* — 2777 Gastmahl des Symon. Symon spricht zu anderen sein
Erstaunen über Jesus aus.   Aber vielleicht spricht er zu sich
selbst. — 2827 Gastmahl bei Symon.   Philippus und Maria Magdalena
ergehen sich in Betrachtungen über das Geschehene.   Satan tritt
klagend zu Maria Magdalena.   Dann erst wird die Tafel bei Symon
aufgehoben. — 3126 Abendmahl. *Iohannes ponit se ad pectus Ihesu
et dicit — Ihesus respondit clandestine Iohanni dicens.* — 3606
Verhör Christi bei Caiphas.   Judas will den Juden das Blutgeld
zurückgeben, wird abgewiesen.   Ein Teil der Verhörsgruppe ist
also mit ihm beschäftigt.

Ähnlich ist es, wenn eine Person eine andere beiseite nimmt.
Augsb. Pass. 994 *Als nun Annas in Cayphas haws kumpt, so gand
sy auf ain ort* und sprechen dort zusammen; im Hause Caiphas'
ist auch Christus mit den Schergen. — Frankf. Pass. 3344 *Tunc
assumens Pilatus Nicodemum et suos ad pretorium et dicit.*

Die veränderten Zustände und Handlungen der Gruppen sind
zum Teil schon oben S. 36, bei denen der einzelnen Personen, aus
denen ja die Gruppen bestehen, angegeben worden: sehen, hören,
stürzen, fallen, — gehen, auftreten, abtreten am Spielanfang und
-ende in Form einer Prozession, s. meine Abhandlungen zum altdeutschen Drama S. 5, gehen von einem Standort zu einem andern
(Mastr. Pass. 674 Satan und Christus bei der Versuchung, Alsf. Pass.
2271 *Hic vadunt pariter ad sepulcrum*, Jesus, die Jünger, Lazarus'
Schwestern und die Juden, 3306 Jesus und die Jünger vom Abendmahl zum Ölberg, 7361 *Tunc milites et omnes Iudei veniunt ad Pilatum*, 7866 *Tunc ibunt ante celum omnes cum Ihesu*), fliehen (Teg.
Ant. 436 *omnibus fugientibus*), jemanden suchen (Alsf. Pass. 784),
tanzen (S.Gall. Pass. 156, Zehn Jungfr. S. 18, Alsf. Pass. 1770. 1790,
Cass. Weihn. 181. 326, Wien. Ost. H. S. 302, 11, kleine Gruppen, —
Innsbr. M. Himm. 2457, Alsf. Pass. 139. 6352. 6523, Eger. Pass. 899,
Wien. Ost. H. S. 300, 7, grofse; besonders beteiligt sind Maria Magda-

lena mit ihrer Gesellschaft, die Fatuae, Teufel, Juden, die Grabwächter), blicken (Alsf. Pass. 7908 *Apostoli aspiciunt in celum cantando* bei Christi Himmelfahrt), riechen (*olfacere*, Don. Pass. 4063,
die drei Marien an der Salbenbüchse), sprechen (ohne hörbare
Worte, Ben. Pass. 58 *Tunc accedat amator, quem Maria, Magdalena,
salutet. Cum parum locuntur, cantet Maria ad puellas*), murmeln
Frankf. Pass. 545 *murmurant hebraice*, 1862 *murmurant ululantes*),
klagen, singen, verschwinden.

Dann solche, die einen Apparat erfordern: reiten, fahren, Laub
streuen, Gewand auf den Boden breiten, das Kreuz errichten,
Götzen zerstören, Feuer werfen (Alsf. Pass. 8060 *Et angeli mittunt
ignem cum tonitruo*, bei der Sendung des h. Geistes) usw.

Über solche, die zwei oder mehr Personen zusammen, oft auch
mit einem Apparat, ausführen, s. oben S. 47.

Vorgänge, bei denen eine größere Anzahl von Personen an
einem Standplatz beschäftigt werden, sind insbesondere:

Geburt und Wochenstube, 'Kindelwiegen' (Christus), Cass.Weihn.,
Eger. Pass., Erl. Weihn. — Darbringung im Tempel (Christus),
S.Gall. Weihn., Eger. Pass., Sterz. M. Lichtm. — Vermählung (Maria),
S.Gall. Weihn., Eger. Pass., Erl. Weihn. — Taufe (Christus), Frankf.
Pass. Dir., S.Gall. Pass., Mastr. Pass., Alsf. Pass. — Fußwaschung
(Christus), Frankf. Dir., S.Gall. Pass., Alsf. Pass., Augsb. Pass.,
Don. Pass., Eger. Pass., Frankf. Pass. — Salbung (Christus), Ben.
Pass., Frankf. Pass. Dir., S.Gall. Pass., Mastr. Pass., Wien. Pass.,
Alsf. Pass., Augsb. Pass., Don. Pass., Eger. Pass., Frankf. Pass.

Kauf- und Krämerscenen (die drei Marien), Ben. Pass., Muri.
Ost. H., Frankf. Pass. Dir., Don. Pass., Eger. Pass., Erl. Ost., Wien.
Ost. H., Innsbr. Ost. II., Alsf. Pass. — (Maria Magdalena), Ben.
Pass., Wien. Pass. — Vertreibung der Verkäufer (Christus), Mastr.
Pass., Alsf. Pass., Don. Pass., Frankf. Pass. — Geldaufzählen (Judas),
Alsf. Pass., Augsb. Pass.

Festlicher Aufzug. Die Eingangsprozessionen, Freis. Her. S. 61(?),
Teg. Ant., Ben. Pass., Ben. Weihn. 564, Frankf. Pass. Dir., Innsbr.
M. Himm., Innsbr. Ost. H., Kath., Zehn Jungfr., Alsf. Pass. S. 858,
Bord. Mkl., Erl. Dreik., Erl. Ost. H., Erl. Weihn., Sterz. M. Lichtm.,
Sterz. Mkl., Wien. Ost. H. — Schlußprozession, Frankf. Pass., Sterz.
Mkl., Sterz. M. Lichtm., Wolf. Sünd. 3950 (?). — Prozession im Ver-
lauf des Stückes, Alsf. Pass. 7077, Don. Pass. 1711, Luz. Grabl. 263,
s. auch S. 121. — Einzug in Jerusalem (Christus), Ben. Pass., Frankf.
Pass. Dir., S.Gall. Pass., Mastr. Pass., Alsf. Pass., Don. Pass., Eger.

Pass., Frankf. Pass. — Weltliches Treiben (Maria Magdalena), Ben.
Pass., S.Gall. Pass., Wien. Pass., Alsf. Pass., Don. Pass., M. Magd.,
s. auch Frankf. Pass. Dir., Mastr. Pass., Frankf. Pass. — (die fatuae)
Zehn Jungfr. — Gemeinsamer Tanz, s. oben S. 52. — Ritterschlag,
Innsbr. M. Himm. — Gesellige Spiele, Ball, Schach, Würfel, Kränze
binden, Instrumentalmusik (Maria Magdalena), Don. Pass., Eger.
Pass., M. Magd. — (Kinderspiele mit Christus) Eger. Pass. — (Wür-
feln um Christi Rock), Alsf. Pass., Don. Pass., Eger. Pass., Frankf.
Pass. — Gastmähler, Ben. Pass., Himmelg. Pass., Frankf. Pass. Dir.,
S.Gall. Pass., Mastr. Pass., Wien. Pass. — Gastmahl bei Simon,
Magdalena dabei zu Christi Füfsen knieend, dieser *conversus ad
mulierem.* — Zehn Jungfr., Alsf. Pass., Augsb. Pass., Don. Pass., Eger.
Pass., Erl. Dreik., Frankf. Pass., Wolf. Sünd. — Gastmahl mit den
Ceremonien der Einsetzung des Altarsakraments, Verteilung an viele
und Fufswaschung, Ben. Pass., Frankf. Pass. Dir., S.Gall. Pass.,
Mastr. Pass., Wien. Pass., Alsf. Pass., Augsb. Pass., Don. Pass.,
Eger. Pass., Frankf. Pass.

Ceremonien der Verehrung. Die Engel und Gott Vater, Mastr.
Pass., Wien. Pass., Eger. Pass., Wolf. Sünd. — Die h. drei Könige
und das Jesuskind, Freis. Her., Ben. Weihn., S.Gall. Weihn., Mastr.
Pass., Eger. Pass., Erl. Dreik. — Die Hirten und das Jesuskind,
Freis. O. Rach., Ben.Weihn., S.Gall.Weihn., Mastr.Pass., Cass. Weihn.,
Eger. Pass. — Simeon, Anna und das Jesuskind, Sterz. M. Lichtm. —
Die Töchter Sions und das Jesuskind, S.Gall. Weihn., Cass. Weihn. —
Christus und das laubstreuende Volk von Jerusalem, s. oben S. 53 bei
Einzug. — Christus und die Soldaten mit den Fahnen, Alsf. Pass. —
Abgötter, Ben. Weihn., Dor., Kath. — Die Jungfrau Maria, Innsbr.
M. Himm., Theoph. Helmst. — Der deutsche Kaiser und Anti-
christus, Teg. Ant. — Das Altarsakrament, Innsbr. Fronl. — S.
unten Auffahrt in den Himmel.

Scenen bei Krankenlager, Totenbett, Begräbnis, Auferweckung:
Lazarus, Ben. Pass., Frankf. Pass. Dir., Innsbr. M. Himm., Mastr.
Pass., Alsf. Pass., Don. Pass., Eger. Pass., Frankf. Pass., wenn auch
nicht überall alle Phasen. — Sonstige Heilungen und Auferweckungen,
Teg. Ant., Ben. Pass., Frankf. Pass. Dir., S.Gall. Pass., Innsbr. M.
Himm., Alsf. Pass., Don. Pass., Frankf. Pass. — Begräbnis Christi,
Frankf. Pass. Dir., S.Gall. Pass., Alsf. Pass., Augsb. Pass., Don.
Pass., Eger. Pass., Frankf. Pass., Luz. Grabl. — Begräbnis Marias,
Innsbr. M. Himm. — Begräbnis einer bekehrten Königin, Kath. —
Begräbnis Adams, Wolf. Sünd. — Versiegeln des Grabes, Luz. Grabl. —

Grabwache, Muri. Ost. H., Frankf. Pass. Dir., S.Gall. Pass., Innsbr.
Ost. H., Alsf. Pass., Augsb. Ost. H., Augsb. Pass., Don. Pass., Eger.
Pass., Erl. Ost. H., Luz. Grabl., Red. Ost. H., Sterz. Ost., Wien. Ost. H. —
Kreuzabnahme mit Pietà, Frankf. Pass. Dir., S.Gall. Pass., Alsf.
Pass., Augsb. Pass., Eger. Pass., Frankf. Pass., Luz. Grabl. — Ge-
meinsame Klagen: in den selbständigen Marienklagen wie den ent-
sprechenden Partien der anderen Stücke, Ben. Pass., Licht. Mkl.,
Frankf. Pass. Dir., S.Gall. Pass., Prag. Mkl., Trier. Mkl., Alsf. Pass.,
Augsb. Pass., Bord. Mkl., Don. Pass., Eger. Pass., Erl. Mkl., Frankf.
Pass., Himmelg. Mkl., Luz. Grabl., Sterz. Mkl., Wolf. Mkl. — Klagen
der drei Marien, Muri. Ost. H., Nürnb. Ostf., Frankf. Pass. Dir., S.Gall.
Pass., Innsbr. Ost. H., Trier. Ost., Alsf. Pass., Augsb. Ost. H., Augsb.
Pass., Don. Pass., Eger. Pass., Erl. Ost., Sterz. Ost., Wien. Ostf.,
Wien. Ost. H., Wolf. Ost. — Die Mütter der unschuldigen Kinder,
Freis. O. Rach., Ben. Weihn., S.Gall. Weihn., Mastr. Pass., Eger.
Pass., Erl. Dreik. — Die fünf fatuae, Zehn Jungfr. — Die Ver-
dammten, Rhein. j. Tag.

Gefangennahme, Einkerkerung, Ben. Pass., Dor., Frankf. Pass.
Dir., S.Gall. Pass., Kath., Alsf. Pass., Augsb. Pass., Don. Pass.,
Eger. Pass., Frankf. Pass. — Gerichtsverhandlung, Ben. Pass., Dor.,
Frankf. Pass. Dir., S.Gall. Pass., Kath., Alsf. Pass., Augsb. Pass.,
Don. Pass., Eger. Pass., Frankf. Pass., s. jüngstes Gericht, Zehn
Jungfr., Rhein. j. Tag. — Mifshandlungen, Ben. Pass., Dor., Frankf.
Pass. Dir., Kath., Alsf. Pass., Augsb. Pass., Don. Pass., Eger. Pass.,
u. a. in Form von Kinderspielen, — Frankf. Pass. — Kindermord,
Freis. O. Rach., Ben. Weihn., Mastr. Pass., Eger. Pass., Erl. Dreik. —
Hinrichtung, des Johannes Baptista, Frankf. Pass. Dir., Alsf. Pass. —
andre Hinrichtungen, durch Enthaupten und Verbrennen, Teg. Ant.,
Dor., Kath. — Kreuzigung mit allen Vorbereitungen und Einzel-
heiten, Ben. Pass., Frankf. Pass. Dir., S.Gall. Pass., Alsf. Pass.,
Augsb. Pass., Don. Pass., Eger. Pass., Frankf. Pass.

Prügelei, Innsbr. Ost. H., Alsf. Pass., Cass. Weihn., Don. Pass.,
Sterz. Ost., Wien. Ost. H. — Schlacht, Teg. Ant., Innsbr. M. Himm. —
Belagerung, Teg. Ant., Innsbr. M. Himm. — Zerstörung und Auf-
richtung von Götzenbildern, Ben. Weihn., Dor. — Ermordung der
Kinder und Flucht, Freis. O. Rach., Ben. Weihn., Himmelg. Pass.,
S.Gall. Weihn., Mastr. Pass., Eger. Pass., Erl. Dreik. — Blofs die
Flucht, Cass. Weihn., Sterz. M. Lichtm.

Berathungen, Disputationen, Predigten, Ben. Weihn. 1 *Primo ponatur sedes Augustini in fronte ecclesie et Augustinus habeat ab*

dextera parte Ysaiam et Danielem et alios prophetas, a sinistra autem archisynagogum et suos Iudeos, Frankf. Pass. Dir., S.Gall. Weihn., Innsbr. Fronl., Innsbr. M. Himm., Kath., Mastr. Pass., Alsf. Pass. 464. 1386. 1496. 1938 *Hoc facto ordinantur sessiones predicacionis et Christus sedendo predicat discipulis et Marthe et Magdalene ponendo thema scilicet: Dico vobis, gaudium est angelis dei*, — 1952, Augsb. Pass., Cass. Weihn., Don. Pass., Eger. Pass., Erl. Dreik., Erl. Ost. H., Frankf. Pass., Luz. Grabl., Red. Ost, Sterz. Mkl., Theoph. Trier., Wien. Ost. H., Wolf. Sünd. — Zum Teil ohne Worte, Eger. Pass. 4634 *Tunc omnes coniungunt capita*, 6564 *Tunc pontifices coniungunt capita ac si haberent consilium*, 7354 *Sextus miles Sigenot coniungit caput suum ad socios suos, deinde dicit*, Luz. Grabl. 343 *Iudaei ineunt consilium*, Theoph. Trier. 256 *Hyr steken se nu de hoveder tosamen unde verramet up einen, der dem Prost nicht enhaget. Des geit de Provest van torne van ene. De wyle kesen se ene unde sendet den Kelner to em, de secht aldus*. — Heiden-, Judenbekehrungen, Dor., Frankf. Pass. Dir., Innsbr. M. Himm., Kath., Alsf. Pass., Theoph. Helmst. S. oben S. 49.

Schöpfung und Engelsturz, Mastr. Pass., Wien. Pass., Eger. Pass., Wolf. Sünd. — Sündflut, Eger. Pass., Wolf. Sünd. — Auffahrt in den Himmel, Frankf. Pass. Dir., S.Gall. Pass., Innsbr. M. Himm., Kath., Alsf. Pass., Don. Pass., Eger. Pass., S.Gall. Chr. Himm., Rhein. j. Tag, Wolf. Sünd. — Die Teufel holen die Seele eines eben Verstorbenen, Ben. Weihn., Kath., Zehn Jungfr., Alsf. Pass., Don. Pass., Eger. Pass., Rhein. j. Tag, Wolf. Sünd. — Befreiung der Seelen aus der Vorhölle, ihr Dank, Muri. Ost. H., Frankf. Pass. Dir., S.Gall. Pass., Innsbr. Ost. H., Alsf. Pass., Augsb. Ost. H., Don. Pass., Eger. Pass., Erl. Ost. H., Red. Ost. H., Wien. Ost. H. — Auferstehung Christi, Muri. Ost. H.(?), Frankf. Pass. Dir., S.Gall. Pass., Innsbr. Ost. H., Alsf. Pass., Augsb. Ost. H., Augsb. Pass., Don. Pass., Erl. Ost. H., Red. Ost. H., Sterz. Ost, Wien. Ost. H. — Ausgießung des h. Geistes, Alsf. Pass. — Jüngstes Gericht, Zehn Jungfr., Rhein. j. Tag.

Dabei ist zu bemerken, daß, wenn auch nur zwei oder drei Personen an einer Handlung unmittelbar redend beteiligt sind, durch die Umgebung größere Gruppen entstehen. So ist Jesus in den Passionen seit der Apostelwahl fast immer — wie andere Fürsten — von seinen Jüngern begleitet zu denken; dagegen Frankf. Pass. 748; s. oben S. 26 über die Chöre.

Unter den Gruppen, die sich bei den genannten Vorgängen

vor den Augen des Publikums bilden und dann eine Zeit lang
bleiben, hebe ich besonders hervor: Christus am Kreuz. Abgesehen
von den auch gekreuzigten Schächern und den herumstehenden
Knechten, Soldaten, Juden bilden Maria und Johannes, zum Teil
auch andere Frauen mit Christus eine engere Gruppe in Lichtenth.
Mkl., Prag. Mkl., Trier. Mkl., Bord. Mkl. S. 289, *beata virgo stat
a dextris Ihesu Christi cum Maria Magdalena, Johannes a sinistris
cum matre sua*, wobei aber zu bemerken ist, daß hier — wie in
anderen Mkl. — Christus nicht als gekreuzigt dargestellt ist. — Erl.
Mkl., Himmelg. Mkl., Wolf. Mkl., bei der Christus ebenfalls
nicht am Kreuze hängt, wie in der Bord. Mkl., und vielleicht
nur durch das Kruzifix vertreten ist, während ein versteckter
Schauspieler seine Worte spricht; s. oben S. 31. Ebenso in den
Passionen, s. Ben. Pass. 246 *Tunc Maria*, unter dem Kreuz, *amplexetur Iohannem et cantet cum habens inter brachia*, 255 *Tunc
iterum amplexetur Iohannem et cantet*, 260 *Et Iohannes teneat
Mariam sub humeris, et dicat Iesus ad eam*. Don. Pass. 3408 *Maria
und Iohannes sond under dem crucz stan*. Eger. Pass. 6204 bis
6227. Während das Kreuz Christi erst halb aufgerichtet ist, *Maria
audiens cantum accedit cum Iohanne et ceteris et defert peplum*, 6452
Tunc Maria stat a dextris, des Kreuzes, *Iohannes a sinistris*. Frankf.
Pass. 4074 *Maria dicit in dextra latere*, 4084 *Iohannes dicit in
sinistra*.

Dazu kommt die Beteiligung von Engeln, von Teufeln, der
Kirche (s. P. Weber, Das geistliche Schauspiel S. 82) an der Kreu-
zigungsgruppe, Alsf. Pass. 6268 *Tunc*, nachdem Jesus am Kreuz
getrunken, *Sathanas successive ascendit crucem* (Christi) *ad sinistram
et angelus secundus ad dexteram manum*. 6274 *Tunc Ihesus inclinat
caput. (Et fit motus terre per sonum terribilem.) Angelus secundus
stat in cruce a dextris et mittit columbam albam volare. Dyabolus
etiam stat in cruce a sinistris, scilicet Sathanas, et Luciper infra
crucem venit respiciendo sursum et dicit ad Sathanam*. Don. Pass.
3395 *Und so er* (der linke Schächer) *uss geret, kumpt der tuffel
einer loufen und stigt zů dem bösen schächer hin uff und wartet im
der sel*. 3401 *Zů disem gůten schacher kumpt ein engel und
wartet im der sel*. 3535 Maria sinkt ohnmächtig am Kreuz nieder,
3545 auch Magdalena, beide werden von Johannes aufgehoben, *und
in dissem kumpt Cristiana die Kungin, cristenlich und schon becleidet, under das crucz und hat ein rot klein venly mit einem gul-
dinen crucz in der hand, und lůgt ob sich und umb sich und spricht*.

Eger. Pass. 6640 *Et sic Salvator inclinat caput suum et unus parvus demon mittens volare albam columbam deinde dicit.* Frankf. Pass. 4151 *Ihesus inclinato capite mortuus appareat, quo facto veniens Luciper et dicens vydens hinc inde.*

Kreuzabnahme, Grablegung, Eger. Pass. 7104 *Et sic omnes ascendunt per scalas, domini et servi,* Joseph und Nicodemus nämlich, bei der Kreuzabnahme. 7112. 7116 Johannes und die h. Jungfrau, das sehend, nähern sich dem Kreuz. *Sub illo venit Pilatus cum suis militibus et Cayphas, Annas cum Iudeis, et vident eum deponere.* Also auf dem Kreuz aufser Christus mindestens vier Personen und drei Gruppen unter dem Kreuz. Luz. Grabl. 157 hier ist die Gruppe einfacher. Nicodemus steigt *a tergo crucis* hinauf, Joseph von vorn; unter dem Kreuz ist die h. Jungfrau. — Darauf folgt die Gruppe der Pietà. S.Gall. Pass. 1204 nur: *Et cum deponit* (Joseph von Arimathia) *eum* (Christus), *Maria apprehendens manus eius dicat.* Aber Alsf. Pass. 6671 *Eya Iohannes, nu thu, was ich gere, und lege mer myn trudkint an mynen arm here.* Augsb. Pass. 1933 *Yetz nimpt ioseph vnd nicodemus den leib ihesu von dem creitz vnd legend in Marie auf ir schos.* Don. Pass. 3631 *Nu gat Nicodemus und bringt tůch und salben, und legent die andern den Salvator Marien in ir schoss, und falt Maria hin, als ob ir geschwunden, und den spricht sie cläglich.* Eger. Pass. 7146 *Tunc imponunt corpus ad manus suas* (Mariens) *ad parvum tempus.* Frankf. Pass. 4191 *Tunc deponatur corpus Ihesu,* — *cum depositus fuerit corpus, ponatur in synum Marie, et dicit Maria osculando Christum.* Luz. Grabl. 209 *Tunc portantes ei corpus caput dextrae eius iungant. quo suscepto osculando dicat Maria.*

Das allmähliche Eintreten der h. drei Könige bei Maria. Erl. Dreik. 189 *Quo facto primus Magorum vadat* in das Haus Mariens; *alii vero manent foris, donec primus offerat. Tunc primus dicit flexis genibus,* darauf Mariens Antwort, 199 *Et sic surgat stans retrograde,* wohl der erste König. *Tunc secundus magorum cantando intrat.* Es bilden sich also nacheinander verschiedene Gruppen. — Erl. Weihn. 1 *Postquam vero venerint ad locum exercitus* (?) *sedeat Maria, in cuius latere sinistro Ioseph, nutrix vero a latere dextro. Et cessant ludere cithariste stantes a latere loci secundum beneplacitum, qui vestiti sint sicud milites. Pastor vero per bonam differentiam loci stet a Maria, facie versa in oppositum Marie tenens asinum, cui fenum imponat.*

Die Apostel am Totenbett der h. Jungfrau. Innsbr. M. Himm. 1311.

Die Auferstehung, Don. Pass. 3859 *Nu legend sy sich all vier,*
die Grabwächter, *so den vier orten des grabs, und mit hin so ent-*
schlaffent sy. — *und in dem stosst der Salvator das grab uff und*
stat uffrecht mit einem füsz uss her ze stigen, und den kumpt der
ander engel und bringt ein guldin kron und ein wiss venly mit eim
roten cruts.

Die Schöpfung, Engelsturz und Beratungen im Himmel. Mastr.
Pass., Wien. Pass., Eger. Pass., Wolf. Sünd.

S. auch Teg. Ant. 45 *Tunc Ecclesia in muliebri habitu procedit*
induta thoracem et coronata, assistente sibi Misericordia cum oleo
ad dextram et Iustitia cum libra et gladio ad sinistram utrisque
muliebriter indutis. 160 *Statim ingreditur Antichristus sub aliis in-*
dutus loricam, comitantibus cum Ypocrisi a dextris et Heresi a sinistris.

Besonders grofse Gruppen bildet das jüngste Gericht mit
Christus, Maria usw. in der Mitte, rechts den Guten, links den
Bösen, Rhein. j. Tag 344 *Denn sint die güten von den bösen ge-*
scheiden (durch die Engel) *und spricht unser her,* — s. Alsf. Pass.
7249, Zehn Jungfr. S. 23 ff.

Auch Gruppen können zuweilen über ihren Standort hinaussehen, mit Personen aufserhalb ihres Standortes verkehren. S. oben
S. 49. Innsbr. M. Himm. 1624 die Juden haben den Gesang bei
dem Begräbnis Marias gehört. Alsf. Pass. 5392 *Et sic a longe*
vident virum simplicem, Symon nomine, 7123 ff. die Teufel in der
Hölle und die von ferne kommenden Engel mit Christus, 7866 ff.
die Apostel und der in den Himmel auffahrende Christus, 7958 *Et*
angeli mittunt ignem de celo cum tonitruo auf die Apostel. Don.
Pass. 1740 Johannes: *das ist der mensch mit dem krüg, von dem*
uns unser meister seit, land uns warten an alles leit, so sehent wir
in welhes huss er gat.

Manche der dargestellten Handlungen mufsten sofort Gefühle
erzeugen, die Entblöfsungen, die Geburten, die Mifshandlungen, die
Tötungen.

γ) Bei Sachen und Tieren.

Sachen und Tiere verändern durch Mitwirkung eines Schauspielers, aber auch ohne dieselbe, ihre Zustände. Erdbeben, S. Gall.
Pass. 1256 *terra tremuit et quievit.* Alsf. Pass. 6274 *Tunc Ihesus*
inclinat caput (Et fit modus terre per sonum terribilem), 6464. Red.

Ost. H. 249. — Blitz und Donner, Teg. Ant. 436 *Statim fit sonitus super caput Antichristi et eo corruente et omnibus fugientibus Ecclesia cantat.* Muri. Ost. H. 372 *Post tonitru,* bei Christi Auferstehung. Dor. S. 294, 23 *Post hoc angeli veniunt cum magno impetu et conterunt idolum, ut fiat tonitru.* Kath. S. 168 *Tonitru frangit rotam.* Augsb. Pass. 1789 *Dann,* nach Christi Tod, *sol es donern und blitsen.* Darauf ist das Publikum durch die Worte des Proklamators 1564 ff. vorbereitet worden: *Dann werdt ir hören dorn vnd plitz; so stand ain yedes still mit wits! Dann es niemant geschaden mag; allain zū anzaigen disen tag ist sollichs als verordnet worden mit stain vnd büchsen auszerkorn.* Don. Pass. 1605 *Uff dise red,* Christi bei seinem Einzug in Jerusalem, *sol ein buchsenclapf, als ob es ein tonner wäre, uss dem himel gan.* 3447 *und schust man mit der buchsen, als ob es tonderte,* bei Christi Tod. 3859 *Und in dissem,* bei der Auferstehung Christi, *sol ein tonnerklapf mit buchsen gemacht werden.* — Ein Stern erscheint, Ben. Weihn. 241 *Nato puero appareat stella. qua finita,* der nach der Geburt Christi gesungenen Antiphone, *stella appareat.* — Sonne und Mond gehen zurück, Don. Pass. 3447 *und gat sun und mon, die dar zū geordnet sind, hinder sich,* bei dem Tode Christi. — Ob der Regenbogen Eger. Pass. 747 erst erscheint oder von Anfang an da ist, bleibt dunkel: *Salvator sedens in arcu dicit ad Noe.* — Feuer fällt vom Himmel, Alsf. Pass. 7958 *Et angeli mittunt ignem de celo cum tonitruo,* bei der Ausgiefsung des h. Geistes.

Aufrichtung der Kreuze, des Galgens für Judas, der *sessiones* für die Predigt, Alsf. Pass. 1938, s. Froning S. 271. — Kerzen, Fackeln werden getragen, Kath. S. 166 *Tunc duo angeli cum incensis candelis intrant carcerem. — Tunc vadunt ad carcerem et de nimio splendore cadunt super terram quasi mortui.* — Götzenbilder stürzen um, Ben. Weihn. 631 *In ingressu Mariae et Ioseph cum Iesu omnia ydola Egiptiorum corruant.* 663 *Tunc ydolis restitutis rex ad locum suum redeat, et ydola iterum corruant.*

Eine Taube läfst sich über Christus herab, S.Gall. Pass. 106, die Taube Noes bringt einen Zweig, Eger. Pass. 731 *Et sic turtur venit et portat ramum in rostro,* Wolf. Sünd. 731. — Der Hahn kräht, Frankf. Pass. Dir. 186, S.Gall. Pass. 839, Don. Pass. 2373, Frankf. Pass. 3614. Dazu die natürlichen Bewegungen der Tiere, Pferde, Esel beim Reiten, Eger. Pass. 1993. 2281, Erl. Dreik. 67, beim Fahren, Erl. Dreik. 271, — Ochs und Esel bei Josephs und Marias Reise, Eger. Pass. 1549, die Schafe, die Joachim auf die

Weide bringt, Eger. Pass. 1201. — Vögel, die flattern, Don. Pass.
1845, oder nach keiner bestimmten Richtung zu fliegen haben,
Raben, Tauben, Eger. Pass. 721. 727, Wolf. Sünd. 1790. 1803.

Über Aktionsscenen, d. i. Scenen, in denen nur agiert wird, s.
unten bei Besprechung des Begriffs Scene.

Hie und da mufste das Publikum auch das Wegschaffen von
Gerätstücken sehen, wenn die 'gemeine Burg' für eine neue Scene
verwendet werden sollte. So im Don. Pass. Das Verzeichnis S. 184
sagt, dafs Christus in jenem Bühnenraum gegeifselt wird, wo vorher
das Abendmahl abgehalten worden war. Danach ist meine Angabe
in den Abhandlungen zum altdeutschen Drama S. 31 zu berichtigen.

Verschiedener Standpunkt des stehenden Publikums.

Was die vom Publikum empfangenen Gesichtseindrücke betrifft, ist noch zu bemerken, dafs sie durch Bewegung sich von den
Werken bildender Kunst unterschieden, und dafs sie in demselben
Zeitpunkte nicht für alle gleich waren, insofern die einen denselben
Schauspieler von vorne, die anderen von der Seite, die dritten von
rückwärts erblickten, aber auch für den Einzelnen aus dem Publikum, wenn er auf seinem Platze blieb im Verlauf des Stücks nicht
gleich blieben, wenn die Scene näher oder ferner vor ihm spielte,
ihre Gruppen bald mit der Front, bald mit der Seite, bald mit dem
Rücken gegen ihn gekehrt waren.

δ) Beim Publikum.

Neben dem oben S. 36 erwähnten sitzenden Publikum gab es
auch ein stehendes, oder es stand in einigen Fällen ausschliefslich,
bot demnach auch durch seine Bewegungen ein Schauspiel dar.
Diese mögen mitunter massenhaft und gewaltsam wogend gewesen
sein, wenn dieses stehende Publikum sich jenem Orte der Bühne
nähern wollte, wo gerade eine anziehende Aktions- oder Redescene
gespielt wurde. Zeugnisse für stehendes Publikum sind Innsbr.
M. Himm. 45 *Nu hort frowen und man, dÿ dÿ sycsen ader stan,*
276 *das ir uch seczt czu deser frist und sweget stille,* 864 *nå seczt
uch nidir, ir vrommen lûte — nå swiget stille,* 2043 *das ir uch
seczt an dy erden balde und swigit,* 2473 *des secst uch nider und
swiget stille,* Trier. Mkl. S. 269, 21 *Ach lieben vrouwen, merket, die
hie stên,* Trier. Ost. 165 *Nu myrcket alle crystenlude, dye uff dyssem*

tage hude umbe genade hy vorsammet stayn. Alsf. Pass. 117 *ungefug sal nymmant hie triben,* — *hyrumb szo swiget und horet unszer redde und stehet stille, des woln mer uch gutlich bidden, und swiget auch darsu: szo muget er das spiel deszdu bass vornemen nu!* s. oben S. 18. Augsb. Pass. 2163 *Die figur sich erhöhet hat zů lob und er, wer hie da stat, auch loblicher stat, rat vnd gmain.* Sterz. M. Lichtm. *Darumb solt ir stillen stan, So wir das spiel werden han.* Eger. Pass. 2814 *und solt alle schweigen und still stan an der stat, da ein itlichs ist.* Allerdings braucht *stôn* nicht immer wörtlich verstanden zu werden.

In der Bord. Mkl. kniet zuweilen das ganze Publikum nieder, 127 *Dat uns dat* (Rettung von der Hölle) *allen beschee, so gat sytten up juwe knee,* 887 *Post hoc unusquisque ponit se ad genua cum omnibus circumstantibus devote.*

Auf die Unruhe des Publikums lassen zum Teil auch das Silete und andere an das Publikum gerichtete Ansprachen schliefsen; s. unten in b) und im II. Abschnitt.

Von diesem Publikum erwartete man auch sonst Zeichen des Mitgefühls. Prag. Mkl. 63 *nu wainet, selige cristen, mit mir, wan mein traut kint daz dolet hir. alle müterlichen herzen, helfet mir klagen seinen schmerzen.* Alsf. Pass. 8070 *loisszet uch nyt verdryssen: uwer augen sollet ir giesszen umb das liden unszers herren!* Bord. Mkl. S. 288 *et quandocunque fit* (dieses Spiel) *a bonis et devotis hominibus in genere sive in specie, valde provocat homines circum- stantes ad suum fletum et ad compassionem, sicut facit sermo devotus bona sexta feria de passione domini nostri Ihesu Cristi.* 120 *Hyr umme, gy vrowen unde ok gy man, latet juw ere* (Mariens) *lydent to herten gdn. bewenet dat von herten ynichlyken.* Erl. Mkl. 130 Maria an die Mütter im Publikum, 190. Luz. Grabl. 476 *Ir werden frawen und ir man, ir solt eüch lausen zů hertzen gan das leiden Cristi und sin sterben, als hand gethon die Mergen, sein fraind und jünger all gemain mit sampt siner werden müter rain.* Sterz. Mkl. S. 118 *Dar umb ir all, die da sind, seid still und andächtig, Und auch darsu zůchtig, Und lat euch das zu herzen gan Beide ir frauen und ir mann.* 140 *Durch got ir frauen all gemeine, Beide keusch und reine! nu helft zu klagen mir mein kind, Ia wiszt ir wol, wie lieb sie sind.*

S. unten im zweiten Abschnitt I, B.

b. HÖRBARE (UND SICHTBARE) VORGÄNGE.

Bei den Schauspielern.

Reden einzelner und mehrerer Schauspieler.

Das Hauptgeschäft der Schauspieler aber war die hörbare Rede und der Gesang, so daß die Erscheinung der redenden, einzeln stehenden Person oder der zusammen oder nacheinander redenden Mitglieder einer Gruppe sich mit der Wahrnehmung ihrer Vorträge verband. Ich nehme hier neben den hörbaren Vorgängen auf die damit verbundenen sichtbaren Rücksicht.

Doch kamen auch Schauspieler vor, die im ganzen Stücke stumm blieben; s. oben S. 31.

Das Publikum hört und sieht also eine einzelne Person sprechen, singen, oder es hört und sieht Chorrede, Chorgesang.

Während das Publikum einzelne oder mehrere Personen zusammen sprechen oder singen hört, sieht es andere stumm, an demselben oder an verschiedenen Bühnenorten. — Die Redenden wie die Stummen stehen entweder ruhig und unbeschäftigt, oder sie agieren und hantieren.

Wenn eine einzeln stehende Person spricht, so richtet sie sich meist an das Publikum, so in den zum ganzen Stück gehörenden Prologen und Epilogen oder in eingeschalteten Predigten, liturgischen Worten und Gesängen des Priesters.

Prologe, Dor. *Primus dicit rhythmum qui proponit ludum.* Frankf. Pass. Dir. Nach Einzug und Silete: *Hoc clamore finito Augustinus proponat sermonem qui sequitur: Ir hershaf, stillit uwern schal.* S.Gall. Pass. *Omnibus personis decenter ornatis cantent angeli; quo finito dicat Augustinus.* Innsbr. M. Himm. Nach dem Einzug *Praecursor dicit.* Innsbr. Ost. H. Nach dem Einzug *Expositor ludi dicit.* Wien. Pass. Nach dem Silete der zwei Knaben *et retro, quo Lucifer sedens in claritate incontra dominicam personam dicit: Silete, silentium habete* usw. Zehn Jungfr. *quo finito,* nach Einzug und Responsorium der Virgines, *angeli cantant secundum responsorium: Nu swigit liben lute* usw. Alsf. Pass. Nach dem Silete *Proclamator in medio ludi dicit,* 84 *Deinde regens dicit rigmum,* 107 *Post hoc proclamator dicit rigmum.* Augsb. Ost. H. *Proclamator.* Bord. Mkl. Nach dem Einzug und Jesus' Vers 'Quoniam tribulatio' — *Iohannes ewangelista statim dicit sic ad omnem populum plangendo.* Cass. Weihn. *Proclamator.* Don. Pass. Nach dem Silete und dem Gesang der

Judenschule: *Und wenn das uss kompt, so gat des proclamators knecht her fur in mittel platzes und spricht mit luter stim.* 21 *Und nach dissem spruch so gand die zwen hornblaser her fur und blasent zů dritten mal. den stat der proclamator uff und gat enmitten in blatz mit hoflicher berd und spricht.* Eger. Pass. *Precursor dicit.* Erl. Ost. H. Nach dem Silete und Einzug, *Tunc Pilatus dicit: Hört, ir herren all gemain usw.* Frankf. Pass. Nach Silete und '*Veni sancte spiritus*': *Et dicit Augustinus: Ir hirschafft, stellet uwern schalle!* usw. S.Gall. Chr. Himm. mit dem Silete eines Ungenannten verbunden. M. Magd. Nach dem Silete. *Deinde proclamator ludi precurrens dicit rikmum.* Red. Ost. H. *Primus angelus dicit: Swiget al ghelike beyde arm unde rike* usw., dann der zweite Engel. Sterz. Mkl. *et primo exit praecursor et dicit rigmum.* Sterz. M. Lichtm. *et primo exit praecursor. — Honeste incedens loquendo dicat Praecursor.* Theoph. Helmst. *Theophilus: ik bin genant Theophilus —.* Theoph. Trier. Nach dem Silete ein Ungenannter: *Nu hort, wo sik Theophil gaf* usw., 8 *De Bode: Nu hort unde swiget stille* usw. Wien. Ost. H. *Praecursor.* Wolf. Mkl. nach dem Gesang *Iherusalem luge* usw. *Iohannes: Vornemet alle, ik wil gik sagen.* Wolf. Sünd. Rede eines Ungenannten, 61 *Ein ander nu spreken scal an* —, 69 *Prelocutor, sprek up dine rede* —, 72 *Prelocutor: Och dat wil ik al so gerne don. Et subiungit ad populum dicens.*

Epilog. Frankf. Pass. Dir. 374 *Hoc facto Augustinus incipiat populo et ortetur homines cantare: Christ ist erstanden.* Innsbr. Fronl. 661 *Papa dicit: Nů hort kinder und swiget stille —.* Innsbr. Ost. H. 1162 *Iohannes dicit: Nů hort, vil lyben lute —.* Trier. Ost. 165 *Et dicit rickmum* (Magdalena sc.): *Nu mircket alle crystenlude —,* dann: *et cum hoc incipiat cantor sequenciam: Victime paschali* etc. Alsf. Pass. 8060 *Proclamator dicit.* Augsb. Ost. H. nach 2604 *Proclamator beschleusset wie oben stat,* d. i. im Augsb. Pass. Augsb. Pass. 2157 *Proclamator zů dem volck.* Bord. Mkl. 875 *Sanctus Iohannes concludit post hoc planctum beatae Mariae virginis devotissime dicens.* Cass. Weihn. 871 *Luciper concludit ludum.* Eger. Pass. 8281 *Conclusor concludit totalitter.* Erl. Ost. 1315 *Petrus dicit ad populum.* Erl. Weihn. 55 *Tunc dicat Ioseph: Gůt man, des völig ich dir. wolauf, Maria, volig mir; wir schüllen in got fröleich sein, wir mügen nicht lenger hie gesein.* Frankf. Pass. *Conclusor concludit.* S.Gall. Chr. Himm. 246 *Angelus,* der seit 238 spricht, *die engel umbfahent in mincliche und folgent im nach zů himelriche, des sond wir got loben alle . mit gesang und mit schalle singent wir hůt*

und *iemermer*, Schluſs fehlt. Luz. Grabl. 476 *Proclamator*. Rod.
Ost. H. 1984 *Conclusor ascendit dolium, dicit.* 911 ff. verstümmelt.
Sterz. M. Lichtm. S. 110 *Concluso cantu praecursor dicit ad populum.*
Sterz. Mkl. S. 140 Maria an die Frauen im Publikum. Sterz. Ost.
S. 168 Petrus. Theoph. Helmst. 702 Theophilus: *Lovet se* (Maria),
vrouwen unde man. Theoph. Trier. 818 *Hyr singet men nu: Silete,
alse tovoren unde dussen rymen in den sulven noten: Silete, silete:
Silentium habete! Ok sal iu werden vort vertalt, wo Theophilus* —.
Wien. Ost. H. S. 335, 26 *Iohannes dicit: Horet su alle gemeine* —.
Wolf. Sünd. 3952 David setzt seine Rede fort: *Nu singet mit my,
wat juncer is, Sancta Maria virgo, succurre miseris.*

Auſserdem begegnet der Prolog bei Stücken, deren Aufführung
auf zwei, drei Tage verteilt ist. Innsbr. M. Himm. 2023 nach dem
Silete: *Primus angelus de tertio choro dicit*, Anfang des zweiten
Tages. Alsf. Pass. 2930 *Primo angeli canunt. Post hoc proclamator
dicit*, Anfang des zweiten Tages. 5264 *Primo angeli canunt. Post
hoc proclamator dicit rigmum*, Anfang des dritten Tages. Don.
Pass. 1711 *Item morndes, so man wider in den plats kumpt, fachend
die engel an singen Silete etc., und nach dem gesang gat der Proclamator her und spricht*, Anfang des zweiten Tages. Eger. Pass. 2797
Precursor secundo die dicit, 5710 *Precursor tercia die dicit.* — Ebenso
der Epilog. Alsf. Pass. 2910 *Et Christo modicum recedente, conclusio primi diei. Proclamator dicit*, 5264 *Hic proclamator dicit
rigmum ponendo conclusionem secundi diei.* Don. Pass. 1701 *Und
denn ist es genüg uff ein tag gespilt und gat der Proclamator für
und seit den hinderisten spruch.* Eger. Pass. 2775 *Conclusor concludit secundum diem.*

Es sind also entweder für diese und ähnliche Zwecke eigens
ausersehene Personen *praecursor, proclamator, prelocutor, regens,
expositor ludi, qui proponit ludum, cantor*, der Knecht des Procla-
mators, *de bode, conclusor, papa*, — oder es sind Personen des Stückes,
Petrus, Johannes, Joseph, David, Pilatus, Lucifer, Theophilus,
Augustinus, ein Engel, mehrere, — Maria, Maria Magdalena.

Auch im Innern kommen Ansprachen des Publikums vor, durch
die genannten Personen, den Proclamator Alsf. Pass. 464, eine
Wiederholung des Prologs, Augsb. Pass. 251. 619. 1324. 1540. 1801,
den h. Augustinus S.Gall. Pass. 204. 592. 752. 1069, Frankf. Pass.
313. 413. 489. 656. 798. 882. 1268, einen Engel S.Gall. Pass. 112,
Innsbr. M. Himm. 45. 269. 881. 1610. 2023. 2457, Eger. Pass. 4742.

5074. 5402. 6272. 6382, Lucifer Cass. Weihn. 821, ohne Angabe der
Person Theoph. Trier. 818.

Aufserdem S.Gall. Pass. 769 *Capellanus dicat amen*, Innsbr. M.
Himm. 767 *predicator surgens intimat ludum dicens*, Alsf. Pass. 464
Fiat hic notificatio baptismatis Christi a Iohanne und oft, s. Greins
Ausgabe S. XIV, 1138 *Hijs omnibus peractis predicator insinuat
omnia ista prescripta populo materna lingwagione et non rigmatico.*
Theoph. Helmst. 299 *Dusse na beschreben predege horde Theophilus.
Thema praedicatoris: Vidit Iesus hominem sedentem in telonio.* Wolf.
Sünd. 2151 *Hic cantat sacerdos: in eternum.*

Oder der alleinstehende Krämer-Arzt spricht zum Publikum
des Stückes, das er als sein eignes betrachtet, Muri. Ost. H. 47,
Wien. Ost. H. S. 313, 5, Judas vor seinem Tode, Eger. Pass. 5000,
der Procus, M. Magd. 370, Theophilus, Theoph. Trier. 336.

Die Predigten der Apostel in Innsbr. M. Himm. 383. 502. 665.
1181 *Post hoc Andreas facit sermonem* usw. waren wohl auch für
das Publikum bestimmt und an dasselbe gerichtet, ebenso die
Reden des Königs 2757. 2837.

Eine andere Art Monologe sind jene, iu denen ein Mitglied
einer Gruppe nicht zu anderen Mitgliedern derselben Gruppe oder
zu der ganzen Gruppe spricht, sondern zum Publikum. Lichtenth.
Mkl. 120 (Maria), Innsbr. Fronl. 33 (Adam), Innsbr. M. Himm. 45.
881. 2457 (ein Engel), Innsbr. Ost. H. 442 (secunda persona), Prag.
Mkl. 63 (Maria), Trier. Mkl. S. 260, 1. 267, 9. 269, 21 (Maria),
271, 4 (Christus), Zehn Jungfr. S. 29 (Quarta fatua), 31 (Tertia
fatua), Alsf. Pass. 1904 (Maria, Magdalena sc., *vertendo se ad populum et dicit*), 2185 (*Et tunc immediate vertit se ad populum*,
Mors sc., *et dicit*), 2827 (Philippus), 2862 (Maria Magdalena), 5906.
5912 (*et dicit ad populum*, Maria), Bord. Mkl. 291 (mater Iohannis),
340 (Iohannes), 459 (Maria Magdalena), 538 (Christus), Cass. Weihn.
183 (Maria), 390 (*Et pastor dicit ad populum sic*), 519 (Quarta puella),
533 (Quartus cantor), 541 (Quintus cantor), 549 (Quinta puella),
Eger. Pass. 29 (Salvator, Gott Vater), 226 (Lucifer), 5938 (Maria),
6434 (Maria), 7154 (Maria), 7212 (Nicodemus), 7228 (Joseph von
Arimathia), 7652 (tertia anima), Erl. Weihn. 21 (Joseph), Erl. Ost.
81 (*Medicus dicit ad populum*), 236 (Rubinus), 347 (*Rubinus dicit ad
populum*), 687 (secunda persona), Erl. Ost. H. 1 (Pilatus), Erl. Mkl.
113 (Maria), 190 (Maria), 356 (Maria), 372 (Johannes), 407 (Maria),
Luz. Grabl. 169 (Nicodemus), Sterz. Mkl. S. 106 (*ibi vertit se ad
populum*, Joseph sc., — *et monstrat puerum populo*, Joseph sc., — *vertit*

se ad populum, Maria sc.), Sterz. Mkl. S. 118 (Primus iuvenis), Wien.
Ost. H. S. 334, 25 (Petrus), Wolf. Mkl. 24 (Maria), 291 (Maria Magdalena), Wolf. Ost. 23 (Maria Magdalena).

Auch zum Publikum gewendet haben wir uns Personen zu
denken, die entweder allein oder in Gruppen stehend sich selbst mit
Namen nennen, doch wahrscheinlich nur dann, wenn sie sich dadurch
wirklich dem Publikum bei ihrem ersten Auftreten vorstellen.

Wieder eine Form der Einzelreden ist es, wenn die Rede an
eine abwesende oder abstrakte Person gerichtet ist. Hier wird der
Schauspieler weder seine Mitspieler noch das Publikum angeblickt
haben. Lichtenth. Mkl. 13 Maria an den Tod, Innsbr. Fronl. 39
Eva, 685 Caspar, 620 Melchior, 647 Balthasar an den abwesenden
Christus, Innsbr. M. Himm. 921 Maria an den abwesenden Christus,
Trier. Mkl. S. 263, 16 Maria an den Tod, Wien. Pass. 156 Adam
an den abwesenden Gott-Vater, Alsf. Pass. 362 der Teufel Spiegel-
glantz an die abwesenden Annas und Caiphas, Augsb. Pass. 939
Maria an den abwesenden Christus, 967 Maria Cleophe an den
abwesenden Christus, Bord. Mkl. 248 die h. Jungfrau an die Töchter
Jerusalems, die gar nicht mitspielen, s. S. 289, Don. Pass. 3665
Cristiana an den abwesenden Christus, Eger. Pass. 6476 Maria an
den Tod, Erl. Mkl. 342 Maria an den Tod, Himmelg. Mkl. 400.
402 Maria an den Tod, Luz. Grabl. 1 eine unbenannte Person an
den abwesenden Christus, 157 Nicodemus an den Tod, 228 Maria an
den Tod, Sterz. Mkl. S. 120. 123 die drei Marien an den abwesenden
Christus, S. 133 Maria an den Tod, Sterz. Ost. S. 149 prima, dann
secunda persona an den abwesenden Christus, Wien. Ost. H. S. 328,
13 Maria an den nach ihrer Meinung abwesenden Christus, Wolf.
Mkl. 28. 416 Maria an den Tod, 207 Maria an den abwesenden
Christus. Er ist abwesend, insofern er auf der Bühne nur durch
das Kruzifix, das Maria in die Hand nimmt, und durch die Stimme
eines versteckten Schauspielers vertreten ist. Ist das in der Erl.
Mkl. auch so gemeint? Von eigentlichen Gebeten, die sich natürlich immer an abwesende göttliche oder heilige Personen richten,
ist hier abgesehen.

Aber die einzeln oder in einer Gruppe stehende Person kann
sich auch weder zum Publikum noch an Mitspielende wenden und
gleichsam zu sich selbst sprechen. Die einzeln stehende: S.Gall.
Weihn. 1009 *Hie klagt die cristenhait ire kind* (Rachel die unschuldigen Kinder), Mastr. Pass. 962 Maria Magdalena, Alsf. Pass. 728
Herodias dicit quasi ad se ipsam, 3622 *Et Iudas recedit et in via*

subiungit rigmum scilicet maledictionem et dicit, Don. Pass. 2373
Petrus, 2411 Judas, Erl. Ost. 1037 Maria Magdalena, Sterz. Ost.
S. 152 Maria Magdalena, Theoph. Helmst. 1 Theophilus' Klage,
zugleich Prolog, 285. 403 *Do sprak Theophilus jamerliken alsus*
über den Pakt mit dem Teufel, Theoph. Trier. 526 *Hyr geit Theophilus in den kreis her unde der unde klaget, wo he vordreven sy*,
Wien. Ost. H. S. 325, 15 Maria Magdalena, s. Erl. Ost., Wolf. Ost.
107 Maria Magdalena, s. Erl. Ost., Wolf. Sünd. 2387 eine der zwei
Mütter, die über das im Schlafe getötete Kind klagt.

Das Mitglied einer Gruppe: Ben. Pass. 103 *Loquatur Phariseus*,
Simon beim Gastmahl, *intra se*, Lichtenth. Mkl. Maria, Muri. Ost. H. 31
der Krämer, Mastr. Pass. 1 *Vnse here in sich seluer*, Gott Vater bei
der Schöpfung, bei der aber die Engel schon anwesend sind, 154
Vnse here zu sich sprach, 180 *Vnse here zu sich sprach*, Wien. Pass.
173 *Post hec ducant*, die Teufel, *Evam, et stans coram Lucifer dicit*,
Alsf. Pass. 2777 Simon über Maria Magdalena beim Gastmahl —
oder spricht er zu anderen, nur nicht zu Jesus? — Don. Pass. 239 *So
das*, die Salbung Christi durch Maria Magdalena, *Simon ersicht,
tůt er in im selbs sdlczam und spricht, als ob er mit im selber rette*,
Eger. Pass. 177 Lucifer, 3045 *Symon murmurat in se ipsum*, 4566
Petrus, Red. Ost. H. 311 Symeon in der Vorhölle, 1928 Lucifer, Wolf.
Sünd. 129 Creator bei der Schöpfung, 587 Lucifer, 1612 Eva, 1646
Seth, Theoph. Helmst. 243 Satanas. — Hierher gehört es auch,
wenn Maria Lichtenth. Mkl. 126 ihr eigenes Herz anspricht.

In Bord. Mkl. haben wir nach der Angabe von S. 289 zwar
eine stehende Gruppe, aber wenn eine Person spricht, so erscheint
dies doch als wahrer Monolog, da sie aus der Reihe heraustritt.

Schließlich kann es auch als eine Art Monolog gelten, wenn
die Rede eines Schauspielers sich an einen scheinbar schlafenden
oder toten Mitspieler richtet oder an Sachen. An einen schlafenden
Hirten Cass. Weihn. 354 (ein Hirt), an den anwesenden toten Christus
Lichtenth. Mkl. 31 (Maria), Alsf. Pass. 6320 (Luna), 6450 (Iohannes
evangelista), Augsb. Pass. 1933 (Maria), 1977 (Nicodemus), 1987
(Joseph von Arimathia), Bord. Mkl. 864 (Maria), Don. Pass. 3515.
3631 (Maria), Eger. Pass. 6738, Erl. Mkl. 380, Frankf. Pass. 4243.
4265 (Maria), Luz. Ost. 161 (Nicodemus), 209. 339 (Maria).

An Sachen: an das Kreuz Lichtenth. Mkl. 91 (Maria), Alsf. Pass.
6125 (Maria), Bord. Mkl. 740 (Maria), Eger. Pass. 6452 (Maria),
Frankf. Pass. 3625 (Jesus), 4046 (Maria), 4289 (Magdalena), Himmelg.
Mkl. S. 401 (Maria), an die Höllenpforte Red. Ost. H. 553 (Jesus).

Stehende Gruppen, s. oben S. 26, wenden sich meist an das
Publikum, vor allem die Chöre und die Personen, welche das
Silete singen.

Meist aber spricht der in einer Gruppe stehende einzelne Schauspieler zu anderen Mitgliedern dieser Gruppe, entweder zu einem
allein oder zu mehreren zugleich, wie wenn Gott-Vater sich zu
Adam und Eva, also zu zweien hinwendet, Eger. Pass. 353 *Salvator transit cum angelis ad thronum dicendo ad Adam et Evam ut
sequitur*, oder Simeon an Joseph und Maria, Sterz. M. Lichtm. S. 106,
oder an drei, der Bote, Herodes an die h. drei Könige, Freis. Her. 57,
oder an eine grofse Anzahl, Freis. Her. S. 56 der Engel an die Hirten,
S. 59 der Bote Herodes' an die Gelehrten, Freis. O. Rach. 6 der
Engel an die Hirten, Ben. Pass. 131 Judas an die Juden, Innsbr.
M. Himm. 1075 *Maria dicit ad puellas sibi commoventes*, oder der
vierte Engel an die Grabeswächter Alsf. Pass. 6993, Johannes der
Täufer an die Juden Alsf. Pass. 464, Christus an die Jünger und
Juden Alsf. Pass. 1289. 1938. 1952, Frankf. Pass. 379, S. Andreas,
S. Matthäus, S. Johannes zu Heiden und Juden Innsbr. M. Himm.
382. 502. 1181, der Rex paganissimus zu seinen Soldaten Innsbr.
M. Himm. 2757. 2837, Belial an alle anderen Teufel Eger. Pass. 259
Belial dicit ad omnes demones.

Oder der einzelne Schauspieler wendet sich mit seiner einen
Rede erst an den einen, dann an den andern, Freis. Her. S. 57 der
Internuntius zuerst an die magi, dann an Herodes, S. 59 Herodes
erst an die Scribae, dann an die Proceres, Teg. Ant. 172 der
Antichrist zur Ypocrisis, zur Heresia, zur Ypocrisis, zur Heresia,
Dor. 2041 Fabricius zu Dorothea, dann zu sich oder seinen Leuten,
zu Dorothea, Alsf. Pass. 580 *Iohannes vertens se ad populum hinc
inde dicendo rigmum*, 728 Herodias erst zu sich, dann zu Herodes,
Cass. Weihn. 55 Joseph erst zu sich, dann zu Maria, 81 Joseph
erst zu dem Engel, dann zu Maria, 167 Joseph erst zu Marien,
dann zu seinem Knecht, Frankf. Pass. 1190 Caesar erst zu den
Juden, dann zu seinen Räten, 2104 Jesus erst zu Johannes, dann
zu Judas, Red. Ost. 69 Pilatus erst zu den Juden, dann zu seinen
Soldaten, 227 der Engel erst zu den Grabwächtern, dann zu
Christus, Rhein. j. Tag 735 Christus erst zu Maria, dann zu dem
Teufel, 881 Christus erst zu sich selbst, dann zu Maria und den
Aposteln, dann zu Maria und den Seligen, Sterz. M. Lichtm. S. 103
Simeon erst zu dem Jesuskind, dann zu Maria, S. 104 Simeon erst

zu seinem Diener, dann zum Jesuskind, 104 Simeon erst zu seinem
Diener, dann — nur einen Vers — zu Maria, Wolf. Sünd. 72 Pre-
locutor erst zu dem Sprecher des ersten Prologs, dann zu dem
Publikum, 427 Erzengel Michael erst zu Gott, dann zu den anderen
Engeln.

Zusammen sprechende, singende Mehrheiten s. oben S. 26 und
unten in diesem Abschnitt unter II, C, wenden sich mit ihrem Vortrag entweder an das Publikum, so meist die Chöre, können aber
auch Einzelpersonen oder eine andere Mehrheit, mit denen sie an
Einem Bühnenort eine gröfsere Gruppe bilden, anreden. So sprechen
Freis. Her. S. 56 die Hirten mit dem Engel, S. 59 die Gelehrten
mit Herodes, S. 60 die Magier mit den Hirten, mit den Hebammen,
Freis. O. Rach. 13 die Hirten zu der h. Familie, Teg. Ant. 45 Ecclesia mit der aus Misericordia, Justicia, Apostolicus, Imperator,
clerus, militia bestehenden Gruppe, Ben. Pass. 126 die Gruppe
Magdalena und Martha, mit Christus, mit dem Clerus, Trier. Ost. 67
die drei Marien zu den Aposteln, Eger. Pass. 3359 die Chöre der
Judenknaben mit Christus und einem Jüngling, S.Gall. Chr. Himm.
59 die Gesamtzahl der Apostel mit Christus.

Scenen (Rede- und Aktionsscenen).

Die einzeln stehenden Personen oder Gruppen, welche jeden
Augenblick auf der Bühne sichtbar sind, zerfielen dem Beschauer
bald in redende oder stumme. Nur von einer einzelstehenden Person
oder in einer Gruppe wird eine Zeit gesprochen und entsprechend
agiert; die übrigen Personen und Gruppen auf demselben oder auf
anderen Bühnenorten schweigen; zuweilen aber haben sie die Gebärde der Rede oder agieren in anderer Weise auch durch eine
gewisse Zeit. Die Monologe und Gespräche lösen sich fast immer
in ununterbrochener Folge an verschiedenen Bühnenorten ab; die
stummen Aktionen werden nur zeitweilig in Zwischenräumen und
dann meist gleichzeitig mit Monologen und Gesprächen, die auf
einem andern Bühnenort stattfinden, gesehen.

Aber nur hie und da ist eine Rede, ein Gespräch eines Bühnen-
ortes von einer stummen Aktion an einem andern Ort begleitet.
Meist sind die nicht an der Rede, dem Gespräch beteiligten Schau-
spieler und Gruppen ganz unbeschäftigt. Und auch wo neben einer
Rede, einem Gespräch eine oder sogar zwei Aktionen auf anderem
Lokal erscheinen, giebt es daneben noch an anderen Bühnenorten

ganz unbeschäftigte Personen. — Dieselben Schauspieler, die ja beweglich sind, erscheinen bald sprechend oder an einem Gespräch beteiligt, bald stumm agierend, bald stehen sie ganz unbeschäftigt da.

Dadurch stellen sich für Auge und Ohr wechselnde Bilder, zeitliche und räumliche Einheiten dar, die wir Scenen nennen. Da das Wort aber nicht immer und von allen in ganz gleichem Sinne verwendet wird, so bemerke ich, daſs es im Folgenden jene Teile des Dramas bedeutet, in denen eine oder mehrere Personen auf demselben Bühnenort, einerseits redend oder andererseits handelnd, beschäftigt sind — Rede- und Aktionsscenen —, ohne daſs die Zahl der Beschäftigten vermehrt oder vermindert wird. Scenenschluſs tritt also ein, wenn der eine oder alle oder einer oder einige der auf einem Bühnenlokal vereinigten Schauspieler diesen Platz verlassen (Alsf. Pass. 1160. 1176, wo Christus und Satan, die einzigen an der Scene Beteiligten, sich an einen andern Bühnenort begeben), oder wenn einer oder mehrere andere Schauspieler zu ihm oder zu ihnen treten, s. oben S. 50; desgleichen wenn die bisher gesprochene Darstellung in eine durch Aktion andeutende übergeht (s. Alsf. Pass. nach 3274, Fest der Juden), oder wenn an einem andern Bühnenlokale eine Redescene beginnt (s. Frankf. Pass. 2526, Procla und Magd statt des Verhörs Christi), s. oben S. 51.

Gewöhnlich findet eine Scene an einem bestimmten Bühnenort statt. Doch giebt es auch solche, sowohl Aktions- als Redescenen, die sich auf dem Wege von einem zu dem andern Bühnenort abspielen, s. oben S. 46 und unten in II, A.

Eine Schwierigkeit ergiebt sich bei dieser Definition durch den schwankenden Begriff von Bühnenort, der in weiterem und engerem Sinne gefaſst werden kann, s. oben S. 22. Ich nehme dann eine Scene an, wenn die Personen der Abteilungen eines Bühnenortes miteinander verkehren können; so z. B. Alsf. Pass. 7123 die Teufel in der Hölle, wo sich auch die Abteilung für die Väter befindet, mit den Engeln und Christus vor der Hölle.

Bei himmlischen Personen tritt das Besondere ein, daſs sie sich von ihrem Standplatz aus an einer irdischen Scene beteiligen können, wie Gott Vater an der Taufe Christi, s. oben S. 49. 59, und wie die Engel, die öfters keinen bestimmten Standort zu haben scheinen und menschliche Handlungen da und dort mit ihrem Gesange begleiten. Auch der Chor, die Sänger nehmen eine solche Ausnahmestellung ein. Beispiele für Engel und Chor bietet reichlich Alsf. Pass. 924. 1198. 1212. 2059.

Diese Auffassung von Scene unterscheidet sich von jener, welche Mone, Hoffmann von Fallersleben, Schönemann, Kummer, Milchsack, Froning bei ihren Scenarien zu den altteutschen Schauspielen und den Schauspielen des Mittelalters, zu Theoph. Trier., Wolf. Sünd., den Erlauer Spielen, Eger. Pass., Alsf. Pass., Frankf. Pass. geleitet haben. Sie teilen die Scenen nach dem Inhalt ab, ich nach der dramatischen Form.

So dafs ich — um ein recht auffallendes Beispiel zu wählen — im Alsf. Pass. 7077 *Tunc Salvator cum angelis facit processionem* (vom Grab) *ad infernum cantando: Cum rex glorie etc. usque Advenisti* und denselben Vers 7133, wo ihn Christus allein *circuendo a longe* singt, für je eine Scene rechne, weil an einem andern Bühnenorte gesungen als dem, wo sich die Redescenen nach 7077 und nach 7133 abspielen, in der Hölle nämlich. Hier ist allerdings die Sache besonders schwierig, weil die Christus begleitenden Engel schon 7123 vor der Höllenpforte angekommen zu sein scheinen, da sie ihr *Tollite portas* singen, Christus aber weit hinten nachfolgt.

Aktionsscenen nehme ich dann an, wenn an einem Bühnenorte ein vom gewöhnlichen Dastehen oder Sitzen abweichender Zustand, z. B. Schlafen oder eine Handlung stattfindet, die entweder gar nicht von Gehörseindrücken begleitet ist oder, wie meist, nur von Reden oder Gesängen an einem andern Bühnenorte. Das blofse Gehen von einem Ort zu einem andern rechne ich aber nur dann zu den Aktionsscenen, wenn die letztgenannte Bedingung eintritt. — Allerdings könnte man Aktionsscen auch immer dann annehmen, wenn eine Person an einem andern als an ihrem Standort erscheint. Also die Wächter schweigend am h. Grabe wachend, wenn sie *milites* des Herodes sind, also bei ihm ihren regelmäfsigen Standort haben. Aber der Standort ist nicht immer zu bestimmen. Und ich habe deshalb in meinen Zählungen von diesem Fall abgesehen.

Nach dem Bemerkten tritt in Freis. O. Rach. eine Aktionsscene ein 37, und dauert bis 66, da in der vorhergehenden Redescene 36 die h. Familie mit dem Engel den Weg nach Ägypten angetreten hatte, von wo der Engel 67 seine Stimme *e longinquo* hören läfst. Im Red. Ost. H. beginnt mit V. 1 die erste Aktionsscene, Christus tot im Grabe, und dauert bis zur Redescene 227, der Auferstehung Christi aus dem Grabe. Innerhalb der ersten beginnt 205 die zweite Aktionsscene, die Wächter schlafend, und dauert bis zur Redescene 753, wo sie aufwachen. Die dritte Aktionsscene beginnt 259, der Weg Christi mit den Engeln vom Grabe zur Hölle, während der

Redescene in der Hölle, und endet mit der Redescene 511, in der Christus in die Hölle kommt. Eine vierte Aktionsscene kann man seit 888 annehmen, wenn das erneute Wachen der Grabwächter anders als durch bloßes Dastehen markiert war.

Unter den Aktionsscenen der Ben. Pass. hat nur eine die Begleitung einer an einem andern Ort gespielten Redescene 143 *Interea Iesus faciat ut mos est in cena: postea assumat quatuor discipulos et ceteris dicat quos relinquit,* — drei ohne eine solche Begleitung: 82 *Tunc deponat* (Maria Magdalena) *vestimenta secularia et induat nigrum pallium, et amator recedat et diabolus. Maria veniat ad mercatorem,* — 180 *Tunc Iesus induitur veste alba et reducant Ihesum ad Pilatum. Tunc conveniant Pilatus et Herodes et osculantur,* — 212 *Statim veniat diabolus et ducat Iudam ad suspendium et suspendat.*

Im Alsf. Pass. sind Aktionsscenen anzunehmen 491 (Weg Christi), 1044 (Weg Lucifers und der Teufel), 1105 (Weg der Teufel), 1198 (Weg des Petrus und Andreas), 1207 (Weg des Matthaeus, Bartholomaeus, Thomas, Judas, Philippus), 1223 (Weg anderer Apostel), 1307 (Weg der Samariterin), 1501 (Weg Christi und der Apostel), 1952 (Weg Christi), 2059 (Weg Marthas und Marias), 2119 *(Sinagoga cantat. Interim Martha mittit nuncium ad Christum* und giebt ihm redend den Auftrag), 2235 (Weg Christi), 2291 (Weg Christi, der Apostel, Marthas und Magdalenas), 2333 (Lazarus zeigt während des Gesanges der Synagoga auf Christus), 2532 (die Apostel bringen den Esel), 2584 (Weg Christi und der Apostel), 2724 (Symon leprosus deckt den Tisch), 2930 (Anfang des zweiten Tages. Die Frau Pilatus' schläft bis zur Redescene 4418), 3050 (die Apostel decken den Tisch), 3126 (Christus und Judas tunken in die Schüssel, Johannes lehnt sich an Christi Brust), 3274 (Abendmahl der Juden), 3312 (die drei Apostel schlafen auf dem Ölberg), 3336 (Mißhandlungen Christi auf dem Wege zu Kaiphas), 3670 (Judas henkt sich und wird von den Teufeln geholt), 3718 (Weg Pilatus'), 3776 *Finito hoc Synagoga operatur* (?). *Interim sunt apostoli insimul cum Mariis.* Der Fall ist unklar), 4150 (Weg Christi und der Juden), 6595 (Weg Josephs von Arimathia), 7029 (die Grabwächter schlafen), 7065 *(sonus horribilis in inferno,* also Getümmel und unartikulierte Rufe während der Auferstehung Christi), 7077 (Weg Christi und der Engel in die Hölle bis 7123), 7315 (Weg Rupins zu den Grabwächtern und zurück; wird gezählt, obwohl niemand während dieser Zurücklegung des Weges spricht oder singt, weil es nicht ein bloßer Weg, sondern eine Erkundigung um das Verhalten der Wächter ist),

7361 (Weg der Juden und Grabwächter), 7666 (Weg der Marien), 8060 (Weg der Apostel).

Wie man sieht, sind hier die Aktionsscenen selten ohne irgend eine Begleitung durch Rede oder Gesang an einem andern Bühnenort, nur 3050. 3126. 7315. Für das Zurücklegen eines Weges wie auch für andere Aktionsscenen sind sehr beliebt Begleitungen durch Chorgesang, Chorus angeli 1198. 1307. 1952. 2059. 2532. 2584. 3274. 3670. 3718. 4150. 6595. 7361. 7666. 8060, zu denen man ihres chorischen Charakters wegen die Rolle des Synagoga rechnen kann, dessen Reden und Gesänge allein die Scenen 2119. 2235. 2271. 2333. 2724. 3776 (?) begleiten.

Eine Aktionsscene kann als Redescene fortgesetzt werden. Ben. Pass. 58 *Tunc accedat amator, quem Maria* (Magdalena) *salutet, et cum paulum locuntur, cantat Maria,* 190 *Tunc ducitur Ihesus ad flagellandum. Postea Ihesus induitur veste purpurea et spinea corona. Tunc dicant Iudei blasphemando ad Iesum: Ave rex Iudeorum! Et dent ei alapas: Prophetiza! quis est, qui te percussit? Et ducunt eum ad Pilatum,* 213 *Tunc Iesus suspendatur et titulus fiat: Iesus Nazarenus Rex Iudeorum,* was Pilatus singt, usw. — oder es wird aus einer Redescene eine Aktionsscene, Alsf. Pass. 3050 die zwei Apostel sprechen erst mit dem Hospes, dann decken sie den Tisch, 3126 Gespräch Christi mit den Jüngern beim Abendmahl, dann tunken Jesus und Judas die Bissen ein, Johannes lehnt sich an Christi Brust.

Sprache.

Die Sprache der Spiele ist lateinisch, deutsch oder beides. Nur lateinisch sind Freis. Her., Freis. O. Rach., Teg. Ant., Ben. Weihn., Nürnb. Ostf., Wien. Ostf. Aber in den letztgenannten zwei singt das Publikum *Crist ist erstanden etc.,* s. Frankf. Pass. Dir. 374, Erl. Ost. 1195.

Lateinisch und deutsch sind die Vorträge der Einzelpersonen in Ben. Pass., Frankf. Pass. Dir., S. Gall. Pass., Innsbr. Fronl., Innsbr. M. Himm., Innsbr. Ost. H., Kath., Mastr. Pass., Trier. Mkl., Trier. Ost., Wien. Pass., Zehn Jungfr., Alsf. Pass., Augsb. Ost. H., Bord. Mkl., Don. Pass. (latein vor den deutschen Versen und auch innerhalb derselben, 2353), Cass. Weihn., Eger. Pass., Erl. Dreik., Erl. Mkl., Erl. Ost., Erl. Ost. H., Erl. Weihn., Frankf. Pass., M. Magd., Red. Ost. H., Sterz. M. Lichtm., Sterz. Ost., Wien. Ost. H., Wolf. Mkl., Wolf. Ost., Wolf. Sünd. Dabei ist das Verhältnis des Deutschen zum Lateinischen verschieden. In Ben. Pass.

überwiegt das Latein, während sich sehr wenig Latein findet, wenn
man den Umfang der Stücke in Betracht zieht, in Kath. S. 165.
169, Mastr. Pass. 1. 404. 1188, Don. Pass. 1605. 2011, Frankf. Pass.
2570. 2630. 3125, Wolf. Sünd., wo die lateinischen Stellen 112. 171.
265. 3260. 3296. 3335. 3427 ff. Citate sind. — Selten ist Latein und
Deutsch in einem Satz verbunden, wie Innsbr. Ost. H. 531 *hy komt
meister Ypocras de gratia divina, sin müter eyner meister eyn* (?)
slegel cras in arte medicina, Don. Pass. 2353 *blasphemavit, er hat
gespot.* — Die Textesworte der zusammen sprechenden, singenden
Gruppen sind in dieser Reihe lateinisch: Ben. Pass. S.Gall. Pass.,
Innsbr. Fronl., Kath., Trier. Mkl., Trier. Ost., Bord. Mkl., Cass.
Weihn., Erl. Dreik., Erl. Weihn., Frankf. Pass., Sterz. M. Lichtm.,
Wolf. Mkl., Wolf. Ost. — Lateinisch und deutsch Frankf. Pass.
Dir., Innsbr. M. Himm., Innsbr. Ost. H., Mastr. Pass., Wien. Pass.,
Zehn Jungfr., Augsb. Ost. H., Alsf. Pass., Don. Pass. (deutsch nur
2971 ein Vers), Eger. Pass., Erl. Ost., Erl. Ost. H., Red. Ost. H.,
Sterz. Ost., Wien. Ost. H., Wolf. Sünd., — deutsch in M. Magd., bis
auf das Silete.

Nur deutsch sind die Vorträge der Einzelpersonen in Himmelg.
Pass., Lichtenth. Mkl. (aber 115 ein lateinischer Satz), Muri. Ost. H.,
Dor., S.Gall. Weihn., Prag. Mkl., Augsb. Pass. (aber V. 1390
Ecce homo), S.Gall. Chr. H., Himmelg. Mkl. (S. 399, 37 ein lateini-
scher Vers, 402, 1?), Luz. Grabl., Rhein. j. Tag, Sterz. Mkl., Theoph.
Helmst. (nur ein lateinischer Vers oder ein lateinisches Lied 692),
Theoph. Trier. — Die Sprache der zusammen redenden, singenden
Personen ist hier lateinisch Himmelg. Pass., Himmelg. Mkl., Luz.
Grabl. (s. oben), — lateinisch und deutsch Sterz. Mkl., — deutsch
in Dor., S.Gall. Weihn., Augsb. Pass., Rhein. j. Tag, Theoph. Trier.,
bis auf das Silete.

Daneben begegnet wirkliches oder scheinbares Hebräisch. Im
Vortrag der Einzelnen, Ben. Pass. 15 *Rabi, quod interpretatur
magister*, 266 *Ely, Ely, lama sabactany? hoc est* usw., Bord. Mkl.
533 *Hely,* Frankf. Pass. Dir. 301 *Raby, quod dicitur magister*, Innsbr.
Ost. H. 124 *Nuntius exit et conducit milites ad Pylatum cantans* (l.
cantantes?) Iudaicum, Trier. Mkl. S. 266, 10 *Eli, eli, lama sabacthani?
hoc est* usw., Trier. Ost. 121 *Rabi, quod dicitur magister*, Don. Pass.
3415 *Heloy, Heloy, lama sabatan*, Erl. Weihn. 1 *Magister cantat:
Schiroli Kakma* usw., Frankf. Pass. 4124 *Heli, Heli, lamazabacthani*,
Wolf. Mkl. 117 *Salvator cantat hely*, Wolf. Ost. 167 *Ita bone* (l.
Raboni), qui dicitur magister.

Im Vortrag mehrerer, Frankf. Pass. Dir. 76[b] *Iudei cantabunt
ebreice*, Innsbr. Ost. H. 50 *Tunc Iudaei cantant judaicum: chodus,
chadus* usw., 66, Alsf. Pass. 5264 *Sinagoga facit coream cum Iudeis circa
vitulum cantando: Krudes, Keudes*, 6839 *Iudei — cantando ebraycum*,
Augsb. Pass. 1687 *das Iudengsang*, Don. Pass. 1 *so facht die Iuden-
schül ir gesang an zu singen: Gamahu formatum etc.*, Erl. Ost. H. 33
Post hoc Caiphas cantat cum synagoga: Schiroli kakma usw., Erl.
Weihn. 27 *Magister Iudeorum cantat et chorus semper respondet: Eloy
eloee kakudaue*, Frankf. Pass. 545 *Iudei murmurant ebraice*, Wien.
Ost. H. S. 300. 7 *Die juden tanzen zu Pilato und singen judisch.*

Eine Nachahmung der Teufelssprache bringt M. Magd. 132
Lucifer: Incafatus pratus usw.

In den lateinischen Stücken ist die rhythmische Form der Einzel-
vorträge Prosa, Wien. Ostf., — Prosa und Verse, Freis. Her. (Hexameter), Freis. O. Rach. (Hexameter, Pentameter und mittelalterliche
Verse), Teg. Ant. (wenig Prosa, 422. 436 ff., mittelalterliche Verse),
Ben. Weihn. (wenig Prosa, Hexameter 651 ff., Pentameter 664, mittelalterliche Verse), Nürnb. Ostf. (mittelalterliche Verse). Die Gruppen
singen Prosa, Wien. Ostf., — Prosa und mittelalterliche Verse Teg.
Ant. (Prosa 196), Ben. Weihn., Nürnb. Ostf. (Prosa, mittelalterliche
und antike Verse), Freis. Her. (Hexameter S. 61?), Ordo Rach.
(Hexameter). Nur kommt in Nürnb. Ostf. und Wien. Ostf. auch
deutscher Chorgesang des Publikums vor: *Crist ist erstanden.*

Wo in den deutsch-lateinischen Stücken der Vortrag des Einzelnen deutsch und lateinisch ist, zeigt der lateinische Text Prosa:
Freis. Her., Freis. O. Rach., Ben. Weihn. 231, und überall die Evan-
gelienstellen, so Eger. Pass. 5200. 5204. 5250. oder mittelalterliche
Verse oder lateinische Reimprosa, Wien. Pass. 359, Frankf. Pass.
840, — der deutsche neben dem regelmäfsigen Reimpaar auch
lyrische Formen. Letztere begegnen Ben. Pass., Innsbr. Ost. H.
(531. 664), Mastr. Pass. (796), Trier. Mkl. (S. 272, 15), Wien. Pass.,
Zehn Jungfr., Alsf. Pass. (1796. 6054). Bord. Mkl., Eger. Pass.
(6318. 6494), Erl. Mkl., Erl. Ost. (384. 1176), Erl. Ost. H. (277),
Erl. Weihn., Himmelg. Mkl, M. Magd., Wolf. Mkl., Wolf. Ost. —
Daneben deutsche Prosa: Frankf. Pass. Dir. 251 *Quod* Teilung des
Stückes in zwei Tage, *si apud rectores deliberatum fuerit, Augustinus
coram populo proclamet dicens sine rigmo, ut in die crastino revertatur*, Alsf. Pass. 1138 *Hijs omnibus peractis predicator insinuat
omnia ista prescripta populo materna linguagione et non rigmatico*,
Bord. Mkl. 623 ein kurzer Satz.

Dabei ist häufig der Vortrag mehrerer nur lateinisch, s. oben
S. 75, und zwar zeigt der lateinische Text Prosa oder mittelalterliche Verse, der deutsche Reimpaare.

In den ganz deutschen Stücken, s. oben S. 75, hat die Prag.
Mkl. lyrische Stellen, die Lichtenth. Mkl. nur solche, gar keine Reimpaare im Vortrag des Einzelnen, während sonst Einzelne wie Gruppen
in Reimpaaren sprechen und singen. Über die deutschen und lateinischen lyrischen Strophen s. meine Abhandlungen zum altdeutschen
Drama S. 79.

Bei den Reimpaaren erscheint Brechung des Reimes. Wenn
man von Fällen absieht, wo, wie Kath. S. 161, Red. Ost. H. 41, die
Rede zweier Personen nur aus je einem der aufeinander reimenden
Verse besteht, oder wo auch nur eine Person einen Vers spricht,
wie Alsf. Pass. 757. 2715, Eger. Pass. 776, Erl. Ost. 667. 669, Red.
Ost. H. 39. 383. 433. 1975. 1977, Theoph. Helmst. 139, Theoph.
Trier. 733, 740, so erscheint diese Form selten: Kath. (S. 169. 170),
Mastr. Pass. (406. 1150), Alsf. Pass. (562. 570. 622), Augs. Pass.
(881 ff.), Bord. Mkl. (149. 165. 189), Eger. Pass. (447. 4150, Drei-
reim, 4182), Frankf. Pass. (3601), Red. Ost. H. (79. 379. 427. 717),
Theoph. Helmst. (488. 530. 648), — als Regel: Muri. Ost. H.,
Wolf. Sünd.

In den sprachlich gemischten Stücken geht die Rede des Ein-
zelnen sehr häufig vom Latein ins Deutsche über, Ben. Pass. 91,
S.Gall. Pass. 284, Innsbr. Fronl. 123, Innsbr. M. Himm. 126, Innsbr.
Ost. H. 50, Kath. S. 165. 169, Mastr. Pass. 1188 und oft, Trier.
Mkl. S. 264, 15, Trier. Ost. 76. 111. 119. 121. 140, Wien. Pass. 110,
Zehn Jungfr. S. 15, Alsf. Pass. 464. 3370, Augsb. Ost. H. 2411,
Bord. Mkl. 133. 281, Cass. Weihn. 19, Don. Pass. 2011, Eger. Pass.
3065. 6362. 6572, Erl. Dreik. 1, Erl. Mkl. 27. 54. 62, Erl. Ost. 1.
100. 681. 1041, Erl. Ost. H. 365, Frankf. Pass. 333. 347. 1916.
2570. 2630. 3230, M. Magd. 465, Red. Ost. H. 227. 249. 557. 584,
Sterz. Ost. S. 147. 152, Wien. Ost. H. S. 302, 15, Wolf. Mkl. 229,
Wolf. Ost. 1. 31. 183. — Notwendig ist es aber nicht; s. Bord.
Mkl. 144, Frankf. Pass. 1364.

Mit Ausnahme von Ben. Pass., die ganz zum Singen bestimmt
war, von Trier. Ost. 76. 111. 119, wo Latein und Deutsch notiert
ist, und von Bord. Mkl., Eger. Pass. 3071, Frankf. Pass., Red. Ost.
H., Wien. Ost. H., wo die Spielanweisungen undeutlich sind, wurde
in allen Stücken erst der lateinische Text gesungen, dann der
deutsche gesprochen.

Auch kleine Dialoge wechseln in der Art, daſs auf lateinische deutsche folgen. Ben. Pass. 27, Trier. Ost. 1, Wien. Pass. 279, S.Gall. Pass. 226, Mastr. Pass. 404, Alsf. Pass. 2425, Eger. Pass. 3453, Erl. Ost. 1146. 1203. Mit Ausnahme von Ben. Pass. und der Wien. Pass., wo die Spielanweisungen undeutlich sind, wird der lateinische Dialog gesungen, der deutsche gesprochen.

Auch bei dem Vortrag mehrerer kann dem lateinischen Text ein deutscher folgen: Mastr. Pass. 1244, Erl. Ost. 999, Wien. Ost. H. S. 303, 15, — häufiger aber wird lateinischer Chorgesang durch deutsche Einzelrede eines Mitglieds der singenden Gruppe abgelöst, Kath. S. 165, Trier. Ost. 41. 49, Alsf. Pass. 5926, Don. Pass. 427. 1605, Eger. Pass. 49, Erl. Ost. 777.

Aber es ist nicht notwendig, daſs in den sprachlich gemischten Stücken Latein immer gesungen, der darauffolgende deutsche Text immer gesprochen werde. Trier. Ost. 76. 106, Erl. Weihn. 22. 153, M. Magd. 318 setzt die einzelne Person lateinischen Gesang durch deutschen Gesang fort, — oder sie redet erst Latein, dann Deutsch: Eger. Pass. 3071, Frankf. Pass. 347. 1915. 2570. 2630, — oder sie singt erst deutsch und redet dann deutsch, Alsf. Pass. 5906. 5942. 5958. 5972. 5984. 6002. 6018, Erl. Mkl. 54. 62. 116. 170, Sterz. Mkl. S. 119. 123. 124. 133, Sterz. Ost. 160, Wien. Ost. H. S. 303, 25. 305, 19.

Laute Rede, Geschrei, auch unartikulierte Rufe: Innsbr. Ost. H. 226 *daemones ululant*, Kath. S. 168 *dyaboli ducunt eos ad infernum clamando: Ho, ho!* S. 171 *Circumstantes debent ululare,* Wien. Pass. 48 *clara voce vereantur,* die Teufel den Lucifer, Alsf. Pass. 1105 *Lucifer Ha. Ha. Ha: Ha. Ha. Ha,* 3536 *Et sic ducunt eum* (Christus) *ad Caypham et Annas cum eis, et in via deludunt eum variis obprobiis,* 7065 *Hic fit sonus horribilis in inferno,* Cass. Weihn. 124 *Tunc veniunt omnes* (diaboli) *clamantes: Ha, ha, ha,* 358 *Tunc servus surgat horribiliter clamans et dicit,* Don. Pass. 427. 3455. 3871 groſses Geschrei der Teufel, 475. 533. 807 *murmeln* der Juden, Eger. Pass. 4776 *et sic ducunt eum* (Christus) *ad Pilatum cum strepitu,* 4842. 5056 *Et sic cum clamore ducunt ad infernum Iudam,* 5670 *Et sic ducunt eum* (Christus) *de pretorio cum magno strepitu ad domum Anne,* 7979 *et transit hinc inde lamentando* (Magdalena), Frankf. Pass. 636 *Mutus murmurat ululando,* 1862 *Iudei murmurant ululantes,* 3125 *Hic fit conquestio demonum,* Wolf. Sünd. 2180 *Adam, Eva et alii patres clamant sic ut suus desiderat.*

Dagegen Alsf. Pass. 3128 *Ihesus respondit clandestine Iohanni dicens: Dem ich reichen* usw., Red. Ost. H. 1710 *Tunc Satanas veniens, portans clericum, dicit ad eum modica voce.*

Andere Arten des Sprachvortrags ergeben sich aus den Gemütsbewegungen, s. oben S. 38 ff.

Musik.

Daſs in dem Drama von Einzelnen wie von Mehreren zusammen gesungen wird, ist das Gewöhnliche, Freis. Her., Freis. O. Rach., Teg. Ant., Ben. Pass., Ben. Weihn., Nürnb. Ostf., Frankf. Pass. Dir., S.Gall. Pass., Innsbr. Fronl., Innsbr. M. Himm., Innsbr. Ost. H., Kath., Mastr. Pass., Trier. Mkl., Trier. Ost., Wien. Pass., Zehn Jungfr., Alsf. Pass., Augsb. Ost. H., Cass. Weihn., Don. Pass., Eger. Pass., Erl. Dreik., Erl. Ost., Erl. Ost. H., Erl. Weihn., Frankf. Pass., Himmelg. Mkl., M. Magd., Red. Ost. H., Sterz. Mkl., Sterz. M. Lichtm., Sterz. Ost., Theoph. Trier., Wien. Ostf., Wien. Ost. H., Wolf. Mkl., Wolf. Ost.

Nur eine Mehrzahl von Personen singt Himmelg. Pass., Wolf. Sünd. —, nur einzelne singen Bord. Mkl., Erl. Mkl., Theoph. Helmst.

Ganz ohne Gesang sind Lichtenth. Mkl., Muri. Ost. H., S.Gall. Weihn. (aber 471 *Wir jungen töchtran von Syon dir singen loblichen don*, hier fehlt wie 506 die sonst — 455. 459. 756 — auch vor der Rede Mehrerer übliche Spielanweisung *sprachen;* es heiſst: nur *die döchtran von Syon funden Marian sun*), Prag. Mkl., S.Gall. Chr. Himm., Luz. Grabl. (aber am Schluſs 476 *cantor incipiat responsorium: sepulto domino*), Rhein. j. Tag, Wolf. Sünd. (wenn nicht 3427 *Adam clamat: de profundis clamavi ad te, domine* Gesang andeutet). Dabei ist zu berücksichtigen, daſs, wo hier Fehlen des Gesanges angegeben ist, er vielleicht nur nicht nachgewiesen werden kann. S. meine Abhandlungen zum altdeutschen Drama S. 11.

Fraglich ist es, ob eine Mehrheit immer singt, nie zusammen spricht. Denn wenn auch die Bühnenanweisung zwischen Singen und Sprechen unterscheidet, so kann doch der Sprachgebrauch schwanken oder der Redactor sich ungenau oder fehlerhaft ausdrücken. S. Freis. O. Rach. 13. 16, Ben. Weihn. 63. 75. 102. 212 *dicant* neben dem notierten Text, ebenso *dicit* Trier. Ost. 119, s. Froning S. 552, im Erl. Ost. 1203 *cantat, cantantes* vor unnotiertem Text, Rhein. j. Tag 200 *und sprechent denn also*, die vier Engel, aber aus dem Folgenden 231. 260. 290 geht hervor, daſs 200 nur

der erste Engel spricht. Unklar sind die Angaben wie Ben. Pass.
213 oder Alsf. Pass. 3372 *dicit cantando*, Augsb. Pass. 2101 *Yetz*
singend die vier schergen pylati zu dem grab mit ainander so sy
gand sprechende. Über *legere, dicere, sub accentu* unten.

Gleichwohl will ich angeben, daß es Freis. O. Rach. 13 heißt
venientes ad presepe dicant (pastores), S.Gall. Weihn. 55 *Die hirten*
sprachen zu einander, 756 *die künig — sprechen*, Augsb. Pass. 107
Da sprechen All iunger in der gemein; s. Rhein. j. Tag 481. 538.
791, Wien. Ost. H. S. 303, 15 *Da die ritter lagen, so sungen die engel:*
Cum rex gloriae. Die selben (l. *selen*) *sprechen: Bis willkommen.* —
Auffällig ist Sterz. Mkl. S. 119 *prima persona circumit sepulcrum*
cantando: vier deutsche Verse, dann *et dicit:* vierzehn deutsche
Verse. *Deinde secunda persona circumit cantando:* vier deutsche
Verse, *et dicit:* vierzehn deutsche Verse. S. 121 *Duae personae*
simul accedunt tertiam et canunt: vier deutsche Verse, dann *Et*
dicunt ambae simul rigmum: acht deutsche Verse. Das spricht wohl
für deutsche Rede der Mehrheit. Erl. Ost. 999 ist der lateinische
Text der drei Marien notiert, der folgende deutsche nicht.

Unter den Gesangstücken kann man unterscheiden: Solo-
gesänge, z. B. Mariens Klage Ben. Pass. 216, Frankf. Pass. Dir.
242, S.Gall. Pass. 1177, Trier. Mkl. S. 263, 6, Alsf. Pass. 5906,
Bord. Mkl. 169, Eger. Pass. 6314, Himmelg. Mkl. S. 397, Sterz. Mkl.
S. 120, — Maria Magdalenas Weltfreude Ben. Pass. 19, Wien. Pass.
295, Mastr. Pass. 796, Alsf. Pass. 1796, M. Magd. 318, 543, —
Maria Magdalenas Reue Ben. Pass. 117, Wien. Pass. 403, Alsf.
Pass. 2876, M. Magd. 702, — wahrscheinlich Rachels Klage um
ihre Kinder, obwohl es Freis. O. Rach. 73 nur *dicit* heißt, Erl.
Dreik. 351 nur *clamat fortiter*, in Ben. Weihn. 540 steht dafür ein
Chor aller Mütter.

Duette, z. B. Maria und Johannes bei der Marienklage, Ben.
Pass. 246, Trier. Mkl. S. 261, 20, Eger. Pass. 6576. 6934, Erl.
Mkl. 54, Sterz. Mkl. S. 120, Wolf. Mkl. 1, — Maria Magdalena
und ihr Liebhaber, Wien. Pass. 279, 311, zwar stehen keine Noten
dabei, aber die metrische Form ist lyrisch, M. Magd. 542, —
Maria Magdalena und der Krämer, Ben. Pass. 27. 64. 82, Wien.
Pass. 279, — Maria Magdalena und Christus als Gärtner, Nürnb.
Ostf. S. 18, Frankf. Pass. Dir. 300, S.Gall. Pass. 1333, Innsbr.
Ost. H. 1043, Trier. Ost. 91, Eger. Pass. 7979, Erl. Ost. 1077,
Sterz. Ost. S. 152, Wien. Ost. S. 327, 19, Wolf. Ost. 159, — Jo-
hannes und Petrus beim Wettlauf, Nürnb. Ostf. S. 20, Innsbr. Ost.
H. 1158, Erl. Ost. 1293, Wien. Ostf. S. 252.

Terzetten, z. B. die drei klagenden Marien, Nürnb. Ostf. S. 17, Frankf. Pass. Dir. 260, Innsbr. Ost. H. 422. 750, Trier. Ost. 1, Alsf. Pass. 7517, Don. Pass. 4033, Eger. Pass. 7798, Erl. Ost. 1, Erl. Mkl. 1, Sterz. Mkl. S. 119, Sterz. Ost. S. 149, Wien. Ost. H. S. 316, 23, Wolf. Ost. 1.

Als Quintett kann der Klagegesang der Fatuae bezeichnet werden, Zehn Jungfr. S. 30, und das Ganze der Bord. Mkl., Maria die h. Jungfrau, Maria Magdalena, die Mutter Johannes', Christus, Johannes.

Die Marienklagen werden überhaupt öfters durch Teilnahme Christus', Petrus', zweier anderer Marien erweitert.

Eine Person singt mit einem Chor, z. B. Maria Magdalena und die Teufel, M. Magd. 330, — Maria Magdalena und die Apostel nach der Auferstehung, Nürnb. Ostf. S. 19, Frankf. Pass. Dir. 311, Innsbr. Ost. H. 1140, Alsf. Pass. 7764, Eger. Pass. 8071, Erl. Ost. 1203, Sterz. Ost. S. 162, Wien. Ost. H. S. 332, 17, Wolf. Ost. 237, — ein Engel und die drei Marien am Grabe Christi, Frankf. Pass. Dir. 282, S.Gall. Pass. 1315, Innsbr. Ost. H. 985, Trier. Ost. 44, Alsf. Pass. 7648, Don. Pass. 4073, Eger. Pass. 7901, Erl. Ost. 999, Wien. Ostf. S. 251, Wien. Ost. H. S. 323, 17, Wolf. Ost. 74, — der Krämer und die drei Marien, Frankf. Pass. Dir. 270, Innsbr. Ost. H. 853, Alsf. Pass. 7536, Don. Pass. 4051, Erl. Ost. 749, Sterz. Ost. S. 150, Wolf. Ost. 31, — Herodes und die h. drei Könige, Mastr. Pass. 404.

Größere Kompositionen sind z. B. das Kindelwiegen bei der Geburt Christi, Cass. Weihn. 155. 302. 716, Erl. Weihn. 49, — Betäubung der Wächter und Erweckung Christi aus dem Grabe, S.Gall. Pass. 1256, Innsbr. Ost. H. 158, Alsf. Pass. 7029, Augsb. Ost. H. 2477, Eger. Pass. 7398, Erl. Ost. 288. 360, Red. Ost. H. 227, Sterz. Ost. 146, Wien. Ost. H. S. 302, 11, — Befreiung der Väter aus der Vorhölle, Frankf. Pass. Dir. 251, S.Gall. Pass. 1256, Innsbr. Ost. H. 204, Alsf. Pass. 7077, mit drei Chören der Engel, der Väter, der Teufel, Augsb. Ost. H. 2371, Don. Pass. 3869, Eger. Pass. 7440, Erl. Ost. 396, Red. Ost. H. 511, Wien. Ost. H. S. 303, 25, — der Einzug Christi in Jerusalem, Frankf. Pass. Dir. 127[b], Alsf. Pass. 2584, Don. Pass. 1559, Eger. Pass. 3359, Frankf. Pass. 1813, — Weltschöpfung, Mastr. Pass. 9, Eger. Pass. 49, Wolf. Sünd. 129. In dieser größeren Komposition werden mitunter mehrere Chöre verwendet; s. oben S. 26.

Natürlich macht es in Bezug auf die einzelnen Personen einen Unterschied, ob sie nur eine nach der andern oder alle oder einige von ihnen auch zusammen singen, ob einer der Chöre an einem bestimmten Vortrag teilnimmt oder nicht.

Auf den musikalischen Charakter der Dramen gehe ich aus subjektiven wie objektiven Gründen nicht ein. Wo lateinische Prosa gesungen wurde, wie Freis. Her., Ben. Weihn. und häufig, kann nur gregorianischer Gesang gemeint sein.

Den Charakter weltlicher Musik werden die oben S. 77 erwähnten weltlichen deutschen Gesänge, so der unbekehrten Magdalena, sowie ihre Duetten mit ihrem Liebhaber, gehabt haben, desgleichen die Lieder des Wächters, *vigil*, im Red. Ost. H. 195. 205. 215. 753, deren Text allerdings nicht mitgeteilt wird; seine gesprochenen Worte 755 variieren das Motiv des Tagliedes, — das Liebeslied des Theophilus, Theoph. Trier. 823, das Lied Rubins Erl. Ost. 384, — der Chor zur Feier des Frühlings Ben. Weihn. 564, der Schülerchor Ben. Weihn. 580, der Chor, welcher den weiteren Verlauf des Stückes angiebt, Theoph. Trier. 818, die Lieder beim Kindelwiegen Cass. Weihn., ein Bettellied Alsf. Pass. 1413.

Andere sind populäre Kirchenlieder gewesen, wie *Christ ist erstanden*, s. oben S. 76, *Ein kindelin so lobelich* Cass. Weihn. 562, oder *Nu bit wir den heiligen geist* u. a. besonders in Innsbr. M. Himm. 383 ff.

S. Tucher, Anzeiger für Kunde des deutschen Mittelalters 1859 S. 88. 130. 168 über die Melodien des Eger. Pass.

Für die Qualität des Gesanges giebt es einige, wenn auch unklare Anweisungen. Alsf. Pass. 7137 *Luciper videns per fenestram legit*[1]) *sub accentu prophecie: Quare rubrum est ergo indumentum tuum* usw. 7141 *Salvator canit sub accentu prophecie: Torcular calcavi solus* usw. 7267 *Ihesus dicit sub accentu ewangelii: Amen, amen, dico vobis: nescio vos,* — 3690 *Pilatus dicit sub accentu: Quam accusationem affertis contra hominem istum,* 3714 *Pilatus dicit Ihesu cantando sub accentu: Non audis quanta adversus te dicunt testimonia,* 3994 *Ihesus cantat sub accentu: in me non haberes potestatem ullam, si non data tibi esset desuper.* Noten sind diesen Stellen nicht beigesetzt. Wahrscheinlich ist mit *accentus* die Art verstanden, wie die Propheten- und Evangelienverse in der Kirche vorgetragen zu werden pflegten. Ducange: *Accentuato: species cantus, qui fit elevando*

---

[1]) Hier gleich *canit*, denn nach der lateinischen Stelle heißt es *et dicit*, worauf deutscher Text folgt. Während sonst *legit* für *dicit* vorkommt, Luz. Grabl. 79, s. Mone, Altteutsche Schauspiele S. 28.

*aut deprimendo syllabam iuxta accentuum positionem, ut cum in
ecclesia Lectiones aut Orationes cantantur; cui opponitur Directus,
qui fit absque vocis inflexione.*

S. auch Nürnb. Ostf. S. 18 *cantando suppressa voce* (Magdalena sc.), Alsf. Pass. 6108 *Salvator cantat submissa voce;* dann folgt
der notierte Text: *Mulier, ecce filius tuus,* 6052 *Maria alta voce plangit
cum manibus,* dann ein notierter Text, 6172 *Maria audita voce Christi
plangit acuta voce,* dann ein notierter Text, Bord. Mkl. S. 289
*Unusquisque dicat rigmum suum cum devotione plangendo in eadem
nota et tono discreto,* 400 *Maria — incipit cum omni devotione canticum:* 'We helpet klagen' usw., 623 *Sancta Maria audiens hoc
cantat valida et lacrimabili voce prosternendo se ad terram plangendo
manibus,* Don. Pass. 1: *so fahent die engel an mit luter stimm singen
dis nachgeschriben: Silete, silentium habete,* Sterz. M. Lichtm. S. 109
Tunc cantet (Anna sc.) *alta voce: Nunc dimitte etc.,* Theoph. Trier.
817 *Hyr singet man — dussen ryme in den sulven noten,* Wolf. Mkl. 135
Salvator cantat hoh: Moder, du schalt getröidet sin; ohne Noten. —
Alsf. Pass. 7131. 7135 *Angeli canunt sub tercio tono,* 7473 *Pilatus
cantat sub quinto tono,* 7479 *Servus Pilati etiam cantat sub
quinto tono.*

Außer dem Gesang hörte das Publikum auch Instrumentalmusik: Frankf. Pass. Dir. 1 *Primo igitur persone ad loca sua cum
instrumentis musicalibus et clangore tubarum deducantur,* Innsbr. M.
Himm. *Primo exiit Ihesus cum suis angelis, procedit cum vialatoribus,*
s. 3085 *Rex dicit: Nû schlat uff ir spellute, und pauck frolichen
hûte,* Alsf. Pass. 1790 *Et sic vigellator incipit wigellare et corizant
Luciper cum Maria Magdalena et alii demones,* Don. Pass. 21 *Und
nach dissem spruch* (dem Prolog) *so gand di zuen hornblaser her für
und blasent zû dritten mal,* 127 *Nu fachent sy an mit dem seitenspil
ze hoffieren,* Erl. Weihn. 1 *duo cithariste* in der Eingangsprozession,
49 *finito autem Resonet* (Gesangstext) *ludant cathariste,* Frankf. Pass.
691. 743. 972 *ach meister, phiff uff, das wir springen, lass uns
springen,* Red. Ost. H. 755 *Et tubicinat ter* (vigil sc.), 764 *Et tubicinat adhuc ter,* Rhein. j. Tag 200 *Denn zehand blausent si uf die
vier horn mit grimme* (die Engel), Wolf. Sünd. 2387 *cantores fistulant.*

Pausen.

Die Rede wird öfters durch Pausen unterbrochen, so daß das
Publikum eine Zeitlang nichts hört, nur sieht. Innerhalb der Rede
einer Person oder zwischen Rede und Gegenrede: Ben. Pass. 179.

180 Christus schweigt vor Herodes, 185 *Iesus paulatim dicit: Regnum meum non est de hoc mundo*, nachdem Pilatus gesagt hatte: *gens tua et pontifices tui tradiderunt te mihi*, 254 *Et per horam quiescit sedendo et iterum surget cantans*. S.Gall. Pass. 966 Christus schweigt vor Herodes, Wien. Pass. 80 *in tercia vice respondeat Eva dicens*, auf die Anrufe des Teufels. Innsbr. Ost. H. 790 *Rubin non respondet*, auf das dreimalige Rufen seines Herrn *nisi tertio et dicit*, 96 *Rubin sileat et tacet*. Alsf. Pass. 924 *Et sic omnibus sedentibus et epulantibus* (bei Herodes und Herodias) *Sinagoga cantat. Finito cantu pausat. Et dicit rex filie Herodiadi*. 3088 *Et tunc post modicum intervallum* folgt die Fußwaschung, 6534 nachdem Maria Joseph von Arimathia nicht antwortet, nimmt Johannes das Wort: *ich sagen dir, das Maria ist also vol jamers nu, das sie dir nicht kan gesprechen su*. Bord. Mkl. 463 *Sancta Maria planctum istum*, den sie eben gesungen, *cantat bis et elevat brachia et plangit cum manibus, et cum hoc fecit, pausat et tacet*, dann setzt sie ihre Rede fort. Cass. Weihn. 27 *Maria perterrita*, durch die Botschaft Gabriels, *hac vice non respondet. Iterum angelus cantat: Ne timeas, Maria —*. Don. Pass. 2341 *Uff sollichs antwurt der Salvator nút, das sich Cayphas verwundert, und so er nút wil reden, facht Cayphas an und spricht*. Eger. Pass. 7022 Joseph von Arimathia hat Maria angesprochen. *Maria silet. Ioannes loco Marie dicit: Ioseph, hab es nit verungútt, Wan Maria ist so kranckes gemüt, Das sie dir nit geantwurtten mag*. Erl. Mkl. 44 Maria hat seit 31 gesungen und gesprochen. *Item pausat, postea dicit*. Frankf. Pass. 2634 *Salvator tacet* auf die Hohnrede des Juden Krisan, der ihn schlägt, 2761 *Ihesus tacet* auf die Frage Pilatus' nach seiner Schuld, 2857. 2861. 2865. 2869. 2885 *Salvator tacet* auf die Fragen Herodes', 3254 *Ihesus tacet* auf Pilatus' Frage: *Unde es tu?*, 4064 *Maria hic dicit post primam pausam*, sie hat gerade gesprochen, *tangendo Christum in cruce, si potest*, 4149 *Et modica pausa Ihesus*, der eben *consumatum est* gesprochen hatte, *aspiciens in celum et dicit*. Red. Ost. H. 1086 *Item pausando dicit* Lucifer, der eben gesprochen hat. Wolf. Sünd. 2583 *hic pausat modicum*, Salomon, nachdem er eben die Königin von Saba zum Essen genötigt, dann wieder: *Ach tastet to unde maket iuk goden hogen*.

So werden auch folgende Stellen als Pausen oder Zeugnisse für solche aufzufassen sein: Dor. S. 294, 7 *Fabricius contra Dorotheam dicit*, nachdem er seit S. 294, 1 zu ihr spricht; allerdings ist S. 294, 3—6 eine Parenthese, in welcher er von ihr in der dritten

Person redet. Trier. Ost. 121 *Tunc Maria cantat immediate.* Alsf.
Pass. 144 *Et dicit sine intermedio*, Lucifer, der eben gesprochen
hat, 174 *et subiungit sine medio*, ebenso. 6475 *Tunc Maria plangit
terna vice sine medio, si placet.* Mastr. Pass. 430 *Nu spricht he
nog me*, der dritte der h. drei Könige, der eben gesprochen. Alsf.
Pass. 6479 *Immediate subiungit* (Maria) *secunda vice cantando.* Red.
Ost. H. 1160 *Hoc* (Lucifers Ruf) *diaboli non audientes, Iterum clamat.*
Rhein. j. T. 558 *aber spricht unser her*, nachdem er eben gesprochen.
Wolf. Sünd. 1046 *Creator intrat paradisum dicens: Adam, wur bistu?
Adam tacet. Adam wur bistu?* 1995 *Et subiungit*, Moyses sc., nach-
dem er soeben gesprochen.

Gewifs sind Redepausen auch sonst oft eingehalten worden,
wenn sie auch die Spielanweisung nicht angiebt; so Theoph. Helmst.
nach 677, der Rede Satans an Lucifer, auf welche dieser den Kontrakt mit Theophilus stillschweigend herausgiebt.

Andere Pausen ergeben sich aus den im Folgenden II, A
behandelten Fällen, wo eine Aktion vorgenommen, z. B. ein Weg
zurückgelegt wird, ohne dafs der betreffende Schauspieler oder die
betreffende Gruppe dabei zu sprechen haben.

Aufserdem werden gewifs oft Pausen eingetreten sein, wenn
eine Gruppe oder Person ihre Rede an einem Bühnenort beendigt
hat, und eine andere Person oder Gruppe an einem andern Bühnenorte beginnen soll. S. auch im zweiten Abschnitt unter II, A.

Bei Sachen und Tieren.

S. oben S. 59 bei den sichtbaren Vorgängen, Erdbeben, Donner,
Gepolter, Krähen usw.

Beim Publikum.

Verschiedener Standpunkt des hörenden Publikums.

Alles Hörbare mufste verschieden auf die verschiedenen Personen des Publikums wirken nach ihren Standorten. Aber auch
der Einzelne konnte nicht alles, was auf der Bühne gesagt und gesungen wurde, gleich gut hören, da an vielen von ihm mehr oder
weniger entfernten Orten gespielt wurde, und die Schauspieler sich
bald zu ihm, bald von ihm wegwendeten.

Beteiligung des Publikums.

Wie mitunter durch Bewegungen und das dadurch verursachte Getöse, Geschrei, s. oben S. 61, nimmt das Publikum gelegentlich auch durch Rede und Gesang teil an der dramatischen Aufführung. Die zweifelhaften Fälle bezeichne ich durch Fragezeichen, Nürnb. Ostf. S. 20 am Schluß; *Populo interim acclamante: Crist ist erstanden.* Frankf. Pass. Dir. 374, am Schluß, *Hic Augustinus incipiat populo et ortetur homines cantare: Crist ist erstanden,* Innsbr. Ost. H. 1187 Johannes schließt den Epilog. der an das Publikum gerichtet ist; *und syngit alle gliche: Crist ist erstanden von hymmelriche,* Augsb. Pass. 2271, Eger. Pass. 8311, Red. Ost. H. 2023, Wien. Ostf. S. 52, Wien. Ost. H. S. 336, 7. — Dor. S. 285, 14 Prolog: *Nú singe wir alle disen leis: Nú bite wir den heiligen geist etc. et cantat omnis populus* (?). Dazu würde Alsf. Pass. 107 passen: *Et sic regens incipit canere: Veni sancte spiritus,* wenn das *incipere* hier auch soviel wie vorsingen bedeutet, wie oben Frankf. Pass. Dir. 374. — Am Anfang der Frankf. Pass. singen die Engel nach dem Silete: *Veni sancte spiritus.* Aber Dor. S. 288, 7 geht *omnis populus* auf Schauspieler. — Kath. S. 172 nahe am Schluß *omnes cantant: Te deum laudamus* (?). Bord. Mkl. 887 am Schluß, nachdem die Schauspieler und alle Umstehenden sich niedergekniet haben, betet erst Johannes, dann *Coniunctim: Beati Iohannis apostoli tui* usw. (?). — Sterz. M. Lichtm. S. 101 *Tunc omnes canunt simul* (?), S. 101 *Tunc canunt omnes: Ecce Maria genuit nobis etc.* (?), S. 110 *simul cantantibus omnibus quarta vice: anima in laudibus* (?). — Eger. Pass. 4754. 5074. 5703 wird das Publikum aufgefordert, ein Pater noster zu sprechen. — Innsbr. Fronl. 756 am Schluß des Stückes in der Ansprache des Papa: *dar um sô sprechet: amen;* s. Alsf. Pass. 8095, Sterz. M. Lichtm. S. 111, Augsb. Pass. 2171, Bord. Mkl. 287.

II. QUANTITÄT.

A. QUANTUM?

GRÖSSE DER BÜHNE.

Der Bühnenraum hatte mitunter eine beträchtliche Ausdehnung. Darauf weist aufser den erhaltenen Plänen und Angaben auch vielleicht die Gewohnheit, Personen herbeizurufen, selbst wenn sie nicht entfernt gedacht sind. Frankf. Pass. Dir. 30 *wá sit ir, knechte und mine man?* — Dor. S. 289, 2 *wá ist min bode, den ich dá hin sende?* — Wien. Pass. 80 *Adam et Eva sint in paradyso, et serpens dyabolus clam veniens ad Evam introspiciat sicut dicens: Bistu do inne Eva? In tercia vice respondet Eva dicens: Iá, ich bin kie; wer ist dá?* — Augsb. Pass. 1056 Jesus wird von den Juden zu Pilatus geführt. *Es spricht der erst schórg Cayphe su pylato im herauss rieffend: Pylate, gand ein weil her für zů meinen herren für die thür!* — 1302 Pilatus zu Barrabas: *wa bist, Barrabas, du verwegens blůt.* — Frankf. Pass. 1100 *Cesar mittit nuncium ad Herodem cum litera et dicit: Wo bistu bode? kome hervor.* — In Erl. M. Magd. 370 sieht der *procus* Maria Magdalena nicht und fragt das Publikum nach ihr. — Oder Cass. Weihn. 346, der Hirte legt sich zum Schlafen nieder, obwohl die Engel einen Chor anstimmen. Das werden sie kaum in nächster Nähe gethan haben.

Andererseits war der Bühnenraum öfters klein, wie im zweiten Abschnitt II, A gezeigt werden soll. S. oben S. 20 über das Dolium, dann Erl. Ost. 53, Erl. Weihn. 1.

LÄNGE DER STÜCKE, SCENEN, REDEN, ROLLEN
IN VERSZAHLEN.

Die Länge des Stückes ist sehr verschieden. Die Zahlen der folgenden Tabelle beziehen sich auf die Verse, wozu in einigen lateinischen Stücken Prosazeilen kommen. Sie sind nur annähernd zu nehmen, da die Principien der Herausgeber in Bezug auf die Prosastellen, die Citate, die Wiederholungen, das Silete voneinander abweichen, und die Texte zu den Gesängen in den Handschriften oft nur unvollständig oder gar nicht angegeben sind.

30	Wien. Ostf.	713	M. Magd., Theoph. Helmst.
58	Erl. Weihn.	717	Ben. Weihn.
80	Nürnb. Ostf.	756	Innsbr. Fronl.
99	Freis. O. Rach.	823	Sterz. Mkl.
114	Freis. Her.	824	Theoph. Trier.
149	Lichtenth. Mkl.	870	Cass. Weihn.
189	Trier. Ost.	886	Bord. Mkl.
265	Dor.	925	Rhein. j. Tag.
284	Wolf. Ost.	965	S.Gall. Chr. Himm.
307	Prag. Mkl.	1086	S.Gall. Weihn.
354	Sterz. M. Lichtm.	1183	Wien. Ost. H.
356	Erl. Dreik.	1188	Innsbr. Ost. H.
406	Trier. Mkl.	1331	Erl. Ost.
429	Augsb. Ost. H.	1340	S.Gall. Pass.
438	Teg. Ant., Erl. Mkl.	2023	Red. Ost. H.
464	Wolf. Mkl.	3953	Wolf. Sünd.
477	Erl. Ost. H. V.	4408	Frankf. Pass.
613	Zehn Jungfr.	8095	Alsf. Pass.
681	Kath.	8312	Eger. Pass.
704	Sterz. Ost.		

Von den stärker verstümmelten Stücken führe ich an

289	Ben. Pass.	2174	Augsb. Pass.
503	Luz. Grabl.	3168	Innsbr. M. Himm.
532	Wien. Pass.	4106	Don. Pass.
1500	Mastr. Pass.		

Während die Zahl der erhaltenen Verse von den Fragmenten des Himmelg. Pass., Muri. Ost. H., Frankf. Pass. Dir., Himmelg. Mkl. nur sehr unsichere Schlüsse auf die Ausdehnung des Stückes erlaubt.

Wenn das Stück in zwei, drei Tage geteilt war, so ergeben sich folgende Zahlen:

Alsf. Pass. I 2929, II 2334, III 2832.

Eger. Pass. I 2796, II 2913, III 2603.

Frankf. Pass. I 2423, II 1985.

Doch konnte in der Alsf. Pass. auch II mit 1990, III mit 3176 Versen gespielt werden, wenn die Disputation zwischen Synagoga und Ecclesia geteilt wurde; s. zu 4919. Die Innsbr. M. Himm. hat am ersten Tag 2022 Verse, am zweiten 1146, ist aber am Schluß verstümmelt; die Don. Pass. hat am ersten Tag 1711 Verse, am zweiten 2395, ist aber am Schluss verstümmelt.

Der kürzeste Tag ist demnach der erste im Don. Pass. mit 1711, der längste der erste im Alsf. Pass. mit 2929 Versen.

Für die Kürze und Länge der Scenen — s. oben S. 70 — gebe ich einige Beispiele, wobei ich die Scene durch die eingeklammerte Verszahl bezeichne, mit der sie anfängt.

In dem Freis. O. Rach., einem Stück von 98 Versen in 11 Redescenen, giebt es zwei Scenen zu einem Vers (36. 66), 2 zu 2 Versen (16. 71), eine zu 3 (13), eine zu 4 (67), eine zu 11 (73), eine zu 13 (1), eine zu 16 (84), eine zu 18 (18). In Lichtenth. Mkl. besteht das ganze Stück aus einer Scene von 149 Versen. Im Trier. Ost., einem Stück von 183 Versen in 7 Redescenen, giebt es eine Scene zu 5 Versen (41), eine zu 26 (45), eine zu 28 und darüber (67), eine zu 32 (157), eine zu 40 (1), außerdem noch die Schlußscene (189), in der die Sequenz Victimae paschali gesungen wurde. In der Bord. Mkl., einem Stück von 894 Versen in 8 Redescenen, giebt es eine Rede zu 5 Versen (257), eine zu 15 (218), eine zu 19 (262), eine zu 24 (233), eine zu 37 (132), eine zu 49 (169), eine zu 131 (1), eine zu 614 (281). Im Red. Ost. H., einem Stück von 2023 Versen in 35 Redescenen, giebt es 8 Scenen unter 10 Versen (1. 119. 681. 888. 1146. 1312. 1752. 1984), von denen die letztgenannte nur aus einem Vers besteht, 20 Scenen von 10 bis 100 Versen (9. 19. 41. 125. 195. 227. 681². 753. 804. 896. 906. 976. 994. 1152. 1164. 1246. 1312². 1710. 1912. 1984²), vier Scenen von 100 bis 200 Versen (259. 511. 104. 1760) und eine von 286 Versen (1324).

Lang ist die jüngste Gerichtsscene in Rhein. j. Tag (200), 726 Verse, und die Sterz. Mkl., 823 Verse, wo das ganze Stück aus einer Scene besteht.

S. die Scenarien bei Mone in den altteutschen Schauspielen

und den Schauspielen des Mittelalters, Froning vor Alsf. Pass. und
Frankf. Pass., Milchsack vor Eger. Pass., Kummer vor den Erlauer
Spielen, Hoffmann von Fallersleben vor Theoph. Trier., Schöne-
mann vor Wolf. Sünd., aber s. oben S. 72.

Wenn eine Scene aus einem Monolog eines einzeln stehenden
Schauspielers besteht, ist sie selten so kurz wie Alsf. Pass. 728, wo
Herodias nur zwei Verse spricht. Von den oben S. 67 f. genannten
Beispielen haben 14 Verse Theoph. Helmst., 285, 16 Wolf. Sünd.
2387, 18 Wien. Ost. H. 325, 15, 22 Mastr. Pass. 962, Don. Pass.
2373, 36 Erl. Ost. 1037, 38 Theoph. Helmst. 1, 40 Theoph. Trier.
526, 46 Alsf. Pass. 3622, 52 Wolf. Ost. 107, 56 Theoph. Helmst. 403.

Lang sind gewöhnlich die Ansprachen an das Publikum, s. den
Proclamator in Don. Pass.: 58 Verse, Alsf. Pass. 84, den Papa im
Innsbr. Fronl. 661 : 95 Verse.

Zwiegespräche, wobei es einen Unterschied macht, wieviel
jedesmal die einzelne Person spricht. — Es redet nur eine Person.
Dor. S. 293, 7 der Engel spricht zwei Verse; Dorothea stumm.
Kath. S. 167 Christus spricht sechs Verse; Katherina stumm. Mastr.
Pass. 270 Ecclesia spricht sechzehn Verse; Maria stumm, 286 der
Engel spricht zwölf Verse; Joseph stumm. Alsf. Pass. 7710 Gabriel
spricht vier Verse; Maria stumm. Augsb. Ost. H. 2515 der Engel
spricht sechs Verse; Maria stumm. Augs. Pass. 1028 der Teufel
spricht vier Verse; Judas stumm. Don. Pass. 79 Maria Magdalena
spricht zwölf Verse; ihr Knecht stumm. 2471 der Teufel spricht
acht Verse; Judas stumm. 2803 Aminadab spricht vier Verse;
Barrabas stumm. 3977 der Engel spricht sechs Verse; Maria stumm.
3987 Christus spricht vier Verse; Maria stumm. Eger. Pass. 595
Cain spricht zwölf Verse; Abel stumm. 7112 Johannes spricht vier
Verse; Maria stumm. Frankf. Pass. 616 die Tochter des cana-
näischen Weibes spricht vierzehn Verse; das Weib stumm. Wolf.
Sünd. 3769 Gabriel spricht fünfzehn Verse; Anna stumm.

Wenn beide reden, kann das Zwiegespräch kurz sein. Die
Zahl nach dem Titel bezeichnet den Scenenanfang.

S. Gall. Pass. 1326 Christus, Maria Magdalena, 12 Verse (Ch. 4,
M. 4, Ch. 4), Alsf. Pass. 4426 Procla, Magd, 24 Verse (P. 18, M. 6),
7714 Christus, Maria, 10 Verse (Ch. 6, M. 4), 7724 Christus, Petrus,
12 Verse (Ch. 8, P. 4), Eger. Pass. 757 Gott Vater, Abraham 9 Verse
(G. 8, A. 1), 1039 Salomon, ein Engel, 8 Verse (S. 4, E. 4), 1153
Joachim, Anna, 14 Verse (J. 10, A. 4), 1223 ein Engel, Anna, 4 Verse

(E. 2, A. 2), 1239 Joachim, Anna, 4 Verse (J. 2, A. 2), 1475 Gabriel, Joseph, 20 Verse (G. 16, J. 4), 2909 Belial, Maria Magdalena, 16 Verse (B. 10, M. 6), 3557 Sathan, Judas, 16 Verse (S. 10, J. 4, S. 2), 7698 Caiphas, Abraham, 8 Verse (C. 6, A. 2), 7706 Caiphas, Abraham, 12 Verse (A. 6, C. 6), 7864 Medicus, Rubin, 8 Verse (M. 1, R. 1, M. 4, R. 2), Cass. Weihn. 63 Joseph, Maria, 12 Verse (J. 4, M. 4, J. 4), Frankf. Pass. 792 Christus, die Ehebrecherin, 6 Verse (Ch. 1, E. 1, Ch. 4), Wolf. Sünd. 3829 Anna, Joachim, 20 Verse (A. 9, J. 11).

Oder lang. Ben. Weihn. 118 Augustinus und Archisynagogus, 84 Verse (A. 8, Ar. 40, A. 8, Ar. 8, A. 17, Ar. 1, A. 1, Ar. 1). — Lichtenth. Mkl. 1 Maria und Johannes, 148 Verse (M. 54, J. 18, M. 24, J. 12, M. 24, J. 18). — Muri. Ost. H. 215 Magdalena und Christus, 96 Verse (M. 90, Ch. 6). — Prag. Mkl. 1 Maria und Johannes, 58 Verse (J. 4, M. 4, J. 4, M. 10, J. 4, M. 16, J. 4). — Alsf. Pass. 1307 Christus und die Samariterin, 72 Verse (Ch. 4, S. 8, Ch. 6, S. 12, Ch. 6, S. 4, Ch. 1, S. 1, Ch. 4, S. 6, Ch. 16, S. 4, Ch. 2). — 4480 Ecclesia und Synagoga, 788 Verse (32 Reden und Gegenreden, so daß auf jede ungefähr 24 Verse kommen). — Don. Pass. 3683 Christiana und Judaea, 91 Verse (J. 24, Ch. 67). — Eger. Pass. 7979 Christus und Maria Magdalena, 82 Verse (Ch. 12, M. 10, Ch. 2, M. 6, Ch. 4, M. 6, Ch. 2, M. 6, Ch. 12, M. 2, Ch. 4, M. 2, Ch. 6, M. 2, Ch. 6). — Theoph. Helmst. 53, Sathan und Theophilus, 194 Verse (S. 22, Th. 12, S. 26, Th. 5, S. 15, Th. 7, S. 1, Th. 12, S. 6, Th. 7, S. 1, Th. 2, S. 30, Th. 12, S. 10, Th. 4, S. 3, Th. 2, S. 3, Th. 6, S. 8). — 494 Maria und Christus, 94 Verse (M. 37, Ch. 11, M. 2, Ch. 4, M. 34, Ch. 6). — Wien. Ost. H. S. 326, 19 Christus und Maria Magdalena, 139 Verse (Ch. 10, M. 6, Ch. 14, M. 37, Ch. 6, M. 6, Ch. 4, M. 4, Ch. 8, M. 4, Ch. 6, M. 2, Ch. 4, M. 4, Ch. 10, M. 4, Ch. 10).

Redescenen mit mehr als zwei Personen bis zu unbestimmten Mengen. Auch diese können kurz sein, besonders dann, wenn nur eine oder zwei Personen oder Gruppen sprechen.

Nur eine Person. Freis. Her. S. 57 der Bote; stumm: die Magi, ihr Gefolge; eine Zeile. S. 59 Herodes; stumm: die Soldaten; eine Zeile. S. 59 der Soldat; stumm: die Scribae; zwei Zeilen. S. 60 der Waffenträger; stumm: die Magi, ihr Gefolge; eine Zeile. Ben. Pass. 178 Herodes; stumm: Christus, die Juden; zwei Zeilen. Nürnb. Ostf. S. 18, zwei Marien zusammen; stumm: die Apostel; zwei Zeilen. S. Gall. Pass. 827 Rufus, ein jüdischer Scherge; stumm: die Personen von Christi Verhör bei Annas; vier Verse. S. Gall. Weihn. 656 der Bote; stumm: die Juden; zwei Verse. Innsbr. M. Himm.

1235 Gabriel; stumm: Johannes, die Heiden; sechs Verse. Innsbr.
Ost. H. 174 Pilatus' Bote; stumm: schlafende Grabwächter; vier
Verse. Alsf. Pass. 2257 Martha; stumm: Magdalena, die Diener-
schaft; zwei Verse. 2660 Christus; stumm: die Verkäufer im Tempel
und Juden; vier Verse. 3350 Judas; stumm: die Juden; sechs Verse.
Augsb. Pass. 129 Nathan; stumm: die anderen Juden; vier Verse.
Frankf. Pass. 537 der Kranke; stumm: die Juden; acht Verse,
dann: *Judei murmurant ebraice.* 2544 der Jude Abraham: stumm:
Christus, die Personen des Verhörs; vier Verse. Theoph. Helmst.
666 Sathan; stumm: Lucifer und andere Teufel; zwölf Verse.

Zwei reden. Freis. Her. S. 56 der Engel, die Hirten; 3 Zeilen
(E. 1, H. 2). — S. 57 Herodes, der Bote; stumm: Herodes' Soldaten;
6 Zeilen (B. 1, H. 1, B. 3, H. 1). — S. 57 der Bote, die Magi; stumm:
Gefolge der Magi, Soldaten; 7 Zeilen (B. 3, M. 4). — S. 57 der Bote,
Herodes; stumm: die Soldaten Herodes'; 4 Zeilen (B. 1, H. 1, B. 2,
H. 1). — S. 57 der Bote, Herodes; stumm: die Soldaten Herodes';
7 Zeilen (B. 2, H. 5). — S. 60 die Magi, die Hirten; stumm: das Ge-
folge der Magi; 2 Zeilen (M. 1, H. 1). — Freis. O. Rach. 84 die
Trösterin, Rachel; stumm: andere Mütter (wenn sie vorhanden waren,
s. S. 64 *armiger interficiens pueros);* 15 Zeilen (Tr. 5, R. 5, Tr. 5). —
Dor. S. 288, 7 Fabricius, der Dämon, stumm: das Volk; 12 Verse
(F. 6, D. 4, F. 2). — S. 288, 19 Fabricius, Dorothea; stumm: die
zwei Schwestern Dorotheas; 6 Verse (F. 2, D. 4). — S. Gall. Pass.
823 Magd, Petrus; stumm: andere Dienerschaft; 4 Verse (M. 2,
P. 2). — 827 wiederholt 823. — 831 Knecht, Petrus; stumm:
andere Dienerschaft; 8 Verse (K. 4, P. 4). — Augsb. Pass. 705 eine
Thürhüterin, Petrus; stumm: andere Dienerschaft; 6 Verse (Th. 4,
P. 2). — 727 die zweite Thürhüterin, Petrus; stumm: andere
Dienerschaft; 4 Verse (Th. 2, P. 2). — 731 Scherge Annas', Annas;
stumm: Christus und die anderen Personen des Verhörs; 6 Verse
(Sch. 2, A. 4). — 737 Malchus' Verwandter, Petrus; stumm: die
Dienerschaft im Hofe; 10 Verse (M. 6, P. 4). — Frankf. Pass. 347
Christus, Bartholomaeus; stumm: die anderen Apostel; 14 Verse
(Ch. 6, B. 8). — 361 Christus, Symon; stumm: die anderen Apostel;
18 Verse (Ch. 6, S. 12). — 495 Christus, der Kranke; stumm:
Apostel und Juden; 18 Verse (Ch. 6, Kr. 8, Ch. 4). — 513 Syna-
gogus, der Kranke; stumm: die Juden; 18 Verse (S. 12, Kr. 6). —
Theoph. Trier. 778 Sathan, Lucifer; stumm: andere Teufel; 16 Verse
(S. 8, L. 7, S. 1).

Ebenso hat die einzelne Rede des Schauspielers sehr verschiedene Ausdehnung. Über die Monologe s. oben S. 63. 66.

Im Gespräch. Daß eine Person weniger spricht, als einen Vers oder einen Satz, ist sehr selten. Freis. Her. S. 58 *Primus* (magus): *Auro regem — Secundus: Thure deum — Tertius: Mirra mortalem* beendet den von allen Magi vorher besprochenen Satz *Hunc regnare fatentes cum mysticis muneribus de terra longinqua adorare venimus.* Teg. Ant. 371 *Ubinam sunt*, Hälfte eines Verses. Innsbr. Ost. H. 628 *Et sic percutiunt se* (Rubin und Pusterbalk), *unus dicit: Slack! alter dicit: fach! Mercator dicit: last darvon ir schelke beide.* Erl. Ost. 669.

Sonst ist die kürzeste Rede ein Vers in Freis. Her. S. 57. 58, Freis. O. Rach. 65, Teg. Ant. 178. 179, Ben. Weihn. 653, Muri. Ost. H. 35 ff. 77. 325. 383 ff., S.Gall. Pass. 226 f. 432 f. 1198 f., S.Gall. Weihn. 317 ff. 458, Innsbr. Ost. H. 634 ff., Kath. S. 161, Mastr. Pass. 728. 902 f. 1174. 1166 f., Wien. Pass. 59. 80 f. 315, Alsf. Pass. 757 ff. 783 ff., 3212 ff., 6274 ff., Bord. Mkl. 626. 631 ein reimloser Vers oder Prosa: *Owy owe, nu ys he dot*, Cass. Weihn. 614 f. 679, Eger. Pass. 4530 ff. 5326 ff., Erl. Ost. 248 f. 525 f. 637 ff. 667 ff., Red. Ost. H. 40 ff. 114. 384. 888 f. 908. 929. 1172. 2424.

In lateinischer Prosa entsprechen den Versen kurze Sätze. Freis. Her. S. 56. 57. 58. 60. 61, Freis. O. Rach. 16 f. 36. 66, Ben. Pass. sehr oft, Ben. Weihn. 75. 201 f., Nürnb. Ostf. sehr oft, Mastr. Pass. 404, Wien. Pass. 465 f. 479. 482. 524.

Das nächst niedere Maß ist ein Reimpaar. So sehr oft in Dor., Innsbr. M. Himm., Innsbr. Ost. H., Zehn Jungfr., Alsf. Pass., Augsb. Pass., Bord. Mkl., Don. Pass., Eger. Pass., Erl. Dreik., Erl. Mkl., Erl. Ost., Erl. Weihn., Frankf. Pass., S.Gall. Chr. Himm., Luz. Grabl., Rhein. j. Tag, Sterz. M. Lichtm., Sterz. Mkl., Sterz. Ost., Wolf. Ost.

Lange Einzelreden des Gesprächs sind z. B. die der Ecclesia in Alsf. Pass. 4693: 54 Verse, der Cristiana Don. Pass. 3707: 67 Verse, des Predigers in Theoph. Helmst. 299: 104 Verse, des Gregorius in Rhein. j. T. 35: 164 Verse.

Der Umfang der Rolle, welche der einzelne Schauspieler übernahm, war verschieden. Neben den grossen, wie die Christi in den Passionen, Mariens in den Marienklagen, sowohl den selbständigen als den in die Passionen eingefügten, gab es auch sehr kleine. So z. B. der Mann mit dem Krug, der mit dem Esel, der Hausvater, bei dem das Abendmahl gehalten wird. Balaam im Ben. Weihn. 72

hat nur einen, Elisabeth 237 nur 3, Maria in Freis. O. Rach.
nur 4, Joseph Mastr. Pass. nur 6 Verse zu reden, 628, die erste
Maria in den Wolf. Mkl. nur 15 Verse, 68, die zweite nur 38 Verse,
260, dazu beide zusammen vor 68 ein paar Worte lateinisch zu
singen. — Oder es kann ein Schauspieler nur mit anderen zusammen
singen, nie allein singen oder sprechen, wie der Apostolicus, Misericordia Iusticia im Teg. Ant., 45, oder nur als Musiker oder
als stummer Statist verwendet werden, wie oft das Gefolge von
Fürsten, wie die Söhne Noes, Eger. Pass. 716, der Iuvenis in der
Bord. Mkl. S. 289, der Miles Beckart in Frankf. Pass. 3695, Veritas
und Pax im Wolf. Sünd. 3621, — Christus in Luz. Grabl.

Ich gebe die Rollengrösse für einige Stücke an. Zuerst für
Einzelpersonen, insofern sie einzeln sprechen, dann für zusammen
sprechende Gruppen.

Freis. O. Rach. 4 Verse Maria, 7 Armiger, 9 Angelus, 10 Rex,
consolatrix, 11 Joseph, 13 Internuntius, 16 Rachel. — Über einen
Vers Angeli (der Text ist unvollständig), 3 Chorus, 4 Pastores,
während die Mütter aufser Rachel, wenn sie vorkamen, nur Statistendienste leisteten.

Lichtenth. Mkl. 54 Verse Johannes, 102 Maria.

Trier. Ost. 4 Verse erster Engel, zweiter Engel, dritter Engel,
11 zweite Maria, über 23 erste Maria, 31 Christus, 118 Magdalena
(= dritte Maria). — 7 Verse Angeli, 8 die drei Marien.

Bord. Mkl. 36 Verse die Mutter Johannes', 70 Magdalena,
74 Christus, 311 Johannes, 414 Maria. — Alle zusammen 11.

Red. Ost H. 4 Verse Teufel Lepel, 5 Teufel Belsebuc, 6 Teufel
Belial, 8 Teufel Lykketappe, 10 Engel Uriel (= primus angelus), der
Weber, über 11 Raphael (= tertius angelus), 12 secundus Judeus,
Abel, Enoch, der Bäcker, 13 Eva, 14 der Teufel Tuterillus, der
Teufel Funkeldune, der Wirt, der Fleischer, der Penesticus, der
Räuber, 16 der Notarius Pilatus', der gute Schächer, der Schuster,
der Schneider, 17 der Diener Pilatus', der Teufel Krumnase.
18 Gabriel (= secundus angelus), 20 David, 21 der Teufel Noytor,
22 Isaias, 24 der Prophet Symeon, 28 Adam, Annas, 29 Caiphas,
33 primus Judeus, über 35 Vigil, 36 Johannes Baptista, der Teufel
Astrot, 37 quartus miles, 40 Conclusor, 45 Michael (= quartus
angelus), 48 tertius miles, 56 Sacerdos, 58 primus miles, 59 der
Teufel Puk, über 63 Christus, 66 secundus miles, 105 Pilatus, 107
Sathan, 587 Lucifer. — Chorus über 2 Verse, Angeli über 3, die
Väter in der Vorhölle über 4, die Teufel über 6.

Im ganzen sind die Längen des Stückes, der Scenen, der Reden, der Rollen einander proportioniert. S. die durchaus kleinen Zahlen in den kurzen alten Stücken im Freis. Her., Freis. O. Rach.

LÄNGE DER STÜCKE NACH DER ZEITDAUER.

Der Verszahl entspricht natürlich die Zeitdauer, welche ein Stück, eine Scene, eine Rede erfordert. Von Bord. Mkl., 894 Verse, heißt es S. 288 *Iste planctus fit commodose in duabus horis et media.* Weniger klar ist die Angabe vor der Wolf. Mkl., 464 Verse: *Hic incipit ludus passionis domini nostri Iesu Christi et debet cantari post 'Crux fidelis' et sic finire usque ad vesperum.*

Zwei Tage wurden zur Aufführung verwendet für die Frankf. Pass. Dir., die 375 Redeanfänge zählt; s. 251 *Et notandum, quod optime congruit, ne populus nimiam moram faciendo gravetur, et ut resurrectio domini gloriosius celebretur, ut ulterior ordo ludi in diem alterum conservetur.* Es muß also ein großer Teil des Tages mit den Aufführungen der auf mehrere Tage verteilten Stücke ausgefüllt worden sein; s. oben S. 89.

Wenn man die Verhältnisse der Bord. Mkl., bei der langsam gespielt wurde, s. S. 89, zu Grunde legt, so kämen auf den ersten Tag der Don. Pass. mit 1710 Versen vier Stunden, auf den ersten der Innsbr. M. Himm. mit 2022 Versen fünf Stunden, auf den ersten Tag der Alsf. Pass. mit 2929 Versen acht Stunden. Übertroffen aber würde auch diese Dauer von dem ungeteilt überlieferten Wolf. Sünd., dessen 3953 Verse 11 Stunden in Anspruch nähmen.

Auf dieselbe Weise könnte man auch die Spieldauer der Scenen und Reden berechnen.

REDE MEHR AKTION.

Wenn ein Schauspieler oder eine gleichartige Gruppe agierte, d. h. eine gewisse Gebärde annahm oder etwas that, so hörte sie das Publikum gewöhnlich auch reden oder singen, so daß die Eindrücke für das Auge, die seine Gestalt, seine Kleidung, seine Aktionen hervorriefen, sich mit Gehörseindrücken verbanden.

Was die Begleitung einer Rede durch den Ausdruck einer Gemütsbewegung anbelangt, so sind oben S. 38 ff. reichlich Beispiele dafür gegeben. Ich füge nur einige mit wirklichen, während der Rede angeführten Handlungen oder eingehaltenen neuen Zuständen

hinzu. So Rede (und Handlung) während der Zurücklegung eines
Weges Ben. Pass. 4 bis 7, die Heilung des Blinden, Alsf. Pass.
783 bis 789 Sreddel und Quantz, die zwei Schergen auf ihrer
Suche nach Johannes dem Täufer, 5432 bis 5559 der Kreuzweg
Christi, 7866 bis 7891 die Himmelfahrt Christi, Augsb. Pass.
900 bis 938 Maria, Johannes und die anderen Marien von
Bethania bis nach Jerusalem, 1174 bis 1223 erst Aktion, Christus
wird von Herodes zu Pilatus geführt, während welcher Zeit Maria
und Johannes als Zuschauer sprechen, dann Gespräch zwischen
Pilatus, den Christus führenden Juden und dem Centurio, Don.
Pass. 2219 bis 2232 Christus wird von Annas zu Kaiphas geführt,
2603 bis 2628 Christus wird von Pilatus zu Herodes geführt, 2729
bis 2736 Christus wird von Herodes zu Pilatus geführt. Frankf.
Pass. 1034 *Salvator ulterius procedat predicando: Beati pauperes*
spiritu usw.

Auch bei den Marienklagen, Prag., Trier., Bord., Erl., Himmelg.,
Wolf., während Maria und Johannes zum Kreuze gehen, — *owé*
des ganges, des ich gán, — dann bei dem Weg der drei Marien
zum Grabe in den Ost. ist gewiß z. T. gesprochen und gesungen
worden, Alsf. Pass. 5808. 5906, obwohl es nicht deutlich aus den
Bühnenanweisungen hervorgeht. — Teg. Ant. 225 *et hoc,* die vorhergehenden Verse, *iterans venit ad presentiam Antichristi,* Innsbr.
M. Himm. 1026. 1485. 1624. 1819. 2057, Innsbr. Ost. H. 142. 204,
Trier. Ost. 41. 67, Wien. Pass. 361, Zehn. Jungfr. S. 30 *Post hec*
fatue vadant inter populum cantando planctos, Alsf. Pass. 784. 2235.
3426. 3536. 3622. 5382. 5808. 5906 *Deinde Maria faciendo longum*
circulum cum Iohanne et Petro et duabus sororibus plangendo cantat,
Augsb. Pass. 900. 2101, Cass. Weihn. 91. 432, Don. Pass. 3843,
Eger. Pass. 1693. 3557. 7558, Erl. Dreik. 41, Erl. Mkl. 120. 438,
Erl. Ost. 1283. 1293, Erl. Ost. H. 277. 396, Luz. Grabl. 263 *et in*
circuitu pergant ad sepulcrum et dicat Ioseph, Red. Ost. H. 119,
Sterz. Ost. S. 143. 145. 165, Wien. Ost. H. S. 300, 7. 302, 11.
307, 23. 323, 17. 334, 19, Wolf. Mkl. 36, Wolf. Ost. 70.

Zustände und Handlungen außer der Bewegung von einem
Ort zum andern. Freis. O. Rach. 66 *armiger interficiens pueros*
dicit. Teg. Ant. 156 *Imperator tollens coronam de capite et tenens*
eam cum sceptro et imperio ante altare cantet, 196 (Hypocritae)
coronant Antichristum cantantes, 227 *Tunc Antichristus depingens*
primam litteram nominis sui regi et omnibus suis in fronte et coronam
ei in capite reponens cantat, 229 *Interim Antichristus dirigit Ypo-*

critas ad regem Francorum cum muneribus dicens. Ben. Pass. 13
Et pueri prosternentes frondes et vestes. Ben. Weihn. 274 *Hoc dicat
primus*, der Magi, *semper inspiciendo stellam et disputet de illa*, s.
das Vorhergehende. Nürnb. Ostf. S. 18 *Maria* (Magdalena) *secunda
vice prospiciens in monumentum repetat.* S. 18 *Maria tercia vice introspiciens sepulchrum repetat.* S. 20 *Illi*, Petrus und Johannes,
*autem conversi ad chorum expansis linteaminibus inter manus ita
cantent.* Frankf. Pass. Dir. 272 *Marie accedentes eligant tres pixides
et cantent simul.* S.Gall. Pass. 1224 *Tunc Ioseph sepeliat Ihesum
cantans responsorium.* 1256 *Quibus*, die Grabwächter, *territis cantans dominus surgat 'Resurrexi' etc.* Innsbr. Ost. H. 362 *Tunc Sathanas veniens portans multas animas dicit.* Zehn Jungfr. S. 15
*Dominica persona cantat et agit: Dicite invitatis 'Ecce prandium
meum paravi'* usw. S. 22 *Maria superponens eis coronas cantando
'Transite'* usw. Alsf. Pass. 7884 Christi Rede während der Himmelfahrt. Bord. Mkl. 377 *Hic elevat oculos ad filium.* 417 Maria bedeckt redend die Scham Christi mit dem Lendentuch. Don. Pass.
2333 *Dissem nach springt Iesse neben Cayphas uff den stül und hept
sin hend uff, als ob er ein eyd schwer und spricht.* 2471 *Uff dissen
spruch leit Belzebock dem Iudas den strick an und versorgt in wol
am haggen, und secxt sich denn hinder in uff ein bengel und spricht.*
Eger. Pass. 438 *Eva: Nun wil ich decken meine schos, das mich
der schepfer niht beschem.* 697 *Noe respondit faciens archam.* 6209
Maria läfst Christi Scham mit dem Lendentuch bedecken. Erl. Dreik.
325 Kindermord mit Rede der Mörder. Frankf. Pass. 4139 Joselin
tränkt sprechend Christus mit Schwamm und Galle. 4202 Longinus
durchsticht redend Christi Seite. Luz. Ost. 157 Nicodemus redet
auf der Kreuzesleiter stehend. 173 *Deinde corpus crucifixi circumdet
et liget mappa et clavos extrahens de manibus dicat Nicodemus.* 179
Corpore (Christi) *accepto ab ambobus*, Joseph und Nicodemus, *dicat
Ioseph.* Rhein. j. Tag 881 Christus verschliefst die Hölle redend.
Sterz. Mkl. S. 119 *prima persona circuit sepulchrum cantando.*
S. 140 *In processione eunt circa sepulchrum* mit Rede Marias. Sterz.
M. Lichtm. S. 106 Joseph wendet sich redend an das Publikum
und zeigt ihm das Kind, Maria desgleichen. Sterz. Ost. S. 151
Et tunc personae canunt erigendo se. S. 165 *Tunc Ioseph se prosternit
in casu cantando et dicit.* Wolf. Sünd. 1665 *Hic portant Adam in
Ebron. Interimque sepeliunt Adam, Seth dicit rithmum.*

Auch beim Tanz wurde mitunter von den Tanzenden geredet
oder, was häufiger ist, gesungen: Alsf. Pass. 695 *Tunc Sathanas*

saltando dicit, 938. 1026. 1796, Erl. Ost. 353, M. Magd. 132 von
einer Person, — S.Gall. Pass. 156, Alsf. Pass. 139. 5264. 5794. 6352,
Cass. Weihn. 181. 326, Wien. Ost. H. S. 300, 7. 302, 11 von mehreren. —
Auch Eger. Pass. 899 *Et sub illo populus transgreditur mandatum
ipsius Moysi corisando et adorando vitulum*, 921 *Et sic adorant vitulum corisando et orando* wird *adorare* und *orare* wohl Gesänge andeuten.

NUR AKTION.

Aber wie schon aus den oben S. 38 ff. angeführten Beispielen von
Gemütsbewegungen hervorgeht, sah das Publikum oft nur eine
Aktion, ohne dabei eine Rede oder einen Gesang der beteiligten
Person zu hören, sei es, daſs diese nur in diesem Momente oder in
der ganzen Scene oder dem ganzen Stücke stumm ist. Auſser den
erwähnten Fällen von Gemütsbewegungen führe ich noch Zustände
oder Handlungen an, die nicht von Rede oder Gesang begleitet
sind, höchstens von unartikulierten Lauten.

B e i   E i n e m   S c h a u s p i e l e r . Der häufigste Fall ist seine Be-
wegung von einem Orte zu einem andern, sowohl der Boten als der
wichtigeren Personen: Ben. Weihn. 237, Muri. Ost. H. 352. 384. 386,
Frankf. Pass. Dir. 190, S.Gall. Pass. 465. 1340, S.Gall. Weihn. 656,
Kath. S. 162. 163. 164, Mastr. Pass. 1080, Alsf. Pass. 2482. 2532,
Augsb. Pass. 355, s. 323, Eger. Pass. 1475. 3077. 3109. 3119, Erl.
Ost. 458, Frankf. Pass. 1168. 1182. 1397, Luz. Grabl. 69. 77, Red.
Ost. H. 896, Sterz. M. Lichtm. S. 109 (Joseph), Sterz. Ost. S. 160,
Theoph. Helmst. 247. 616. 638. 666, Wien. Ost. H. S. 331, 9,
Wolf. Mkl. 37, Wolf. Ost. 191. 256, Wolf. Sünd. 1366. 1530. 3765.

Auſserdem. Freis. Her. 59 Herodes redet zornig zu den Gelehrten *et proiciat librum*. Teg. Ant. 436 der Antichrist wird vom
Blitz erschlagen *Statim fit sonitus super caput Antichristi, et eo corruente et omnibus suis fugientibus Ecclesia cantat*. Ben. Weihn. 78
Archisynagogus cum suis vallde obstrepet auditis prophetiis, 232 *Inter
cantandum*, des Augustinus, *omnia ista Archisynagogus obstrepet
movendo corpus et caput et deridendo predicta*, 242 *Deinde Maria
vadat in lectum suum — et pariat filium*, 560 *Postea Herodes corrodatur a vermibus*. Frankf. Pass. Dir. 102 Lazarus stirbt, 115
Iesus lacrimabitur coram Iudaeis, 223 *Maria iam panno circumdabit
Ihesum*, am Kreuz. S.Gall. Pass. 855 *et suspendatur*, Judas sc., 1002
Hic diabolus susurrat uxori Pilati dormienti. Innsbr. Ost. H. 362
Tunc Sathanas veniens portans multas animas dicit. Mastr. Pass.

1 *Dit is begin, wie vnse here die werelt sen irsten begonde se machene*
〈Engel dabei?〉. Trier. Mkl. S. 265, 25 *et sic residet in terram,*
Maria sc. Alsf. Pass. 728 *Et sic recedit*, Suthanas sc., *circueundo
et auscultando de fine huius facti*, Untergang Johannes', 898 *Iudei
vel dyaboli corisant*, 1770. 1789 Tanz Magdalenas mit den Teufeln,
3070 *Sic Iudas cum eis*, den Teufeln, *decedens laqueo se suspendit,*
6090 *Hic Maria portat pannum Salvatori ipsum cooperiendo . post hoc
plangit manens stare ante crucem 'Symeonis'* usw., 5382 *Et sic Ihesus
portans patibulum crucis propter debilitatem corporis labat sub pondere*, 7315 *Tunc primus Iudeus Rupin currit ad sepulchrum et invenit
eos dormientes et festinanter revertitur ad Caipham et dicit.* Cass.
Weihn. 143 *Tunc Maria parit puerum*, 346 *Tunc*, nach der Botschaft des Engels, *pastor surgit servo manente et vidit sursum, ubi
illa vox esset, et ponit se viceverso dormitum*, 358 *Tunc*, nachdem
der Hirt ihn mit dem Stocke geweckt, *servus surgit orribiliter
clamans et dicit.* Don. Pass. 239 *Hie mit kert sich Maria Magdalena von dem appentecker und gat allein mit der salb in Symons
hus und setzt sich hinder den Salvator, weint im uber sine fůss,
trucknet die mit dem har, kůst die und salbet die uss der bůchsen,*
965. 967 Aktionen bei Heilung des Blindgebornen, darauf spricht
Symon, 1759 *(Nu gat der hussvater und git den jungern tischlachen,
ein kelch und anders, denn legent sy den tisch dar) und sitzt Iudas
allein dar zů, sin gelt se zellen*, 2019 während Jesus auf dem Ölberg
betet, *kumpt Iudas in garten dieplich schlichen und geschowt in wol,
und dem nach gat er dann in Cayphas huse und spricht*, 3177 *(Nu
bruchent die Iuden den Salvator aber untugentlich,) das in demselben
Maria noůrent oder dristunt sol nider sincken mit grossem achtzen
und jamer und zu letst facht sy an mit cläglicher geberd und spricht,*
3197 *Und hie mit falt sy aber dahin anwchtigklich und spricht dar
uff Iohannes.* Eger Pass. 93 *Salvator exiit de throno ad faciendum
paradisum*, 1475 *Ioseph videns eam pregnatam transiet a Maria cum
tristicia*, 1623 *(Ioseph et Maria intrant diversorium.) Ioseph ligat
asimum. Maria parit*, 5032 *Et sic suspendit se*, Judas sc., 7979
Et transit hinc inde lamentando, ohne Worte, Magdalena sc. Erl.
Ost. H. 456 vorher muſs Medes stumm die Grabeswache besichtigt
haben. Frankf. Pass. 636 *Mutus murmurat ululando*, 1160 *Cesar
mittit nuncium ad Herodem cum littera*, den er also geschrieben
haben muſs, ebenso 1180 Herodes' Brief, 2232 *Tunc Iudas venit ad
ortum videndo Cristo occulte et revertitur ad Iudeos*, 2297 *Iudas respicit
ad ortum et dicit Iudeis.* S.Gall. Chr. Himm. 61 *Deinde comedat,*

Christus sc., *et post modicum incipiat exprobrare incredulitatem eorum dicens.* Himmelg. Mkl. S. 403, 6 *Et facit*, Maria sc., *quasi cadere velit.* Luz. Grabl. 157 *et ascendat Nicodemus a tergo crucis in summitate crucis intuens corpus crucifixi moveat caput alta et lamentabili voce dicens.* Sterz. M. Lichtm. S. 109 *Interim,* während des Abgangs der Priester, Simeons und Annas, *Ioseph similet dormitorem et finito cantu angelus excitet Ioseph dicens.* Theoph. Helmst. 233 *Theophilus: Ik hebbe einen bref geschreven,* das muß unmittelbar vorher geschehen sein, 247 *Satanas: Theophile, ik bringe dy Schone kleder,* die hat er also vorher geholt, 606 oder 692 Theophilus schläft ein. Wolf. Mkl. 421 *Maria cadit ad sepulcrum. Iohannes lenit eam.* Wolf. Sünd. 908 *Et format Evam,* Gott sc., 960 *Lucifer intrat paradisum et ascendit arborem vel aliud nomine ipsius et dicit serpens in specie virginis,* 1888 *hic moritur Noe (et sepeliunt eum),* 2443 *Hic portat puerum mortuum ad matrem viventis et aufert vivum,* eine der zwei Mütter vor Salomon. — Eine Menge Handlungen der Einzelnen ohne Rede s. dann im folgenden Abschnitt von den Aktionen der Gruppen.

Von einer Gruppe, das heißt hier: von den an einem Standort beschäftigten Schauspielern. Auch hier ist der häufigste Fall Bewegung von einem Orte zu einem andern. Freis. Her. 57. 59. 60 die Boten Herodes', die Magi, die Scribae. Teg. Ant. 62 *Tunc legati venientes ad regem Francorum coram eo cantent,* 76. 112. 121. 137. 147, — auch die Könige wie 117. 124 werden ihre Reisen wohl mit Gefolge gemacht haben, 160. 438. Muri. Ost. H. 340 die Juden und Wächter gehen zum Grab, 392 die Grabwächter kommen zu Pilatus. S.Gall. Pass. 490 Christus mit den Aposteln kommt zu Lazarus; daß die Apostel dabei sind, ist selbstverständlich und geht aus 531 hervor. S.Gall. Weihn. 658. 993 *Do komend sy,* die h. Familie, *gen Egypten.* Innsbr. M. Himm. 2554. 2566. Innsbr. Ost. H. 362 *Tunc Sathanas veniens portans multas animas dicit.* Kath. S. 165 *Quo facto veniet dominica persona cum angelis,* S. 171 *Cum venient ad locum decollationis, Katherina dicit.* Mastr. Pass. 552. 558. 568. Trier. Mkl. S. 263, 6. Alsf. Pass. 868. 878. Augsb. Pass. 1138. Don. Pass. 173. 807. 2395. 3785. 3815. 4101. Eger. Pass. 553. 716. 1257. 1281. 2285. 3159. Erl. Weihn. 5. Frankf. Pass. 1138, 1248, Pilatus wird wohl mit Gefolge von Rom nach Jerusalem gegangen sein, 1397 die Servi des Regulus, 2823. S.Gall. Chr. Himm. 91. Luz. Grabl. 51. 381. Red. Ost. 41. 804. 906. 976. 1812. Rhein. j. Tag 881. Wien. Ost. H. S. 308, 17. Wolf.

Sünd. 2546. — Begleiter fürstlicher oder göttlicher Personen
schweigen natürlich, wenn auch die begleitete Person sprechend
kommt oder sprechend etwas thut.

Außerdem. Teg. Ant. 88. 133. 156. 287. 317 Schlachten und
Belagerung, 160 *Et eis*, Krone und Scepter, *depositis super altare
ipse*, der Kaiser, *revertitur in sedem antiqui regni sui Ecclesia in templo
remanente*, 205 *Interim Ypocrite conducunt Antichristum in templum
domini ponentes ibi tronum suum. Ecclesia vero, que ibi remanserat,
multis contumeliis et verberibus affecta rediit ad sedem Apostolici.*
Allerdings würde, wenn *interim* genau zu nehmen ist, dies während
des im Text vorhergehenden Gesanges des Königs von Jerusalem
geschehen und dann in den folgenden Abschnitt gehören. Aber s.
meine Abhandlungen zum altdeutschen Drama S. 12. 291 *Tunc
Ypocrite adducunt claudum coram Antichristo. Quo sanato rex
Teotonicorum hesitabit in fide. Tunc iterum adducunt leprosum, et
illo sanato rex dubitabit. Ad ultimum important feretrum, in quo
iacebat quidam simulans se in proelio occisum.* Ben. Pass. 58 *Tunc
accedat amator, quem Maria* (Magdalena) *salutet, et cum paulum
locuntur, cantat Maria,* 190 *Tunc ducitur Ihesus ad flagellandum.
Postea Ihesus induatur veste purpurea et spinea corona,* 212 *Statim,*
nachdem die Priester Judas abgewiesen, *veniat diabolus et ducat
Iudam ad suspendium et suspendat,* 213 *Tunc Iesus suspendatur in
cruce et titulus fiat.* Ben. Weihn. 512 *Quo cantato adorent puerum;
deinde revertantur pastores ad officia sua,* 514 *Postea reges vadant
ad praesepe, et primo adorent puerum, et postea offerant ei munera
sua: primo aurum, postea thus, tertio mirrham. Deinde modicum
procedant et tunc dormiant,* 560 *Postea Herodes corrodatur a vermibus, et excedens de sede sua mortuus accipiatur a diabolis multum
congaudentibus, et Herodis corona imponatur Archelao filio suo,* 631
*In ingressu Mariae et Ioseph cum Iesu omnia ydola Egiptiorum
corruant. Ministri vero sepius ea restituant et thura incendant
cantantes,* 665 *Tunc ydolis restitutis rex ad locum suum redeat, et
ydola iterum corruant. Quo audito iterum vocentur sapientes, quibus
rex dicat.* Frankf. Pass. Dir. 65 *Hic convivium Herodis incipiat
et filia coram discumbentibus saltet et ludat curizando,* 75 Tötung
Johannes' des Täufers, 102 *Hic Lazarus sepeliatur et Iudei assint,
qui cum Martha revertuntur Lazaro sepulto. Statimque Ihesus
cantabit antiphonam,* 127 [a] *Discipuli euntes inveniant asinum
ligatum, quem solutum adducant et super quem salvator sedat vestimentis tamen discipulorum superpositis et eat versus Iudeos,* 130 *Hoc*

dicto ibunt pariter, Symon und Christus, *ad domum Symonis, et preparetur mensa, et comedant. Post comestionem veniet Maria Magdalena ad Ihesum dicens*, 149 *Hijs dictis tollatur mensa, et Ihesus precinctus lintheo accipiat aquam in pelvim et lavet pedes discipulorum, donec venerit ad Petrum, qui dicat ei.* 223 *Interim ducatur Ihesus ad crucifigendum, et cum eo latrones hinc inde crucifigantur. Maria iam panno circumdabit Ihesum,* 337 *Hec dicentibus discipulis dominus cum eis maneat,* in Emaus, *ipsi quoque cenam iam preparent, quibus sedentibus accipiat dominus panem, benedicat et frangat statimque evaneat, quod videntes discipuli dicant ad invicem.* S.Gall. Pass. 642 *Tunc praecingens se linteo et apprehensa pelvi cum aqua lavet pedes singulorum, et cum pervenerit ad Petrum, cantet Petrus.* Innsbr. M. Himm. 3139 Schlacht und Belagerung. Kath. S. 165 *Tunc Cursates proicit eos,* die von Katharina Bekehrten, *ad ignem, quo facto dominica persona veniet cum angelis,* S. 166 *Tunc exuit eam,* Cursates Katharina, *et percutiet virgis. Quo facto dicit ad regem,* S. 168 *Tunc ducitur,* die Königin, *ad martirium,* Ausreifsen der Brüste und Enthauptung. *Cum martirizaverit eam Porphirius ad milites,* S. 170 *Tunc decollat eos,* Cursates die Bekehrten. *Quo facto unus militum cantat,* S. 171 *Circumstantes debent ululare,* S. 171 *Tunc statim decollat eam. Quo facto Angeli venient cum thuribulis, Dominica persona cum Maria et corpus sepelient in monte Synay cantando.* Mastr. Pass. 17 *Hie wirt Lucifer virstosen,* Engelsturz, *ende spricht unse here,* 27 *Hic werden die engele duvele ende spricht Belzebub,* 322 mufs der Besuch der Hirten bei dem Jesuskind fallen; s. 328. Wien. Pass. 110 *Sumat Eva pomum et det Ade. Adam statim comedit, et erubescentes tegant pudibunda perizomatibus et dolentes consedeant. Hoc facto dominica persona cum duobus angelis veniant ante paradisum cantans,* 515 *Mox quidam discipuli abeuntes preparent locum cenaculi, et Ihesus cum aliis discipulis subsequens consedeat et celebret mandatum, dicat ad eos: Ezzet, daz ist min lichname* usw. Zehn Jungfr. S. 18 *Tunc fatue corizando et cum magno gaudio vadunt ad alium locum,* S. 19 *Tunc omnes fatue habeant convivium, deponant seque dormiant,* S. 27 *Diaboli circumdant eas,* die Fatue, *cathenam. Prima cantat,* S. 27 *Tunc omnes fatue faciant pendere coronas in capite et plangant. Prima dicit,* S. 30. Alsf. Pass. 1020 *Et interim discipuli Iohannis portant Corpus,* des Johannes, *ad sepulturam,* 1770 *Hoc facto Maria Magdalena superbo habitu incedit cum Lucifero et aliis demonibus corisans. Luciper dicit,* 2743 *Et sic ponunt se ad mensam prandendo,* bei

Simon. *Prandio facto tunc venit Maria Magdalena,* 3078 *Tunc post modicum intervallum*, nach Chorgesang. *Ihesus surgit de cena precingens se lintheo et lavat pedes discipulorum et incipiens a Iuda, post hoc veniens ad Petrum, Petrus alta voce clamando dicit,* 3088 *Et sic lavat Petro pedes, deinde omnibus aliis,* 6090 *Hic Maria portat pannum salvatori ipsum cooperiendo. Post hoc plangit manens stare ante crucem,* 7978 *Et angeli mittunt ignem de celo cum tonitruo,* oder während der vorhergehenden Gesänge und Reden der Engel? Augsb. Pass. 447 *Salvator stat auf vnd gúrtet sich mit ainem fúrtúch. So zeucht man den tisch von inen vnd die junger bleibend sitzen. So bringt der wirt das beckin, so wäscht in der herr ire fúss sprechend,* 1138 möglich, dafs hier Pilatus dem Centurio, der 1138 ff. zu Herodes spricht, noch durch Gebärde des Sprechens den Auftrag gegeben hat, dem der Centurio 1144 Worte leiht: *Sagt auch,* Pilatus, *hab er wider euch than, das sôllend ir im faren lan.* Denn in der Rede Pilatus' 1108 bis 1115, 1128 bis 1138 ist davon nichts vorgekommen. Doch notwendig ist diese Auffassung nicht. 1630 *Yetzund so sy Ihesum an die stat Calvarie bringend, so ziehend sy im den rock wider auss, vnd werffend in auf das creitz vnd borend die löcher in das creitz, vnd so sy mit gerecht werden, spricht Rabbi.* Bord. Mkl. 831 *Hic Maria cadit ad terram prae nimio dolore et Iohannes solvit pannum,* das Lendentuch Christi, *levansque matrem domini et dicit amicabiliter et consolatorie.* Don. Pass. 173 *Nu stat der Salvator uff mit sinen jungern und setzt sich zú tisch, und koment zú dissen mal all pharisei und so sy also siczent* — Scene mit Maria Magdalena, 553 *Yetzund fachent aber an die Iuden fast ze murmeln vnd spricht Keyphas,* der bischof, 807 *Nu gat yederman an sin stat, und gand die Pharisey in tempel ze murmeln,* 1191 *Nu gat Iosepus,* der Bote, *hin, und in dem lit Lazarus, als ob er tod sy, und binden in die schwöstern in und treit man in zegrab vnd facht Martha an zeklagen vnd spricht,* 1499 *Nu rústet Martha den tisch, und gat Lasarus zú dem Salvator vnd ladet in vnd spricht,* 1507 *Nu stat der Salvator uff vnd gat mit Lasarus zú dem mal vnd so sy gesitzend, dienet Lasarus vnd Martha zetisch und kumpt Maria Magdalena mit ir búchsen vnd schút dem Salvator dar uss uff sin houpt vnd buckt sich zú den fússen im die ouch zesalben vnd sitzt denn hinder in nider; denn so facht Iudas an vnd spricht,* 1633 *Nu griffent die Iuden nach den steinen in zewerfen,* Christus; *er verbirgt sich aber vnd gat an sin stat . und nach vil gemúrmles der Iuden spricht der Salvator zu sinen jungern,* 1759 *Nu gat der huss-*

vater und git den jungern tischlachen, ein kelch und anders, denn
legent sy den tisch dar, 1789 Uff disse red, Christi, dafs einer ihn
verraten werde, sehend die jungern ein ander an und stat der Salvator
von dem tisch uff und blibent die junger sitzen, und nimpt der Salvator ein wiss tůch und gůrt sich dar mit und nimpt ein becken und
tůt wasser uss einem nůwen zuber dar inn und ein wisch grůnes gras, —
dis sol der hussvater alles zů růsten, — und denn gat der Salvator
und knůwt nider den iunger ire fůsse zewěschen, doch zum ersten fůr
Petrum und grifft Petro nach dem rechten fůss, dar aber zuckt
Petrus und spricht, 1803 Nu wescht er allen andern jungern wie
Petro und Iudas zů letzt und spricht damit der Salvator, 1987 Mit
dissem sitzend die dryg junger nider und tůnd als ob sy betten, und
denn gat der Salvator von inen an den Ölberg, dar uff sol ein kelch
stan. In dissem entschlaffen aber die dryg junger, 2007 Ab dissen
worten, Christus', erwachend aber die junger und wůschent uff, als
ob sie rast wellen betten, 2091 Nu trucken die Iuden gegen dem Salvator und doch nit gantz zů im, und gat Malchus vor dran, als ob
er den Salvator allein well fachen, das ersicht Petrus und zucket sin
Schwert und schlecht Malchus zum kopf, der falt denn nider, als ob
im ein or ab sy, so gat der Salvator hin zů und tůt glich, als ob er
im das or wider ansatzt und spricht zů Petro, 2107 Nu fliehent die
junger und erwůscht Malchus dem blinden Marcello sin mantel und
entrint er nackent. Denn facht der Salvator an und spricht, 2373
Und in dissem facht der han an ze kreyen, und denn lůgt der Salvator hinter sich Petrum an, und so das Petrus sicht, gat er hinweg
weinde und spricht, 2395 So nu Peter einweg kumpt, so gat Cayphas
und all Pharisey in tempel und tribent die Iuden vil gespötz mit dem
Salvator. In dissem kumpt Iudas geschlichen und geschůwt den Salvator und tůt, als ob er erschreck, und louft in tempel und wirft
das gelt wider von im und spricht, 2471 Uff dissen spruch, Judas',
leit Belzebock dem Iudas den strick an und versorgt in wol am haggen,
und sect sich denn hinder in uff ein bengel und spricht, 3395 Und
so er uss geret, Gesmas, kumpt der tůffel ainer louffen und stigt zů
dem bösen schächer hin uff und wartet im der sel, 3401 Zů disem
gůten schacher kumpt ein engel und wartet im der sel, 3455 In dissem
sol jeglicher schacher ein bildly im mull han, als ob es ein sel were.
den nimpt der engel des gůten schachers sel und gat in himel und der
tůffel des andern sel und loufft mit grossem geschrey in die hell,
3477 Nu gand Sadoch und Barrabas ieglicher zů eim schacher und
mit iren kolben tůnd sy, als ob sy inen die bein und arm zerbrechent,

das es blůtet etc. und wen das beschicht, so facht Barrabas an und spricht. Eger. Pass. 529 *Et sic Adam et Eva veniunt ad locum habitacionis, et faciunt domunculam. Deinde Adam transiens ad campum fodendo terram. Eva dicit,* 715 *Et tunc intrant archam manens cum filiis, Noe, ad parvum tempas,* 6232 *Et sic suspendunt latrones. Finitis Maria accedit ad crucem dicens.* Erl. Dreik. 131 *Et sic imponunt mensalia. Herodes dicit ricmum,* 145 *Et sic descendunt equos,* die h. drei Könige, *et comedant . facta autem cena primus magorum dicit.* Frankf. Pass. 692. 744. 974 *Tunc corisent,* Maria Magdalena und ein Soldat, 1813 *Philippus et Petrus adducant asinum, super quem sediat dominus, et viam suam dirigat ad Iudeos,* 1862 *Iudei murmurant ululantes,* 3392 *Et tunc adducatur latro,* Barrabas, *Pylatus dicit.* Red. Ost. H. 227 die Grabwächter schlafen ein, ohne Spielanweisung. Luz. Grabl. 177 *Tunc applicent servi scalas et linteum sternant, et ascendat Nicodemus a tergo crucis et in summitate crucis intuens corpus crucifixi moveat caput et lamentabili voce dicens,* 209 *Tunc portantes ei,* Maria, *corpus caput dextrae eius jungant, quo suscepto osculando dicat Maria.* Rhein. j. Tag 344 *Denn sint die gůten von den bösen gescheiden und spricht unser her,* 881 *Denn so fůrent die tůfel die verdampnoten in die helle und gat unser her mit sinen englen zů der helle und beschlust die hell und spricht zů inen also.* Theoph. Trier. 256 *Hyr steken se nu de hoveder tosamen unde verramet up einen, de dem Próst nicht enbehaget. Des geit de provest van tórne van ene. De wyle kesen se ene unde sendet den Kelner to ém, de secht aldus.* Wien. Ost. H. S. 302, 11 nach dem Gesang der Grabwächter und Engel, *So slet Michael die ritter und sie vallen nider unt ligen vor tot,* S. 305, 7 *Hie zerbrechen die engel die hellentor.* Wolf. Sünd. 1020 *Hic faciunt perizomata et abscondunt se,* Adam und Eva, 1695 *Hic ducitur Adam a diabulis ad infernum,* 1888 *Hic moritur Noe et sepeliunt eum,* 2181 *Adam, Eva et alii patres clamant, sicut suus desiderat,* 2387 *Hic vadunt sessum et cantores fistulant, hic comedunt et bibunt et vivunt lacete.*

Wenn man 'stehen', 'sitzen', 'gehen' als besondere Zustände oder Handlungen rechnet, so kann man doppelte gleichzeitige Handlungen derselben Personen annehmen. Was 'gehen' anbelangt, s. Zehn Jungfr. S. 18 *Tunc fatue corizando et cum magno gaudio vadunt ad alium locum,* Alsf. Pass. 3536 *Et sic ducunt eum* (Christum) *ad Caypham, et Annas cum eis; et in via deludunt cum variis obprobriis.*

NUR REDE.

Andererseits finden wir ohne einen sichtbaren und agierenden Schauspieler auch bloße Rede. S.Gall. Pass. 106 *tunc mittatur columba super caput Ihesu et cantet ter aliqua persona abscondita voce patris: Hic est filius meus dilectus.* Maatr. Pass. 652 *Eine stimme van den himele sprach: Hic est filius meus dilectus. Dit is min sůn* usw. Alsf. Pass. 3528 *Gallus cantat primo: Gucze gu gu gu ga! Peter lug lug lug nu da,* s. 3994. — 6320 *Luna alloquitur Christum passum.* 6334 *Stelle alloquuntur Christum.* Wolf. Mkl. Der 117. 135. 141. 156, der sprechende Christus muß hinter der Scene gespielt haben, da er nach 211. 366 durch ein Krucifix vertreten war, das Maria in den Arm nimmt, das man begräbt.

B. QUOTIES?

WIEDERHOLTE BENÜTZUNG DESSELBEN BÜHNENORTES.

Dieselben Bühnenorte werden in einem Stück meist wiederholt zu Rede- und Aktionsscenen benutzt.

Ich gebe einige Beispiele, wobei ich die Verszahlen der Scenenanfänge durch einen Strich trenne, wenn sie nicht unmittelbar aufeinander folgen, und die Aktionsscenen besonders bezeichne.

In dem Freis. O. Rach., einem Stück von 99 Versen zu 11 Redescenen und einer Aktionsscene, kommen fünf Bühnenorte vor: der Stand der Hirten 1.—16, — die Krippe mit der h. Familie 13.—18, — der Stand Herodes' 37.—71, — Stand der Mütter der unschuldigen Kinder 66.—73. 84, — Weg nach Ägypten 36.—67 und in der Aktionsscene 37. — Im Trier. Ost., einem Stück von 189 Versen in 9 Redescenen, kommen drei Bühnenorte vor: der Stand der drei Marien 1.—180, — das Grab Christi 45.—90. 157, — der Weg zum und vom Grab 41.—67. — Im Red. Ost. H., einem Stück von 2023 Versen in 36 Redescenen und 4 Aktionsscenen, kommen elf Bühnenorte vor: der Stand Kaiphas' 19.—804, 976, — der Stand Pilatus' 41.—888.—906.—994, — das h. Grab 125. 195. 227.—753.—896 und in den Aktionsscenen 205.—888, — die Hölle 259.—485. 511, — der Raum vor dem Paradies 681[1] ([1]), — der gemeine Bühnenraum 1. 9.—371.—1042.

([1]) Mit dem Exponenten [1] bezeichne ich die zweite, mit [a] [b] die zweite und dritte der durch eine einzige Spielanweisung angedeuteten Scenen.

1152. 1164. 1246. 1312. 1312 [1]. 1324.—1752. 1760. 1912.—1984 [2], — der Weg von Pilatus zum h. Grab 119, — von der Hölle zum Paradies 681, — von der Hölle in die Welt und zurück 1146.—1710, — vom gemeinen Bühnenraum in die Hölle 1984, — der Weg vom h. Grab in die Hölle in der Aktionsscene 259.

WIEDERHOLTES AUFTRETEN DESSELBEN SCHAU-SPIELERS, DERSELBEN GRUPPE.

Daß ein Schauspieler in jeder Redescene beschäftigt ist, kommt nur in Marienklagen vor. In den Passionen nimmt Christus durchaus nicht immer an der Handlung teil.

Ich gebe einige Beispiele für das Personal ganzer Stücke.

Freis. O. Rach. (99 Verse, 11 Redescenen, 1 Aktionsscene, 8 einzeln stehende Personen, 4 stehende Gruppen). Die Zahlen nach den Personen- und Gruppennamen bedeuten die Scenenanfänge und sind eingeklammert, wenn die betreffende Person in dieser Scene nicht einzeln spricht oder singt, bei Gruppen, wenn dieselbe in der betreffenden Scene nicht zusammen spricht oder singt.

	also sichtbar in		redend, singend in	
Angelus 1. 18. (36). 67	4	Redescenen	3	Redescenen
Joseph (19). 18. 36. (67)	4	„	2	„
Maria (13). 18. (36). (67)	4	„	1	„
Internuntius 37. (71)	2	„	1	„
Rex 37. (71)	2	„	1	„
Armiger 37. 66. (71)	3	„	2	„
Rachel (66). 73. 74	3	„	2	„
Consolatrix 84.	1	„	1	„
Angeli 1	1	„	1	„
Pastores 1. 13. 16	3	„	3	„
Chorus 16. 71	2	„	2	„
Die Mütter (66). (73). (84) . . .	3	„	0	„

In der Tabelle ist nicht berücksichtigt, daß während der Redescenen 37 und 66 der Angelus, Joseph und Maria in einer Aktionsscene von 37 bis 66 zu sehen sind, auf dem Weg nach Ägypten. Aber sie sind während der genannten Scenen 37. 66 an keinem Orte der Bühne zu sehen, an dem gesprochen wird.

Trier. Ost. (189 Verse, 9 Redescenen, 4 Aktionsscenen, 8 einzeln redende Personen, 2 stehende Gruppen).

	also sichtbar in		redend, singend in	
1. Maria 1. (41). (45). 67. 76 . .	5	Redescenen	3	Redescenen
2. Maria 1. (41). (45). 67. (76). 76ᵃ	6	„	3	„
3. Maria (Magdalena) 1. (41). 45. 67. (76). (76ᵃ). 76ᵇ. 91. 157 . .	10	„	6	„
1. Engel 45	1	„	1	„
2. Engel 45	1	„	1	„
3. Engel 45	1	„	1	„
Christus 91	1	„	1	„
Cantor 189	1	„	1	„
die drei Marien 41. 45	2	„	2	„
die drei Engel 45	1	„	1	„

Red. Ost. H. (2023 Verse, 36 Redescenen, 4 Aktionsscenen, 50 einzeln redende Personen, 6 stehende Gruppen).

	also sichtbar in		redend, singend in	
Kaiphas 19. 804. 976	3	Redescenen	3	Redescenen
Annas (19). (41). 804. 976 . . .	4	„	2	„
1. Jude 19. 41. (804). (976) . . .	4	„	2	„
2. Jude (19). 41. (804). (976) . .	4	„	1	„
Pilatus 41. (119). 125. 888. 906. 994	6	„	5	„
Notarius des Pilatus 994	1	„	1	„
Servus Pilati (41). 119. 888. 896. (906). (994)	6	„	3	„
1. Miles 41. (119). 125. 195. (227). 753. 804. (896). 906. (976). (994)	11	„	6	„
2. Miles 41. (119). 125. 195. (227). 753. 804. (896). 906. (976). (994)	11	„	6	„
3. Miles 41. (119). 125. 195. (227). 753. (804). 896. 906. (976). (994)	11	„	6	„
4. Miles 41. (119). 125. (195). (227). 753. 804. 896. 906. 976. 994 . .	11	„	8	„
Christus (125). (195). 227. 511 . .	4	„	2	„
1. Angelus (Uriel) 1. 227. (511) .	3	„	2	„
2. Angelus (Gabriel) 9. (227). 511 .	3	„	2	„
3. Angelus (Raphael) 227. 511 . .	2	„	2	„

		also sichtbar in		redend, singend in
4. Angelus (Michael) 227. 511. (681). 681¹. (¹)	4	Redescenen	1	Redescenen
Abel 259. (485). (511). (681). (681¹)	5	„	3	„
Adam 259. 485. 511. (681). (681¹)	5	„	3	„
Jesaias 259. (485). (511). (681). (681¹)	5	„	1	„
Symeon 259. (485). (511). (681). 681¹	5	„	2	„
Johannes Baptista 259. (485). (511). (681). (681¹).	5	„	2	„
Seth 259. (485). (511). (681). (681¹)	5	„	1	„
David (259). 485. 511. (681). 681¹	5	„	3	„
Eva (259). 485. 511. (681). (681¹)	5	„	2	„
Enoch 681¹	1	„	1	„
Helias 681¹	1	„	1	„
Latro 681¹	1	„	1	„
Lucifer (259). 371. (485). 511. 1042. 1152. 1164. 1246. 1246¹. 1312. 1312¹. 1752. 1760. 1912. (1984) (¹)	15	„	12	„
Sathanas (259.) 371. (485). 511. 1042. 1146. 1164. (1246¹). 1710. 1760. (1912). (1984)	12	„	7	„
Krumnase (259). 371. (485). (511). (1042). (1146). (1246¹). 1324. (1752). (1760). (1912). (1984). .	12	„	2	„
Noytor (259). 371. (485). (511). (1042). (1146). (1246¹). 1324. (1752). (1760). 1912. (1984)	12	„	3	„
Puk (259). 371. (485). 511. (1042). (1146). (1246¹). 1312¹. 1324. (1760). (1912). (1984)	12	„	4	„
Tutevillus (259). (371). (485). 511. (1042). (1146). (1246¹). 1324. (1752). (1760). (1912). (1984). .	12	„	2	„
Astarot (259). (371). (485). (511). (1042). (1146). 1246¹. 1324. (1752). (1760). (1912). (1984). .	12	„	2	„

(¹) 681 spielt auf dem Wege zum Paradiese, wobei die Väter den ungezählten lateinischen Vers *Magna consolatio* singen, 681¹ im Paradiese, mit deutschen Sprechversen. — 1246. 1312 ist Lucifer allein, dann 1246¹. 1312¹ mit anderen Teufeln.

	also sichtbar in	redend, singend in
Lepel (259). (371). (465). (511.) (1042). (1146). (1246¹). 1324. (1752). (1760). (1912). (1984). .	12 Redescenen	1 Redescene
Belsebuc (259). (371). (485). (511). (1042). (1146). (1246¹). 1324. (1752). (1760). (1912). (1984). .	12 „	1 „
Belial (259). (371). (485). (511). (1042). (1146). (1246¹). 1324. (1752). (1760). (1912). (1984). .	12 „	1 „
Lykketappe (259). (371). (485). (511). (1042). (1146). (1246¹). 1324. (1752). (1760). (1912). (1984). .	12 „	1 „
Funkeldune (259). (371). (485). (511). (1042). (1146). (1246¹). 1324. (1752). (1760). (1912). (1984). .	12 „	1 „
Pistor 1312¹. (1752). (1760.) (1912). (1984)	5 „	1 „
Sutor 1312¹. (1752). (1760). (1912). (1984)	5 „	1 „
Sartor 1312¹. (1752). (1760). (1912). (1984)	5 „	1 „
Tabernator 1312¹. (1752). (1760). (1912). (1984)	5 „	1 „
Textor 1312¹. (1752). (1760). (1912). (1984)	5 „	1 „
Carnifex 1312¹. (1752). (1760). (1912). (1984)	5 „	1 „
Raptor 1312¹. (1752). (1760). (1912). (1984)	5 „	1 „
Clericus 1710. 1760	2 „	2 „
Conclusor 1984¹	1 „	1 „

Chorus 41. 511.

Die Juden (19). (41). (804). (976).

Die [4] Engel 227. 511.

Die [4] Soldaten (41). (119). (125). (195). (227). (753). (804). (896). (906). (976). (994).

Die [7] Sünderseelen (1312¹). (1752). (1760). (1912). (1984).

Die [8] Väter 259. 485. 511. 681. (681¹).

Die [12] Teufel (259). (371). (485). (511). (1042). (1146). (1246). (1324). (1752). (1760). (1912).

Aus den Tabellen ist zugleich zu ersehen, daſs das Auftreten gewisser Personen und Gruppen oft unterbrochen ist. So wechseln auch in den Passionen Christus mit den Aposteln und die Juden mit Judas. Mehrfach kommen vor, d. h. durch das Auftreten anderer Personen getrennt, in Ben. Weihn. Herodes, in Muri. Ost. H. der Krämer, die Grabwächter, in Frankf. Pass. Dir. und Alsf. Pass. Johannes der Täufer, in Frankf. Pass. Dir. Thomas, die Grabwächter, Augustinus und die Juden am Anfang und Ende des Stückes, in S.Gall. Pass. Magdalena, in S.Gall. Weihn. Herodes, in Innsbr. Ost. H. die drei Marien, die Grabwächter, in Alsf. Pass. Herodes und Pilatus, Magdalena, Ecclesia und Synagoga (fakultativ), die Grabwächter, in Don. Pass. Magdalena, Christiana und Judaea, in Erl. Dreik. Herodes, in Erl. Ost. die drei Marien, in Erl. Ost. H. die Grabwächter, in Frankf. Pass. Magdalena, in Sterz. Ost. Magdalena, in Wien. Ost. H. die Grabwächter, in Wolf. Sünd. Adam, Joachim und Anna.

Auffälliger als in den eben analysierten Stücken ist die Thätigkeit der stehenden Gruppen in den grofsen Dramen, wenn z. B. im Alsf. Pass. der Chor, die Schüler Johannes', die Apostel, die Teufel, die Engel, die bösen Juden, die Juden, die Christo zugeneigt sind, die Geifsler, die Grabwächter, die zwei Gruppen von drei Marien wiederholt auftraten.

Zu diesen stehenden Gruppen kamen aber auch scenische, — mitunter aus denselben Personen wie die stehenden gebildet, — die sich wiederholten, Zusammentreten derselben Personen zu einer Scene. Im Red. Ost. H. z. B. begegnen sich wiederholt Pilatus und sein Diener, Sathan und Lucifer, der Vigil und die Grabwächter, Pilatus und die Grabwächter, die Grabwächter und die Juden, — im Alsf. Pass. Herodes mit Frau und Nichte, Lazarus mit Martha und Magdalena, Martha und Magdalena, Christus und Magdalena, Christus und Lucifer, Christus und der Blinde, Magdalena und Lucifer, Joseph und Nicodemus, Johannes und seine Schüler, Christus und seine Apostel, alle oder einige, Christus und die Juden, Christus und Engel, Christus und die Geifsler, Judas und die Juden, Kaiphas und die Juden, Pilatus mit den Grabwächtern, Johannes und die drei Marien, Pilatus mit Christus und den Juden, Christus mit den Aposteln und Juden, die Grabwächter und die Juden, die Apostel und die drei Marien.

Wie oft eine Person in einer Scene zu Wort kommen kann, ersieht man aus den Beispielen S. 90 ff.

Die Personenzahl ist mitunter bei verschiedenen Gruppen gleich, dieselben Zahlen wiederholen sich. Fünf Soldaten und fünf Mütter beim Kindermord Eger. Pass. 2427, je vier Schergen bei Annas, Kaiphas, Pilatus Augsb. Pass. 653 ff., drei Marien und drei Engel am Grabe Christi Innsbr. Ost. H. 991, Trier. Ost. 50, Sterz. Ost. S. 150, Wolf. Ost. 78, die h. drei Könige und drei besondere Soldaten, einer für jeden König, Eger. Pass. 1993, drei Sänger, drei Jungfrauen, drei Engel Cass. Weihn. 217, drei Soldaten, drei Jungfrauen der Königin von Saba Wolf. Sünd. 2516, drei Schenken, drei Tafeldecker bei König Salomon Wolf. Sünd. 2700.

Auch Scenen von 2, 3, 4 und mehr Personen wiederholen sich natürlich; s. die Scenarien von Alsf. und Frankf. Pass. bei Froning.

WÖRTLICHE WIEDERHOLUNGEN.

Vielfach hörte das Publikum dieselben Textworte, Reden oder Dialoge, mit denselben Gebärden, oft mit derselben Melodie, wiederholt. Kleine Abweichungen sind hiebei nicht berücksichtigt.

Von derselben einzelnen Person, unmittelbar nacheinander, die dreimaligen *owé* in Trier. Mkl. S. 261, 28. 263, 3. — Teg. Ant. 114 *Quos* (die Gesandten des Kaisers) *ille* (der König von Griechenland) *honeste suscipiens cantat: Romani nominis honorem veneramur, augusto cesari servire gloriamur, cuius imperii virtus est formidanda usw. Eosque cum honore dimittens ipsemet ascendens ad imperium cantans: Romani nominis usw.* — 123 *Quibus* (die Gesandten des Kaisers) *ille* (der König von Jerusalem) *honeste susceptis cantat: Romani nominis usw. Et ascendens ad Imperium cantat hoc ipsum iterans: Romani nominis usw.* — 225 *hoc*, die vorhergehenden Verse, *libenter exhibeo regi famulatum usw., iterans veniat ad presentiam Antichristi*, der König der Griechen. — Ben. Pass. 146 Christus auf dem Ölberg: *Pater, si fieri potest usw. Hoc facto sedeat ad IV discipulos et inveniat eos dormientes et dicat Petro: Symon dormis? non potuisti una hora usw., manete hic usw. Postea vadat iterum orare ut antea; tunc iterato veniat ad discipulos et inveniat eos dormientes et dicat ad eos: Manete hic! Et iterum dicit: Pater, si non potest hic calix usw. Tunc redeat ad discipulos et cantet: Una hora non potuistis usw.* — Nürnb. Ostf. S. 19 *Tunc Maria* (Magdalena) *tribus vicibus flexis genibus ita cantet: Sancte deus. Sancte fortis. Sancte immor-*

talis, miserere nobis. — S. Gall. Pass. 106 *et cantet ter aliqua persona abscondita voce patris: hic est filius meus dilectus.* Hier ist die Wiederholung bloſs eine gehörte, da Gott hinter der Scene bleibt. — Innsbr. Ost. H. 99 *Tunc mercator vocat Rubin ter: Rubin, Rubin, Rubin*, desgleichen 795. 802. 806. — Wien. Pass. 80 *et serpens dyabolus clam veniens ad Evam et introspiciat sicut dicens: Bistú dó inne, Eva? In tercia vice respondeat Eva dicens.* — Alsf. Pass. 6172 *Maria: Owe owe, ich horte synen ruff* usw., — 6175 *Owé! ich hort* usw. — Bord. Mkl. 463 *Sancta Maria planctum istum cantat bis et elevat brachia et plangit cum manibus,* 690 *Nota. Planctum sequentem beata virgo cantat bis, quia devotissimus est, si fieri potest commodose.* — Erl. Ost. 516 *Medicus vocat ter Rubinum,* ebenso 525, — 637 *Tunc Rubinus vocat ter: Pusterpalk, Pusterbalk, Pusterpalk.* — Sterz. M. Lichtm. S. 107 *Simeon ter dicit* die folgenden acht deutschen Verse: *Maria, entpfach das swert, Maria sich an das swert* usw., — 109 *Tunc cantat* (Anna sc.) *alta voce: Nunc dimitte etc., replicando versus, donec sacerdos cum ministris, Simeon cum servo, Anna cum ancilla recedant.* — Wolf. Sünd. 611 *vorflocket sy(n)* vierzehnmal wiederholt in der Fluchrede Lucifers, — 1046 *Creator intrat paradisum dicens: Adam, wur bistu? Adam tacet. Adam, wur bistu?* — 2582 Salomon zur Königin von Saba: *Ach tastet to unde maket iuk guden hogen. hic pausat modicum. Salomon: Ach tastet to unde maket iuk guden hogen.* — Sterz. Ost. S. 160 *Maria* (Magdalena) *plangit et canit iterum: Ich hab warleich gesehen* usw. Das hat sie früher noch nicht gesungen. Bedeutet *iterum* zweimal?

Nicht unmittelbar nacheinander. Über das Silete s. oben S. 27. 69. Die mit *owé*, mit *ich klage*, mit *wá ist, wo sindt* anfangenden Verse und Absätze, Trier. Mkl., *owé* sehr oft, *wá ist* S. 269, 6, Eger. Pass. 189. 213. 8289. — Teg. Ant. 33 *Quod* (das vorhergehende Lied der Gentilitas) *etiam debet cantare per totum ludum in temporibus.* — 45 *Quod* (das vorhergehende Lied der Synagoga) *et ipsa cantabit in temporibus.* — 227 *Tunc Antichristus depingens primam litteram nominis sui regi et omnibus suis in fronte et coronam ei in capite reponens cantat: Vive per gratiam* usw 240 *Antichristus suscepto eo in osculum signans eum et suos in frontibus et imponens ei coronam cantat: Vive per gratiam* usw. 302. 318. — Ben. Pass. 19 *Maria Magdalena: Mundi delectatio* usw. 57. 72. — 35 *Maria Magdalena: Chramer, gip die varwe mier* usw. 64. — 39 *Seht mich an* usw. 46. — 246 *Tunc Maria amplexetur*

Iohannem et cantet cum habens inter brachia: Mi Iohanne usw.
255 *Tunc iterum amplexetur Iohannem et cantet: Mi Iohanne* usw. —
Nürnb. Ostf. S. 18 *Maria Magdalena sola circa sepulchrum de sublatione corporis domini flexis poblitibus ita cantet: Heu redemptio* usw.
Chorgesang. *Finito responsorio Maria secunda vice prospiciens in
monumentum repetat: Heu redemptio* usw. Chorgesang. *Quo finito
Maria tercia vice introspiciens sepulchrum repetat: Heu redemptio*
usw. — S.Gall. Pass. 632 *Post hoc Iudas vadat ad Iudaeos dicens:
Waz wollet ir mir zû gude dûn? ich geben uch Ihesum, Marien sûn.*
S. 681 *Tunc Ihesus vadat ad montem Oliveti. Interim Iudas vadat
ad Iudaeos, dicat ut supra;* folgen dieselben zwei Verse. — 689
Christus auf dem Ölberg: *pater, si possibile* usw., *Herre, vatter unde
got* usw. — 702 *Deinde vadat ad priorem locum orans: pater etc. et
dicit ut prius: Herre, vatter etc.* fünf Verse. — Innsbr. M. Himm. 1
Praecursor: uff der borg sal her stan, ebenso mit geringen Abweichungen 16. 30. 37. 44 bei Anweisung der verschiedenen Standplätze. — Kath. S. 162 *Cursates: Here, by den hulden dyn* usw.
S. 164. 166. 170. 171. — S. 162 *Cursates: wol her, edele iuncvrowelin*
usw. S. 163. 167. — S. 162 *Edele vorste* usw. S. 167. — 162 *Iunc-
vrowe edele* usw. S. 171. — S. 163 *Hovesche ritter* usw. S. 167. 171. —
Trier. Mkl. S. 621, 20 *Maria cantat plangendo: Owê owê des ganges,
des ich gie* usw. S. 262, 23 *Et tunc Maria potest repetere canendo:
owê owê owê des ganges, des ich gie ut prius.* — S. 266, 10 *Salvator
cantat: Eli, eli* usw. S. 267, 4 *Iterum Salvator cantat: Eli ut
supra.* — S. 266, 16 *Maria cantat plangendo cum manibus tunc:
Owê owê! ich hörte einen rûf* usw. S. 267, 6 *Et tunc Maria potest
iterum cantare: Owê owê! ich hörte einen rûf.* S. 268, 7 *Et tunc
iterum Maria: owê, owê! ich hörte einen rûf ut prius.* — Wien.
Pass. 6 *Hic Lucifer de angelis ibidem in ornatu sedens contra dominicam personam presumens de sua pulchritudine sic orditur: Ich
bin schöne unt clar,* vier Verse. 31 *Lucifer tertio dicit: Ich bin
schön* usw. — 10 *Dominica persona: Her Lucifer, Lucifer* usw. 24. —
311 *Maria Magdalena: Ich lies minen mantel* usw. 320. — Zehn
Jungfr. S. 24 *Dominica persona* zu Lucifer: *recht gerichte sal gesche*
usw. S. 25. — Alsf. Pass. 107 *Proclamator: Ir lieben mentschen alle*
usw. 464 *Proclamatur dicit rigmum superius notatum scilicet: Ir
lieben mentschen* usw. — 2425 *Cayphas canit solus in castro: Expedit vobis, s. 2461,* wo er in der Synagoge dasselbe sagt. — 3312
Christus: Pater, si fieri potest usw. 3328. — 5942 *Tunc Maria plangit
et canit: Owe owe des ganges, des ich ge* usw. — 6042 *Maria hic iterum*

cantat ut supra: o we o we des ganges, des ich gehe. — 6172 *Maria audita voce Christi plangit acuta voce:* O we, o we, ich horte cynen ruff *usw.* 6201 *Maria iterum cantat: 'Owe, owe, ich hort eynen ruff' ut supra.* — 6219 *Maria iterum cantat: 'O we, o we, ich hort cynen ruff' ut supra.* — 6402 *Hic Iohannes ponit ei gladium ad pectus et Maria canit: Hercze brich! swert nu stich usw.* 6479 *Immediate subiungit* (Maria) *secunda vice cantando: Hercz brich usw.* 6489 *Tercio modo cantat: Hercz brich usw.* — 7273 *secunda anima dicit:* O we, die thufel thun uns alszo we! lieber herre, loisz uns mit dir gehen! 7275. — 7866 Christus bei der Himmelfahrt: *ascendo usw.* 7876. — Bord. Mkl. 400 *Mater Iohannis dicit ricmum 'Ach ach wo sere' ut prius, d. i. 352; post hoc statim beata virgo Maria, si potest hoc commodose fieri, incipit secundo cum omni devotione canticum 'We helpet klagen myn grot leyt' usw., d. i. 354, et cantat ex integro cum omnibus gestibus sicut prius.* — 581 *et mater Iohannis dicit:* 'Ach ach wo sere' ut prius, d. i. 352. 400. — 623 *Sancta Maria — cantat valida et lacrimabili voce prosternendo se ad terram, plangendo manibus:* O wy, o we, nu ys he dot! und wiederholt Gebärde und gesungene Worte, 626. 631. — Cass. Weihn. 338 *Et angelus vadit ad pastores, ubi dormiunt, et canit: Annuncio vobis gaudium magnum.* 348 *et tunc secundo angelus vadit ad pastores et canit: Annuntio vobis gaudium.* — Eger. Pass. 1 *Precursor dicit: Nun hórt ir herrn allgemein, Beide grosz und aůch clein, Wir wellen hie áin gedechtnúsz machen, Di get zu von gőtlichen sachen.* Diese Verse bilden auch die Einleitung des Prologs zum zweiten Tag 2797. — 4342 *Salvator cantat: Quem queritis* bei der Gefangennahme, 4346. 4348. — 7440 *Salvator canit: Tollite portas usw.* bei der Höllenfahrt. 7460. 7480. — 7979 *Salvator — cantans: Mulier quid ploras, quem quaeris?* 8001. — 8019 *Ihesus — cantans: Maria,* als Gärtner zu Maria Magdalena. 8021. — Erl. Mkl. 120 *Owe owe des ganges usw.* 438. — 233 Maria: *O we, hast du mein laid usw.* 384. — Erl. Ost. 516 *Medicus vocat ter Rubinum: Rubein, Rubein, Rubein.* 525. — 627 *Tunc Rubinus temperat species cantando: Nu gib mir her usw.* 668 *Et sic Rubinus comportat species cantando ut supra: Nu gib mir her usw.* — Erl. Ost. H. 109 *Centurio: Pilate herr, wir sein dir hold usw.* 235. — 113 *Pilatus: Wol auff, ir ritter all usw.* 236. — 288 *Deinde venit angelus percuciens tenens gladium ignitum cantando: Ir ritter, ir swaiget usw.* 360. — 396 *Angelus cantat: Attollite portas usw.* 400 *Iterum angelus cantat: Adtollite etc. omnia ut prius.* — Erl. Weihn. 1 *Magister cantat:*

Schiroli kakma usw. Schluſs: *Synagoga precedit cantando: Siroli etc.* Der Magister ist sicher auch dabei. — Frankf. Pass. 2424 *Annas dicit Iudeis ut scriptum concludendo cum hoc diem primum.* Was er sagt, ist aber zugleich der Anfang des zweiten Tages, nämlich 2424—2432. — Himmelg. Mkl. S. 399, 20 *Maria: Ach, ich hore eyn ruff* usw. S. 399, 29. — S. 400, 23 *Maria: Owe, kint, dine wangen sint* usw. S. 401, 17. — M. Magd. 330 Maria Magdalena singt: *Ia liesz ich minen mandel* usw. 444. 509. — 359 Magd Maria Magdalenas: *wir sullen nicht lenger hie sten* usw. 501. — Red. Ost. H. 1154 *Lucifer vocans secundum suos clamat alta voce: woldan, woldan, woldan, Lepel unde Satan,* zwei Verse. 1160. — Sterz. Ost. S. 146 *Et venit angelus percutiens stans a longe cantans: Terra tremuit et quievit.* S. 146 *Sub illo angelus melius accedit cantans: Terra* usw. — Theoph. Helmst. 588 Vier Verse Mariens *Theophile, du hefst dre dage unde me an groten ruwen gewesen* usw. 688. — Wolf. Mkl. 140 Maria zu Jesus am Kreuz: *Weme bevelestu nu mik?* 208. 339.

Dialoge zwischen Einzelpersonen oder zwischen Einzelpersonen und zusammen sprechenden Gruppen werden wiederholt. Unmittelbar Ben. Pass. 151 *Christus: Quem quaeritis?* die Juden: *Iesum Nazarenum. Christus: Ego sum.* — Frankf. Pass. Dir. 160 *Christus: Quem quaeritis?* die Juden: *Ihesum Nazarenum.* — 251ᵇ *Christus: Tollite portas* usw., die Teufel: *Iara jar, wer* usw. — S.Gall. Pass. 708 *Quo osculato dicat Ihesus ad Iudaeos: Wen suchent ir Iuden an dirre stunt? Respondent Iudaei: Wir suchen Ihesum, daz si dir kunt.* 716 *Ihesus iterum ad eos: wen suchet ir ut supra; respondent ut prius.* — 823 *Dicat ancilla Petro: Du mach wol Ihesus junger sin, daz nemen ich uf die druwe min. Respondet Petrus: Dũ dust mir unrecht, wan ich wart noch nie sin knecht. Iterum ancilla dicat ad Petrum ut prius, respondet ut prius.* — Trier. Ost. 118 *Tunc accedit salvator et cantat Maria (ut sequitur): Maria!* et dicit: deutsch. *Tunc Maria cantat immediate: Rabi! quod dicitur magister. Et dicit:* deutsch: *ich horen* usw. *Salvator iterum cantat 'Maria' cum rickmo ut prius supra. Maria respondit iterum 'Rabi'! cantans cum rickmo ut supra: Ich hore* usw. — Alsf. Pass. 3370 *Salvator dicit ad Iudeos cantando: Quem queritis?* et dicit: deutscher Text. *Iudei respondent: Ihesum Nazarenum. Salvator dicit: Ego sum. Iudei cadunt retrorsum; quibus surgentibus Ihesus secundo dicit: Quem quaeritis* usw. Dreimal wiederholt. — 7077 *Tunc Salvator cum angelis facit processionem ad infernum cantando: Cum rex glorie* usw. *Deinde anime infernales cantant: Advenisti* usw. Deutsches Gespräch der Teufel. *Deinde angeli canunt: Tollite portas usw. Diaboli respondent: Quis est iste* usw. *Angeli canunt sub tercio tono: Dominus virtutum* usw. 7131 *Deinde Salvator procedit circueundo a longe cantando: Cum rex glorie* usw. *Tunc anime infernales canunt: Te nostra vocabant* usw. *Post hoc sextus angelus cantat: Tollite portas* usw. *Dyaboli respondent: Quis est iste* usw. *Angeli canunt sub tercio tono: Dominus virtutum* usw. Gespräche zwischen Lucifer, Christus, einem Engel. 7157 *Tunc tercio procedunt cantando: Cum rex glorie* usw. *Tunc anime infernales canunt: Tu factus es* usw. *Angeli cantant: Tollite portas* usw. *Ihesu trudente ianuam inferni et aperietur.* — Augsb. Pass. 607 *Christus: Ir iuden sagt, wen sůchend ir? das sollend ir nun sagen mir! Nathan: Wir sůchen zu diser frist von nazareth den Ihesum Christ. Salvator antwurt sprechend: Ich bin der selb, den ir da sůcht; ich wil leiden, wes ir gerůcht. Als Ihesus das spricht, so vallend die Iuden all nider zů rugk und Iudas mit in.* — Don. Pass. 2081 *Christus: Ir Iuden, welchen sůchent ir, das sönd ir frölich sagen mir. Uff dise frag fachent die Iuden all an mit luter stim zeschreyen: Ihesum Nazarenum. Und tratten damit hinter sich und fallent nider, denn facht der Salvator aber an und spricht: Ihesus Nazarenus, der bin ich, das sag ich üch hie sicherlich.* — 3869 die Engel: *tollite portas* usw. bei Christi Höllenfahrt, *Und uff das stost der Salvator mit dem fůss an die hell und spricht mit luter stimm: Ir fürsten der hell* usw., *Die hell soll nit uffgan, und den machent die tüffel ein wild gefert in der hell. Lucifer: Welher ist der kung der eren* usw., Christus: *Nu strit der gewaltig got* usw., *und uff das fachent aber an die engel ze singen: Tollite portas etc. und dem nach stost der Salvator an die hell und spricht: Ir fürsten der hell* usw.

Nicht unmittelbar. Teg. Ant. 94 *Tunc Imperator eum*, den König von Frankreich, *suscipiens in hominem et concedens sibi regnum cantat: Vive per gratiam* usw. *Et ille — revertitur in regnum, cantat: Romani nominis* usw. 118 *Qui* (Imperator) *eum*, der König von Griechenland, *suscipiens et regnum sibi concedens cantat: Vive per gratiam* usw. *Tunc ille — revertitur cantat: Romani nominis* usw. — 220 Der König von Griechenland: *Libenter exhibeo* usw. *Tibi profiteor* usw. 227 *Tunc Antichristus depingens primam litteram nominis sui regi et omnibus suis in fronte et coronam ei in capite reponens cantat: Vive per gratiam* usw. 228 dieselbe Scene zwischen dem König von Frankreich und dem Antichrist, ähnlich 301. 318 die zwischen den Königen von Deutschland und Babylon und dem Antichrist. — Kath. S. 161 *Servus: Gip mir, here, der gote seyn. Maxentius: Gene, dy muzen dyn alle pleyn.* S. 163. — Alsf. Pass. 7077 Höllenfahrt Christi, Engel und Christus: *Cum rex gloriae* usw. Gesang der armen Seelen. 7123, die Engel: *Tollite portas* usw. *Diaboli: quis est iste rex glorie* usw. Die Engel: *Dominus virtutum.* Wiederholt 7133, die Engel und Christus: *Cum rex glorie* usw. Gesang der armen Seelen, die Engel: *Tollite portas* usw. 7157. — Cass. Weihn. 155. Es scheint, dafs die ganze Abfolge *Maria cantat: Ioseph, lieber newe myn* usw., *Ioseph respondit: Gerne, libe mumme myn* usw., *Maria dicit: Ioseph nym dye wiege in die hant* usw., *Ioseph: Ia, Maria, das wel ich thun gerne* usw., *Ioseph dicit ad servum: Sellenfro, knecht myn* usw., *Servus respondit! Ioseph, l1ber herre myn* usw. *Et sic servus et Ioseph corisant per cunabulum cantando: In dulce iubilo, Et tunc angeli inchoant: sunt impleta etc., Et post hoc Iosep dicit: Schawet, er kinder* usw., *Et extunc puer cantando incipit: Eya, Eya* usw. 302. 334. 716 wiederholt wurde. Jedenfalls geschah es mit Teilen davon. — Erl. Ost. 1203 Petrus und Johannes: *Dic nobis, Maria, quid vidisti?* Maria (Magdalena): *sepulchrum Christi. Iterum cantant: Dic nobis Maria!* Maria: *Angelicos testes. Iterum cantant: Die nobis, Maria, quid?* Maria: *Surrexit Christus spes* etc. Petrus: *Credendum est magis* usw. 1211. 1243. — Erl. Ost. H. 109 *Centurio dicit: Pilate herr, wir sein dir hold* usw. 113 *Et omnes extrahunt gladios. Pilatus dicit: Wol auf, ir ritter all* usw. 235. — Frankf. Pass. 2765 Pilatus sagt deutsch zu Christus, was dem *Mihi non loqueris? Nescis quia potestatem habeo* usw. entspricht. *Salvator dicit: Non haberes in me potentiam* usw. 3254 *Pilatus dicit: Mihi non loqueris? Nescis* usw. *Ihesus dicit: Non haberes adversus me potestatem* usw. — M. Magd. 465 Martha: *Maria, liebe swester min* usw. 469 Maria Magdalena: *wartha, herr, wartha* usw. 624.

Von derselben Mehrzahl von Personen, die zugleich singen oder sprechen. Unmittelbar hintereinander. Ben. Weihn. 580 *Et tam iste comitatus quam comitatus regis hec sepius cantent: Ad fontem philosophie* usw. — Nach dem Lied 630 *Et sepius repetant: Deorum immortalitas. Stulti sunt;* das sind die Strophen 1. 5 im Teg. Ant. — Alsf. Pass. 1243 *Hys omnibus completis cantabunt apostoli responsorium: Verbum caro factum etc. duo quoque versum cum repeticione.* — Sterz. Ost. S. 143 *Milites transeunt ad sepulchrum cantantes: Wir wollen umb das grab gan* usw. bis auf ter. — Wien. Ostf. S. 251 *Post gloria patri Responsorium.* Darauf: *a principio repetatur.* —

S. 252 *Et ita clerus sedeat ad chorum cantando antiphonam Surrexit enim; sed si non suffecerit, repetatur.*

Nicht unmittelbar aufeinander. Über das Silete s. oben S. 27. 69. Dann Teg. Aut. 62 *Tunc legati venientes ad regem Francorum coram eo cantent: Salutem mandat imperator Romanorum* usw. 112 *qui venientes ad regem* (Grecorum sc.) *cantant coram eo: Salutem* usw. 121 *Qui venientes ad regem* (Jerosolimorum sc.) *coram eo cantant: Salutem* usw. — 211 *Qui*, die Gesandten des Antichrista, *venientes ad regem Grecorum cantant coram eo: Rex, tibi salus* usw. 235. 247 bei dem rex Francorum und Teotonicorum. — Ben. Weihn. 630 die Comitatus: *Stulti sunt* usw. 662. — Innsbr. Ost. H. 50 hebräischer Gesang der Juden. 66 *Et sic vadunt ad Pilatum et cantant ut prius.* — Alsf. Pass. 7029 die Engel bei Christi Grab: *Exurge* usw. 7035. — Bord. Mkl. 400 *Hic Maria Magdalena et mater Iohannis cantant secundo simul sicut prius canticum: O quam tristis et afflicta.* 846. 581. — Sterz. M. Lichtm. muſs S. 101, wo zweimaliger Gesang der Menge angegeben wird, der Text *Anima in laudibus* gemeint gewesen sein, denn S. 103 heiſst es: *Tunc cantetur tertia vice: anima in laudibus.* S. 110 *simul omnibus cantantibus quarta vice: anima in laudibus.* — Sterz. Ost. S. 143 *Milites transeunt ad sepulchrum cantantes: Wir wellen umb das grab gan* usw. *bis aut ter,* S. 145 *Et tunc circumeunt sepulchrum iterum cantantes: Wir wellen umb das grab gan.*

Dialoge zwischen zugleich sprechenden Gruppen werden wiederholt. Ben. Weihn. 198 *Augustinus: Res miranda etc. Dicat Archysinagogus cum suis: Res neganda! Iterum Augustinus cum suis: Res miranda! Iterum archysinagogus cum suis: Res neganda. Hoc fiat pluries.* — Alsf. Pass. 7077 *Tunc Salvator cum angelis facit processionem ad infernum cantando: Cum rex glorie etc. usque 'Advenisti'. Deinde anime infernales cantant 'Advenisti' usque ad 'nostra'.* 7133. 7157. — Red. Ost. H. muſs 513 bei Christi Höllenfahrt vor *Demones: quis est iste etc.* fehlen: *Angeli cantant: Tollite etc.* Denn 523 heiſst es: *Angeli cantant secundo: Tollite etc. Demones: Quis est iste etc.*

Von verschiedenen Personen, unmittelbar nacheinander. S. Gall. Pass. 618 *Respondeant omnes per ordinem*, beim Abendmahl, *primo Petrus: Ihesus, vil lieber meister min, sage mir, sal ich ez sin? Ultimo quaerenti Iudae respondet Ihesus.* — Wien. Pass. 524 *Petrus respondit: Numquid ego sum domine? Iudas: Numquid ego sum, domine etc.* — Alsf. Pass. 3104 *Tunc discipuli singuli clamant: Num*

*quid ego sum, domine? Thomas dicit: Sage mer, lieber herre myn:
sal ich der vorredder synn?* Das variiert der folgende Jacobus maior.
Andreas dicit: Sage mer, lieber herre myn usw., ebenso die fünf
folgenden Apostel. — 3860 *Ruben primus*, der Bannerträger: *Neyne,
her, sunder wank neigten sich die baner an unssern danck.* Das
variieren die anderen elf Bannerträger. — Augsb. Pass. 1033 *Rabbi
iudeorum: Das gelt*, das Judas zurückgebracht hat, *ist also komen
her, behalten in grosser vner* usw. 1042 Salomon Judeus *respondet,
ut supra ponitur circa paragraphum: Das gelt ist also* usw.

Von verschiedenen Personen, nicht unmittelbar nacheinander.
Freis. Her. S. 57 *Internuntius ad Magos: Regia vos mandata vocant,
non segniter ite.* S. 60 *armiger ad magos:* derselbe Hexameter.
Wenn nicht *internuntius* und *armiger* dieselbe Person sind. — Teg.
Ant. 94. 227; s. oben S. 117. — S.Gall. Pass. 490 *Quo* (Christus)
*veniente Marta canat: domine, si fuisses hic. Herre, weres dû gewesen
hie* usw. 508 *Maria* (Magdalena) *vadat ad Ihesum et procidens ad
pedes eius canat antiphonam, domine ' si fuisses ' ut supra.* — Innsbr.
Fronl. Hinweis auf die ausgestellte Monstranz in der Rede Petrus'
90: *ich seh en dort an eyner stad —*, des Andreas 143: *ich sehe en
dort mit mynen ougen —*, des Thomas 278: *ich sehe werlich alldort,
der hymmel und erden umwefangen hat, den sehe ich dort an eyner
stat —*, des Caspar 591: *ich sehe en dort in des pristers henden —*.
Die Einleitungen zu den einzelnen Glaubensartikeln, in der Rede
Petrus' 84: *hy hebit sich das erste sthücke dez heilgen cristenglouben
an —*, des Andreas 138: *hy hebit sich daz andir stucke dez heilgen
cristenglouben an* usw. 172. 186. 276. 330. 418. 440. 470. 490. —
Innsbr. M. Himm. 761 *Simon dicit: Got nem uch in sine hute* usw.
2514 *Paganus dicit: 'got nem uch in sine hûte' ut supra.* — Alsf.
Pass. 3104 *Thomas dicit: Sage mer, lieber herre myn: sal ich der
vorredder synn?* Dasselbe sagen 3110 Andreas und fünf andere
Apostel. — Erl. Ost. H. 458 *Caiphas currit ad milites*, die Grabwächter, *et dicit: Ach ir rechten zagen! welter teufel hat eu nider
geslagen?* usw. Diese vier Zeilen wiederholt Pilatus 474 mit geringer Variation. — Frankf. Pass. 1443 *Die suhte nicht entzuhet sich
gein dem dode ewiglich, dan daz sich gottes ere an eme also gemere.*
Diese Verse wiederholt der Bote 1451.

Eine Einzelperson und eine Mehrheit sagen unmittelbar nacheinander dasselbe. Teg. Ant. 293 der geheilte Kranke: *Tu sapientia*
usw. *Et Ypocrite secum cantant: Tu sapientia* usw.

Nicht unmittelbar. Ben. Weihn. 631 *Ministri — cantantes: Hoc
est numen salutare* usw. 661 *rex — cantet: Hoc est numen* usw.

Auch die Wiederholung der metrischen Formen konnte nicht unbemerkt bleiben, der Reimpaare und gewisser ins Ohr fallender lyrischer Metra, wie der Caudati in den Marienklagen; s. oben S. 76.

Ebenso die Wiederholung derselben Verszahl bei den Einzelreden im Gespräch. Besonders die kürzesten Maße — aber auch längere — finden sich hier oft in Gruppen beisammen, werden stichomythisch wiederholt.

Je ein Vers oder ein kurzer lateinischer Prosasatz. Freis. Her. S. 50 dreimal, S. 58 sechsmal, dreimal, S. 60 zweimal, viermal, — Freis. O. Rach. 16 zweimal, — Teg. Ant. 172 viermal, 178 zweimal, — Ben. Pass. 4 viermal, 106 zweimal, 114 dreimal, 151 fünfmal, 180 zehnmal, 190 viermal, 195 viermal, 201 dreimal, 213 dreimal, 260 viermal, — Ben. Weihn. 200 dreimal, — Nürnb. Ostf. S. 17 zweimal, — Muri. Ost. H. 35 viermal, 383 dreimal, — S.Gall. Pass. 226 zweimal, 432 zweimal, 1198 zweimal, — S.Gall. Weihn. 317 viermal, — Kath. S. 161 zweimal, zweimal, — Mastr. Pass. 404 zweimal, 902 zweimal, 1186 zweimal, — Wien. Pass. 80 zweimal, 465 zweimal, — Alsf. Pass. 757 viermal, 783 fünfmal, 3212 sechzehnmal, 4530 viermal, 6274 zwölfmal, — Cass. Weihn. 614 zweimal, — Eger. Pass. 4530 viermal, 5326 dreimal, — Erl. Ost. 248 zweimal, 525 zweimal, 637 dreimal, 667 dreimal, — Red. Ost. H. 40 dreimal, 888 zweimal, 1975 zweimal, — Theoph. Trier. 733 achtmal, — Wien. Ost. H. S. 317, 23 zweimal, S. 320, 23 viermal.

Je zwei Verse. S.Gall. Pass. 1200 zweimal, — Alsf. Pass. 3104 neunmal, 3858 zwölfmal, — Augsb. Pass. 829 fünfmal, — Eger. Pass. 4534 zweimal, 4692 sechsmal, 4708 zwölfmal, — Wien. Ost. H. S. 314, 19 zweimal, S. 319, 29 zweimal.

Je drei Verse. Ben. Weihn. 203 viermal.

Je vier Verse. Wien. Pass. 279 zweimal, 287 zweimal, — Wien. Ost. H. S. 320, 7 zweimal, — Alsf. Pass. 8020 viermal, — Rhein. j. Tag 481 zehnmal, — Sterz. Ost. dreimal (vier lateinische und vier deutsche Verse).

Je sechs Verse. Trier. Ost. 1 dreimal, — Eger. Pass. 2365 dreimal.

Je acht Verse. Ben. Weihn. 438 achtmal, — Sterz. Ost. S. 149 dreimal (vier lateinische mehr vier deutschen Versen).

Je achtzehn Verse. Sterz. Mkl. S. 119 zweimal (vier gesungene mehr vierzehn gesprochenen Versen).

S. die lateinischen und die ihnen nachgebildeten deutschen Strophen, über welche meine Abhandlungen zum altdeutschen Drama

S. 79, — die deutschen s. oben S. 76, insofern sie sich wiederholen, unmittelbar aufeinander folgen.

Die Wiederkehr der Melodie, s. oben S. 79, mufste gleichfalls bemerkt werden.

ANDERE WIEDERHOLUNGEN.

Aber auch ohne Wiederkehr derselben Worte, Verse, Verszahlen und Melodien mufste der Eindruck der Wiederholung oft entstehen.

In einer Scene. Parallelismus in der Reihenfolge, welche Personen eines Dialogs einhalten.

Von einer Gruppe gleichgekleideter Personen spricht eine nach der andern in gleicher Gemütsbewegung. Freis. Her. S. 56 die h. drei Könige, — Nürnb. Ostf. 17 die drei Marien klagen, — Innsbr. Ost. H. 431 die drei Marien klagen, — Innsbr. M. Himm. 81 alle Apostel, — Zehn Jungfr. 27 die fünf thörichten Jungfrauen klagen, — Alsf. Pass. 6921 die vier Grabwächter prahlen, — 8020 alle Apostel, — Eger. Pass. 1903 die drei Diener der h. drei Könige, — 2045 die h. drei Könige, — 2365 fünf Soldaten erbieten sich zum Kindermord, — Erl. Ost. H. 128 die acht Grabwächter prahlen, — Frankf. Pass. 1936 die Apostel variieren 'Bin ich es'? — Red. Ost. H. 85 die vier Grabwächter prahlen, — 770 die vier Grabwächter klagen, — Rhein. j. T. 200 die vier Gerichtsengel verkünden drohend und verheifsend das jüngste Gericht, — Sterz. Mkl. S. 119 die drei Marien klagen, — Sterz. Ost. 143 die fünf Grabwächter prahlen, — Wolf. Ost. 1 die drei Marien klagen.

Dabei kann Parallelismus in der Ausdehnung der einzelnen Reden eintreten, s. oben S. 121. Freis. Her. 58 die h. drei Könige je eine Zeile, — Ben. Weihn. 203 Augustinus und die zusammen antwortenden Propheten sprechen viermal wechselnd in je drei Versen, dann einmal in je vier, — Trier. Ost. 1 die Marien klagen — in je sechs Versen, — Alsf. Pass. 3104 neun Apostel sprechen je zwei Verse, — 3860 elf Bannerträger sprechen je zwei Verse, — 8020 die ersten vier Apostel sprechen je vier Verse, — Eger. Pass. 2365 von den fünf Soldaten sprechen die drei ersten in je sechs Versen, — 4530 vier Schergen höhnen Christus in je einem Vers, — 4692 sechs Juden reden je zwei Verse, — 4708 zwölf Schergen höhnen Christus in je zwei Versen, — Sterz. Mkl. S. 119 die ersten zwei Marien singen und sprechen je vier und vierzehn Verse, —

Sterz. Ost. S. 149 die drei Marien klagen in je vier lateinischen mehr vier deutschen Versen.

Ein reicherer Fall ist Zehn Jungfr. S. 27 alle fünf thörichten Jungfrauen klagen nacheinander redend in Reimpaaren, dann S. 30 *Post hoc vadant inter populum cantando planctos*, und jede singt eine vierzeilige Strophe, auf welche immer der Chor aller Thörichten antwortet.

Zwei Gruppen wechseln mit ihren einzelnen Personen ab. Innsbr. Fronl. 57 zwölf Propheten und zwölf Apostel reden abwechselnd, indem immer auf einen Propheten ein Apostel spricht, — Wolf. Sünd. 2828 zwölf Propheten und fünfzehn Sibyllen reden prophezeihend; die wechselnde Abfolge ist natürlich nicht streng regelmäfsig.

Wiederholung findet sich auch in eigentlichen Gesprächsscenen, wo dieselben Personen gegeneinander gewendet wiederholt das Wort nehmen. Schon länger fortgesetzte Zwiegespräche, von denen oben S. 91 Beispiele gegeben sind, mufsten den Eindruck der Wiederholung machen. Noch mehr Vielgespräche, wenn die Redenden regelmäfsig abwechselten. Ben. Weihn. 438 ein Engel, dann ein Teufel, wieder der Engel, wieder der Teufel, sprechen zu den Hirten, deren einer redet den andern an, — wieder der Engel, wieder der Teufel, wieder der Hirt an die Gefährten. — Hier wird der Eindruck noch dadurch vermehrt, dafs alle Personen immer acht Verse sprechen.

Oder eine oder mehrere Gruppen, deren Personen einzeln reden, halten ein Gespräch mit einer oder zwei Einzelpersonen in regelmäfsig wiederkehrender Abwechslung der Rollen. Frankf. Pass. Dir. 1 Augustinus, ein Prophet, ein Jude, Augustinus, ein anderer Prophet, ein anderer Jude, siebenmal. — Alsf. Pass. 7786 Christus und die Apostel, Christus, Philippus, Christus, Thomas, Christus, Symon, Judas Zelotes, Matthaeus, Bartholomaeus. — Frankf. Pass. 1 Augustinus, ein Prophet, ein Jude, Augustinus, ein anderer Prophet, ein anderer Jude, siebenmal. — Red. Ost. H. 125 Pilatus weist den Grabwächtern ihre Plätze an; Pilatus, erster, Pilatus, zweiter, Pilatus, dritter, Pilatus, vierter Grabwächter. — Wien. Ost. H. S. 308, 17 Pilatus, erster, Pilatus, zweiter, Pilatus, dritter, Pilatus, vierter Grabwächter.

Chöre sind dabei beteiligt in Eger. Pass. 49 *Primus chorus angelorum cantat* —. *Deinde Lucifer*, als Engel des ersten Chorus, *dicit ad Salvatorem* —. *Salvator dicit ad summum chorum angelorum* —. *Secundus chorus cantat* —. *Cherubim dicit ad Salvatorem* —. *Tercius chorus cantat —. Finitis Michael dicit ad Salvatorem —. Quartus chorus cantat. —. Raphael dicit ad Salvatorem —.* Sterz. Mkl. 121 Chorgesang der Propheten, Rede Jeremias, ebenso Chorgesang und darauf Rede eines einzelnen Propheten S. 125. 128. 131. 134. 136. dazwischen Reden und Gesänge der drei Marien und Johannes'.

Dann, wenn Ähnliches in einer Scene geschieht: mehrere Mifs-handlungen Christi. drei Kreuzigungen, die drei Gaben der h. drei Könige an das Christuskind, Freis. Her. S. 58, Erl. Dreik. 189, das wiederholte Stürzen und Aufbauen der Götterbilder in Ägypten, Ben. Weihn. 631.

Aber auch zwei oder mehr Scenen können sich so ähnlich sein, dafs sie den Eindruck der Wiederholung machen.

So wenn sich Prologe ablösen, Don. Pass. Knecht des Procla-mators, dann dieser selbst, Theoph. Trier. ein Ungenannter, dann *de bode*, Wolf. Sünd. ein Ungenannter, dann Prelocutor, Alsf. Pass. Proclamator, dann Regens, dann wieder der Proclamator, — oder Epiloge, Cass. Weihn. Joseph, dann Lucifer. — oder wenn prologähnliche oder andere Ansprachen nach gewissen Abständen an das Publikum gehalten werden; s. oben S. 65 ff., — oder wenn eine einzelne Person einer Gruppe zu verschiedenen Malen Mono-loge hält, Wolf. Sünd. Adam in der Vorhölle 2151. 3427. 3531, — oder wenn dieselbe Person oder dieselben mehreren, einzeln oder zusammen redenden Personengruppen wiederholt mit Personen einer und derselben oder ähnlichen Gruppe in von beiden Seiten ähnlicher Gemütsverfassung redend erscheinen, wobei die sich entsprechenden Scenen entweder unmittelbar oder durch andere getrennt folgen können.

Christus auf dem Ölberg. Ben. Pass. 144, Frankf. Pass. Dir. 153, S. Gall. Pass. 683, Alsf. Pass. 3306, Augsb. Pass. 537, Don. Pass. 1987, Eger. Pass. 4220, Frankf. Pass. 2204 spricht Christus auf dem Ölberg zu den Jüngern, betet an einem andern, allerdings ganz nahe gelegenen Ort, kehrt zu den Jüngern zurück usw. In Frank. Pass. Dir. und Frankf. Pass. sind die Scenen durch andere unterbrochen; s. unten S. 126 ff.

So die Verhöre Christi vor verschiedenen — hier in Klammern gesetzten — Tribunalen. Wenn die Scenen sich nicht unmittelbar folgen, trenne ich sie hier und im folgenden durch einen Strich. Ben. Pass. 169 (Kaiphas). 173 (Pilatus). 178 (Herodes). 180.—193 (Pilatus). — Frankf. Pass. Dir. 168.—174.—180.—187 (Annas und Kaiphas wechseln). — 190 (Pilatus). — 205 (Herodes). —

209.—218 (Pilatus). — S.Gall. Pass. 789.—627.—839 (Annas und Kaiphas). — 863 (Pilatus). — 933 (Herodes). 973.—1031 (Pilatus). —
Alsf. Pass. 3446 (Annas). — 3536 (Kaiphas). — 3680 (Pilatus).
4024 (Herodes). 4150.—4465 (Pilatus). — Augsb. Pass. 697.—711
(Annas). — 751 (Kaiphas). — 1056 (Pilatus). 1138 (Herodes). 1210.—
1458 (Pilatus). — Don. Pass. 2151 (Annas). — 2261 (Kaiphas). —
2519 (Pilatus). — 2629 (Herodes). — 2736.—2817.—2897.—2977
(Pilatus). — Eger. Pass. 4460 (Annas). —- 4606 (Kaiphas). 4776
(Pilatus). 4842 (Herodes). — 5090 (Pilatus). — 5248.—5534. —
Frankf. Pass. 2424 (Annas). 2476.—2544 (Kaiphas). — 2715 (Pi-
latus). 2823 (Herodes). 2915.—3195 (Pilatus).

Oder die an der Gebärde erkennbaren Verleugnungen Petrus'
gegenüber verschiedenen, aber ähnlichen Personen. Frankf. Pass.
Dir. 172.—178.—184. S.Gall. Pass. 823. 827.—831. Alsf. Pass. 3514.
3520.—8582. Augsb. Pass. 705.—727.—737. Don. Pass. 2145.—
2362. 2367. Eger. Pass. 4538. 4546. 4558. Frankf. Pass. 2526.
2548.—2598. — Die Heilungen Christi. Frankf. Pass. Dir. 45. 49.
52. 54.—60.—94. — Die Beratungen der Juden. Alsf. Pass. 2333.—
2425. Augsb. Pass. 1.—181. — Die Disputationen Christi mit den
Juden. Don. Pass. 259.—807.—1129.—1339.—1379. — Die Verhandlungen Judas' mit den Juden; s. z. B. Don. Pass. 1649.—1876.—2112.—
2273.—2644. — Das Gespräch zwischen Ecclesia und Synagoga. Alsf.
Pass. 4480 ff. — 4914 mit dem Folgenden konnte nach 6838 gespielt
werden. — Lucifer und die nacheinander vor ihn geschleppten Sünder.
Wien. Pass. 189; erste Sünderseele, Lucifer, — zweite Sünderseele,
Lucifer usw., viermal. M. Magd. 152 ebenso neunmal. Red. Ost.
H. 1348, erster Teufel, Lucifer zum Teufel, zu der ersten Sünder-
seele, erste Sünderseele, Lucifer, zweiter Teufel, Lucifer zum Teufel,
zu der zweiten Sünderseele, zweite Sünderseele usw. achtmal. —
Die freudigen Meldungen Magdalenas von der Auferstehung Christi.
Frankf. Pass. Dir. 310 an die zwei anderen Marien, 311 mit diesen
zwei Marien an die Apostel, — Innsbr. Ost. H. 1103 an Thomas, —
1140 an Petrus und Johannes, — Alsf. Pass. 7666 mit den anderen
Marien an die Apostel, — 7764 Maria Magdalena allein an die
Apostel. — Eger. Pass. 8061 an Petrus und Johannes, — 8103 an
die anderen Marien. — Sterz. Ost. S. 160 an Thomas, — S. 162 an
Petrus und Johannes, — Wien. Ost. H. S. 331, 13 an Thomas, — an
Petrus und Johannes. — Wolf. Ost. 237 an Thomas, — 268 an die
anderen Marien. — In Nürnb. Ostf. S. 20, Frankf. Pass. Dir. 325,
Alsf. Pass. 7690, Eger. Pass. 8163, Erl. Ost. 1315 kommt noch die

von den anderen durch Zwischenglieder getrennte parallele Meldung des Petrus und Johannes an die Apostel hinzu.

Andere Scenen. S.Gall. Pass. 156, Magdalena weltfreudig, Martha, Maria Magdalena, — 186, — 232. — Alsf. Pass. 1770 Magdalenas Weltleben mit den Teufeln, 1810 mit einem Ritter. — Don. Pass. 79 Magdalenas Weltleben mit dem Diener, — 117 mit Jesse, — 147 mit Matusalem. — Eger. Pass. 1559 Joseph, primus hospes, Joseph, secundus hospes, Josephs Klage, Marias Tröstung, Joseph, tercius hospes, Josephs Klage, Marias Tröstung, Joseph, ultimus hospes, Josephs Klage, Marias Tröstung. — Erl. Ost. H. 277 erste Wache der Grabwächter, — 352 zweite. — Frankf. Pass. 670 Maria Magdalena weltfreudig, Unus militum als ihr Tänzer, Tanz, Martha, Maria Magdalena, Martha, Maria Magdalena, Martha, Maria Magdalena, Tanz, — 970 Maria Magdalena, Tanz, Martha, Maria Magdalena, Tanz. — M. Magd. 314 Maria Magdalena weltfreudig mit Teufeln und Dienerin, — 444 mit procus, Martha, Maria Magdalena, Dienerin, — 509 Maria Magdalena mit procus, Martha, Maria Magdalena, 540 Maria Magdalena mit procus, Martha, Maria Magdalena, 628 Maria Magdalena mit procus, — nach einer Scene zwischen procus und seinem Diener — Martha, Maria Magdalena. — Sterz. Ost. S. 152 Maria Magdalena und ein Gärtner (nicht Christus als Gärtner), — 154.

Zwei oder mehr verschiedene, einander ähnliche, unmittelbar aufeinander folgende Scenen wiederholen sich in derselben Abfolge. Ben. Weihn. 651 Stürzen der ägyptischen Götterbilder, Meldung an den König, Beratung desselben mit den Weisen, Opfer, 661 *Tunc idolis restitutis rex ad locum suum redeat, et idola iterum corruant. Quo audito iterum vocentur sapientes.* — Wolf. Sünd. 3241 Salomon spricht mit dem Propheten Isaias, dieser geht und spricht zu Gott, Gott, Isaias, Gott, Isaias klagt bei der Rückkehr. Ganz ähnlich Jeremias und David als Propheten.

Der Eindruck der Wiederholung — zugleich aber der der Abwechslung — wurde auch hervorgerufen, wenn zwischen zwei Redescenen mit demselben Personal an demselben Ort eine dritte Scene geschoben wird, dadurch, daß eine neue Person hinzutritt und, nachdem sie mit dem früheren Personal ihre Scene gespielt hat, wieder abtritt. Augsb. Pass. 1434 bis 1464 unterbricht der Bote Proclas die Verhandlung Pilatus' mit Christus und den Juden ohne eine vorhergehende Scene bei Procla, die das Gewöhnliche ist. — M. Magd. 465 bis 484, 520 bis 539, 624 bis 627,

Martha unterbricht die Scene zwischen Maria Magdalena, deren Magd und dem Freier.

Oder wenn zwischen zwei gleichartige, ähnliche Scenen eine dritte geschoben wird, dadurch, daſs ein Teil des Personals sich zu einer neuen Scene an einen andern Ort begiebt (und wieder an den ersten zurückkehrt). Ben. Pass. 190. 191 die Geiſselung Christi an einem andern Ort, bei der die Juden anwesend sind, unterbricht das Verhör bei Pilatus. — S. Gall. Pass. 949 bis 959 der Bote Herodes' geht zu Pilatus und unterbricht so das Verhör Christi bei Pilatus. — Alsf. Pass. 3929 bis 3942 Cursor geht zu Christus um ihn herein- zubringen und unterbricht so die Vorgänge bei Pilatus. — Don. Pass. 2395 bis 2500 Judas' Reue und Tod, in der Weise, daſs Kaiphas und die Pharisäer sich von dem Verhör Christi hinweg in den Tempel begeben, wohin ihnen Judas das Geld zurückbringt. Nach Judas' Tod kommen sie wieder an den Ort, wo Jesus verhört und miſshandelt worden ist. Vorher 2362 bis 2394 fällt die Verleugnung und Reue Petrus'. 2817 bis 2896 die Geiſselung Christi wie Ben. Pass. — Frankf. Pass. 3785 bis 3792 das vergebliche Bemühen Kai- phas' und anderer, Pilatus zur Rücknahme des Inri zu bewegen, unterbricht die Kreuzigungsscene.

Oder wenn zwei Redescenen mit ganz oder fast ganz demselben Personal an demselben Ort unterbrochen werden durch eine andere Redescene, von anderen Schauspielern an einem andern Orte ge- spielt, so daſs die erstgenannten zwei Scenen eine wären ohne die andere, welche dazwischentritt. Freis. O. Rach. 67 bis 70, die Reise der h. Familie nach Ägypten unter dem Schutz des Engels, der *e longinquo cantet*, unterbricht den Kindermord. — Ben. Pass. 204 bis 211, die Reue und der Tod Judas' unterbricht die Scene des Kreuzwegs, die allerdings vor der Rede Judas' 204 nur Aktion ist. — Frankf. Pass. Dir. 154 bis 156ª, Judas' Verhandlung mit den Juden unterbricht die Scene Christus' mit den Jüngern auf dem Ölberg. — S. Gall. Pass. 632 bis 637, Judas' Verhandlung mit den Juden unter- bricht das Abendmahl Christi. — Innsbr. M. Himm. 1624 bis 1653, die Beratung der Juden unterbricht das Begräbnis Marias durch die Apostel. — Innsbr. Ost. H. 455 bis 749, die Scene zwischen den Krämern und den Dienern unterbricht die Klagen der drei Marien. — Alsf. Pass. 3514 bis 3529, die Verleugnung Petrus' unter- bricht das Verhör Christi bei Annas. 3582 bis 3601, die Verleug- nung Petrus' unterbricht das Verhör Christi bei Kaiphas. 3606 bis 3669, die Reue und der Tod Judas' unterbrechen das Verhör Christi

bei Kaiphas. 7632, der Aufstieg der armen Seelen in den Himmel
unter der Führung von Engeln unterbricht die Scene der drei
Marien bei dem Krämer. — Augsb. Pass. 129 bis 132, die Besprechung
der Juden unterbricht die Scene von Christus im Hause Lazarus'
in Bethanien. 465 bis 482, die Verhandlung Judas' mit den Juden
unterbricht das Abendmahl Christi. 581 bis 588, Judas' Gespräch
mit den Juden unterbricht die Scene von Christus mit den Aposteln
auf dem Ölberg. — Don. Pass. 1851 bis 1862, die Verhandlung Judas'
mit den Juden unterbricht das Abendmahl Christi. 2362 bis 2394,
die Verleugnung Petrus' und die folgende Scene von Judas' Reue und
Tod, 2395 bis 2500, unterbricht das Verhör Christi bei Kaiphas.
Der Fall ist etwas abweichend, da Kaiphas 2395 seinen Platz, den
er in der Verhörsscene mit Christus eingenommen, verläfst und erst
2501 nach der Judasscene auf ihn zurückkehrt. 2803 bis 2806,
die Befreiung des Barrabas unterbricht das Verhör Christi bei Pilatus.
Eger. Pass. 3009 bis 3044, das Teufelgespräch unterbricht die Scene
von Magdalena beim Gastmahl Symons. 4274 bis 4324, Judas'
Gespräche mit den Juden unterbrechen die Scene von Christus und
den Aposteln auf dem Ölberg. 4538 bis 4593, die Verleugnung
Petrus' unterbricht das Verhör bei Annas. 7112 bis 7115, das Gespräch Johannes' und Marias unterbricht die Kreuzabnahme Christi. —
Erl. Ost. 57 bis 680, die Gespräche des Krämer-Arztes mit seinen
Dienern unterbrechen die Klagen der drei Marien. — Frankf. Pass.
2273 bis 2306, Judas' Verhandlungen mit den Juden unterbrechen
die Scene Christi mit den Aposteln auf dem Ölberg. 2634 bis 2700,
Judas' Reue und Tod unterbricht das Verhör bei Kaiphas. 3773
bis 3778, Pilatus' Auftrag an den Boten wegen des INRI unterbricht
die Scene der Kreuzigung. Der Bote geht zum Kreuz, befestigt
den Titel und kehrt, ohne gesprochen zu haben, zurück. — M. Magd.
658 bis 669, die Scene von Magdalenas Freier mit seinem Diener
unterbricht die Scene von Magdalenas Reue. — Wien. Ost. H. S. 316,
23 bis 317, 22, die Klagen der drei Marien unterbrechen die Scene
zwischen dem Krämer und seinem Knecht.

Eine Abart dieser Gruppe ist es, wenn eine oder mehrere Personen der Zwischenscene nach derselben das Personal der zweiten
der gleichartigen Scenen vermehren. Ben. Pass. 19 bis 90, Magdalenas Weltleben und Bekehrung unterbricht die Scene vom Gastmahl bei Symon, zu dem sich Magdalena nach der Bekehrung begiebt. Das Gastmahl hat allerdings vor 19 nur mit Aktion begonnen. —
Frankf. Pass. Dir. 215 bis 216, der Traum und Auftrag Proclas

an die Dienerin — gefolgt von der Besorgung des Auftrags durch
dieselbe bei Pilatus — unterbricht das Verhör Christi bei Pilatus.
S.Gall. Pass. 260 bis 267, das Gespräch zwischen Martha und Magdalena, auf welches letztere zum Gastmahl Symons geht, unterbrechen dieses, das aber nur mit Aktion begonnen hat. 1002 bis
1027, der Traum und Auftrag Proclas an den Diener — gefolgt
von der Besorgung des Auftrags durch denselben bei Pilatus —
unterbricht das Verhör Christi bei Pilatus. Innsbr. M. Himm. 2651
bis 2688, die Beratung der Juden — gefolgt von der Entsendung
eines Boten zum heidnischen König — unterbricht die Scene bei dem
heidnischen König. Wien. Pass. 374 bis 428, Magdalenas Weltleben
und Reue unterbricht das Gastmahl bei Symon, zu dem sie sich
begiebt. Allerdings war dieses Gastmahl vor 374 nicht durch
Reden begonnen worden. Alsf. Pass. 1381 bis 1384, das Gespräch
zwischen den Jüngern auf ihrem Weg zu Christus unterbricht das
Gespräch Christi mit der Samariterin. 4418 bis 4449, der Traum
und Auftrag Proclas an die Dienerin — gefolgt von der Besorgung
des Auftrags durch dieselbe bei Pilatus — unterbricht das Verhör
Christi bei Pilatus. 6957 bis 6968, Pilatus' Auftrag an den Diener —
gefolgt von der Besorgung des Auftrags durch denselben bei den
Grabwächtern — unterbricht die Scene der Grabwache. 7299 bis
7332, das Judengespräch und ihr Besuch der schlafenden Grabwächter unterbrechen die Scene der Grabwache. Augsb. Pass. 1672
bis 1679, Pilatus' Auftrag an den Schreiber betreffs des Inri — gefolgt von der Besorgung des Auftrags durch denselben am Ort der
Kreuzigung — unterbricht die Scene der Kreuzigung. Don. Pass.
173 bis 238, die Bekehrung Magdalenas unterbricht das Gastmahl
bei Symon, zu dem Magdalena kommt. Das Gastmahl hat vor
Magdalenas Bekehrung allerdings nur mit Aktion begonnen. 2947 bis
2950, Proclas Traum — gefolgt von ihrer Intervention bei Pilatus —
unterbricht das Verhör Christi bei Pilatus. Eger. Pass. 3557 bis
3572, die Scene von Judas und Sathan — gefolgt von dem Erscheinen Judas' in der Versammlung der Juden — unterbricht die
Beratung der Juden. 5474, der Traum und Auftrag Proclas an die
Dienerinnen, gefolgt von der Besorgung dieses Auftrags durch dieselben bei Pilatus — und noch einer Meldescene der Dienerinnen
bei Procla — unterbrechen das Verhör bei Pilatus. 6150 bis 6157,
Pilatus' Auftrag an seinen Soldaten wegen des INRI — gefolgt von
der Besorgung dieses Auftrags — unterbricht die Kreuzigung Christi.

Frankf. Pass. 3125 bis 3178, die Beratung der Teufel in der Hölle, der Traum und Auftrag Proclas an die Dienerin — gefolgt von der Besorgung des Auftrags durch dieselbe bei Pilatus — unterbrechen das Verhör Christi bei Pilatus. M. Magd. 370 bis 401, das Gespräch zwischen Kupplerin und Freier und der Besuch der Kupplerin bei Magdalena unterbrechen die Scene vom Weltleben Magdalenas. Der Fall ist reicher, da auf den Besuch der Kupplerin bei Magdalena noch eine Scene zwischen Kupplerin und Freier folgt.

Eine andere Abart besteht darin, daß zwischen die zwei gleichartigen Scenen eine dritte dadurch geschoben wird, daß eine oder mehrere oder alle Personen der gleichartigen Scenen nach der ersten Scene mit einer oder mehreren Personen eines andern Standplatzes eine Zwischenscene spielen, um dann an den ersten Platz zurückzukehren, z. T. mit einer Person der Zwischenscene. Alsf. Pass. 6997 bis 7018, einer der Grabwächter geht zu Pilatus und unterbricht dadurch die Scenen der Grabwache. Augsb. Pass. 1696 bis 1709, einige Juden gehen von der Kreuzigung weg zu Pilatus wegen des Inri und unterbrechen so die Kreuzigung. Don. Pass. 1003 bis 1036, Jacob geht von der Judenversammlung weg zu Loynus, dem Vater des Blindgebornen, und unterbricht dadurch die Beratung der Juden. 2803 bis 2806, ein Jude geht von Pilatus weg in den Kerker zu Barrabas und unterbricht so das Verhör Christi bei Pilatus. Eger. Pass. 3937 bis 3958, Johannes und Petrus gehen von Jesus weg, verhandeln mit Diener und Hauswirt wegen des Abendmahls und unterbrechen so die Scene von Christus und den Aposteln im Hause Lazarus' in Bethanien. 5214 bis 5223, ein Soldat geht von Pilatus weg, Barrabas aus dem Kerker zu befreien, und unterbricht so das Verhör Christi bei Pilatus. 7864 bis 7901, die drei Marien lassen sich von dem Diener des Arztes bewegen, zu diesem zu gehen, und unterbrechen dadurch ihren Weg zum Grab. Der Fall ist reicher dadurch, daß eine Scene zwischen dem Arzt und seinem Diener eingeschoben ist. Theoph. Helmst. 666 bis 677, Sathans Besuch in der Hölle bei Lucifer unterbricht seine Gesprächsscene mit Maria. Frankf. Pass. 1160 bis 1167, der römische Kaiser und sein Bote, 1168 bis 1181 der kaiserliche Bote und Herodes, 1182 bis 1189 der Kaiser und sein Bote. — 1958 bis 2128 Abendmahl Christi, 2129 bis 2167 Judas bei den Juden, 2168 bis 2195 Abendmahl Christi. Theoph. Trier. 256 bis 261, der Kellner geht von der Versammlung des Kapitels weg, dem Propst seine

Wahl anzuzeigen, und unterbricht dadurch die Beratung des Kapitols. 778 bis 793, Sathan geht von Theophilus weg in die Hölle, wo er mit Lucifer spricht, und unterbricht so das Gespräch zwischen Sathan und Theophilus.

Noch auffälliger mußte die Wirkung sein, wenn gleichartige Scenen nicht nur ein-, sondern zwei- oder mehrmal durch andere, wieder unter sich gleichartige unterbrochen wurden. Frankf. Pass. Dir. 168 bis 171 Verhör Christi bei Annas und Kaiphas, 172. 173 Verleugnung Petrus', 174 bis 177 Verhör bei Annas und Kaiphas, 178. 179 Verleugnung Petrus', 180 bis 183 Verhör bei Annas und Kaiphas, 184 bis 186 Verleugnung Petrus', 187. 188 Verhör bei bei Annas und Kaiphas. — S.Gall. Pass. 789 bis 822 Verhör bei Annas und Kaiphas, 823 bis 827 Verleugnungen Petrus', 827 bis 830 Verhör bei Annas und Kaiphas, 831—838 Verleugnung Petrus', 839 bis 844 Verhör bei Annas und Kaiphas. — Mastr. Pass. 1054 bis 1069 Christus und Apostel, 1070 bis 1079 Bote von Lazarus' Haus abgesandt, 1080 bis 1119 Christus, die Apostel und der Bote, 1120 bis 1123 der Bote wieder im Hause Lazarus'. — Alsf. Pass. 1413 bis 1468 der Blinde und sein Diener, 1469 bis 1500 Christus und die Apostel, 1501 bis 1522 der Blinde und sein Diener, 1523 bis 1530 Christus und die Apostel. — Augsb. Pass. 697 bis 704 Verhör Christi bei Annas, 705 bis 710 Verleugnung Petrus', 711 bis 726 Verhör Christi bei Annas, 727 bis 730 Verleugnung Petrus', 731—736 Verhör Christi bei Annas, 737 bis 746 Verleugnung Petrus'. — 1630 bis 1671 Kreuzigung Christi, 1672 bis 1679 Pilatus und der Schreiber, 1680 bis 1695 Kreuzigung Christi, 1696 bis 1709 Pilatus und einige Juden, 1710 ff. Kreuzigung Christi. — Eger. Pass. 3045 bis 3086 Gastmahl bei Symon, 3087 bis 3108 Scene im Haus Lazarus', 3109 bis 3118 Botschaft von Lazarus' Krankheit beim Gastmahl Symons, 3119 bis 3124 Scene im Hause Lazarus', 3125 bis 3158 Gastmahl bei Symon. — 4966 bis 4999 Judas giebt den Juden das Geld zurück, 4500 bis 5005 geht weg, sich zu hängen, 4506 bis 5021 Gespräch der Juden, 5022 bis 5031 Judas hängt sich. — 5118 bis 5473 Verhör Christi bei Pilatus, 5474 bis 5513 Traum Proclas und Auftrag an die Dienerin, 5514 bis 5529 die Dienerinnen beim Verhör Christi vor Pilatus, 5530 bis 5533 Procla und die Dienerinnen, 5534 ff. Verhör Christi bei Pilatus. — Frankf. Pass. 1415 bis 1434 Lazarus' Krankheit, Entsendung des Boten an Christus, 1435 bis 1448 der Bote bei Christus und den Aposteln, 1449 bis 1480 Rückkehr des Boten, Lazarus' Tod, 1481 bis 1504 Christus und die Apostel. — 2476 bis 2525 Verhör bei Kaiphas, 2526 bis 2542 Verleugnung Petrus', 2543 bis 2547 Verhör bei Kaiphas, 2548 bis 2565 Verleugnung Petrus', 2566 bis 2595 Verhör bei Kaiphas, 2598 bis 2629 Verleugnung Petrus', 2630 bis 2633 Verhör bei Kaiphas. — Red. Ost. H. 195 bis 258 Scene der Grabwächter und Auferstehung Christi, 259 bis 752 Befreiung der armen Seelen in der Vorhölle, 753 bis 1041 Grabwächterscenen, 1042 bis 1984 Höllenscenen. — Wolf. Sünd. 3351 bis 3426 Davids Besuch im Himmel und vergebliche Intervention bei Gott, 3427 bis 3458 Adams Klage und Lucifers Antwort in der Hölle, 3459 bis 3530 Joachim und Anna, 3532 bis 3535 Adams Klage in der Hölle, 3537 bis 3768 zweiter Besuch Davids im Himmel, 3769 bis 3848 Joachim und Anna, 3849 bis 3917 David im Himmel und zurück, 3918 bis 3953 Joachim und Anna.

Oder es wiederholen sich ähnliche Vorgänge, so die Mifshand-lungen Christi in verschiedenen Scenen, die Gastmähler bei Zacheus, Simon leprosus, das Abendmahl Christi, das der Juden, Ben. Pass. 8. 15. 144, Alsf. Pass. 3068. 3274, — die Engel nahen sich wieder-holt den Grabwächtern, Alsf. Pass. 6693. 7027.

Die Ähnlichkeit kann durch gleiche Zahlen gesteigert werden. Augsb. Pass. 719, vier Schergen Annas mifshandeln Christus, 817 vier Schergen Kaiphas', s. 589, — 1640 vier Schergen Pilatus' kreuzigen ihn.

Während in den bis jetzt erörterten Wiederholungen immer auch die Aktion der redenden Schauspieler sich wiederholte, konnte dies nicht der Fall sein, wenn der Schauspieler unsichtbar war. Dies kommt vor S.Gall. Pass. 106 *Tunc mittatur columba super caput Ihesu et cantet ter aliqua persona abscondita voce patris: hic est filius meus dilectus.*

Eine blofse Aktion wiederholt sich in Teg. Ant. 156. 317: die-selbe Person besiegt den König von Babylon in der Schlacht. Aber auch die anderen Schlachten 88. 287 mufsten sehr ähnlich sein.

Über die Wiederholung, die in dem Wiederauftreten der Schau-spieler, der Wiederbenutzung schon gebrauchter Bühnenorte liegt, s. oben S. 106. 111.

Über die Wiederholung, die in gleichzeitigen Vorgängen liegt, s. in C.

C. QUOT?

ANZAHL DER BÜHNENORTE.

Die Anzahl der Bühnenorte wechselt. Neben solchen mit festen Dekorationen, ist auch der gemeine Bühnenplatz, s. oben S. 19, mitzuzählen. Den Raum zwischen zwei Orten, s. oben S. 46. 71, vernachlässige ich hier.

Die Marienklagen, mit Ausnahme der Himmelg. Mkl., scheinen sich mit einem Bühnenort begnügt zu haben; s. die Spielanweisung zu Bord. Mk. S. 289 und unten im zweiten Abschnitt. Auch das Innsbr. Fronl. und Sterz. M. Lichtm. zeigte wahrscheinlich nicht mehr.

Nur zwei haben Nürnb. Ostf., Trier. Ost., Wien. Ostf., — wenige Freis. Her., Freis. O. Rach., Dor., Kath., Zehn Jungfr., Augsb. Ost. H., Cass. Weihn., Erl. Dreik., Erl. Ost., Erl. Ost. H., S.Gall. Chr. Himm., Luz. Grabl., M. Magd., Rhein. j. Tag, Sterz. Ost., Theoph. Helmst., Theoph. Trier., Wien. Ost. H., Wolf. Ost. — Red. Ost. H. hat 6, bei Kaiphas, bei Pilatus, beim Grab Christi, in der Hölle, vor dem Paradiese und den gemeinen Raum, — Teg. Ant., auch einen gemeinen Raum eingerechnet, 9.

Reich ausgestattet sind die ausgebildeten Passionen, s. oben S. 19, oder Wolf. Sünd. — Das Verzeichnis von Don. Pass. S. 184 giebt 19 Bühnenorte an, woraus man ersieht, daß der Kerker, wo Barrabas im Stock liegt, s. 2803 und S. 184, und das Schlafzimmer der Frau des Pilatus 2948 nur Teile des Bühnenortes *Pilatus hus:* sind. Freilich fehlt auch der Berg der Versuchung, 1134, der Kalvarienberg, das Grab Christi, die Wechselbank, 3827, der Platz, wo Judas sich erhängt. Doch mag man nach Don. Pass. vermuten, daß die Zahl für Alsf. Pass. ca. 20 ist. Der Plan, Froning S. 267, ist offenbar unvollständig. Zu den dort angegebenen 13 Orten kommen: der Platz Christus', Hölle, der Brunnen der Samariterin, das Haus des Simon leprosus, das Grab Christi, der Kramladen und wohl ein Platz für Maria und die Jünger. Doch sind verschiedene Auffassungen möglich; s. Froning S. 267 ff.

Im Großen und Ganzen wuchs die Zahl der Bühnenorte mit der Länge des Stückes.

In den Standplätzen war entweder ein Schauspieler oder mehrere zu sehen. S. oben S. 19 ff. 26, Abhandlungen zum altdeutschen Drama S. 31.

ANZAHL DER SCHAUSPIELER IN EINEM STÜCK.

Wenn man die Chöre und jene Personen abrechnet, welche nur mit anderen zugleich singen, s. S. 26. 70, oder stumm sind, s. S. 31. 63, so finden wir:

2	Personen in		Lichtenth. Mkl. (149 Verse), Wien. Ostf. (30 Zeilen).
3	„	„	Prag. Mkl. (307 Verse).
4	„	„	Trier. Mkl. (406 Verse), Erl. Mkl. (438 Verse), Erl. Weihn. (58 Verse).
5	„	„	Nürnb. Ostf. (80 Verse und Zeilen), Bord. Mkl. (894 Verse).
6	„	„	Theoph. Helmst. (713 Verse).
8	„	„	Freis. O. Rach. (99 Verse und Zeilen), Trier. Ost. (189 Verse), S.Gall. Chr. Himm. (965 Verse), Wolf. Mkl. (464 Verse).
9	„	„	Wolf. Ost. (284 Verse).
10	„	„	Freis. Her. (ca. 114 Verse und Zeilen).
11	„	„	Sterz. M. Lichtm. (354 Verse).
13	„	„	Sterz. Mkl. (823 Verse).
14	„	„	Rhein. j. Tag (925 Verse).
15	„	„	Zehn Jungfr. (ca. 613 Verse), Erl. Ost. (1331 Verse).
16	„	„	Erl. Dreik. (356 Verse).
17	„	„	Dor. (265 Verse), Sterz. Ost. (704 Verse).
18	„	„	Teg. Ant. (438 Verse).
21	„	„	Ben. Weihn. (717 Verse).
22	„	„	Kath. (ca. 681 Verse).
23	„	„	Augsb. Ost. H. (429 Verse), Erl. Ost. H. (477 Verse).
24	„	„	M. Magd. (713 Verse).
26	„	„	S.Gall. Weihn. (1086 Verse).
29	„	„	Theoph. Trier. (824 Verse).
31	„	„	Innsbr. Fronl. (756 Verse).
33	„	„	Cass. Weihn. (870 Verse), Wien. Ost. H. (1183 Verse).
43	„	„	Innsbr. Ost. H. (1188 Verse).
50	„	„	Red. Ost. H. (2023 Verse).
59	„	„	S.Gall. Pass. (1340 Verse).
98	„	„	Wolf. Sünd. (3953 Verse).
99	„	„	Frankf. Pass. Dir. (375 Absätze).
100	„	„	Frankf. Pass. (4408 Verse).
172	„	„	Alsf. Pass. (8095 Verse).
187	„	„	Eger. Pass. (8312 Verse).

In der Wolf. Mkl. könnte man sieben statt acht Personen vermuten und annehmen, dafs die Worte Christi hinter der Scene gesprochen wurden, da Maria 211 das Kreuz, an dem Christus hängen soll, in die Arme nimmt, *sumit crucem in brachium*, und 366 das Kreuz, nicht Christus begraben wird. Aber nach Mafsgabe der Bord. Mkl. ist es auch möglich, sich den Schauspieler für Christus neben dem symbolischen Kreuze zu denken. S. oben S. 106.

Im grofsen und ganzen wuchs die Zahl der Schauspieler wie der Standplätze mit der Verszahl des Stückes.

Der auf der Bühne sichtbaren Personen waren übrigens in der Mehrzahl der Fälle mehr, als die Tabelle zeigt, da mit Ausnahme der Lichtenth. Mkl., Muri. Ost. H. (?), Prag. Mkl., Trier. Ost., Erl. Mkl., Erl. Weihn., Himmelg. Mkl. (?), Luz. Ost., Wolf. Mkl., Wolf. Ost. Chöre vorkommen, d. h. Personen, die blofs im Chor singen, nicht einzeln sprechen, woneben allerdings einzeln sprechende Personen auch an Chören teilnehmen. — Auch stumme Personen kamen vor; s. S. 31. 63.

Dabei ist zu erinnern, dafs mit wenig Ausnahmen, s. oben S. 29, alle Schauspieler des Stückes dem Publikum immer vor Augen waren. Nur in S.Gall. Pass. sind sicher 58 sichtbare Schauspieler anzunehmen statt 59, da Gott Vater nach 106 von *persona aliqua abscondita* gegeben wurde.

Neben den einzelnen Schauspielern zeigten sich in den einzelnen Stücken auch stehende Gruppen, eine oder mehrere; s. oben S. 26. So z. B. in Freis. O. Rach. *angeli, pastores, chorus*, — in Nürnb. Ostf. die drei Marien, die Apostel, der Chor, — im Trier. Ost. die drei Marien, die Engel, — im Alsf. Pass. die Teufel, Herodes mit Gefolge, Johannes mit den Jüngern, Christus mit den Aposteln, Pilatus mit Gefolge, darunter die zwölf Fahnenträger, die Christus feindlichen, die ihm freundlichen Juden, die Grabwache, die Engel, die drei Marien, — im Frankf. Pass. die Juden, die Propheten, Christus und die Apostel, der römische Kaiser mit Gefolge, Pilatus mit Gefolge, die Judenknaben, Herodes mit Gefolge, — Red. Ost. H. die Engel, die Grabwächter, die Teufel, die armen Seelen, der Chor. — In Lichtenth. Mkl., Prag. Mkl., Trier. Mkl., Bord. Mkl., Wolf. Mkl., Theoph. Helmst. aber giebt es keine, wenigstens keine redenden Gruppen, in Bord. Mkl. sicher überhaupt keine.

In den jüngeren und ausgebildeteren Stücken war demnach die Menge dessen, was das Publikum auf der Bühne zu sehen bekam,

ungemein grofs, — ebenso wie eine beträchtliche Anzahl von Stunden
ja Tagen zur Aufnahme der successiven Eindrücke erfordert wurde;
s. oben S. 95.

ANZAHL DER SCHAUSPIELER IN EINER SCENE.

In der Scene kann entweder nur ein Schauspieler vorhanden
sein, oder mehrere. Über Scenen mit einem Schauspieler s. oben
S. 63. Meist sind es mehrere.

Die scenischen Gruppen beginnen bei zwei Personen und können
ins Unabsehbare gesteigert werden. Ich gebe Beispiele verschiedener Zahlen, die in Redescenen vorkommen. Wobei man sich
aber immer die stummen Gruppen an anderen Bühnenorten vorzustellen hat.

Scenische Gruppen von zwei Personen. Freis. Her. S. 65
Rachel, Consolatrix (wenn nicht andere Mütter dabei gedacht sind), —
Ben. Weihn. 232 Gabriel, Maria, 237 Maria, Elisabeth, — Lichtenth.
Mkl. Maria, Johannes, — Muri. Ost. H. 215 Maria Magdalena,
Christus, — Dor. S. 293, 7 Engel, Dorothea, — Frankf. Pass. Dir.
215 Procla, ancilla, 292 Maria Magdalena, Christus, — S. Gall.
Pass. 1325 Maria Magdalena, Christus — S. Gall. Weihn. 325 Gabriel,
Maria, 377 Maria, Elisabeth, — Innsbr. M. Himm. 1235 Johannes,
ein Engel (wenn nicht Heiden dabei gedacht sind), Innsbr. Ost. H.
1043 Maria Magdalena, Christus, — Kath. S. 167 Christus, Katha-
rina, — Mastr. Pass. 254 Gabriel, Maria, 270 Ecclesia, Maria, — 286
Engel, Joseph, 674 Sathan, Christus, — Prag. Mkl. 1 Johannes,
Maria, — Trier. Ost. 91 Maria Magdalena, Christus, — Alsf. Pass.
1144 Sathan, Christus, 1307 Christus, Samariterin, 4426 Procla,
Magd, 4480 Ecclesia, Synagoga, 7714 Christus, Maria, 7724 Christus,
Petrus, 7710 Gabriel, Maria, 7736 Maria Magdalena, Christus, —
Augsb. Ost. H. 2515 Engel, Maria, 2521 Maria, Christus, — Cass.
Weihn. 19 Gabriel, Maria, 63 Joseph, Maria, — Augsb. Pass. 265
Maria, Judas, 1028 Teufel, Judas, — Don. Pass. 89 Maria Magdalena, Knecht Joseph, 389 Teufel, Christus, 649 Christus, Samariterin,
2471 Teufel, Judas, 3683 Christiana, Judaea, 3977 Engel, Maria,
3987 Christus, Maria, — Eger. Pass. 331 Salvator, Adam (wenn
nicht Engel dabei gedacht sind), 405 Sathan, Eva, 423 Adam, Eva,
595 Cain, Abel, 757 Salvator, Abraham, 1039 Salomon, Engel, 1153.
1177 Joachim, Anna, 1201 Engel, Joachim, 1223 Engel, Anna, 1239
Joachim, Anna, 1393 Gabriel, Maria, 1419 Maria, Elisabeth, 1475

Engel, Joseph, 1537 Joseph, Maria, 2909 Belial, Maria Magdalena, 3557 Sathan, Judas, 3685 Maria, Gabriel, 7698 Cayphas, Abraham, 7706 Cayphas, Abraham, 7864 Medicus, Rubin, 7979 Maria Magdalena, Christus, 8107 Petrus, Johannes, — Erl. Mkl. 112 Maria, Johannes, — Erl. Ost. 1077 Maria Magdalena, Christus, 1293 Petrus, Johannes, — Frankf. Pass. 616 das kananäische Weib, ihre Tochter, 792 Christus, Ehebrecherin, — Luz. Grabl. 1 Maria, Johannes, — Red. Ost. H. 1710 Sathan, Clericus, — Sterz. Ost. S. 152 Maria Magdalena, Christus, — Theoph. Helmst. 53. 247 Theophilus, Sathan, — Theoph. Trier. 568. 794 Theophilus, Sathan, — Wien. Ost. H. S. 326, 19 Maria Magdalena, Christus, S. 334, 15 Petrus, Johannes, — Wolf. Sünd. 3769 Gabriel, Anna, 3830 Joachim, Anna.

Scenische Gruppen von drei Personen. Wien. Pass. 110 Gott, Adam, Eva. — Mastr. Pass. 716 Christus, Petrus, Andreas, 1220 Petrus, Johannes, Mann mit Esel, — Augsb. Pass. 309 Petrus, Johannes, Mann mit Krug, — Eger. Pass. 441 Gott, Adam, Eva, — Frankf. Pass. 333 Christus, Petrus, Andreas, — Theoph. Helmst. 431 Theophilus, Maria, Christus.

Scenische Gruppen von vier Personen. Dor. S. 288, 19 Fabricius, Dorothea, erste, zweite Schwester Dorotheens, — Mastr. Pass. 1070 Maria Magdalena, Martha, Lazarus, Bote, — Augsb. Ost. II. 2601 die vier Grabwächter, — Augsb. Pass. 873 Maria, Johannes, Maria Cleophae, Maria Magdalena, 2151 die vier Grabwächter, — Frankf. Pass. 670 Maria Magdalena, Martha, Ritter, Pfeifer.

Über gröfsere scenische Gruppen s. gleich unten. Für die grofsen wie für die kleinen gilt, dafs ihre Zahl nicht immer gleich jener der redenden Personen ist, da sich neben den redenden Personen auch entweder im ganzen Stück, was selten vorkommt, oder in der betreffenden Scene stumme Personen finden; s. oben S. 90 ff. 107 ff.

Bei scenischen Gruppen von zwei Personen kann eine stumme Person vorkommen; s. oben S. 90. — Bei scenischen Gruppen von drei Personen kann eine stumme Person vorkommen, Wien. Pass. 110, es reden Gott, Adam, stumm: Eva, Mastr. Pass. 716, es reden Christus, Petrus, stumm: Andreas, 1220, es reden Petrus, der Bote, stumm: Johannes, Frankf. Pass. 333, es reden Christus, Petrus, stumm: Andreas, 1940, es reden Johannes, der Pater familias, stumm: Petrus, — oder zwei, Augsb. Pass. 309, es redet Petrus, stumm: Johannes, der Mann mit dem Krug. — Bei scenischen Gruppen von vier Personen kann eine stumme Person vorkommen, Frankf. Pass.

670, es reden Magdalena, ein Ritter, Martha, stumm: der Pfeifer, — zwei, Dor. S. 288, 19, es reden Fabricius, Dorothea, stumm: die zwei Schwestern Dorotheas, Mastr. Pass. 1070, es reden Magdalena, der Bote, stumm: Lazarus, Martha, Augsb. Pass. 873, es reden Johannes, Maria, stumm: Maria Cleophae, Maria Magdalena, — drei, Augsb. Ost. H. 2601, es redet ein Grabwächter, stumm: drei Grabwächter, Augsb. Pass. 2151, es redet ein Grabwächter, stumm: drei Grabwächter. — Bei scenischen Gruppen von fünf Personen kann eine stumme Person vorkommen, Red. Ost. H. 195, es reden der Vigil, der erste, der zweite, der dritte Grabwächter, stumm: der vierte, — zwei, Wien. Pass. 110, es reden Gott Vater, Adam, ein Engel, stumm: Eva, der zweite Engel, — drei, Don. Pass. 1745, es reden Judas, der Hausvater, stumm: Petrus, Johannes, der Diener des Hausvaters. — Bei scenischen Gruppen von sechs Personen kann eine stumme Person vorkommen, Bord. Mkl. 1, es reden Maria, Johannes, Magdalena, Johannes' Mutter, Christus, stumm: der Jüngling mit dem Schleier, Red. Ost. H. 804, es reden Cayphas, Annas, der erste, zweite, vierte Grabwächter, stumm: der dritte Grabwächter, — zwei, Red. Ost. H. 195, es redet der erste, zweite, dritte Grabwächter, der Vigil, stumm: der vierte Grabwächter, Christus im Grab, — drei, Red. Ost. H. 896, es reden Pilatus' Diener, der dritte, der vierte Grabwächter, stumm: der erste, der zweite Grabwächter, der Vigil, — vier, Erl. Weihn. 1, es reden Joseph, der Hirt, stumm: Maria, die Nutrix, zwei Citharistae.

Bei gröfseren Gruppen reden entweder alle Personen der Gruppe, wie Alsf. Pass. 133 alle zwanzig Teufel, Frankf. Pass. 1958 Christus und elf Apostel, Red. Ost. H. 1324 elf Teufel, acht Sünderseelen, — oder es reden nur einzelne Personen, während die anderen stumme Rollen spielen. Wobei es wieder einen Unterschied macht, ob diese blofse Statisten sind oder sonst als Einzelpersonen auftreten, ob Teile der Gruppe ganz stumm sind oder hie und da im Chor etwas zusammen singen oder sprechen.

Es redet nur eine Person oder Gruppe, s. oben S. 91, wozu etwa Frankf. Pass. 379 Christus, stumm: die Apostel, vierunddreifsig Verse, als Beispiel für eine längere Scene zu fügen wäre.

Zwei Personen; s. oben S. 92, dazu Freis. Her. S. 59, Herodes, der Waffenträger; stumm: Soldaten. Freis. O. Rach. 37, der König, der Bote; stumm: Soldaten. Mastr. Pass. 568, der zwölfjährige Christus, Caiphas; stumm: andere Gelehrte. 628, Joseph, Christus; stumm: Maria, Caiphas und die anderen Gelehrten. Prag. Mkl. 45,

Maria, Johannes; stumm: andere Frauen. Wien. Pass. 36, Lucifer, Sathan; stumm: andere Teufel. Don. Pass. 743 Christus, Joseph von Arimathia; stumm: Nicodemus, Lazarus, die Samariterin, die Apostel. 943 Christus, Andreas; stumm: Marcellus (der Blindgeborene), die anderen Apostel. Eger. Pass. 331, Gott, Adam; stumm: Menge der Engel. 675 ein Engel, Noe; stumm: die Angehörigen Noes. 2187 ein Engel, Melchior; stumm: die anderen zwei Könige, Gefolge. Erl. Dreik. 67 Herodes, der erste Magus; stumm: die zwei anderen Magi, Gefolge Herodes', darunter der Hofnarr, und der Magi. Erl. Mkl. 116 Maria, Johannes; stumm: Christus, die bei der Kreuzigung beschäftigten Personen (?). Frankf. Pass. 748, Christus, Michelman; stumm: andere Juden. 780 Christus, Mannes; stumm: die Ehebrecherin, die anderen Juden. 1131 der Kaiser, Isaac; stumm: einer der zwei Juden, Pilatus, Räte und Umgebung des Kaisers. 2168 Christus, Petrus; stumm: die anderen Apostel. 2548 Petrus, der Diener Caiphas'; stumm: die zwei Mägde, Mannes, Juden. 2598 Petrus, Mannes; stumm: die zwei Mägde, der Diener Caiphas'. Luz. Grabl. 429 der erste Grabwächter, Rabi Salomon; stumm: drei Grabwächter, Rabi Samuel, Rabi Moyses, andere Juden. Theoph. Trier. 778 Sathan, Lucifer; stumm: andere Teufel.

Drei Personen. Ben. Weihn. 438 ein Engel, ein Teufel, ein Hirt; stumm: andere Hirten. Prag. Mkl. 74 Maria, Johannes, Christus; stumm: die bei der Kreuzigung beschäftigten Personen (?). Trier. Mkl. S. 261, 20 Maria, Johannes, Christus; stumm: die bei der Kreuzigung beschäftigten Personen (?). Wien. Pass. 1 Gott, Lucifer, Sathan; stumm: Menge der Engel und Teufel. 515 Abendmahl; Christus, Petrus, Judas; stumm: andere Apostel. Augsb. Pass. 1893 Pilatus, Joseph von Arimathia, Centurio; stumm: Nicodemus und Pilatus' Gefolge. Cass. Weihn. 440 erster, zweiter, dritter Hirt; stumm: die h. Familie, die Jungfrauen, Sänger, Engel. Don. Pass. 715 Christus, Petrus, Bartholomaeus; stumm: die Samariterin, die anderen Apostel. Eger. Pass. 177 Lucifer, Sathan, Belial; stumm: die anderen Teufel. Erl. Dreik. 113 Herodes, Lappa (der Hofnarr), der erste der h. drei Könige; stumm: zwei h. Könige, Gefolge Herodes' und der h. drei Könige. Frankf. Pass. 555 Christus, das kananäische Weib, Bartholomaeus; stumm: andere Apostel. 2823 Herodes, Synagogus, Herodes' Diener; stumm: Christus, Caiphas, Juden. 2526 Petrus, zwei Mägde; stumm: der Diener Caiphas', Mannes, Juden. Wolf. Sünd. 2353 Salomon, die zwei Mütter; stumm: Propheten, Sibyllen.

Vier Personen. Ben. Pass. 91 Gastmahl bei Simon; Christus, Simon, Maria Magdalena, Judas; stumm: die anderen Apostel, vielleicht auch andere Gäste. Frankf. Pass. 635 Christus, der Stumme *(murmurat ululando)*, Malchus, Synagogus; stumm: Apostel und Juden. 1542 Erweckung Lazarus'; Christus, Lazarus, Salman, Liebermann; stumm: Maria Magdalena, Martha, die Apostel, Juden. 2424 Christus, Annas, Synagogus, Kalmann; stumm: viele Juden. Red. Ost. H. 227 Christus, Raphael, Uriel, der vierte Engel; stumm: der 1., 2., 3., 4. Grabwächter, der Vigil, die Engel. 906 Pilatus, 1., 2., 3. Grabwächter; stumm: 4. Grabwächter, Gefolge Pilatus'. Wolf. Sünd. 3621 Gott Vater, Michael, Misericordia, Iustitia; stumm: Pax, Veritas, David, die anderen Engel.

Fünf Personen. Eger. Pass. 899 Verehrung des goldenen Kalbes; Synagogarius, Hurr, Cantor scholae, Aaron, servus Rabi; stumm: andere Juden. Red. Ost. H. 681 Scene vor dem Paradies. Michael, Enoch, Helias, David, der gute Schächer; stumm: andere Seelen. 804 Caiphas, Annas, 1., 2., 4. Grabwächter; stumm: der dritte Grabwächter, Juden.

Sechs Personenen. Frankf. Pass. 2476 Synagogus, Cayphas, drei falsche Zeugen, Malchus; stumm: Christus, andere Juden. S.Gall. Chr. Himm. 91 Christus, Petrus, Andreas, Philippus, Maria, ein Engel; stumm: zwei Marien, die anderen Apostel.

Sieben Personen. Frankf. Pass. 3970 Kreuzigung; Maria, Johannes, Christus, der gute, der böse Schächer, Synagogus, Joselin, stumm: die anderen h. Frauen, die anderen Juden, die Soldaten. Red. Ost. H. 41 Pilatus, zwei Juden, der 1., 2., 3., 4. Soldat; stumm: Gefolge. Wien. Ost. H. S. 300, 8 Pilatus, Cayphas, Rubein, Abraham, Isaac, Pessag, der 1. Grabwächter; stumm: drei Grabwächter, Gefolge, andere Juden.

Acht Personen. Augsb. Pass. 2027 Pilatus, Rabbi, Nathan, Abraham, 1., 2., 3., 4. Scherge; stumm: Ammon, der Ratsknecht, Pilatus' anderes Gefolge.

Elf Personen. Frankf. Pass. 3195 Pilatus, Christus, Annas, Caiphas, Synagogus, Nathan, Nicodemus und vier Zeugen für Christus; stumm: die Menge der Juden. 3793 Kreuzigung nach der Inriscene; vier würfelnde Soldaten, Synagogus, Isaac, Sandir, Jacob, Joseph rabi, Liebermann, Joselin; stumm: Johannes, Caiphas, Annas, die heiligen Frauen, Menge der Juden. Red. Ost. H. 511 Christus, Gabriel, Raphael, Lucifer, David, Adam, Eva, Tutivillus, Johannes, Sathan, Puk; stumm: andere Engel (Michael), andere Teufel.

Zwölf Personen. Eger. Pass. 2427 Herodes, fünf einzelne
Mütter, sechs einzelne Soldaten; stumm: Gefolge Herodes', vielleicht
noch mehr Mütter.

Wenn unter den Redenden eine oder mehrere Gruppen von
Personen vorkommen, die zusammen sprechen oder singen, so
können sich mehrere Kombinationen ergeben.

Es spricht keine Einzelperson, nur eine oder mehr Mehrheiten.
Freis. Her. S. 60, Magi, Pastores; stumm: Gefolge der Magi. S. 60
Magi, Obstetrices; stumm: das Gefolge der Magi. Freis. O. Rach.
13 Pastores; stumm: die h. Familie. Nürnb. Ostf. 18 zwei Marien
zusammen; stumm: die Apostel. S.Gall. Weihn. 459 die Hirten;
stumm: die h. Familie. Trier. Ost. 67 die drei Marien zusammen;
stumm: die Apostel.

Eine Einzelperson. Freis. Her. S. 59 der Bote; stumm: die
Scribae. S. 60 der Waffenträger Herodes'; stumm: die Magi und
Gefolge. Alsf. Pass. 2660 Christus; stumm: die Verkäufer im
Tempel, Synagoga. Frankf. Pass. 379 Christus; stumm: die Apostel.
537 der Kranke; stumm: die Juden.

Eine Einzelperson und eine oder mehr Mehrheiten. Freis. Her.
S. 56 der Engel, die Hirten. S. 59 Herodes, die Scribae; stumm:
der Bote, die Soldaten. Teg. Ant. 45 Ecclesia, die aus Misericordia,
Justitia, Apostolicus, Imperator, Clerus, Militia bestehende Gruppe.
Ben. Pass. 126 Christus, Maria Magdalena mit Martha zusammen,
Clerus; stumm: Lazarus, die Juden. 131 Juden, Pontifices. 169
Caiphas, Pontifices, Clerus, Chorus; stumm: Christus. 173 Pilatus,
die Juden; stumm: Christus. Muri. Ost. H. 384 der Diener, die
Grabwächter. S.Gall. Weihn. 471 Maria, die Töchter von Sion; stumm:
Joseph, das Jesuskind, — wenn es keine Puppe war.

Zwei Einzelpersonen und eine oder mehr Mehrheiten. Eger.
Pass. 3359 Einzug Christi in Jerusalem; Christus, ein Jüngling,
Chöre der Judenknaben; stumm: die Apostel.

Vier Einzelpersonen und eine oder mehr Mehrheiten. Freis.
Her. S. 58 Herodes, der 1., 2., 3. Magus, die drei Magi zusammen;
stumm: der Bote Herodes', Soldaten. Red. Ost. H. 227 Christus,
Raphael, Uriel, der vierte Engel, die Engel zusammen; stumm:
vier Grabwächter, der Vigil.

Fünf Einzelpersonen oder eine oder mehr Mehrheiten. S.Gall.
Chr. Himm. 9 Christus, Maria, Johannes, Jacobus, Thomas, die
Apostel zusammen; stumm: die zwei anderen Marien.

Beispiele für stumme Personen in kleineren und gröfseren Gruppen bietet Froning in den Scenarien vor dem Alsf. Pass. und Frankf. Pass.

Wie schon aus dem Vorhergehenden, S. 141, hervorgeht, können auch in der Scene Mehrheiten von stehenden Gruppen, redenden und stummen, vorkommen. Freis. Her. S. 58 die h. drei Könige (mit Gefolge?), Herodes' Soldaten, S. 59 die Gelehrten, Herodes' Soldaten, die h. drei Könige, Herodes' Soldaten, S. 60 die b. drei Könige, die Hirten, S. 60 die h. drei Könige, die Hebammen, S. 60 die h. drei Könige, die Hebammen, die h. Familie, — Freis. O. Rach. 13 die Hirten, die h. Familie, — Nürnb. Ostf. S. 18 die drei Marien, die Apostel, S. 20 Johannes mit Petrus, — Chorus, die übrigen Apostel, die drei Marien, — S.Gall. Weihn. 459 die Hirten, die h. Pamilie, 471 die Töchter Sions, die h. Familie, — Trier. Ost. 49 die drei Marien, die Engel, — Alsf. Pass. 7123 ff. Christus und die Engel, die Teufel, die Väter, — Eger. Pass. 29 vier Engelchöre, 3359 der Chor, sechs Chöre der Judenknaben, Christus mit den Aposteln, — Red. Ost. 227 die Engel, die Grab-wächter, — Wolf. Sünd. 129 neun Engelchöre.

Im grofsen und ganzen haben die längeren, in viele Scenen zerfallenden Spiele auch mehr Schauspieler in der Scene.

ANZAHL DER DASSELBE ZU GLEICHER ZEIT REDENDEN, SINGENDEN SCHAUSPIELER.

Von den Schauspielern redet, singt entweder jeder allein, oder mehrere reden oder singen zu gleicher Zeit dasselbe. Vgl. oben S. 26. 70. Zwei Personen. Teg. Ant. 349. 400. 408 Enoch und Elias, Frankf. Pass. Dir. 325 Petrus und Johannes, Trier. Mkl. S. 260, 21, Wien. Pass. 135, Adam und Eva, Alsf. Pass. 5926 Petrus und Jo-hannes, Bord. Mkl. 346. 400 Magdalena und die Mutter Johannes', Cass. Weihn. 181 *Servus et Ioseph corisant per cunabulum cantando: in dulci iubilo*, Erl. Dreik. 1 zwei Engel, Erl. Ost. 1203 Petrus und Johannes, Sterz. Mkl. S. 139 zwei Marien, S. 118 zwei Jünglinge, Sterz. Ost. S. 163. 164 Petrus und Johannes, Wien. Ost. H. S. 307, 13 Caiphas und Pilatus (l. Annas), Wolf. Mkl. 68 zwei Marien. — Drei Personen, besonders oft die h. drei Könige. Freis. Her. S. 58, Ben. Weihn. 358, S.Gall. Weihn. 756, Mastr. Pass. 404, Erl. Dreik.

67, — die drei Marien, Frankf. Pass. Dir. 91ª. 272, Trier. Ost. 41.
55. 67, Erl. Ost. 777. 999, Sterz. Ost. S. 152, Wien. Ost. H.
S. 316, 23. 322, 7. 323, 17, Wolf. Ost. 21. 47, — drei Engel
Trier. Ost. 50. 57. — Vier Personen. Innsbr. Ost. H. 142, Zehn
Jungfr. S. 30. 32 (vier Fatuae), Augsb. Pass. 2101 (die vier Grab-
wächter), Red. Ost. H. 227. 231 (die vier Engel). — Fünf Per-
sonen. Zehn Jungfr. S. 16 (die fünf Prudentes), S. 23 *(omnes
fatuae)*, Sterz. Ost. S. 143 (die fünf Grabwächter). — Höhere Zahlen.
Bord. Mkl. 887 (Christus, Maria, Johannes, Magdalena, die Mutter
Johannes', ein Jüngling). — Sterz. Mkl. S. 119. 121. 125. 128 (die
sechs Propheten), — Wien. Ost. H. S. 302, 11. 303, 15 (die vielen
Engel), — Erl. Ost. H. 123 (die acht Grabwächter), — Augsb.
Pass. 107 (alle Apostel aufser Judas), — Alsf. Pass. 1243, Frankf.
Pass. 1364. 1813, — S.Gall. Chr. Himm. 59 (alle Apostel). — Per-
sonen in unbestimmter Anzahl; s. oben S. 26.

Von solchen zusammen redenden, singenden Mehrheiten kann
es in einem Stück mehrere geben. So Freis. Her. S. 60 die Hirten,
die h. drei Könige und die zwei Hebammen, die Engel- und
Knabenchöre in Eger. Pass., Wolf. Sünd. S. oben S. 56.

ANZAHL DER REDENDEN UND STUMMEN SCHAU-
SPIELER IN ALLEN SCENEN EINES STÜCKES.

Nachdem die Zahlen der Schauspieler für ganze Stücke und in
den einzelnen Scenen festgestellt worden sind, lasse ich Beispiele
folgen über das Verhältnis der Personenzahlen in allen Scenen
ganzer Stücke. Freis. O. Rach. (99 Verse, 11 Redescenen, 8 einzeln
redende Personen, wobei ich von dem Jesuskind und den unschuldigen Kindern absehe, da sie wohl durch Puppen dargestellt wurden).
Die geringste Anzahl von Schauspielern, welche das Publikum in
diesem Stück an einem Bühnenorte beschäftigt zu sehen bekam, ist
3 in den Scenen 18. 36. 37. 67, während in den übrigen Scenen
1. 13. 16. 66. 71. 73. 84 immer stehende Gruppen daselbst zu sehen
waren, also eine gröfsere Anzahl. Wenn wir die stehenden Gruppen
von unbestimmter Anzahl, die auch zusammen singen, x nennen,
und zwar, da wir Engel, Hirten, den Chor und vielleicht die anderen
Mütter aufser Rachel zu unterscheiden haben[1]), x x' x'' x''', so er-

---

[1]) Ein Gefolge Herodes' kommt vielleicht nicht vor, da der Kindermord
nur von einem Armiger vollzogen wird.

halten wir x' + x" in Scene 16, 1 + x'" in Scene 66, 1 + x'" in Scene
73, 1 + x + x' in Scene 1, 2 + x' in Scene 13, 2 + x'" in Scene 84,
3 + x" in Scene 71. Dabei ist der einzelne Engel in Scene 1. 18.
67 zugleich Teil von x, mit dem er in Scene 1 zugleich vorkommt.

Ganz andere Verhältnisse ergeben sich, wenn man fragt, wieviel Personen in jeder Scene zu hören waren. Bildeten die
sprechenden Personen eine Minderheit der zu sehenden, so klammere
ich die Scenenanfänge ein. Es wurde nur eine Person gehört in den
Scenen (36). (66). (67). (73), — zwei in Scene (84), drei in Scene
18. 37. — Von stehenden Gruppen wurden gehört x' in Scene (13),
x" in Scene (71), x' + x" in Scene 16, 1 + x + x' in Scene 1.

Was man tabellarisch so darstellen kann:

Hörbare Schauspieler	Scene	Sichtbare Schauspieler
1 + x + x'	1	1 + x + x'
x'	13	2 + x'
x' + x"	16	x' + x"
3	18	3
1	36	3
3	37	3
1	66	1 + x'"
1	67	3
x"	71	3 + x"
1	73	1 + x'"
2	84	2 + x'"

Hier wie unten bezieht sich der Ausdruck 'sichtbare Schauspieler' auf an einem Bühnenort beschäftigte, nicht blofs dastehende.

Trier. Ost. (189 Verse, 9 Redescenen, 8 einzeln redende Personen, d. i. die drei Marien, drei Engel, Christus, ein Cantor). Ich
bezeichne mit x die drei Marien als Gruppe, die zusammen singen
kann, mit x' die drei Engel ebenso. Bei der Tabelle sind die Er-
gänzungen bei Froning als sicher angenommen, was für das Wesent-
liche nicht viel verschlagen kann.

Hörbare Schauspieler	Scene	Sichtbare Schauspieler
3	1	3 (die drei Marien)
x	41	x (die drei Marien)
x + x' + 4	45	6 (die drei Marien, die drei Engel)
x + 1	67	3 (die drei Marien)
1	76	1 (prima Maria)
1	76[a]	1 (secunda Maria)
1	76[b]	1 (tertia Maria, nämlich Magdalena)

Hörbare Schauspieler	Scene	Sichtbare Schauspieler
2	91	2 (Magdalena und Christus)
1	157	1 (Magdalena)
1	189	1 (Cantor).

Red. Ost. H. (2023 Verse, 36 Redescenen, 50 einzeln redende Personen). Ich bezeichne den Chorus mit x, dann als Gruppen, deren jede zusammen singen kann: die Juden mit x', die vier Engel mit x[4], die 8 Väter mit x[8], die 12 Teufel mit x[12], unter der allerdings nicht sicheren Annahme, daſs nicht mehr Engel, Väter, Teufel vorhanden waren als die auch einzeln sprechenden Engel, Väter, Teufel, also 4, 8, 12, während die Zahl des Chorus und der Juden unbestimmt ist.

Hörbare Schauspieler	Scene	Sichtbare Schauspieler	
1	1	1	
1	9	1	
2	19	2 + x'	
x + 7	41	8 + x + x' (der Diener von Scene 119 als anwesend angenommen)	
1	119	6	
5	125	7 (Christus im Grab mitgerechnet)	
4	195	6 (der Vigil als jetzt dazutretend gerechnet)	
x[4] + 4	227	10	
x[8] + 6	259	20	
5	371	12	
x[8] + 3	485	20	
x + x[4] + x[8] + x[12] + 12	511	25	
x[8]	681	9	
6	681[1]	11	
5	753	5	
5	804	6 + x'	
2	888	2	
3	896	5	
5	906	6	
3	976	6 + x'	
3	994	7	
2	1042	12	

Hörbare Schauspieler	Scene	Sichtbare Schauspieler
1	1146	11
1	1152	1
2	1164	2
x [12] + 2	1246	12
1	1312	1
2	1312'	2
19	1324	19
2	1710	2
1	1752	19
3	1760	21
2	1912	20
x [12]	1984	20
1	1984'	1

Die Aktionsscenen sind nicht berücksichtigt. Aus ihnen entnimmt man, daſs Christus schon seit Scene 1, also während der Scenen bei den Juden, vor Pilatus, an der Darstellung beteiligt war, wenn er irgendwie sichtbar im Grabe lag, daſs die Grabwächter seit 205 schlafend zu sehen waren während der Auferstehung Christi und der Befreiung der Väter, daſs Christus und die Engel 259 bis 511 auf dem langen Weg vom Grab zur Hölle sichtbar waren während der freudigen Erwartung der Väter und der Befürchtung der Teufel, daſs seit 888 die Wächter wieder am nun leeren Grabe wachen, während Pilatus mit seinem Diener spricht.

Einen ungefähren Einblick in die vielfach verteilte Beschäftigung der einzelnen Schauspieler gewähren Fronings Scenarien vor dem Alsf. Pass. und dem Frankf. Pass. und Milchsack hinter dem Eger. Pass. (S. auch Wirth, Oster- und Passionsspiele 235.)

ANZAHL DER SCENEN IN EINEM STÜCK.

Die Zahl der Rede- und Aktionsscenen ist höchst mannigfach. Ich gebe einige Beispiele. Nur eine Redescene hat die Lichtenth. Mkl. (149 Verse, 2 Personen), die Sterz. Mkl. (823 Verse, 13 Personen), Innsbr. Fronl. (716 Verse, 28 Personen), zwei der Rhein. j. Tag, drei die Himmelg. Mkl.

9 Redescenen hat das Trier. Ost. (183 Verse, 7 Personen).

11 Redescenen nebst einer Aktionsscene hat Freis. O. Rach. (99 Verse, 8 Personen).

36 Redescenen nebst 4 Aktionscenen hat das Red. Ost. H.
(2023 Verse, 50 Personen).

262 Redescenen nebst 35 Aktionscenen hat das Alsf. Pass.
(8095 Verse, 172 Personen).

Vgl. die Scenarien bei Mone in den altteutschen Schauspielen
und den Schauspielen des Mittelalters, Froning vor dem Alsfelder
und Frankfurter, Milchsack hinter dem Egerer Passionsspiel, Kummer
vor den Erlauer Spielen, Hoffmann von Fallersleben vor dem
Trierer Theophilus, Schönemann vor Wolf. Sünd. (s. Wirth, Oster- und
Passionsspiele S. 235, Mansholt, Das Künzelsauer Fronleichnamsspiel S. 102).

Das Verhältnis der Verszahl eines Stückes zu den Zahlen von
dessen Redescenen, Bühnenorten und einzeln redenden Schauspielern
möge folgende Tabelle beleuchten. In Bezug auf die Bühnenorte
rechne ich hier den Weg von einem Orte zum andern, wenn er
Lokal einer Scene ist, d. h. dabei gesprochen, gesungen wird, mit,
was oben S. 136 nicht geschehen war. Die drei Bühnenorte im
Trier. Ost., die 5 im Freis. O. Rach. haben je einen solchen Weg,
Red. Ost. H. 5, Alsf. Pass. ungefähr 16.

	Verse	Redescenen	Bühnenorte	Schauspieler
Freis. O. Rach.	99	11	5	10
Lichtenth. Mkl.	149	1	1	2
Trier. Ost.	189	9	3	8
Innsbr. Fronl.	756	1	1	31
Sterz. Mkl.	823	1	1	13
Red. Ost. H.	2023	36	11	50
Alsf. Pass.	8095	262	ca. 36	172

Wenn S. 95. 142 im allgemeinen Proportionalität der Bühnenorte behauptet wurde, so sieht man hier, daß sie eine sehr allgemeine war und durch besondere Verhältnisse, so bei den Marienklagen und im Innsbr. Fronl., wo das ganze Stück aus nur einer
Scene besteht, ganz aufgegeben werden konnte.

Zur Erzielung eines charakteristischen Eindrucks diente natürlich auch die Häufigkeit oder Seltenheit der Monologe, der Zwie-,
der Mehrgespräche, der Chöre und überhaupt der zusammen
sprechenden, singenden Mengen.

ANZAHL DER GLEICHZEITIGEN SCENEN.

1) Redescene und Aktionsscene.

Dafs gleichzeitig Verschiedenes von verschiedenen Personen einer auf einem Standplatz befindlichen Gruppe oder von Personen verschiedener Standplätze gesprochen oder gesungen würde, kommt wohl nicht vor. Allerdings heifst es Nürnb. Ostf. S. 20 *Populo interim acclamante: Christ ist erstanden*, nachdem Gesang Johannes' und Petrus' vorhergegangen, Ben. Pass. 125 *Interea cantent discipuli: Phariseus iste* usw., nachdem Gesang der Magdalena vorhergegangen, 131 *Interim Iudas veniat festinando et querat oportunitatem tradendi dicens; O pontifices* usw., nachdem Gesang des clerus vorhergegangen, Alsf. Pass. 2119 *Interim Martha mittit nuntium — et decit servo: getruwer knecht* usw., nachdem vorhergeht: *Sinagoga cantat*. Aber es ist in der nachlässigen Sprache der Bühnenanweisung wohl *interim, interea* für *tum* gebraucht worden; s. meine Abhandlungen zum altdeutschen Drama S. 12. Dann ist auch Ben. Pass. 125 der Text vielleicht nicht in Ordnung: denn der dem *interea* vorhergehende Reuegesang Magdalenas *Au we, Au we, daz ich ie wart geborn* usw. pafst schlecht zu der Verzeihung ihrer Sünden, die sie soeben erlangt hat.

Etwas anderes ist Don. Pass. 3883 *und die wil sy also brülend, die Teufel, den fachend die engel an ze singen dis nachgeschriben gesang.*

Aber während ein Schauspieler oder eine gleichartige Gruppe sprach, sang, waren in der Regel alle anderen Schauspieler sowohl dieses Standplatzes als der übrigen sichtbar, also mit dem einen Gehöreindrucke eine Fülle von Gesichtseindrücken verbunden. Dabei konnten die nicht gerade redenden, singenden Schauspieler entweder in ruhiger Haltung dastehen oder etwas agieren. Das letztere ist natürlich bei Schauspielern der Redescene auf einem Standplatz, während der eine von ihnen spricht, oft der Fall, Ben. Weihn. 231, Nürnb. Ostf. S. 19, Don. Pass. 3197, Eger. Pass. 3009. 4966. 5332. 5336. 6636, Wolf. Mkl. 421, s. oben S. 38 ff. bei den Gefühlsäufserungen, während in der Regel die Schauspieler der anderen Standplätze blofs ruhig dastehen.

Aber es kommt auch vor, dafs während einer Redescene auf einem Standplatz, bei der natürlich auch agiert werden kann, sich auf einem andern eine Aktionsscene abspielt, die u. a. auch Rede andeuten kann. Wenn es auch nicht immer sicher ist, daſs in der Aktionsscene wirklich agiert wurde, ja mitunter nicht einmal, ob die dazu nötigen Schauspieler vorhanden waren. S. unten über die Marienklagen und oben S. 106. 135. Ich bezeichne die unsicheren Fälle mit einem Fragezeichen.

Zuerst sollen jene Fälle angeführt werden, in denen die verschiedenen Scenen oder Scenenteile nicht an ganz verschiedenen Standplätzen, sondern an verschiedenen Stellen eines gröſseren Standplatzes vorkommen. Die Vers- und Seitenzahlen beziehen sich auf die mit 1) bezeichnete Redescene; 2) ist Aktionsscene.

Ben. Pass. 164 1) Petrus verleugnet Christus, 2) Christus wird vor die Hohenpriester geführt. Frankf. Pass. Dir. 172 1) Petrus verleugnet Christus, 2) Verhör Christi bei Annas (?). S. Gall. Pass. 823 1) Petrus verleugnet Christus, 2) Verhör Christi bei Annas (?). S. Gall. Weihn. 658 1) Gespräch Herodes' mit den Juden, 2) die h. drei Könige als Gäste bei Herodes? Innsbr. M. Himm. 2456 2) *Et sic omnes chorizant*, alle Himmelsbewohner bei Marias Himmelfahrt, 1) *Angeli cantant ad laudem dei*. Prag. Mkl. 121 1) Reden Johannes' und Marias unter dem Kreuz, 2) Stich Longins (?). Alsf. Pass. 3514 1) Petrus verleugnet Christus, 2) Abführung Christi zu Kaiphas (?). 3582 1) Petrus verleugnet Christus, 2) Verhör Christi bei Kaiphas. 5420 2) *Et sic portant crucem pausatim transeundo, sequentibus filiis Iherusalem*, 1) *Hic flagellatores sunt circa Pilatum. Pilatus dicit flagellatoribus*, Auftrag in Bezug auf die Hinrichtung Christi und der zwei Schächer. Augsb. Pass. 705. 727 1) Verleugnung Petrus', 2) Verhör Christi bei Annas (?). 737 1) Verleugnung Petrus', 2) Abführung Christi zu Kaiphas und Blick auf Petrus. 1) *Vnd Petrus gat hin wainend vnd sprechend nachuolgenden reym*, 2) *Dieweil fürt man Ihesum für hin*. 849 2) Christus im Haus Kaiphas' gefangen und miſshandelt, 939 1) Maria klagt vor Kaiphas' Haus, in dem sie Christus 2) gebunden und miſshandelt weiſs (?). 1210 bis 1511 1) zweites Verhör Christi bei Pilatus, 2) Maria, Johannes und die anderen Marien vor dem Hause, ohne zu sehen und zu hören, was darin vorgeht, s. 1513 (?). — 1687 1) *Yetz singend die Iuden vnder dem creitz das Iuden gesang halb ausz*, 2) *Die weil hebt man das creitz auf vnd bint die zwen schächer auch an ire creitz*. Don. Pass. 1037 2) *Nu stat Loynus uff und fürt in Iacob in tempel*, d. h. vor den Tempel (s. 1047), *da stat er und hört zů*, 1) *und facht Nicodemus an und spricht zu Marcello*, im Tempel. 2145 1) Verleugnung Petrus', 2) Christus zu

Kaiphas geführt. 3075 1) Zechonias zwingt Symon, das Kreuz zu tragen, 2) Kreuzweg Christi. 3883 2) *und die wil sy also brülend,* die Teufel, als Christus mit den Engeln in die Hölle gekommen, 1) *den fachend die engel an ze singen dis nachgeschriben gesang.* Eger. Pass. 4538 1) Verleugnung Petrus', 2) Christus bei Annas mißhandelt(?). 6205 1) *Maria audiens cantum,* der anzeigt, 2) daß das Kreuz zur Hälfte aufgerichtet ist, läßt Christus durch einen Soldaten ein Tuch um die Lenden binden. 6228 2) *Et sic cum,* Christus auf dem Kreuz, *erigunt in altum.* 1) *Primus miles Helmschrot dicit: Habt ir auffgehangen Ihesum Crist, so vergest auch der zweir schecher nicht.* 6280 1) die Soldaten spielen um den Rock Christi, 2) Christus hängt am Kreuz. 6934 2) *Et sic frangunt crura latronibus,* 1) *Et sub illo venit Ioseph cum Nicodemo cantantes simul circa crucem et digito monstrantes.* 7502 2) *Salvator ligat Luciperum cum cathena,* 1) *Sub illo Adam canit.* Erl. Mkl. 46 1) Marias und Johannes' Gespräch, 2) Kreuzigung Christi(?). Frankf. Pass. 2526 1) Verleugnung Petrus', 2) Verhör Christi bei Kaiphas(?). Red. Ost. H. 227 1) die Engel, später Christi Seele, beim Verlassen des Grabes, 2) die Wächter schlafen. 753 1) der Wächter singt, 2) die Grabwächter schlafen und erwachen. Sterz. M. Lichtm. S. 109 1) *Tunc cantet alta voce,* Anna: *Nunc dimitte etc. replicando versus donec sacerdos cum ministris, Simeon cum servo, Anna cum ancilla recedant,* 2) *Interim Ioseph similet dormitorem et finito cantu angelus excitet Ioseph dicens.* Wien. Ostf. S. 252 1) *Et cum ceperit cantare angelus 'Sed cito euntes',* 2) *mulieres thurificent sepulchrum.* Wolf. Sünd. 1266 1) Adams Rede, als er von weitem 2) die Tötung Abels durch Kain sieht.

Hiebei kann es vorkommen, daß die nicht redende Person oder Gruppe gleichzeitig mit der Rede der andern durch unartikuliertes Geschrei u. dgl. auch einen Eindruck auf das Gehör hervorbringt; s. Don. Pass. 3883.

Eine andere Gruppe bilden jene Fälle, in denen die Aktion in der Zurücklegung eines Weges besteht, zu denen ich aber die eben früher besprochenen Abführungen Christi an Petrus vorbei nicht rechne. Freis. O. Rach. 37 1) Herodes beschließt den Kindermord; nach der Angabe von 36 *Ioseph pergens in Egyptum cantet: Egypte* usw. und 67 *angelus e longinquo cantet: Christus sospes* fällt während dieser Beratung 2) die Reise der h. Familie. — Ben. Pass. 204 2) *Tunc Iesus ducatur ad crucifigendum.* 1) *Tunc Iudas ad pontifices vadat cantando.* — Frankf. Pass. Dir. 154 1) Jesus kommt auf den

Ölberg und spricht zu den Jüngern. 2) *Iudas autem iam non erit cum discipulis, sed retro eos manens currat ad Iudeos.* — S.Gall. Pass. 769 1) Gespräch Marias mit Johannes in Bethanien, 2) Christus vor Annas geführt, s. 752. 789. — S.Gall. Weihn. 853 1) *Symeon der alte sprach vor dem tempel*, 870 spricht Anna, 2) Weg der h. Familie in den Tempel. — Innsbr. M. Himm. 269 2) *Deinde apostoli recedant dividentes se in circulum.* 1) *chorus interim cantat: cives* usw. 1075 1) Gespräch Marias mit den Jungfrauen, 2) Weg Gabriels von Maria in den Himmel. 1241 2) *Et sic Gabriel ducit eum, Johannes, ad palatium Mariae* 1) *et iterum chorus cantat: congregabo illi sanctos eius*, 2) *et cum venerit ad palatium Gabriel dicit.* 1317 2) *Et ducit eos*, der Engel vier Apostel, *ad palatium Mariae*, 1) *et interim primus angelus de secundo choro dicit ad alios apostolos.* 1644 2) *Et sic Iudaei vadunt ad feretrum* 1) *et interim apostoli cantant: alma redemptoris.* 2514 2) *Et iterum apostoli dividunt se*, 1) *Chorus cantat: qui sunt hi* usw. — Kath. S. 163 1) *Angeli: Silete*, 2) Weg von Maxentius' Diener zu den Weisen. S. 163 1) *Angeli: Silete*, 2) Weg von Maxentius' Diener zurück. S. 163 1) *Angeli: Silete*, 2) Weg der Weisen zu Maxentius. S. 164 1) *Angeli: Silete*, 2) Weg Katharinas zu Maxentius und den Weisen. — Maatr. Pass. 1120 1) Marthas Bote bringt ihr die Nachricht, Christus komme, 2) Christi Weg. — Wien. Pass. 361 2) *Et eant pariter, ut epulentur*, Christus und die Apostel, 1) *Pharisaeus*, Symon, *dicat servis: Ite, citi famuli preparantes eduli ornata sedilia* usw. — Alsf. Pass. 1043 1) Sathan: *des wel ich balde lauffen dort*, 1044 2) *Disponatur Lucifer sub silencio ad doleum cum suis*, 1) *su meynem herren Luciper*, d. h. die Teufel sollen während der Rede Sathans aus der Hölle, ihrem Standort, heraus zum *dolium* kommen; 1105. 1198. — 1206 1) *Petrus respondit: Mer volgen, herre, gerne der* — 2) *disponantur Matheus, Bartholomeus, Thomas, Iudas, Philippus* — 1) *was du gebudes, das thun mer.* 1223 1) Bartholomeus' Rede, 2) *disponantur alii prope ad alium locum* 1) Bartholomeus' Rede. 1307. — 1501 2) *Hoc facto Salvator transiens cum discipulis*, 1) *servus ceci videns eum dicit ad cecum* s. 1515. 1519—1952. 2059. 2119. 2235. 2532. 2584. — 3306 1) *sinagoga cantat.* 2) *Interim Ihesus surgit de mensa et ducit discipulos suos secum ad montem Oliveti.* 3446. 3536. 3718. — 4150 2) *Et sic ducitur Christus ad Pilatum.* 1) *Interim angeli canunt: Silete.* 5389. — 5808 1) Maria und ihre Schwestern, Joseph und Nicodemus gehen 2) zu Christus am Kreuz. 6595. 7077. — 7133 1) Rede in der Hölle, 2) Weg Christi mit den Engeln in die Hölle;

s. *Deinde Salvator procedit circueundo a longe cantando.* 7291 1)
Eva dicit stans in porta celi: 7299 2) *Sub isto rigmo Cayphas,
Annas, Synagoga cum Iudeis conveniunt ante sinagogam.* 7361 2)
Tunc milites, die Grabwächter, *et omnes Iudei veniunt ad Pilatum.*
1) *angelis cantantibus: Silete.* 7666. — 8060 2) *Modo dividunt se,* die
Apostel, 1) *Angeli cantant versum: In omnem* usw. — Augsb. Pass.
133 1) Christus im Hause Lazarus', 2) die Juden gehen dahin; s.
130. 181. — 1174 2) *Nun fürend sy Ihesum widerumb für Pylato.*
1) *So stat Maria,* mit Johannes und den anderen Marien, *vnder
wegen sprechend.* 1210 2) *Als sy nun Ihesum für Pylatum bringen,*
1) *spricht Pylatus zu Centurioni.* 1680 2) *Yetz gat der schreiber
von Pylato an die statt Calvarie vnd nempt den tyttel vnd ain leitter.*
1) *Dieweil spricht der erst scherg Pylati,* bei der Kreuzigung. —
Don. Pass. 1190 2) *Nu gat Iosepus,* der Bote, *hin,* 1) und in dem
lit Lasarus, als ob er tod sy; *und binden in die schiedstern in vnd
treit man in zegrab vnd facht Martha an zeklagen vnd spricht;* s.
1211 2) *In dissem gat Iosepus zů dem Salvator vnd spricht.* —
Eger. Pass. 3645 2) *Et sic Iudas transit vagatum hinc inde usque
finitur* 1) *valedictio Marie virginis.* Vor der Abschiedsscene zwischen
Maria und Christus steht noch 1) eine Rede des Precursor Iudeorum.
4168 2) *Et sic surgit de mensa,* Judas, *et transit hinc inde usque finitur*
1) *Conclusio Salvatoris,* beim Abendmahl. 5514 2) *Et sic transeunt
ad pretorium,* die *ancille* der Pilatissa, 1) *et sub illo angeli canunt:
Silete.* 5598 1) Gespräch Johannes' und Marias in Marias Haus,
2) Kreuzweg Christi. — Erl. Ost. H. 247 2) *Et recedit vias,* Medes,
Kaiphas' Diener, um Geld für die Grabwächter zu holen. 1) *Interim cantant angeli Silete* etc. — Luz. Grabl. 77 1) der Diener
Pilatus', der den Centurio holen sollte, richtet seine Botschaft an
Pilatus aus, 2) Weg des Centurio zu Pilatus. — Red. Ost. H. 259
1) Gespräch in der Hölle, 2) Weg Christi vom Grab zur Hölle.
371 dasselbe. 485 1) Gespräch der Väter in der Hölle, 2) Weg
Christi zur Hölle. 1152 1) Lucifer ruft die Teufel aus der Welt zusammen, 2) Weg Sathans zu ihm. — Wien. Ostf. S. 252 1) *Tunc
Chorus imponat antiphonam: currebant* usw., 2) *Et cantores quasi
Petrus et Iohannes currant precurratque Iohannes sequente Petro.* —
Wien. Ost. H. S. 303, 11 1) *Nu singet man: Silete.* 2) *Iesus get weg,*
in die Vorhölle. Auch die folgende Rede des ersten Grabwächters,
die Reden der armen Seelen fallen mit dem Weg Christi zusammen.
S. 305, 23 1) Reden der Teufel, 2) Jesus geht mit den Seelen aus
der Hölle fort. S. 316, 23 1) Klagen der drei Marien, 2) Rubein

läuft von seinem Herrn weg, s. S. 317, 23. — Wolf. Sünd. 1042 2) *Interimque descendunt*, Gott Vater und der Cherubin. 1) *Eva dicit: Ach Adam, ik se den heren komen.* Adams Antwort, 2) *Creator intrat paradisum dicens.* 3784 2) *Et sic recedit d⸳ Anna*, Gabriel, *et venit ad Ioachim.* 1) Annas Rede, 3796 2) Gabriel bei Joachim.

Oft wurden in dieser Gruppe die Worte nur von Chören gesungen; oft bilden sie ein Silete.

Andere Handlungen; an ganz verschiedenen Bühnenorten. Über die Zweideutigkeit von *interim, interea* s. oben S. 148. Die Proclascenen gehören vielleicht z. T. in die Kategorie oben S. 149. Freis. Her. S. 56; da die Hirten S. 60 sagen: *Infantem vidimus pannis involutum*, so kann man annehmen, daß sie S. 56 f. ihren Entschluß, nach Bethlehem zu gehen, während der Scenen, die sich zwischen den h. drei Königen und Herodes abspielen, ausgeführt und dem göttlichen Kinde ihre Verehrung dargebracht haben. Also S. 56 f. 1) die h. drei Könige in Jerusalem, ihr Verkehr mit Herodes, 2) die Hirten kommen nach Bethlehem und verehren das Jesuskind(?). — Teg. Ant. 151 2) *Interim dum Imperator colligit exercitum*, 1) *angelus domini apparens cantat*, Judea tröstend. 160 *Tunc* 1) *cum Ecclesia et Gentilitas et Sinagoga vicissim cantant ut supra*, 2) *procedant Ypocritae sub silentio et specie humilitatis inclinantes circumquaque et captantes favorem laicorum, ad ultimum omnes conveniant ante Ecclesiam et sedem regis Ierosolime, qui eos honeste suscipiens ex toto se subdet eorum consilio.* 197 1) der König von Jerusalem klagt dem deutschen König sein Leid. 2) *Interim Ypocrite conducunt Antichristum in templum domini ponentes ibi tronum suum. Ecclesia vero que ibi remanserat, multis contumeliis et verberibus affecta redibit ad sedem Apostolici.* — Ben. Pass. 19 1) weltlicher Gesang Maria Magdalenas, 2) Gastmahl bei Symon. 130 1) *Et clerus cantet: Et prodiit ligatis manibus et pedibus* usw. 2) *Interim Iudas veniat festinando et querat oportunitatem tradendi dicens.* Natürlich ist nur Judas' Gebärdenspiel gleichzeitig mit dem Chorgesang. 144 2) *Interea Iesus facit ut mos est in cena.* Das *Interea* bezieht sich auf 1) das Gespräch Judas' mit den Juden. — Ben. Weihn. 438 2) *Ab Herode discedant tres magi paullatim inspicientes stellam et disputantes de illa.* 1) *interim angelus appareat pastoribus et dicat.* 560 2) *Quo, Archelaus, regnante*, 1) *appareat in nocte angelus Ioseph dicens.* — Frankf. Pass. Dir. 153 2) Christus betet auf dem Ölberg, 1) Judas verhandelt mit den Juden. 188 2) *Iesus ad hoc*, die Mißhandlungen und Beschimpfungen, *non respondeat.* 1) *Iudas quoque iam penitentia ductus currat ad Iudeos dicens.* 215 1) Gespräch zwischen Procla und Magd, 2) zweites Verhör Christi bei Pilatus in Aktion (?). 353 1) Christus steigt mit den geretteten Personen singend in den Himmel. 357 2) *Apostoli in terra respiciant ascensionem domini.* — S.Gall. Pass. 683 2) *Iuda et Iudaeis preparantibus se,* Christus gefangen zu nehmen, 1) *Ihesus dicat ad Petrum* auf dem Ölberg. 949 1) Panthias, Herodes' Bote, spricht mit Pilatus, 2) Verhör Christi bei Herodes (?). 1002 1) Proclas Auftrag an ihre Dienerin, 2) Verhör Christi bei Pilatus (?). 1130 1) Pilatus' Auftrag betreffs des INRI, 2) Christus am Kreuz. 1192 1) Joseph von Arimathia spricht mit Pilatus, 2) Christus am Kreuz. — S.Gall. Weihn. 656 1) Herodes' Bote bei den Juden, 2) Herodes mit den h. drei Königen als seinen Gästen (?). — Innsbr. Fronl. 1) Zusammensetzung des Glaubens durch Propheten und Apostel. 2) Darbringung des Meßopfers durch einen Priester, s. 143. 278. 501 (?). — Innsbr. M. Himm. 1485 1) *Et sic dominica persona vadit cum angelis ad palatium Mariae et cantant: felix* usw. 2) Maria von Aposteln umgeben auf ihrem Sterbebett. 1555 1) *Post haec dominica persona vadit ad coelum cum angelis baiulans animam matris suae et cantat: beata es* usw. 2) die Apostel stehen um das Bett Marias mit deren Leichnam. — Kath. S. 161 2) *Tunc Maxentius vadit ad sacrificandum cum populo diis,* 1) *Angeli: Silete, Katerina ad servum,* er solle sich erkundigen, was das Geschrei bedeute. — Mastr. Pass. 356 1) Gespräch zwischen Herodes und den Seinen, 2) die h. drei Könige suchen das Kind (?). 568 1) der zwölfjährige Jesus im Tempel, 2) die Eltern suchen ihn, s. 628 (?). 962 2) Gastmahl bei Symon, 1) Maria Magdalena faßt den Entschluß, auch hinzugehen. 1080 1) Maria Magdalenas Bote berichtet an Jesus, 2) Krankheit und Tod Lazarus' (?). — Prag. Mkl. 1 1) Gespräch zwischen Maria und Johannes zu Hause, 2) Kreuzigung, denn Maria hört 17 die Hammerschläge (?). — Wien. Pass. 374 2) *Hiis,* Symon mit Christus und den Aposteln, *epulantibus veniat nuntius Symonis* 1) *qui dicat Marie* (Magdalena). — Zehn Jungfr. S. 18 1) Rede der dritten klugen Jungfrau, 2) Gelage der thörichten Jungfrauen, da es vor der Rede der klugen heißt: *Tunc fatue corizando et cum magno gaudio vadunt ad alium locum. Angeli: 'Sile' longam horam,* und nach derselben: *Angeli: Sile. Tunc omnes fatue habeant convivium deponant seque dormiunt.* — Alsf. Pass. 924 1) *Chorus cantat: Meretrix* usw. 2) *Et sic omnibus sedentibus et epulantibus,* bei Symon, 1) *Sinagoga cantat.* 1307 1) Gespräch Christi mit der

Samariterin, 2) die Apostel kaufen Brot und Wein (?). 2333 1) *Tunc Sinagoga cantat et dicit*, 2) *Lazaro demonstrando Ihesum.* — 2532 1) *Angeli canunt: 'Et sic vadunt et solvunt azinum', Chorus canit: Solventes.* 2) *Interim ducunt azinum ad Ihesum*, nämlich Philippus und Petrus, nachdem sie den Esel losgebunden haben. 3078 2) *discipuli — intingunt manus in parapsidem.* 1) *Chorus cantat: Cenantibus* usw. 3150 1) Judas verhandelt mit den Juden, 2) Abendmahl Christi. 3350 1) Judas spricht zu den Juden, 2) Christus betet auf dem Ölberg. 3606 1) Judas' Reue und Tod, 2) Mishandlungen Christi (?). 3732 1) Gott Vater und die Engel, 2) Verhör Christi bei Pilatus (?). 3776 *Finito hoc sinagoga operatur.* Was das heifsen soll, ist zweifelhaft. Die Scene ist das Verhör Christi bei Pilatus, 2) *Interim sunt apostoli insimul cum Maria;* 1) *Inde dicit Synagoga pro omnibus* (?). 4418 1) Proclas Botschaft, 2) Verhör Christi bei Pilatus (?). 5310 2) Vorbereitungen, Jesus das Kreuz aufzuladen, 1) Johannes und Maria entschliefsen sich, zu Christus zu gehen. 5340 1) Jesus wird das Kreuz von Moab aufgeladen, 2) *Et sic Maria et Iohannes vadunt ad Christum et stant et vident, quod crux imponitur Ihesu.* 5804 1) die Engel singen und sprechen, 2) Christus am Kreuz. 7027 1) Auferstehung Christi aus dem Grab, 2) 7064 *Hic fiet sonus terribilis in inferno.* 7632 1) *Sequuntur apparitiones animabus ductis per angelos infra celum cantando: Gaudete* usw. 2) Die drei Marien beim Kaufmann (?). — Augsb. Pass. 129 1) Nathan fordert andere Juden auf, nach Bethanien zu gehen, 2) Christus im Hause Lazarus' in Bethanien (?). 181 1) *Under den weilen kerend die Iuden von Bethania wider in Cayphas haus in den rat vnd spricht Iud Nathan.* Aber es scheint, dafs das vorhergehende Gespräch zwischen Maria und Christus in Bethania noch 2) durch Aktion fortgesetzt wurde: denn Maria erhält auf ihre Bitten 173 bis 180 keine Antwort. 465 1) Judas verhandelt mit den Juden, 2) Abendmahlscene. 581 2) Judas verhandelt mit den Juden, 2) Gebet Christi auf dem Ölberg. 589 *so stat der Salvator auf vom Ölberg vnd gat wider zu den drei iungern,* 1) sprechend: 2) *in dem so gat der Iuden schar gegen dem garten,* 1) nun Christi Worte an die Jünger. 849 2) *Salvator bleibt in Cayphas haws gepunden, vnd die schörgen rauffend vnd schlagend in,* 1) *so spricht Proclamator;* 873 1) Gespräch Johannes' und Marias in Bethanien, ihr Weg von Kaiphas' Haus und Aufstellung vor demselben immer im Gespräch (?). 1672 1) Pilatus beauftragt seinen Diener, das INRI ans Kreuz zu heften, 2) Kreuzigung. 1696 1) einige Juden sprechen mit Pilatus wegen des INRI, 2) Kreuzigung. — Cass. Weihn. 338 1) Die Engel zu den Hirten, 2) Kindelwiegen in Bethlehem (?). 716 1) Teufelsspiel, 2) mehrere Jahre der Kindheit Christi; s. 833. 842 (?). — Don. Pass. 127 2) *Nu fachent sÿ an mit dem seitenspil ze hoffieren. Dem nach siczt Yesse nyder und rücht mit ir*, Maria Magdalena, *im schach.* 1) *Und die wil sy spilen, so facht Simon pharises an und gat zů dem Salvator und spricht.* 169 2) *Mit dissem gat Matusalem*, der Diener Symons, *enweg*, von Magdalena, *und stost Magdalena das spil von ir und siczt also erschrockenlich stil, als ob sy ir förcht.* 1) *Und stat aber Simon uff und gat zů dem Salvator und spricht.* 173 2) *Nu stat der Salvator uff mit sinen jungern und mit Simon und setzt sich zů tisch, und komment zů dissem mal all pharisei.* 1) *Und so sy also siczent, stost Maria Magdalena das spil fröventlich von ir und wůst uff und spricht.* 711 1) Rede Johannes', der mit anderen Jüngern Speise geholt hat, auf halbem Weg zu Christus, 2) Gespräch Christi und der Samariterin (?). 737 2) *Nu richtend die junger uff den herd ze essen und sitzen nider.* 1) *In dem nimpt das fröwly den krůg und gat heim und spricht zů iren gesellen.* 807 2) *Nu gat yederman an sin stat, und gand die Pharisey in tempel ze murmlen.* 1) *In dem kompt der Salvator mit sinen iungern gan und spricht zů inen.* 1851 1) Judas verhandelt mit den Juden, 2) Abendmahl. 2019 bis 2066 1) Judas spricht mit den Juden, Josapat mit Pilatus, Rüstung, Auszug der Juden, 2) Jesus auf dem Ölberg betend. 2395 1) Judas' Reue und Tod, 2) Christus im Hause Kaiphas' gefangen und mißhandelt (?). 2948 1) Proclas Entschluß und Versuch, Christus zu retten, 2) Verhör Christi bei Pilatus (?). 2673 1) Verhör Christi bei Herodes, 2) *Malchus und Israhel sond hie Barrabam zů den schachern in den stock legen etc.* (?). — Eger. Pass. 899 2) *Moyses transit ad thronum et Salvator loquitur cum Moysi.* 1) *Et sub illo populus transgreditur mandatum ipsius Moysi corisando et adorando vitulum. Synagogarius dicit ad Aaron:* Gespräch der Juden mit Aaron. 3009 2) *Et sic iacet prostrata ante pedes Iesu*, Maria Magdalena bei dem Gastmahl bei Symon. 1) *Tunc venit Sathanas et insanit dicens* mit Belial. 3087 1) Lazarus erkrankt, 2) Gastmahl im Hause Symons. 3109 1) der Bote meldet Jesu beim Gastmahl Symons die Krankheit Lazarus', 2) Lazarus stirbt (?). 3119 der Bote zurückgekehrt, klagt um Lazarus, 2) Gastmahl bei Symon (?). 3125 2) *Et sic involvunt Lazarum et ponunt eum in feretrum et defferunt eum ad locum optatum.* 1) *Sub illo Symon leprosus inclinat se ad pedes Salvatoris, petens remissionem peccatorum suorum et mundacionem corporis sui dicens.* 3557 1) *Iudas transit in circulo et obviabit ei diabolus Sathanas dicens ad eum.* 2) Beratung der Juden(?). 5006 2) *Et sic summit funem Iudas, preparans se ad suspendium.* 1) *Sub illo Cayphas dicit.* 5474 1) die Pilatissa sendet zu Pilatus, 2) Christi Verhör bei Pilatus(?). 6144 2) *Et sic percutit cum violencia*, einer der Kreuziger Christi. 1) *Hec Maria audiens percussiones malleorum dicit ad Ioannem.* 6204 2) *Et sic levant eum cum cruce modico modo*, 1) *Chorus cantat.* — Frankf. Pass. 1168 1) der Bote des Kaisers richtet die Botschaft an Herodes aus, 2) die jüdische Gesandtschaft wartet beim Kaiser(?). 1435 1) der Bote Marthas bringt Christus die Nachricht von Lazarus' Erkrankung, 2) Lazarus auf dem Krankenbett(?). 1480 1) Christus spricht über Lazarus' Krankheit, 2) Klage der Schwestern um Lazarus' Tod(?). 2112 *Diabolus venit et sibulat Iude in aurem, surgit et vadit ad Iudeos*, 2) *quibus Iudas sibulat in aures tacendo*, 1) Abendmahl Christi. 2147 2) *Iudas vadit secreto ad discipulos*, Fortsetzung der Abendmahlscene, 1) Beratung der Juden. 3125 1) Lucifer berät mit den Teufeln über Christus, 2) Verhör Christi(?). 3145 1) Lucifer bei Procla, deren Auftrag, 2) Verhör Christi (?). — Luz. Grabl. 476 2) *Tunc Iudei signent monumentum*, 1) *et interim cantor incipiat responsorium: Sepulto domino etc.* — Sterz. Mkl. S. 118 2) *Et interim cum regens quemlibet ordinet ad locum suum*, 1) *primus iuvenis dicit rigmum.* — Theoph. Trier. 256 1) der Bote richtet dem Propste einen Auftrag aus, 2) erregtes Warten der Ratsversammlung(?). 778 1) Sathan spricht mit Lucifer in der Hölle, 2) Theophilus und sein Diener warten gespannt(?). — Wien. Ost. H. S. 303, 15 1) Befreiung der armen Seelen in der Vorhölle, 2) die Grabwächter schlafen [1]). — Wolf. Sünd. 530 2) *Et incipiunt preliari mutuo*, die treuen und abgefallenen Engel. 1) *Interim alii chori cantant: Millia usw.* 2) *Lucipero cadente.* 810 2) *Et descendit in Ebron*, Gott Vater, *et accipit globum terre et format hominem.* 1) *Interim angeli cantant: Formavit igitur usw.* 1173 1) Gespräch der Teufel, 2) Adam und Eva beginnen ihr Leben außerhalb des Paradieses(?). 3918 1) Gespräch Joachims und Annas, 2) Freude des Propheten.

Aber es kommt auch vor, daß mit Rede oder Gesang an einer Stelle der Bühne Aktionen an zwei oder mehr anderen verbunden sind.

---

[1]) Es scheint, daß S. 303, 11 die vier Verse eines Grabwächters hinter die Höllenfahrt Christi gehören.

Ich unterscheide hier nicht den Weg von anderen Aktionen, auch
nicht die gröfsere oder geringere Entfernung der Bühnenorte und
bezeichne die zweite und dritte Aktion mit 3), 4). Innsbr. Ost. H. 168
Iesus cantat: Resurrexi, 2) *Et stat sic horam*, 1) Pilatus spricht mit
seinem Diener, 3) die Grabwächter schlafen. Alsf. Pass. 878 1) Gastmahl bei Herodes, 2) Johannes im Kerker, S. 814, 3) die Schüler
Johannes' *manebunt stare timidi* bei der Thüre von Johannes' Kerker,
s. 832. — 1523 1) *Chorus cantet*, 2) der Blinde mit seinem Führer
erwartet Hülfe von Christus, 3) Christus und die Apostel erwägend,
4) die Juden beobachtend, s. 1555 (?). — 3274 3) *Iudei bibunt ex culo
vituli et comedunt agnum*. 1) *Interim chorus cantat*. 3) Abendmahl Christi (?). 3670 1) *Chorus cantat: Ach, du armer Iudas etc.*
2) Judas hängt sich unter Mitwirkung der Teufel, 3) Verhör Christi
bei Kaiphas (?). — 7291 1) Rede Evas, die mit den anderen armen
Seelen aus der Vorhölle in den Himmel geführt worden ist. 2) *Sub
isto rigmo Cayphas, Annas, Synagoga cum Iudeis conveniunt ante
sinagogam*, 3) die Grabwächter schlafen. — Augsb. Pass. 986 1) der
Ratsdiener spricht zu Annas in dessen Hause, 2) Mifshandlung
Christus' in Kaiphas' Haus, 3) Maria, Johannes und die anderen
Frauen warten vor Kaiphas' Haus (?). 1096 1) Pilatus verhört
Jesus in seinem Haus, 2) die Juden vor dem Haus, 3) Maria und
die Ihren auch vor dem Hause, aber an einem andern Platz (?). —
Don. Pass. 2233 1) Christus von den Juden in Kaiphas' Haus gebracht, 2) *und sol Cayphas nit da sin als ob er schlieffe*, 3) Petrus
bei der Dienerschaft Kaiphas' vor dem Hause (?). — Eger. Pass.
4274 2) *Salvator manet in loco orationis*, auf dem Ölberg, 1) *et sub
illo Iudas pulsat ad palacia principum et primo in domo Anne dicens.*
3) die Jünger schlafend. 4288 2) *Et servi ipsius Anne ornant se
cum armis.* 1) *Sub illo Iudas transit ad palacium Cayphe, pulsando
dicit.* 3) Christus betet auf dem Ölberg, 4) die Jünger schlafen.
6150 1) Pilatus giebt Auftrag wegen des INRI, 2) Kreuzigung Christi,
3) *Et sic Maria transit cum Iohanne ad parvum spacium*, aber
nicht bis zum Kreuz, s. 6204, *et manent stare, donec perficitur scrip-
tura Pilati.* 6204 2) *Et sic levant eum*, Christum, *cum cruce modico
modo.* 1) *Chorus cantat: Ecce lignum* usw. 3) *Maria audiens
cantum accedit cum Ioanne et ceteris.* 7116 2) *Et transeunt ad
parvum spacium*, Johannes und Maria, die von weitem gesehen haben,
dafs am Kreuz etwas geschieht; sie geben aber noch nicht bis zum
Kreuz, s. 7130, 3) *Sub illo venit Pilatus cum suis militibus et Cayphas, Annas cum Iudeis et vident eum deponere.* 1) *Ioseph*, von

Arimathia, *dicit*, zu Nicodemus. — Frankf. Pass. 2216 2) *Maria manet in domo Marthe.* 3) *Iudas iam non erit cum discipulis, discipuli ponunt se dormitum*, auf dem Ölberg. 1) *Salvator tristetur et oret flexis genibus, aspiciat in celum dicens* (?). — Red. Ost. H. 259 1) die Seelen in der Vorhölle sprechen, 2) die Teufel an einer andern Stelle der Vorhölle, s. 333. 449, 3) Christus mit den Engeln geht vom Grab zur Hölle, 4) die Grabwächter schlafen (?). — Wolf. Sünd. 930 1) Beratung der Teufel, 2) Gott auf seinem Throne, 3) Adam und Eva im Paradiese, wo er ihr vom Verbot des Apfels Mitteilung machen muß, s. 919. 967 (?). — 3459 1) Joachim und Anna klagen über Unfruchtbarkeit, 2) Trauer der Propheten, s. 3410, 3) Trauer Adams, s. 3427 (?). — 3587 1) zweiter Besuch Davids bei Gott im Himmel, 2) Trauer Joachims und Annas, s. 7507. 3514, 3) Trauer Adams, s. 3531 (?).

Diese Beispiele ließen sich natürlich beträchtlich vermehren, z. B. wenn man in allen Passionen, in denen eine Scene bei Procla vorkommt, annähme, daß sie in den vorhergehenden schlafend dargestellt wurde. Eine Scene bei Procla fehlt nur im Ben. Pass. und im Augsb. Pass., doch wird in dem letzteren ihre Botschaft an Pilatus ausgerichtet, 1434.

Dazu kam dann der fortwährende Anblick so vieler Personen und Gruppen, die unbeschäftigt anwesend waren.

2) Zwei Aktionsscenen.

Da fast immer alle Schauspieler dem Publikum an ihren Bühnenorten sichtbar sind, so können auch verschiedene Aktionen an verschiedenen Orten zu gleicher Zeit stattfinden, ohne daß an irgend einem Bühnenort gesprochen oder gesungen wird. Die Aktionen sind im folgenden durch die Zahlen 2), 3), 4) bezeichnet.

Ich führe zunächst jene Fälle an, wo die verschiedenen Aktionen nicht an ganz verschiedenen Standplätzen, sondern nur an verschiedenen Stellen eines größeren Standplatzes vorkommen. Alsf. Pass. 898 2) *Et tunc preparant mensam*, 3) *et interim Iudei vel dyaboli corisant.* — Don. Pass. 925 2) *Nu buckt sich aber der Salvator und schribt wie vor.* 3) *und mit demselben schlichent die Iuden all uss dem tempel.* 1759 2) *Nu gat der husvater und git den jungern tischlachen, ein kelch und anders, denn legent sy den tisch dar* 3) *und sitzt Iudas allein dar zů, sin gelt ze zellen.* 1987 2) *Mit dissem sitzen die dryg iunger nider und tůend als ob sy betten*, 3) *und denn gat der Salvator von inen und kumpt an den Ölberg, dar uff sol ein kelch stan.* 2) *In dissem entschlaffen aber die dryg junger,* 3) *und so der her an Ölberg kumpt, knet er nider und falt damit crützwiss uff das antlit eins paternosters lang.* 2019 2) *Nu falt der Salvator uff das antlit und blipt also ligen,* 3) *und kumpt Iudas in garten dieplich schlichen und geschowt im wol und dem nach gat er dann in Cayphas huse.* 2067 3) *Iudas,* der die Juden auf den Ölberg führt, *sol den Salvator etwe dick hinden zů schlichende geschowen und allwegen den Iuden tüten, das sy still stand. Und die wil die Iuden versamlet stand und Iudas also umb her gat, so stat der Salvator uff.* 3) Christus im Gebet. 2373 2) Petrus steht im Hof Kaiphas' nach der Verleugnung. 3) *Und in dissem facht der han an se kreyen, und denn lůgt der Salvator hinter sich Petrum an, und so das Petrus sicht, gat er hinweg weinde.* 3177 2) *Nu bruchent die Iuden den Salvator aber untugentlich,* 3) *das in demselben Maria zwůrent oder dristunt sol nider sincken mit grossen achtzen und jamer.* 2395 2) *und tribent die Iuden vil gespöts und verspüwens mit dem Salvator. In dissem kumpt Iudas geschlichen und geschöut den Salvator und tůt, als ob er erschreck, und loufft in tempel und wirfft das gelt wider von im und spricht.* — Eger. Pass. 4566 2) Petrus steht im Hof Annas' nach der Verleugnung, 3) *Tunc gallus cantat Ihesus respicit ad Petrum.* 6232 2) *Et sic suspendunt latrones.* 3) Christus hängt am Kreuz. 3695 2) *Interim quod deponatur Cristi tunica,* 3) *debent duo latrones crucifigi ab uno milite Beckert.* — Hierher ist auch zu rechnen das Tanzen nach Instrumentalmusik: Alsf. Pass. 1790 *Et sic vigellator incipit vigellare et corisant Luciper cum Maria Magdalena et alii demones,* Frankf. Pass. 692. 744. 974. Und das ist wol immer gemeint, wenn auch ein Musiker nicht immer ausdrücklich erwähnt ist. Frankf. Pass. Dir. 65 *Hic convivium Herodis incipiat, et filia coram discumbentibus saltat et ludat corisando.* — Alsf. Pass. 898 *et interim Iudei vel dyaboli corisant.* 1770 *Hoc facto Maria Magdalena superbo habitu incedit cum Lucifero et aliis demonibus corisans.* 8523 *Et tunc Iudei recedunt corisando.* — Frankf. Pass. 692. 744. 974. — Oder Gelage bei Musik. Wolf. Sünd. 2387 *Hic vadunt sessum et cantores fistulant: hic comedunt et bibunt et vivunt laute.*

An ganz verschiedenen Bühnenorten. Ich unterscheide hier den Weg nicht von anderen Aktionen. Teg. Ant. 205 2) *Interim Ypocrite conducunt Antichristum in templum domini ponentes ibi tronum suum.* 3) *Ecclesia vero, que ibi remanserat, multis contumeliis et verberibus affecta redibit ad sedem Apostolici*; wenn nicht während des Gesangs des Königs von Jerusalem 197; s. oben S. 153. — Ben. Pass. 140 2) *Tunc turba Iudeorum sequatur Iudam cum gladiis et fustibus et lucernis donec ad Ihesum.* 3) *Interea Iesus facit ut mos est in cena. postea assumat quatuor discipulos.* Vorher auch z. T. gleichzeitige Gesprächsscene bei den Juden; s. oben S. 153. — 180 *Iesus non respondet ei*, Herodes, *ad unum verbum. Tunc Iesus induitur veste alba* 2) *et reducunt Iesum ad Pilatum.* 3) *Tunc conveniunt Pilatus et Herodes et osculantur invicem.* 2) *Ihesus veniat ad Pilatum.* — Frankf. Pass. Dir. 75 *Servus allato capite Iohannis dicat puelle.* Also wahrscheinlich 2) Enthauptung Johannes', 3) Gastmahl bei Herodes. — S. Gall. Pass. 592 *Tunc* 2) *illis parantibus mensam* 3) *Ihesus veniat cum aliis discipulis et sedeant.* — Alsf. Pass. 491 2) *Et sic digito demonstrando eum* — Johannes, Christus —, 3) *Ihesus surgit a loco suo, vadit ad Iohannem.* 1105 2) *Et sic currit ad matrem* (Herodias), 2) *sequentes omnes* (Sathan und andere Teufel). 3) *Sed Luciper manet in doleo clamando cum impetu: Ha! Ha! Ha! Ha! Ha! Ha! et currunt ubi est mater cum filia*; nur Geschrei, keine Rede. — Augsb. Pass. 589 2) *Iudas gat mit der schar auss dem Rat vnd nimpt mit im Nathan Iud vnd die vier schergen Anne vnd Cayphe vier schergen*, 3) *vnd die andern Iuden beleibend im Rat, vnd so er auf das halbtail kompt*, 4) *so stat der Salvator auf vom ölberg vnd gat wider zů den drey iungern sprechend. in dem so gat der iuden schar gegen dem garten.* — Don. Pass. 1191 2) *Nu gat Iosepus*, Maria Magdalenens Bote an Jesus, *hin*, 3) *und in dem lit Lasarus, als ob er tod sy, und binden in die schwdstern in und treit man in ze grab und facht Martha an ze klagen und spricht.* 2673 2) *Malchus und Israhel sond hie Barrabam zů den schachern in den stock legen etc.* 2) *Zů dissen dingen allen git der Salvator*, im Verhör bei Herodes, *kein antwurt.* — Eger. Pass. 899 2) *Moyses transit ad thronum et Salvator loquitur cum Moysi.* 3) *Et sub illo populus transgreditur mandatum ipsius Moysi corisando et adorando vitulum.* 921 *Et sic adorant vitulum corisando et orando*, oder sind hier wirkliche Gesänge gemeint? S. oben S. 156.

Hörbare Begleitung aber nur durch Instrumentalmusik oder unartikulierte Laute, kommt hier öfters vor. So Instrumentalmusik bei Tanz und Gelage, s. oben S. 160, — unartikulierte Laute Alsf. Pass. 1105, Don. Pass. 2373. 3177, Eger. Pass. 4566.

Solcher doppelter oder sogar mehrfacher Scenen, die sich zu gleicher Zeit abspielen, kommen meist mehrere in einem Stück vor.

Aus dem Angeführten ist klar, dafs eine bestimmte Person des Publikums, wenn sie auf ihrem Platze blieb, in derselben Entfernung von sich bald reden, singen und agieren hörte und sah, bald nur stumme Aktion wahrnahm, wie das Gastmahl bei Herodes, nachdem die Redescene durch die Schergen aufgenommen worden ist (Alsf. Pass. 778), oder das Abendmahl, nachdem sich Judas davongeschlichen hat, um redend mit den Juden zu verhandeln (Alsf. Pass. 3178). Das Publikum konnte dadurch den Eindruck bekommen, als ob die Hörweite desselben Bühnenlokals eine wechselnde wäre, als ob es eine nähere und eine fernere gäbe.

III. ORDNUNG, EINTEILUNG.

Die fortlaufende Reihe von Gesichts- und Gehörseindrücken, die das Drama erregte, zerlegte sich von selbst in gewisse Abschnitte, von denen schon gesprochen worden ist; in Spieltage, s. oben S. 89. 95, in Scenen, s. oben S. 70, in Einzelreden, s. oben S. 90 ff. Abschnitte wurden auch gebildet durch das ab und zu eintretende Sileta, s. oben S. 27, durch Pausen, s. oben S. 83. Auch konnte es nicht unbemerkt bleiben, daß Handlungen durch Vorträge eines Einzelnen eingeleitet oder beschlossen werden, s. oben S. 63 ff. über Monologe.

Bei den Prozessionen, s. oben S. 52, war zu bemerken, daß oft die am prächtigsten gekleideten vorangingen, oder daß ihnen Diener, Musiker, wie bei wirklichen Aufzügen, voranschritten und unmittelbar folgten. Die Stelle der Diener können Engel vertreten. Ben. Pass. *Primitus producatur Pilatus et uxor sua* (die gar nicht mitspielt) *cum militibus in locum suum; deinde Herodes cum militibus suis; deinde pontifices; tunc mercator et uxor sua; deinde Maria Magdalena.* Erl. Ost. H. *Tunc exit Pilatus cum militibus Cantando.* Alsf. Pass. S. 858 sieben Gruppen, denen Fahnen vorangetragen werden; die erste beginnt mit Majestas (Gott Vater), die zweite mit Pilatus, die dritte mit dem Regulus, die vierte mit Caiphas, die fünfte mit Sinagoga (einem Mann), die siebente mit Christus. Innsbr. M. Himm. *Primo exiit Ihesus cum suis angelis, procedit cum violatoribus. — Post hoc Maria cum tribus puellis sequitur. — Post haec apostoli. — Post hoc Iudaei. — Post hoc paganissimus rex cum suis militibus.* Bord. Mkl. *Primo exit dominus Ihesus cum cruce cum*

11*

*Iohane ewangelista; post hoc beata virgo cum Maria Magdalena,
ultimo mater Iohannis cum rectore*, der gar nicht mitspielt. Der
stumme Jüngling, der Statistendienste thut, kommt in der Prozession
nicht vor. Erl. Dreik. *Primo procedant duo angeli —. Et tunc procedat Maria et Ioseph cum puero, deinde procedat Herodes cum
militia. Deinde procedant pastores.* Frankf. Pass. am Schlufs. *Et
tunc portetur corpus a Ioseph et Nicodemum solum ad sepulcrum et
precedant duo angeli cum candelis, et sequantur duo angeli tali modo,
et vadat Maria cum Iohanni et alie mulieres habentes pixides in
manibus ussque ad sepulcrum Cristi.* Luz. Grabl. 263 *Fiat processio. primo procedens unus masculus bajulans crucem, deinde quatuor
angeli portantes tres clavos et coronam, deinde quatuor cum cereis,
deinde Ioseph et Nicodemus et duo servi bajulantes corpus crucifixi,
deinde iterum quatuor angeli cum cereis, deinde Maria virgo cum
Iohanne, deinde tres Mariae et ultimo duo servi portantes unguentum;*
s. die Eingangsprozession S. 121. Sterz. Mkl. S. 118 *Iuvenes ante-
cedentes cantent: —. Post hoc omnes* — also auch Maria — *in una
processione veniunt antecedentibus duobus iuvenibus albis in vestibus,
qui portant candelabras cum luminibus.* Sterz. M. Lichtm. am Schlufs
S. 110 *Tunc Ioseph recipit puerum et recedit angelis praecedentibus.*

In der Prozession von Teg. Ant. kamen nur Gentilitas, Synagoga, Ecclesia und andere allegorische Figuren mit ihnen nachfolgenden, wie dem Papst, dem Kaiser, den Königen, vor; die
anderen standen jedenfalls zurück.

Gleichartiges folgt sich unmittelbar oder wird durch Ungleich-
artiges unterbrochen.

Die einzelnen Personen und Gruppen setzen ihre Thätigkeit,
nachdem sie sie an einem Ort beendigt haben, oft unmittelbar
darauf an einem andern wieder fort. — Oft aber bleiben sie durch
längere Zeit unbeschäftigt.

Ebenso lösen sich die Handlungen der Gruppen in einer Scene
oft unmittelbar ab, indem dieselben oder verschiedene Personen der
Gruppe nacheinander zu anderen Beschäftigungen übergehen, s. die
Verhöre, auf welche die verschiedenen Mifshandlungen Christi
folgen, die einzelnen Vorgänge bei der Kreuzigung, das Entkleiden
Christi, das Annageln, die Erhebung des Kreuzes, das Würfeln
um die Kleider, der gute Schächer, der Schwamm, Longinus,
der Centurio, z. B. Alsf. Pass. 5592. 5594. 5662. 5680. 5772.

6264. — Oft aber bleiben Gruppen einer Scene auch lange Zeit unbeschäftigt.

Beispiele, wie gleichzeitige Scenen, oft nur durch Ortsveränderung oder Hinzutreten einer Person verschieden, aufeinanderfolgen, geben die Marienklagen; s. dann oben S. 50. 72, während über die Unterbrechung gleichartiger durch ungleichartige oben S. 127 ff. gehandelt ist.

IV. ÄSTHETISCHE WIRKUNG.

Die im vorhergehenden geschilderten Darstellungen mufsten bei dem Publikum einen gewissen Grad von anderen Vorstellungen unabhängigen Wohlgefallens erregen durch die Fülle von prächtigen und ungewohnten Schaustellungen, sowie durch den Wohllaut des Verses und der Musik. Diese wurde jedenfalls rascher vollständig erfafst und genossen, als der Text und die Handlung. Damit verband sich vielfach die Lust an der Nachbildung, wenn ein Haus, ein Garten nach der Meinung des Publikums gut dargestellt war, oder ein etwa bekannter Stadtgenosse einem Tyrannen täuschend ähnlich sah, und Martern und Hinrichtungen naturgetreu vollzogen wurden und jene, erfahrungsgemäfs auch lustvolle Seelenbewegungen hervorbrachten, welche der Anblick seltener, erschütternder Vorgänge und starker Affekte immer erzeugt, durch Nachempfindung der Grausamkeit und des physischen Schmerzes oder durch Erweckung mitleidiger Rührung, hier — weil bei einer Nachbildung — befreit von den in der Wirklichkeit damit verbundenen Empfindungen der Unlust. Das Nähere darüber im zweiten Abschnitt IV.

Ein wirkliches Verständnis des Stückes ist für diese einfachsten ästhetischen Regungen noch nicht nötig.

DIE ZWEITEN EINDRÜCKE.

I. QUALITÄT.

Wenn wir nach dem Quid? fragen, das der Zuschauer sah, hörte und verstand, so ist zu scheiden zwischen dramatischer Darstellung und dramatischer Ansprache an das Publikum.

A. DRAMATISCHE DARSTELLUNG.

DIE STOFFE.

Der Stoff des hier Behandelten ist mannigfach, obwohl er sich oft in einer gröfseren Anzahl von Stücken wiederholt. Die Gruppierung ergiebt sich sofort. Sie zerfallen in Passionen, Weihnachtsspiele, ein Maria-Lichtmefsspiel, Marienklagen, ein Christi-Grablegungsspiel, Osterspiele, ein Christi-Himmelfahrtspiel, ein Maria-Himmelfahrtspiel, ein Dorotheen-, ein Katharinenspiel, zwei Theophilusspiele, ein Magdalenenspiel, ein Zehn-Jungfrauenspiel, ein jüngstes Gerichtspiel und ein Fronleichnamspiel.

Vielleicht kommt noch ein Erlösungspiel dazu, wenn Wolf. Sünd. als selbständiges Stück, nicht als der erhaltene Teil einer nach rückwärts erweiterten Passion zu betrachten ist.

Die Passionen, Darstellungen des Lebens und Todes Jesu Christi, sind vertreten durch Ben., Himmelg., Frankf. Dir., S.Gall, Mastr., Wien., Alsf., Augsb., Don., Eger., Frankf. Pass. Dabei ist der Umfang verschieden nach dem Anfang wie dem Ende. Mit der Geburt Christi beginnt Himmelg., Mastr., Eger. Pass., — mit der Taufe Frankf Pass. Dir., Alsf. Pass., — mit der Hochzeit von Cana,

auf welche die Taufe folgt, S.Gall. Pass., — mit der Apostelwahl
Ben. Pass., Eger. Pass., Frankf. Pass., — mit Maria Magdalena
Wien. Pass., Don. Pass. — Die Augsb. Pass. ist am Anfang offenbar
verstümmelt, wenn auch vielleicht schon sehr früh, da das Oberammergauer Passionsspiel nach Hartmann S. 205 ff. nur auf den
erhaltenen Anfang weist, 45 Christus das letzte Mal in Bethanien. —
Der Anfang kann aber noch weiter zurückgreifen. In Mastr., Wien.
und Eger. Pass. bis zu Weltschöpfung, Engelsturz und Sündenfall,
in Eger. Pass. mit vielen Darstellungen aus der weiteren Geschichte
des alten Testaments. Als eine dieser ähnliche Vorgeschichte einer
Passion kann Wolf. Sünd. aufgefaßt werden, wo sich auch wie in
der Mastr. Pass. der himmlische Prozeß über die Erlösung des
Menschengeschlechts findet. — Statt dieses haben Frankf. Pass.
Dir. und Frankf. Pass. als andere Vorgeschichte eine Disputation
des h. Augustinus mit den Juden, Alsf. Pass. eine Teufels-
versammlung.

Den Schluß bildet die Grablegung Christi in Frankf. Pass.,
Christi Auferstehung in S.Gall. Pass. (1340 *Iesus vadat ad para-
disum* am Schluß, scheint nicht die Himmelfahrt anzudeuten), Augsb.
Pass., die Himmelfahrt Christi mit vorhergehender Auferstehung,
Höllenfahrt, Weg der h. Frauen zum Grab in Frankf. Pass. Dir.,
Alsf. Pass. (wo noch die Ausgießung des h. Geistes und die Teilung
der Apostel hinzukommt), Don. Pass., Eger. Pass. — Über Himmelg.
Pass. und Ben. Pass. ist nicht zu entscheiden, da auch in letzterem
Stück nicht sicher ist, ob die deutschen Verse, welche auf Christi
Begräbnis schließen ließen, noch dazu gehören. — In Frankf. Pass.
Dir. folgt noch die Bekehrung der durch dieses Spiel überzeugten
Juden.

Aber auch abgesehen von dieser verschiedenen Ausdehnung
nach vorn und rückwärts ist weder die Auswahl der evangelischen
und traditionellen Begebenheiten noch ihre Ordnung gleich. Überall
findet sich die Bekehrung Magdalenas und die Salbung Christi
durch sie beim Gastmahl des Simon leprosus. Wenn Himmelg.
Pass. und Augsb. Pass., das nur die Salbung enthält, eine Ausnahme zu machen scheinen, so rührt das wohl nur von dem verstümmelten Zustand her, in dem diese Werke auf uns gekommen
sind. Die Erweckung des Lazarus und der Einzug in Jerusalem
begegnen überall außer im Wien. Pass. und den verstümmelten
Himmelg. und Augsb. Pass., — Proclas Traum überall außer im Ben.
Pass. und den verstümmelten Himmelg., Mastr., Wien. Pass., — die

Apostelwahl überall aufser in Wien. Pass., Don. Pass. und den verstümmelten Himmelg., Augsb. Pass., — Heilungen von Kranken überall aufser in S.Gall., Mastr., Wien., Eger. Pass. und in den verstümmelten Himmelg., Augsb. Pass., also in Ben., Frankf. Dir., Alsf., Don., Frankf. Pass., wo durchweg die Geschichte vom geheilten Blinden vorkommt, — die Heilung des Filius reguli in Frankf. Pass. Dir., Alsf. Pass., Don. Pass. — Die Taufe Christi erscheint in Frankf. Pass. Dir., S.Gall. Pass., Mastr. Pass., Alsf. Pass., — die Versuchung Christi finden wir in Frankf. Pass. Dir., S.Gall. Pass., Mastr. Pass., Alsf. Pass., — die Vertreibung der Kaufleute aus dem Tempel in Mastr., Alsf., Don., Frankf. Pass., — die Bergpredigt in Himmelg. Pass., Frankf.Pass. Dir., Alsf., Frankf. Pass., — Johannes' des Täufers Tod in Frankf. Pass. Dir., Alsf. Pass., — die Hochzeit von Cana in Himmelg., S.Gall., Mastr. Pass., — das Erscheinen Christi bei Maria in Alsf., Don. Pass., — Disputationen zwischen Vertretern des jüdischen und christlichen Glaubens Frankf. Pass. Dir., Alsf., Don., Frankf. Pass. — Über das Fehlen von Himmelg. und Augsb. Pass. s. oben S. 170.

Anderes kommt nur vereinzelt vor: das Neigen der Fahnen vor Christus, als er zu Pilatus geführt wird, Alsf. Pass., die Verteidigung Christi durch die von ihm Geheilten bei dem Verhör vor Pilatus, Frankf. Pass., die Scene von Emmaus, Frankf. Pass. Dir. [1]).

Was die Anordnung der Begebenheiten betrifft, so weichen sie besonders in den Partien vor der Gefangennahme Christi stark von einander ab. In S.Gall. Pass. ist die Hochzeit von Cana vor der Versuchung Christi und der Apostelwahl, in Himmelg. und Mastr. Pass. nachher. In Ben. Pass. ist Christi Einzug in Jerusalem vor der Bekehrung Magdalenas, in Frankf. Pass. Dir., S.Gall., Mastr., Alsf., Don., Eger., Frankf. Pass. nachher. In Frankf. Pass. Dir., S.Gall., Alsf. Pass. ist der Verrat Judas' nach dem Abendmahl Christi, in Ben., Mastr., Augsb., Don., Eger., Frankf. Pass. vorher.

Auch bei den Weihnachtsspielen ist der Umfang nach Anfang und Schlufs verschieden. Ben., S.Gall., Cass. Weihn. beginnen mit der Verkündigung an Maria, der in Ben., S.Gall. Weihn. ein Prophetenspiel, in letzterem auch die Vermählung Marias vorausgeht, — Freis. Her., Freis. O. Rach., Erl. Dreik., Erl. Weihn. mit den Hirten, also nach der Geburt. Nur ist allerdings in Erl. Weihn. hier ein

---

[1]) S. Wackernell, Die ältesten Passionsspiele S. 88, Creizenach, Geschichte des neueren Dramas I S. 56.

seltsamer Widerspruch, insofern die Geburt erst als bevorstehend, dann als vor sich gegangen erwähnt und nicht dargestellt wird. Den Schluſs bildet die Besorgung des Neugeborenen in Erl. Weihn., der Kindermord in Freis. Her., die Flucht vor dem Kindermord in Freis. O. Rach., Ben., S.Gall., Cass. Weihn., wo noch ein Teufelsspiel vorhergeht, Erl. Dreik.

Die Geburt Christi enthalten also Ben., S.Gall., Cass. Weihn., — dagegen bieten Freis. Her., Freis. O. Rach., Erl. Dreik., Erl. Weihn. diese nicht, nur Ereignisse nach der Geburt: Freis. Her. und Erl. Dreik. die Anbetung der h. drei Könige, — die auch in Ben. und S.Gall. Weihn. vorkommt, — Freis. O. Rach., Erl. Dreik. auch noch die Flucht der h. Familie, die auch in Ben., S.Gall. Weihn. vorkommt, und den Kindermord, der auch S.Gall. Weihn. vorkommt, — Freis. O. Rach. und Erl. Weihn. die h. drei Könige nicht, sondern die Anbetung der Hirten, — Freis. O. Rach. auch noch die Flucht und den Kindermord.

Ob der Freis. Her. den Kindermord hatte, ist zweifelhaft: am Schlusse erhält nur der Armiger den Auftrag, die Kinder zu töten.

Unter den Passionen, in deren chronologischen Umfang die Geburt Christi fällt, hat diese die Eger. Pass., die Mastr. Pass. aber nicht, während die h. drei Könige, der Kindermord, die Flucht der h. Familie in beiden Stücken vorkommen. Die Wien. Pass. läſst diese Begebenheiten ganz fort.

Man könnte die Einteilung auch nach der Rettung des Jesuskindes machen, die in Freis. O. Rach., Ben., S.Gall., Cass. Weihn., Erl. Dreik. vorkommt, Freis. Her. und Erl. Weihn. nicht.

Die Töchter Sions bei der h. Familie kommen in S.Gall. und Erl. Weihn. vor, eine Scene des Kindelwiegens in Cass. und Erl. Weihn., ein Teufelsspiel in Cass. Weihn., die Darbringung im Tempel (Maria Lichtmeſs) in S.Gall. Weihn. — Letzterer Stoff ist Hauptsache in Sterz. M. Lichtm. und wird auch in Eger. Pass. behandelt.

Von Ereignissen vor Christi Geburt handeln Ben., S.Gall., Cass., Erl. Weihn.; die Verkündigung bringen Ben., S.Gall., Cass. Weihn., den Besuch Marias bei Elisabeth Ben., S.Gall. Weihn., die Vermählung Marias S.Gall., Erl. Weihn. — Den Stoff der Vermählung behandelt auch Eger. Pass.

In. Ben., S.Gall. Weihn. wird das Stück durch ein Prophetenspiel eröffnet.

Was die Ordnung anbelangt, so ist es wohl ein alter Fehler, wenn in Erl. Weihn. die Vermählung Marias auf die Anbetung der

Hirten folgt. Der Kindermord fällt in Ben. Weihn. vor die Flucht der h. Familie, in Freis. O. Rach., S.Gall. Weihn., Erl. Dreik., Himmelg. Pass., Mastr. Pass., Eger. Pass. nach derselben.

Maria Lichtmefs wird in dem gleichnamigen Stück von Sterzing als Hauptsache behandelt; vorhergeht die Prophezeihung Simons als wesentlicher Bestandteil, s. die Eger. Pass.; den Schlufs bildet die Flucht nach Ägypten.

In den Osterspielen scheiden sich zwei Gruppen: 1) die drei Marien finden Christi Grab leer und melden es den Aposteln, Nürnb., Trier., Erl. Ost., Wien. Ostf., Wolf. Ost., — 2) Grabwache, Auferstehung und Höllenfahrt Christi, Erl., Red. Ost. H.

Dann Mischungen: a) Grabwache, Auferstehung, Höllenfahrt Christi und die drei Frauen am Grabe Christi, Muri., Innsbr., Wien. Ost. H., — ebenso Frankf. Pass. Dir., S.Gall., Alsf., Don., Eger. Pass.; Don. Pass. ist aber am Schlusse verstümmelt; — b) Grabwache, Auferstehung und die drei Frauen am Grabe Christi, Sterz. Ost.; ebenso fehlt die Höllenfahrt in Augsb. Pass.; — c) Höllenfahrt Christi, die Auferstehung und die drei Frauen am Grabe Christi, Augsb. Ost. H.

1) Den Schlufs bildet in Nürnb., Wien. Ostf., Trier., Erl. Ost. der an die Verkündigung des Geschehenen bei den Aposteln sich anschliefsende Wettlauf der Apostel Johannes und Petrus zum Grab, während in Wolf. Ost. statt dessen die Überführung des ungläubigen Thomas dargestellt wird.

Eine Scene, in der Magdalena allein mit Christus als Gärtner spricht, kommt überall vor aufser Wien. Ostf., — eine andere, in der die drei Marien von dem Krämer die Salbe für den toten Christus kaufen, in Erl., Wolf. Ost., in den anderen nicht.

In 2) schliefst Erl. Ost. H. mit der Verantwortung der Wächter, in Red. Ost. H. ist noch ein Teufelsspiel angehängt.

In a) macht es einen Unterschied, ob die Auferstehung Christi der Höllenfahrt vorangeht, wie in Innsbr., Wien. Ost. H., oder ihr nachfolgt, wie in Muri. Ost. H. Von den hierher gehörigen Passionen schliefst sich Frankf. Pass. Dir. an Muri. Ost. H. an; ebenso ist die Folge in c), Augsb. Ost. H., während S.Gall., Alsf., Don., Eger. Pass. der gewöhnlichen, wenn auch inkorrekten Auffassung von Innsbr., Wien. Ost. H. folgen, die auch in 1) herrscht. S. Mone, Altteutsche Schauspiele S. 109. 114, Anm. — Die Krämerscene von

1) findet sich auch in a), in b) und c) aber nicht. Sie fehlt auch in der sonst zu a) gehörigen S.Gall. Pass.

Über c) s. das vorher Augsb. Ost. H. Bemerkte. Aufserdem sehen wir, dafs c), Augsb. Ost. H., keine Scene mit Magdalena und Christus als Gärtner hat, wie Wien. Ostf., dafür eine Erscheinung Christi bei der h. Jungfrau wie Alsf. und Don. Pass., S.Gall. Chr. Himm.

Das Begräbnis Christi, wie es die Luz. Grabl. behandelt, kommt natürlich auch vor in Ben. Pass., Frankf. Pass. Dir., S.Gall., Alsf., Augsb., Don., Eger., Frankf. Pass., sodann auch in der Himmelg. und Wolf. Mkl. Aufserdem hat die Luz. Grabl. auch das Thema der Grabwache wie die oben besprochenen Osterspiele 2), a) und b).

Der Stoff von S.Gall. Chr. Himm. ist auch behandelt in Frankf. Pass. Dir., S.Gall., Alsf. Pass.

Die Dramen, welche sich vorzugsweise mit der h. Jungfrau beschäftigen, sind vor allem die Marienklagen.

Die Marienklagen als Klagen der h. Jungfrau unter dem Kreuz kann man nach dem Umfang in zwei Gruppen teilen. Sie beginnen entweder 1) im Hause Marias und setzen sich unter dem Kreuze fort, wie in Prag., Trier., Bord., Erl., Wolf. Mkl., womit die Passionen S.Gall., Alsf., Augsb., Eger., Frankf. übereinstimmen, — oder 2) erst unter dem Kreuz, wie in der Lichtenth. Mkl., der sich in dieser Beziehung Ben. Pass., Frankf. Pass. Dir., S.Gall., Don. Pass. anschliefsen.

In 1) beginnt die Klage, insofern sie unter dem Kreuz geschieht, erst nach dem Tode Christi in S.Gall. Pass., sonst vorher. Als eine Spielart dieser Gruppe mag Himmelg. Mkl. bezeichnet werden, die uns Maria gar nicht in ihrer Wohnung, sondern zuerst vor dem Hause Caiphas' und dann auf dem Weg zum Kreuze und unter demselben zeigt. Während in 2) Frankf. Pass. Dir. und Don. Pass. sich dadurch von den anderen unterscheiden, dafs in ihnen die Marienklage erst nach dem Stich Longinus beginnt, also nach dem Tode Christi, wie in S.Gall. Pass.

Den Schlufs bildet der Tod Christi, mit einem markierten Abgang der h. Jungfrau in Trier., Erl. Mkl., oder es wird die Handlung fortgesetzt bis zum Begräbnis Christi, Wolf. Mkl., alle der ersten Gruppe angehörig.

Eine Sonderstellung nimmt Sterz. Mkl. ein durch Zeit, Ort und Teilnehmer an der Handlung, insofern daselbst Maria am Grabe

Christi, also nach seinem Begräbnis, mit ihren zwei Schwestern klagt und aufser von Johannes auch von sechs Propheten getröstet wird, mit markiertem Abgang. — Auch in der Bord., Erl., Wolf. Mkl. begegnen die anderen zwei Marien, Maria Magdalena und die Mutter Johannes'.

Wie aus dem Obigen hervorgeht, sind die Marienklagen auch Episoden der Passionen.

Die Innsbr. M. Himm. steht vereinzelt und führt ihren Namen nur nach dem ersten Teil, nicht ersten Tag, während ein sehr umfangreicher zweiter die Bestrafung der Juden und die Zerstörung Jerusalems durch die Heiden zum Gegenstand hatte.

Auch noch aus der biblischen Tradition entnommen sind M. Magd. und Zehn Jungfr., welches letztere überleitet zu den Spielen vom jüngsten Gericht, Rhein. j. Tag und, was chronologisch vorhergeht, eine Vorbereitung dazu darstellt, dem Teg. Ant. Dieses Stück und Rhein. j. Tag spielen in der Zukunft.

Legenden sind Dor., Kath. und Theoph. Helmst., Trier., erstere Märtyrerlegenden, in denen eine Heldin nicht nur ihre Glaubenstreue gegenüber einem grausamen Tyrannen durch Marter oder Tod besiegelt, sondern auch zahlreiche Heiden vor ihrem Tode bekehrt, in Dor. mit dem Motiv, dafs der Tyrann die Heldin liebt, in Kath. mit dem andern der Disputation mit heidnischen Gelehrten und der Bekehrung der eigenen Frau des Tyrannen, — während der Theophilus der Gruppe der Marienlegenden angehört. Theoph. Helmst. und Trier. haben gemein die durch die Absetzung von seiner geistlichen Würde erfolgte Verzweiflung des Helden und sein Bündnis mit dem Teufel, während eine Schilderung seines sündhaften Lebens nur in Theoph. Trier., seine Reue und Rettung durch die h. Jungfrau nur in Theoph. Helmst. vorkommt.

Ganz abseits steht Innsbr. Fronl., dessen Stoff, die Zusammensetzung des Glaubens durch die Apostel, auch in Innsbr. M. Himm. und Eger. Pass. 4018 begegnet.

Über Wolf. Sünd. s. oben S. 6. 169.

Trotz dieser Verschiedenheiten haben die behandelten Dramen gemeinsam die Beziehung auf die christliche Religion, und zwar in der Weise, dafs die Passionen, die ja z. T. mit der Weltschöpfung

und den ersten Begebenheiten nach derselben beginnen, s. auch
Wolf. Sünd., die Erlösung der christgläubigen Menschheit durch
Christi Lehre und Märtyrertod darstellen, wozu die kleinen Stücke,
welche von Christi Geburt und ersten Lebenstagen, von seiner Grablegung, Auferstehung, Höllenfahrt, seinen Erscheinungen nach dem
Tod und seiner Himmelfahrt handeln, als Episoden gehören; ebenso
diejenigen, welche sich mit dem Leben und Sterben Marias, seiner
Mutter, befassen. — Die Erlösung zeigt sicht sich dann in Einzel-
fällen durch Marter und Tod, welche die Helden wie Christus für den
wahren Glauben erleiden, in den Stücken von Dorothea und Katharina, oder durch die innerliche Bekehrung von Magdalena und
Theophilus. — Die Erlösung der Gläubigen im allgemeinen, andererseits aber auch die Bestrafung derjenigen, welche die Möglichkeit
der Rettung nicht benutzt haben, zeigen das Spiel von den zehn
Jungfrauen, der Rheinauer jüngste Tag, zu dem der Tegernseer
Antichrist sich wie ein Vorspiel verhält; s. oben S. 175. Episodisch
kommt dies in der Erlösung der Väter aus der Hölle vor, samt
der Zurücklassung anderer, in den mit der Höllenfahrt Christi verbundenen Osterspielen und in den Passionen. S. auch die Bekehrungen und Rettungen von Juden und Heiden im Teg. Ant., in
Frankf. Pass. Dir., in Innsbr. M. Himm., die Bestrafung von Sünder-
gruppen in der Hölle im Innsbr., Wien. Pass., M. Magd., Red. Ost. H.,
abgesehen von den vielen einzelnen Sündern, welche vom Teufel
geholt werden.

Die neue Lehre Christi, welche derjenige sich zu eigen machen
muß, der an der Erlösung teilhaben will, formuliert das Innsbrucker Fronleichnamsspiel.

Auch dadurch zeigt sich der einheitliche Charakter dieser
Stücke, daß Christus weitaus in den meisten vorkommt. Er fehlt
nur in Teg. Ant., Nürnb. Ostf., Dor., Innsbr. Fronl., wo er aber
durch die Hostie vertreten ist, Theoph. Trier., Sterz. Mkl., Wien.
Ostf., Wolf. Sünd., obwohl man bei dem Creator, der hier auftritt,
auch an seine Wesensgleichheit mit der *dominica persona* oder dem
Salvator, sonst Ausdrücke für Christus, denken könnte, wie der
Schöpfer im Mastr. und Eger. Pass. genannt wird. Ein stummer
Leichnam ist er in Luz. Grabl., Sterz. Mkl.

Wo ein Held vorhanden ist, wird entweder sein ganzer Lebens-
lauf oder ein Teil desselben zur Darstellung gebracht. Ersteres
ist selten: Himmelg., Mastr., Eger. Pass. Meist ist der Stoff

episodisch, so die letzte Lebenszeit Christi in Ben. Pass., Frankf.
Pass. Dir., S.Gall., Wien., Alsf., Augsb., Don., Frankf. Pass., — die
Wien. Pass. hat allerdings ein Vorspiel aus dem alten Testament,
das Leben Christi aber beginnt erst mit Magdalena, s. oben S. 170, —
Luz. Grabl., — Muri., Innsbr., Erl., Red., Wien. Ost. H. — S.Gall.
Chr. Himm., — die letzte Lebenszeit Marias in Innsbr. M. Himm., —
die letzte der gleichnamigen Helden und Heldinnen in Teg. Ant.,
Dor., Kath. — Dagegen greifen die Marienklagen — Lichtenth.,
Prag., Trier., Bord., Erl., Himmelg., Sterz., Wolf., — M. Magd., —
Theoph. Helmst., Theoph. Trier. wichtige Abschnitte des früheren
Lebens heraus.

a) ZUSTÄNDE.

Der Ort.

Was das Lokale anbelangt, so bedeuteten die im ersten Abschnitt angeführten, auf der Bühne befindlichen, von allen Seiten
offenen Buden und Gerüste Zimmer in geschlossenen Häusern,
Städte, die Hölle usw., kurz anderes, als ihr Anblick unmittelbar
ergab, das *dolium* z. B. entweder einen Berg oder den Tempel in
Jerusalem. Frankf. Pass. Dir. 34, Alsf. Pass. 1160, Don. Pass. 389.
Die freien Plätze zwischen den Standplätzen sind u. a. Strafse,
freies Feld, Wüste oder jener Ort, auf den der Bühnenbequemlichkeit
wegen eine Handlung verlegt wurde. So die Teufelsversammlungen
aufserhalb der Hölle mit Lucifer auf einem *dolium* oder einer *sedes*.
S. oben S. 21.

Unter den Lokalen, welche als regelmäfsiger Aufenthalt für
Schauspieler dienten, bedeutet eines den Himmel, zu dem Stufen
hinansteigen, Frankf. Pass. Dir. 27. 352 *thronus*, Innsbr. M. Himm.
1555. 2249, Kath. S. 165. 169. 170. 172, Mastr. Pass. 1. 3. 652,
Alsf. Pass. 528. 3732. 7892. 7914, mit einer *scala*, — s. den *thronus*
auf dem Plan Froning S. 267, — Don. Pass. 3977 und s. den Plan
S. 156 oder Froning S. 276, — Eger. Pass. 93 *thronus*, 757. 825.
2325. 7592, S.Gall. Chr. Himm. 238 ff., Red. Ost. H. 681 ff., Rhein.
j. Tag 459 ff., Wolf. Sünd. 3319 ff. — Wenn, wie S.Gall. Pass. 106,
Gott Vater bei der Taufe Christi von *aliqua persona abscondita* dargestellt wird, welche *voce patris* singt, ist der Himmel wahrscheinlich nicht dargestellt worden, sondern war aufserhalb der Bühne
anzunehmen. — Die Welt, Mastr. Pass. 3 *hie macht vnse here dat*

irste, dat was himel ende erde. — Das Paradies, Eger. Pass. 93
Salvator exiit de throno ad faciendum paradisum; s. die im irdischen
Paradies spielenden Scenen in Mastr. Pass., Eger. Pass., Wolf.
Sünd. — Die Hölle, Muri. Ost. H., Frankf. Pass. Dir., S.Gall. Pass.,
Innsbr. Ost. H., Kath., Mastr. Pass., Wien. Pass., Zehn Jungfr.,
Alsf. Pass., Augsb. Pass., Cass. Weihn., Don. Pass., — s. S. 156. 184
oder Froning S. 276. 277, — Eger. Pass., Erl. Ost. H., M. Magd.,
Red. Ost. H., Rhein. j. Tag, Theoph. Helmst., Theoph. Trier., Wien.
Ost. H., Wolf. Sünd. — Städte, Teg. Ant. 133 Jerusalem, Innsbr.
M. Himm. 3139 Jerusalem, Alsf. Pass., — s. Plan Froning S. 267,
Jerusalem, — Don. Pass., — s. das Verzeichnis der Requisiten S. 184
oder Froning S. 277. Aufserdem, obwohl es nicht sicher ist, dafs
immer die Stadt, nicht blofs ein Lokal der Stadt markiert wurde:
Bethlehem, Nazareth, Bethanien, Jerusalem, Naim, Orte des alten
Testaments in Eger. Pass., Wolf. Sünd., — Rom, Konstantinopel
Teg. Ant., Rom auch Frankf. Pass. 1138, — heidnische Städte Teg.
Ant., Ben. Weihn., Dor., Kath., — die Burg Ovelgunne Theoph. Trier. —
Häuser. Ich verweise auf den Plan der Alsf. Pass., Froning S. 267
mit den Häusern, *castrum*, des Herodes, *patris familias et reguli*,
des Pilatus, der Maria, des Annas, Caiphas, Nicodemus und Josephs,
der Synagoga, — auf den des Don. Pass. mit den Häusern von
Pilatus, Caiphas, Annas, Herodes, des Abendmahls, — das Requi-
sitenverzeichnis bringt noch das Haus Symons, die Apotheke, den
Tempel, die Judenschule, das Haus der Christen, das Haus der
Apostel. — Dasselbe Verzeichnis kennt auch einen Garten Magda-
lenas. Aufserdem s. den Palast des römischen Kaisers, Frankf.
Pass., die Throne der Könige, Teg. Ant., die Krambude für den
Krämerarzt in den Passionen und Osterspielen, eine Wechselbank,
Don. Pass. 3827.

Vieles und Wichtiges bleibt dunkel, so der Platz Christi in
den Passionen. Froning S. 267 nimmt ihn an der Stelle des später
aufgerichteten Kreuzes unter dem Himmel an; s. die Pläne von
Alsf., Don. Pass.

Andere nur zeitweilig benutzte Lokale, s. oben S. 19 f., stellen
dar das *templum* und einen *thronus* im Teg. Ant. 50. 156. 205, das
templum im Eger. Pass. 1167. 1281, eine Kirche in Theoph. Helmst.,
einen Kerker, den Johannes' des Täufers in den Passionen Frankf.
Pass. Dir. 31, Alsf. Pass. 802, ferner in Dor., Kath., einen Stall,
die Krippe für die h. Familie in Weihnachtsspielen und Passionen,
den Speisesaal für das Abendmahl in den Passionen. — Ferner

kamen vor jene oben S. 177 erwähnten *dolia* für den Berg oder die
Tempelzinne der Versuchung in den Passionen oder für den Thron
Lucifers, wenn er aufserhalb der Hölle war, Frankf. Pass. Dir. 34.
37, Don. Pass. 389 mit dem Verzeichnis S. 184, — in Red. Ost. H.
1984 besteigt der Conclusor das *dolium*, — Gräber, Eger. Pass.
3125. 3181 Lazarus', 7256 Christi, jener, die bei der Kreuzigung
auferstehen, — s. den Donaueschinger Plan, — das *desertum* für
Johannes den Täufer, Alsf. Pass. 464, für die Versuchung Christi
1138, — s. den Alsfelder Plan, — für Joachim, Eger. Pass. 1201,
für *omnes populi* 1253, der Ölberg, — s. den Plan von Alsf. Pass.,
Don. Pass. und das Verzeichnis S. 184, — durch Bäume verdeutlicht
Frankf. Pass. 2212, der Calvarienberg in allen Passionen, — s. die
Pläne, — der Brunnen, an dem Christus mit der Samariterin
spricht, in den Passionen, die Säule, an der Christus gegeifselt wird,
die andere, auf der der Hahn kräht, — s. das Donaueschinger Verzeichnis und den Plan, — der Palmbaum, den das Jesuskind nieder-
beugt, Himmelg. Pass. S. 394, der Baum des Zacheus Ben. Pass. 8,
der Baum des Paradieses Wien. Pass., Eger. Pass., Wolf. Sünd.,
der Altar Abrahams und Isaacs Wolf. Sünd. 1960, Statuen der
Abgötter Ben. Weihn. 631, Dor. S. 288, 7, Eger. Pass. 899. Sehr
umständlich wird das Gerüst beschrieben, an dem Judas sich hängt,
Don. Pass. 2411; s. S. 20 f.

Dem Inhalt entsprechend stellen die Bühnenorte meist die
fernen Gegenden von Judäa, dem Orient überhaupt, zum Teil auch
Rom und Konstantinopel dar: Teg. Ant., Frankf. Pass., — selten
näherliegende wie Frankreich und Deutschland im Teg. Ant.,
Theoph. — Das Gericht im Rhein. j. Tag sollte wohl im Thal
Josaphat abgehalten werden.

Aber mitunter machte sich der Dichter gar keine bestimmten
Vorstellungen von dem Orte, wo eine Handlung vor sich gehen
sollte, konnte also auch keine solche im Publikum erwecken. So
ist z. T. der mittlere Bühnenort aufzufassen, s. meine Abhandlungen
zum altdeutschen Drama S. 32 und oben S. 20 f. über die Teufels-
und Höllenscenen aufserhalb der Hölle, die auf scenischen Rücksichten beruhen.

Oder welches geographische Lokal stellten die Loca prophetarum vor im Ben. Weihn. 232, wo wurde das Gespräch zwischen
ihnen, Augustinus und den Juden gehalten, daselbst 1, wo das
zwischen Augustinus und den Juden im Anfang von Frankf. Pass.
Dir. und Frankf. Pass., wo das zwischen Propheten und Aposteln

über das Credo im Innsbr. Fronl., wo fand die Disputation zwischen Ecclesia und Synagoga, Cristiana und Judaea statt in Alsf. Pass. 4480, Don. Pass. 3545. 3565? — Wo schläft Joseph nach der Darbringung im Tempel im Sterz. M. Lichtm. S. 119? Es scheint, im Tempel selbst. — Wo sind die Zehn Jungfrauen gedacht?

In der Bord. Mkl. ist der Ort nicht Golgatha unter dem Kreuz Christi, denn Christus steht mit dem Kreuze in der Hand neben Maria oder tritt vor, um seinen Akt zu spielen, obwohl Johannes zu ihr sagt 186 *mich moiget de leve sone din, de hir nacket unde blot jammerliken hanget vor uns dot,* obwohl ihn Maria als gekreuzigt anspricht. Es ist ein Oratorium im Konzertsaal. Ebenso in den meisten Marienklagen. S. oben S. 106. 135. 149. Die Sterz. Mkl. spielt nach S. 118. 138 allerdings am Grabe Christi, aber es ist eher das Grab in der Kirche als das wirkliche gemeint. Hier wie in Innsbr. Fronl. kommt auch die Unbestimmtheit der Zeit hinzu; s. unten.

Auch losgelöst von jeder Vorstellung eines Ortes sind Vorträge, Scenen von Personen, welche zum Publikum sprechen, s. unten bei den dramatischen Ansprachen und im ersten Abschnitt S. 63 ff. Nicht hieher gehört der Prediger in Theoph. Helmst., der für ein Bühnenpublikum und für Theophilus predigt.

Vermengung des vorgestellten und des wirklichen Lokales. Wolf. Sünd. 918 sagt Joachim, dafs der Gesang der Propheten über den ganzen Markt erschalle.

Scherzhaft gemeint sind die thüringischen Lokale Kath. S. 172. 173, Hiddensee, Mone, Lübeck im Red. Ost. H. 206. 1295, Breslau und Ottmachau im Wien. Ost. H. S. 320, 16. 17.

Die Personen.

Personen ersten, zweiten, dritten Ranges.

Von den behandelten Stücken haben einen Helden, d. i. eine Person ersten Ranges, die beträchtlich mehr und Wichtigeres, d. i. dem Publikum näher Gehendes sagt, thut oder leidet, als alle übrigen Personen, die elf Passionen, die fünf Osterspiele, welche die Auferstehung mit der Höllenfahrt verbinden (Ost. H.), S.Gall. Chr. Himm.: Christus, — die acht Marienklagen, wozu auch der erste Teil von Innsbr. M. Himm. käme: Maria, — M. Magd., Dor., Kath., Theoph. Helmst., Trier.: die gleichnamigen Personen.

In Freis. O. Rach., Ben., S.Gall., Cass. Weihn., Erl. Dreik., Erl. Weihn. scheint mir das unmündige Christuskind eine Art Heldenrolle zu spielen, da es jedenfalls den Mittelpunkt des Interesses bildet, — in Luz. Grabl. der tote Christus.

Eine Mehrheit, die drei Marien, sind Helden der Osterfeiern und Osterspiele, Nürnb., Wien. Ostf., Trier., Erl, Sterz., Wolf. Ost., — das Menschengeschlecht in Wolf. Sünd. — Zwei Mehrheiten sind Helden, die Prudentes und Fatuae in Zehn Jungfr., die Seligen und Verdammten im Rhein. j. Tag.

Ohne einen solchen einfachen oder mehrfachen Helden sind Freis. Her., die ganze Innsbr. M. Himm., Innsbr. Fronl., Sterz. M. Lichtm.

Doch wird die Frage nach einem Helden vielfach verschieden beantwortet werden je nach der Stellung, welche der Gefragte zu den dargestellten Vorgängen einnimmt. Daß Christus in den Osterfeiern Nürnb., Wien. Osterf. nicht Held sein kann, da er nicht spricht, und nur sein leeres Grab zu sehen ist, wird wohl allgemein angenommen werden, aber in den anderen Osterspielen ohne Auferstehung und Höllenfahrt (Ost.) werden manche, trotzdem er nur wenig spricht, doch Christus als die alle anderen überwiegende Hauptperson auffassen, andere vielleicht Magdalena allein. Anderen mag Christus, trotzdem er als Toter nicht spricht, doch als Held von Luz. Grabl. unmöglich erscheinen, wenn er hier begraben wird. Einige werden auch in Sterz. M. Lichtm. in dem unmündigen Christkind den Helden sehen, andere dagegen dies auch für die Weihnachts- und Dreikönigsspiele, da es nur in Cass. Weihn. ein paar Worte spricht, nicht zugeben. Wieder andere könnten mit einigem Fug Herodes für den Helden des Freis. Her. erklären. Da es Christus ist, der richtet, könnte er als Held aufgefaßt werden in Zehn Jungfr. und im Rhein. j. Tag, — da sie rettet, und der Stoff einer Marienlegende angehört, die h. Jungfrau in den Theoph. Helmst., Trier. Wie in Wolf. Sünd. könnte auch in den mit einer Vorgeschichte versehenen Passionen, Mastr., Wien., Eger. Pass., das Menschengeschlecht den ersten Platz zu verdienen scheinen.

Wenn man in den genannten Stücken, bei denen die Entscheidung schwierig, sich doch für einen Helden entscheidet, so muß man zugeben, daß andere Personen ihm an Wert sehr nahestehen.

Im Innsbr. M. Himm. wechseln die Helden: im ersten Teil ist es Maria, im Nachspiel oder dem zweiten der rex paganissimus.

In den Marienklagen ist Maria Heldin in Scenen, die auch im

Verband einer Passion vorkommen, wo dann Christus der Held ist, ebenso Magdalena in M. Magd., dessen Stoff auch viele Passionen behandeln. Dieselben Personen können also in verschiedenen Stücken verschiedenen Ranges sein.

Außer dem Helden oder Personen ersten Ranges, wo sie vorhanden sind, kann man nach ihrer Wichtigkeit für die Handlung des Stückes Personen zweiten und dritten Ranges unterscheiden, bei den Stücken ohne Helden Personen zweiten und dritten Ranges oder Haupt- und Nebenpersonen. Letztere fehlen in den Marienklagen außer dem Juvenis in der Bord. Mkl., im Innsbr. Fronl., Rhein. j. Tag, Theoph. Helmst.

Männer.
Personen ersten und zweiten Ranges.

Sie sind meist göttliche oder menschliche Personen, welche aus der christlichen Glaubenslehre und Tradition wohl bekannt, daselbst den höchsten oder einen hohen Rang einnehmen: Gott Vater als Weltenschöpfer in Mastr., Wien., Eger. Pass., Wolf. Sünd., — Christus, die Patriarchen, Propheten in Innsbr. Fronl., Mastr. (mit Virgil 234), Eger. Pass., Wolf. Sünd., Sterz. Mkl., — die Altväter der Vorhölle in Ost. II., — Enoch und Elias in Teg. Ant., — Johannes der Täufer, die Apostel, viele andere Personen der neutestamentlichen Überlieferung, Joachim, Joseph der Nährvater, Lazarus, Joseph von Arimathia, Nicodemus (Luz. Grabl.), — Kirchenväter, besonders Augustinus in Ben. Weihn., Frankf. Pass. Dir., S. Gall. Pass., Frankf. Pass.

Auch der geistlichen Tradition gehören an Lucifer, Sathan, Antichristus.

Öfter verbindet sich mit dieser durch die Religion gegebenen Würde auch hoher weltlicher Stand, so bei David und Salomon, Joseph von Arimathia, Nicodemus, Augustinus, beim Antichrist als Weltherrscher.

Diesen finden wir sonst bei Herodes dem Älteren wie dem Jüngeren, Caiphas, Annas, dem Archisynagogus (Synagoga), Pilatus, dem römischen Kaiser in Teg. Ant., — den verschiedenen Königen von Deutschland, Frankreich, Griechenland, Jerusalem, Ägypten, Babylon, dem Rex paganissimus im Teg. Ant., Innsbr. M. Himm., — bei Fabricius in Dor., — Maxentius, — Porphirius in Kath. Auch hohe geistliche Würden sind vertreten: der Papst im Teg. Ant., der Propst, später Bischof, im Theoph. Trier., die Gelehrten im Freis. Her., Kath.

Wichtige Gruppen sind die Hypokriten in Teg. Ant., die Grabwächter in Ost. H., die sonst z. T. als Ritter, *milites*, charakterisiert werden, Innsbr. Ost. H., Alsf., Augsb., Eger. Pass., Red. Ost. H. Über Gruppen als Helden s. oben S. 181.

Selten ist es, dafs eine Person von hoher Stellung in der religiösen Tradition als arm und gering erscheint, so Joseph der Nährvater in Cass. Weihn., Eger. Pass.

Personen dritten Ranges.

Sie können sonst in geistlicher und weltlicher Rangordnung hoch und zuhöchst stehen: Gott Vater in S.Gall., Alsf. Pass., Engel als Diener und Boten Gottes, der römische Kaiser in Frankf. Pass., die Propheten in den Vorspielen zu Ben. Weihn., Frankf. Pass. Dir., der Regulus und sein Sohn, der Centurio, Simon leprosus, Joseph von Arimathia und Nicodemus in den Passionen, der Notar Pilatus' im Red. Ost. H., Jesse, der ritterliche Liebhaber Magdalenens und sein Freund im Don. Pass., hohe Hofbediente, Panthias, S.Gall. Pass., die Legati im Teg. Ant., die Chorherren im Theoph. Trier., die Proceres im Freis. Her., die jüdischen Priester in Sterz. M. Lichtm., die Geistlichen unter den armen Sündern in Innsbr. Ost. H., Wien. Pass., Red. Ost. H.

Meist aber sind es Personen niederen Standes, oft auch läfst sich der Stand nicht angeben. So die häufigen Diener: sogar Pusterbalg, der Diener des Krämerarztes, hat noch seinen Diener Lasterbalg, ebenso der Gärtner in Sterz. Ost., Innsbr. Ost. H., — Herodes hat einen Hofnarren S.Gall. Weihn., Erl. Dreik., dazu Boten aller Art, die Jünger Johannes', arme Kranke bei den Heilungen in den Pass., Teg. Ant., Soldaten, Bannerträger im Alsf. Pass., Schergen, Henkersknechte — aber in Augsb. und Eger. Pass. sind es Ritter, — ebenso die Mörder der unschuldigen Kinder in Eger. Pass., Erl. Dreik., die Grabwächter, — aber auch sie wurden oft als Ritter aufgefafst, s. meine Abhandlungen zum altdeutschen Drama S. 68, — Longinus und sein Knecht, der Vigil im Red. Ost. H., Hirten, Bauern, wie Simon von Cyrene, Wirte, Geldwechsler, Kaufleute im Don. Pass. 3827 und die aus dem Tempel getriebenen, — Handwerker, mit Wucherern, Schülern, Mönchen, als arme Sünder in Innsbr. Ost. H., Wien. Pass., M. Magd., Red. Ost. H., Schüler auch in Ben. Weihn. mit einem Episcopus puerorum, Totengräber in Eger. Pass. 3191, Gärtner in Sterz. Ost.,

Krämerärzte in Ost. H. und Pass., Räuber, Verbrecher. — Juden, Heiden, Teufel niederen Ranges.

Frauen.

Personen ersten und zweiten Ranges.

Die h. Jungfrau, Maria Magdalena, die zwei anderen Marien, Martha, die Mutter Johannes', in Bord. Mkl., Elisabeth in S.Gall. Weihn., Anna, die Frau Joachims, in Eger. Pass., Wolf. Sünd., Anna, die Prophetissa, in Sterz. M. Lichtm., Dorothea, Katharina, die Königin von Saba in Wolf. Sünd., die klugen und die thörichten Jungfrauen, die Sibyllen in Wolf. Sünd., Rachel, eine Mutter der unschuldigen Kinder, Freis. O. Rach., S.Gall. Weihn., Mastr. Pass.

Feste Gruppen sind die drei Marien und die fünf Prudentes und fünf Fatuae im Zehn Jungfr.

Personen dritten Ranges.

Procla, die Frau des Pilatus und ihre Dienerinnen, zwei in Eger. Pass., Regina, die Frau des Rex paganissimus, in Innsbr. M. Himm., die Frau des Königs Maxentius in Kath., Elizabeth in Ben. Weihn., die Sibylle im Vorspiel von Ben. Weihn., die Frau des Krämerarztes in Frankf. Pass. Dir., Innsbr. Ost. H., noch mit einer Magd in Erl. Ost., Wien. Ost. H., die Frau Caiphas' Wien. Ost. H., die Samariterin, das cananäische Weib mit ihrer Tochter, die Ehebrecherin, die Trösterin Rachels in Freis. O. Rach., Hebammen Freis. Her., s. auch Cass. Weihn., Erl. Weihn., die Töchter Syons in S.Gall., Cass. Weihn. und in Don., Alsf., Frankf. Pass., die Gefährtinnen Marias in Innsbr. M. Himm., die Kupplerin in M. Magd., Buhlerinnen, Zauberinnen als arme Sünderinnen in der Hölle in Wien. Pass., M. Magd., Dienerinnen, Mägde aller Art, Verwandte von Personen höheren Ranges.

Kinder.

Personen zweiten Ranges.

Das Jesuskind, wo es nicht vielleicht Held ist; s. oben S. 181.

Personen dritten Ranges.

Die unschuldigen Kinder, die Judenknaben Ben., Don., Eger. Pass., vielleicht auch die Schüler mit dem episcopus puerorum in Ben. Weihn.

Attribute der Personen.

Selten ist es, dafs das in der christlichen Überlieferung nur einigermafsen bewanderte Publikum über die dargestellte Person im Unklaren sein konnte. Dafs die Wien. Ost. H. S. 298, 30 eingeführte Person nur Pilatus sein konnte, wufste jeder, wenn auch der Name hier nicht genannt wird. Nur Wolf. Sünd. 2094 in der nur hier sprechenden Person Melchisedech zu erkennen, war etwas schwierig.

Diese Personen sind mit körperlichen und geistigen Attributen ausgestattet, über die äufsere Erscheinung s. oben S. 23 ff., woraus auch zu ersehen ist, dafs mehr auf Prachtentfaltung als auf historische und natürliche Wahrscheinlichkeit gesehen wurde, obwohl natürlich durch die Kleidung die äufserliche Lebensstellung oder der geistliche Rang gekennzeichnet werden sollte.

In Bezug auf geistige Attribute unterscheide ich wie oben nach Männern und Frauen und nach der Rangordnung.

Männer. Personen ersten und zweiten Ranges.

Gott Vater ist der erhabene Schöpfer und Ordner der Welt.

Christus ist zwar Gott als Lehrer und Wunderthäter, sonst aber Mensch, der mit Geduld und Sanftmut Schimpf, Marter und Tod erleidet. Er wallt auf beim Anblick der Verkäufer im Tempel, er fühlt Todesangst auf dem Ölberg und körperlichen und geistigen Schmerz bei der Kreuzigung, s. Trier. Mkl. Ob der Widerspruch zwischen der Mahnung an die Apostel, sich zu bewaffnen, und dem Verbot an Petrus, die Waffen zu gebrauchen, dem Aufwecken der Jünger auf dem Ölberg und dem Entschlufs, sie lieber schlafen zu lassen, charakteristisch gemeint war und so aufgefafst wurde, kann man nicht sagen. Er ist der strenge Richter, aber z. T. läfst er sich, wenn auch erst allmählich, durch die Fürbitte Marias erweichen, Theoph. Helmst., Wolf. Mkl., — im Zehn Jungfr. und Rhein. j. Tag allerdings nicht. — Die Zärtlichkeit zu der Mutter tritt hervor in dem Abschied, den er von ihr in Bethanien nimmt, Augsb., Eger. Pass., in dem Erscheinen bei ihr nach der Auferstehung, Alsf. Pass., Augsb. Ost. H., Don. Pass., S.Gall. Chr. Himm. Auffallend sticht es von seiner Würde als Gottessohn und Erlöser ab, wenn er in Eger. Pass. 7990 als Gärtner Magdalenen mit Schlägen droht, aber Sterz. Ost. 153 ist es ein wirklicher Gärtner.

Petrus ist eifrig und feurig, aber auch verzagt und schwankend; aufser der Verleugnung zeigt das sein Fehlen unter dem Kreuz, s.

Trier., Himmelg. Mkl., Alsf. Pass. 5942, der Unglaube an Christi
Auferstehung, Wien. Ost. H. — Trotz seiner Würde als Apostel
und Heiliger begegnet er Magdalenen grob, Erl. Ost. Das Eger.
Pass. 8125, Sterz. Ost. und Wien. Ost. H. bezeichnen ihn sogar als
Trinker, Lügner und Dieb. In diesen Stücken ist er auch Spafs-
macher.

Johannes ist der liebende Jünger, zartfühlend gegen Maria,
sträubt sich, ihr von der Marter des Sohnes zu erzählen, Sterz.
Mkl., fürchtet, er könne auch wie Petrus den Herrn verleugnen,
Bord. Mkl. — Aber Eger. Pass. 8145, Sterz. Ost. und Wien. Ost.
H. redet er spafshaft, und es wird ihm Diebstahl vorgeworfen.

Der ungläubige Thomas ist grob gegen Magdalena, Sterz. Ost.

Judas ist von galligem, mifstrauischem, übellaunigem Temperament. In seinem Ärger über Magdalenas Verschwendung der
Salbe begegnet er ihr grob, Eger. Pass. Sein Laster ist die Habsucht, während die Apostel den Tisch decken, zählt er an demselben sein Geld, Don. Pass., er hofft sein Geld nicht zu verlieren,
selbst wenn der Anschlag gegen Christus mifslinge. Seine mifs-
trauische Geldgier tritt spafshaft hervor, wenn er die Bezahlung
entgegennimmt, Alsf. Pass., Augsb. Pass.

Joseph der Nährvater ist ein lächerlich hülfloser und ungeschickter alter Mann, auch lächerlich zärtlich gegen das Jesuskind,
Cass. Weihn., Eger. Pass.

Joseph von Arimathia zeigt sich als feiner Mann, Luz. Grabl.

Der Archisynagogus ist nervös, ungeduldig, kann den Gegner
nicht reden hören, besitzt aber grofse Gelehrsamkeit und Redegabe,
Ben. Weihn.

Von den Personen des alten Testaments wird Cain als geizig
geschildert, Wolf. Sünd., — David als der Frauenliebe ergeben, Frankf.
Pass., und geschwätzig, weshalb ihn Michael bei seinem Besuch im
Himmel darauf aufmerksam macht, dafs Gott, wie alle grofsen Herren,
die Kürze liebe, Wolf. Sünd., — Salomon auch als wollüstig, Frankf.
Pass., — Enoch und Elias als standhafte Märtyrer, Teg. Ant.

Herodes ist ein jähzorniger, grausamer Tyrann, dabei ein
Heuchler, Freis. Her. S. 60, Ben. Weihn. 434, Erl. Dreik. 167.
Seinen Jähzorn zeigt besonders Ben. Weihn. 382. 394, S.Gall. Weihn.
530. 833.

Fabricius und Maxentius in Dor., Kath. sind grausame Tyrannen.
Einmal bei Maxentius eine Regung des Mitleids, wenn er S. 166
vor der Hinrichtung Katharinas sagt: *iz mus doch wese leyder.*

Pilatus zeigt etwas von demselben Charakter in den Ost. H. Doch ist er mehr strenger König und Richter als Tyrann, zeigt sich aber erschüttert über Christi Aussehen nach der Geißelung, Don. Pass. um seine Stellung besorgt gegenüber den Juden und schwach gegen seine Frau, der er die Rettung Christi verspricht, ohne sie durchsetzen zu können, Eger. Pass. Von seinen Soldaten ist er gefürchtet; er schilt sie spöttisch nach der verunglückten Grabwache, Erl. Ost. H., Red. Ost. H. — *Quid est veritas?* wird entweder weggelassen oder ist mißverstanden, ebenso *quod scripsi scripsi*, also diese Charakteristik des gebildeten römischen Beamten vom Dichter nicht benutzt, vom Publikum nicht erfaßt. Nach Augsb. Pass. 1440, Red. Ost. H. 997 kann er nicht lesen.

Der Antichrist ist ein heuchlerischer Tyrann.

Der Rex paganissimus ist tapfer, ritterlich und fromm, Innsbr. M. Himm., — der Imperator ist hochgesinnt, vom Gefühl seiner Würde und Macht durchdrungen, tapfer, aber demütig vor Gott, als König von Deutschland zwar auch tapfer und bieder, aber leichtgläubig; der König von Frankreich ist hochmütig und bestechlich, der König von Griechenland schwächlich, alle im Teg. Ant.

Augustinus zeigt gelassene Weisheit, Ben. Weihn.

Theophilus ist hochmütig und genußsüchtig.

Der Propst in Theophilus' Stift ist heuchlerisch bescheiden, Theoph. Trier.

Lucifer zeigt wilden Trotz und Hochmut in Wolf. Sünd., aber auch Anfälle von Kleinmut, Reue, Verzweiflung, Innsbr. Ost. H., Wien., Alsf., Eger. Pass.; im Zehn Jungfr., S. 24. 25 und Rhein. j. Tag predigt er sogar.

Sathan ist gewöhnlich nur der Lieblingsdiener Lucifers; in Eger. Pass. nimmt er sein Schicksal männlicher auf sich als dieser.

Alle Teufel sind Verführer zum Bösen, s. besonders Dor. (Fabricius), Kath. (Maxentius), Alsf. Pass. (Herodias), M. Magd. (Magdalena).

Die Grabwächter sind feige Prahler, Innsbr. Ost. H., Erl. Ost. H., Red. Ost. H.

Die Juden sind halsstarrig, Innsbr. M. Himm., halten aber doch z. T. die Auferstehung Christi für möglich, Innsbr. Ost. H., grausam, indem sie um das Kreuz tanzen, Alsf. Pass., geizig, indem sie über den an die Grabwächter gezahlten Sold jammern, Wien. Ost. H. Im Teg. Ant. werden sie günstiger dargestellt.

Die Heiden nehmen das Christentum willfähriger an, Innsbr. M. Himm.

Die Hypocritae im Teg. Ant. sind, was ihr Name zeigt, nur Verführer und Helfer des Antichrists.

Männer.   Personen dritten Ranges.

Die Chorherren im Theoph. Trier. sind eigennützig, der Küster ein Rationalist, der Proventerer ein armer Schlucker.

Die Hirten sind einfältige, grobe, naive, gutmütige Landleute, die alles von ihrem niedrigen Standpunkt ansehen, wenn sie auch z. T. lateinisch sprechen, Cass. Weihn. 357. 435. 440. 464. 491, Eger. Pass. 1693.

Symon von Cyrene giebt sich auch als Bauer, Eger. Pass.

Die zwei jungen Judenpriester in Sterz. M. Lichtm. spotten über die Armut Josephs und Mariens, der ältere verweist es ihnen.

Jesse, der ritterliche Geliebte Magdalenas, bemitleidet erst Christus, nimmt aber dann ganz gefühllos an der Marter teil, Don. Pass.

Der (wirkliche) Gärtner ist humoristisch-grob, aber mitleidig gegenüber Magdalena, Sterz. Ost.

Der Krämerarzt ist ein humoristischer Prahler und Schwindler, der seine zweideutigen Arzneien anpreist und mit lateinischen Brocken um sich wirft; seine Frau prügelt er, bittet es ihr aber wieder ab, Innsbr. Ost. H., Alsf. Pass., Don. Pass., Eger. Pass., Erl. Ost., Wien. Ost. H., Wolf. Ost.

Die Grabwächter sind feige Prahler, s. oben, Eger., Alsf. Pass.

Die armen Sünder, die in die Hölle geschleppt werden, s. oben S. 176. 183, haben sich durch Habsucht oder Unzucht vergangen.

Der gute Räuber zur Rechten Christi in den Passionen, Red. Ost. H.

Der Diener des Krämerarztes ist ein humoristischer, frecher Spitzbube und Spaßmacher, s. oben unter Krämerarzt.

Die zwei Schwitzbuben, eine Art Theaterdiener, Eger. Pass. 5646 und der

Diener des Blinden, Alsf. Pass. 1413, sind auch Humoristen.

Der Diener Theophilus' ist seinem Herrn ergeben, aber grob.

Der Hofnarr Herodes' ist ein blutgieriger Spaßmacher, S. Gall. Weihn., Erl. Dreik.

Malchus ist ein undankbarer Bösewicht, der Christus, trotz der von ihm empfangenen Heilung, mißhandelt, Don., Eger., Frankf. Pass.

Die Henkersknechte, die Mörder der unschuldigen Kinder, sind roh, grausam und auch oft scherzhaft; so besonders Eger. Pass.

Die Teufel, außer Lucifer und Sathan, sind störrische, freche, mitunter scherzhafte Diener, Alsf. Pass., Red. Ost. H.

Frauen. Personen ersten und zweiten Ranges.

Maria ist die zärtliche Mutter, deren Schmerz bei dem schmachvollen Martertod ihres Sohnes keine Grenzen kennt; sie fällt oft in Ohnmacht, umgürtet den Leib Christi am Kreuz mit dem Lendentuch, will den Leichnam Christi nicht begraben lassen, kann vor Schmerz nicht reden, spricht andererseits das Kreuz und den Tod an. In dem Übermaße des Schmerzes geht sie sogar über Frauensitte hinaus, Augsb. Pass. 922, Wolf. Mkl. 319; man fürchtet ihren Selbstmord, Augsb. Pass. 1879. Dieser Schmerz bewegt sie, die sonst so Nachsichtige, sogar zu Vorwürfen gegen Petrus, Himmelg. Mkl. Ihre Güte äußert sich in der Fürbitte für die Sünder, deren sie sogar unter dem Kreuz gedenkt, Wolf. Mkl., und in dem Vertrauen, das sie Judas schenkt, Augsb., Eger. Pass.

Eva ist die kindliche, liebevolle, reuige Gattin, Eger. Pass. 529, Wolf. Sünd. 923. 1136. 1168.

Magdalena ist weltlich gesinnt, putzsüchtig, ihr Sinn steht nach Musik, Spiel, Tanz und Liebeslust, M. Magd. In dieser Gesinnung weist sie die Ermahnungen der Schwester oft grob ab, S.Gall., Alsf., Eger., Frankf. Pass., M. Magd., nicht in Maastr. und Wien. Pass. Aber sie liebt Christus, dessen Lehre sie bekehrt hat, Innsbr. Ost. H., Eger. Pass., und wie sie sonst sich gesalbt hatte, so salbt sie nun den lebenden Christus und will den toten salben. Ihr Liebesschmerz, der schon die Thränen verloren hat, Bord. Mkl., ahnt sogar Christus in dem Gärtner, bevor dieser sich zu erkennen giebt, Wien. Ost. H.

Ihr ähnlich sind die Fatuae in Zehn Jungfr.

Martha, die Wirtschaftliche, Sittsame, ist ihr Gegenstück. In S.Gall. Pass. sagt sie von ihrem toten Bruder Lazarus: *er stinke wie ein fauler Hund;* s. auch Alsf. Pass.

Frauen. Personen dritten Ranges.

Die Frau des Krämerarztes ist zänkisch, untreu, habgierig; nur in Alsf. Pass. will sie den drei Marien die Salbe wohlfeiler lassen als ihr Mann.

Die Consolatrix ist mitleidig, Freis. O. Rach.

Die Schwestern Dorotheas feige.

Die Dienerin der Pilatissa sittsam, neugierig, Eger. Pass.

Die Kupplerin bei Magdalena zudringlich-geschäftig, M. Magd.

Ecclesia und Synagoga in Alsf. Pass. zänkische Weiber, in geringerem Grad Christiana und Judaea im Don. Pass. Aber sie gehören zu den unten S. 192 besprochenen allegorischen Personen.

Reich ist die Ausstattung mit Namen, selbst der unbedeutendsten Personen, Dor. S. 287, 15 Grim, S. 287, 23 Ewaer, Diener des Fabricius, S. Gall. Pass. 458 Gemelin, Diener Lazarus', 944 Panthias, Edelknecht Herodes', 1012. 1020 Urian, Diener Proclas, Alsf. Pass. 3778 Korsur (Cursor?), Diener Pilatus', Don. Pass. 1187 Josepus, Diener Lazarus', 3827 Urias, der Wechsler, der den Grabwächtern den Lohn auszahlt, Luz. Grabl. 63 Gervasius, Pilatus' Diener, Red. Ost. H. 888 Knepelin, Pilatus' Diener; s. dann die Fülle von Juden- und Teufelsnamen in den Passionen, besonders Frankf. Pass. Dir., S.Gall., Frankf. Pass. und Red. Ost. H.

Diese und ähnliche Personen bedeuten zunächst die im vorigen Abschnitt S. 23 ff. beschriebenen, durch Kostüme und Attribute ausgezeichneten Schauspieler für das Publikum, sobald es Sinn und Zusammenhang des Stückes, vor allem durch den Text, erkannt und begriffen hatte.

Unbestimmte Personen.

Mitunter aber stellten die Personen nicht sich, sondern ein Traumbild dar, das einem andern erscheint: Ben. Pass. 52. 71 der Engel, der Magdalenen erscheint, Ben. Weihn. 514 der Engel, der den h. drei Königen, 560, der Joseph erscheint, S.Gall. Pass. 1002, Alsf. Pass. 4418 der Teufel in Proclas Traum, Cass. Weihn. 829 der Engel in Josephs Traum, Don. Pass. 2948 der Teufel in Proclas Traum, Eger. Pass. 1643 der Engel im Traum der Hirten, Frankf. Pass. 3145 der Teufel in Proclas Traum, Sterz. M. Lichtm. S. 109 der Engel in Josephs Traum, — oder die vom Leib getrennte Seele. Abgesehen von Ost. H. und den in den Passionen entsprechenden Partien, wo Christus nach der Grablegung erst seine Seele allein, dann die wieder mit dem Leib vereinigte Seele bedeutet, Augsb. Ost. H., s. Don. Pass. 3665 und oben S. 173, wird in Innsbr. M. Himm. Marias Seele 1537 von Christus in den Himmel getragen, 2109 ihr schon begrabener Leib; an beiden Stellen spricht sie. Kath. S. 169. 170, Alsf. Pass. 6653, Eger. Pass. 7058. 7072 reden die eben getöteten Personen der Märtyrer und Schächer sofort als Seelen. Eger. Pass. 6652 sprechen die bei Christi Tod Auferstandenen.

Der Teufel kann einem Einzelnen einer Gruppe erscheinen, ohne von den anderen gesehen zu werden; so zeigt sich Sathan sprechend Judas beim Abendmahl Alsf. Pass. 3130, vielleicht auch 968, wenn Herodias und ihre Tochter noch in Gesellschaft des Herodes sind, als Sathan verkleidet zu ihnen kommt.

Unter den oben angeführten Männern und Frauen, welche meist,
so blaſs sie oft gezeichnet sind, doch eine bestimmte Person darstellen
sollen, unterscheiden sich einige durch die ungemeine Armut an Attributen: so die Prudentes und Fatuae im Zehn Jungfr., — im Innsbr.
M. Himm. nur der 1., 2., 3. Heide, der 1., 2., 3. Jude, — in Eger. Pass.
7522 *salvata anima, secunda salvata anima,* 7592 *anima dampnata,
secunda anima dampnata* usw., — im Rhein. j. Tag 801 *ein sel,* 824
aber ein sel. Diese Personen haben nicht nur keine Namen, was
auch sonst öfters vorkommt, aber nicht bei Helden wie im Zehn
Jungfr., sondern sie unterscheiden sich auch sonst nicht voneinander.
Sehr auffällig ist diese Abstreifung einer bestimmten Persönlichkeit
auch bei dem Rex paganissimus im Innsbr. M. Himm. 39 und im
zweiten Teil 2522 ff. Gemeint ist der römische Kaiser Vespasian oder
Titus, der ja schon längst als der Rächer Christi an den Juden galt.
Aber er wird nur als ein ritterlicher Fürst dargestellt, — daſs er
dies in mittelalterlicher Auffassung und Form ist, giebt ihm nicht
etwa in dichterisch freier Weise eine neue Persönlichkeit, sondern
beruht auf der Vorstellung, die man vom Altertum hatte: aber
nirgends Bezug auf Rom. Auch seine Frau heiſst nur Regina.
Ebenso wird sein Gegner nur Princeps Judeorum genannt und
auch nicht näher bestimmt. Das geht so weit, daſs sogar der Name
Jerusalem vermieden wird: nur Castrum Judeorum.

Andeutend ist der Schauspieler für Christus in der Bord. und
Wolf. Mkl. In beiden Stücken stellt er den nackten gekreuzigten
Christus dar, Bord. Mkl. 418, Wolf. Mkl. 156, ist aber bekleidet,
nach Bord. Mkl. S. 289 mit einem roten Priestergewande und einer
goldenen Krone, und steht neben den anderen Schauspielern. S.
oben S. 106. 135. 149. 180.

Ähnlich sind die Typen von Imperator, Apostolicus, Rex Theo-
tonicorum, Francorum usw. im Teg. Ant. Nur liegt hier die Sache
insofern anders, als die Zeit des Stückes in die Zukunft fällt, An-
lehnung an bestimmte historische Persönlichkeiten erst hätte gesucht
werden müssen.

Andeutend ist die von Maria abgewendete Haltung der Hirten
in Erl. Weihn. 1 *Pastor vero per bonam differentiam stet a Maria,
facie versa in oppositum Marie, tenens asinum, cui fenum imponat.*
D. h. er ist weit von Maria entfernt zu denken.

Eine andere Gruppe bilden Personen, welche neben ihrer
eigenen Person eine ganze Gruppe vertreten, der Archisynagogus
in Ben. Weihn., wo er mit Isaias, Daniel, der Sibylle, Balaam,

Augustinus gleichzeitig erscheint, der Synagoga[1]) wird Alsf. Pass. 2363 *meynster Raby* angesprochen, vertritt aber 4480 die jüdische Lehre gegen eine rein allegorische Figur, die Ecclesia. Ähnlich ist der Magister Judeorum in Erl. Weihn. — Rachel ist einerseits die Gattin Jacobs, andererseits die Vertreterin aller Mütter der unschuldigen Kinder, Freis. O. Rach., Mastr. Pass., Erl. Dreik., in S.Gall. Weihn. sogar Vertreterin der Christenheit, 1009 *Hie klagt die cristenhait ir kind: Ich diu vil arme Rachahel* —. Don. Pass. 763 heißt die Mutter des Jünglings von Naim auch Rachel. — Auch der eine Armiger, der die Kinder tötet — *armiger interficiens pueros* —, in Freis. Her. S. 61 und O. Rach. 66 ist vielleicht so aufzufassen, nicht als einer, der spricht, während andere neben ihm stumm ihre Arbeit thun, wie Mastr. Pass. 530. — Ben. Pass. 2 vertreten Petrus und Andreas, Wien. Pass. 524 Petrus und Judas alle Apostel.

Wirkliche Allegorien sind Gentilitas Teg. Ant., Ben. Weihn., Synagoga Teg. Ant., Ben. Weihn. 674, Frankf. Pass. Dir. 359, Judaea Don. Pass. 3545. 3665, Ecclesia Teg. Ant., Ben. Weih. 674, Frankf. Pass. Dir. 359, Mastr. Pass. 200. 204. 270, Alsf. Pass. 1555. 4480, Cristiana Don. Pass. 3545. 3665, die Gerechtigkeit und Barmherzigkeit als Töchter Gottes Mastr. Pass. 108. 126 (wo fälschlich die Wahrheit statt der Gerechtigkeit steht), Wolf. Sünd. 3645. 3662, die Hypocrisis und Heresis im Teg. Ant., der Tod Alsf. Pass. 619. 2155. — Auch der Teufel als Ratgeber mag neben seiner Persönlichkeit öfters die Gedanken des Menschen bedeuten, S.Gall. Pass. 1002, Kath. S. 162, Alsf. Pass. 698. 968. 3130. 1824, — aber er tanzt auch mit Magdalena 1770. 1892, — Augsb. Pass. 1028, Don. Pass. 2403. 2947, Eger. Pass. 2909. 3557, Frankf. Pass. 1876. 2112.

Viele der dargestellten Persönlichkeiten haben einen gewissen Gefühlswert, indem sie einerseits gewisse Gefühle ausdrücken, andererseits solche im Publikum erregen. Darüber unter IV.

Mitunter schwankten die Vorstellungen, welche der Dichter von dem Stande, der Stellung, dem Aussehen seiner Personen hatte, das Publikum empfing. Die Grabwächter werden nicht nur Ritter genannt, Augsb. Pass. 2061, Eger. Pass. 7354. 7718, — wie 2371 sogar die Kindermörder Herodes', die Schergen bei der Kreuzigung,

---

[1]) Weber, Das geistliche Schauspiel S. 40.

Augsb. Pass. 1656. 1710, — sondern sie tragen auch Rittersporen, Innsbr. Ost. H. 183, und Alsf. Pass. 6899 sagt einer: *in schimpp geben uns die frauwen den pryss, su ernst loiben uns die herren wysz.* Red. Ost. H. 1020 haben sie Lehen. Wenn sogar Henkersknechte Ritter genannt werden, so geschah dies vielleicht den Schauspielern zulieb; s. meine Abhandlungen zum altdeutschen Drama S. 68.

Der Krämer ist zugleich Arzt: Frankf. Pass. Dir. 270. 277, Innsbr. Ost. H. 455. 531. 550, Wien. Pass. 279. 287, Alsf. Pass. 7483. 7562. 7588, Erl. Ost. 75. 753, Wien. Ost. H. S. 313, 5. 314, 7, Wolf. Ost. 16. 31. Allerdings beruht das Schwanken öfters nur auf dem Text der Überschriften und Spielanweisungen; aber auch so beweist es, daß dem Schreiber die Begriffe Mercator und Medicus zusammenlaufen. S. meine Abhandlungen zum altdeutschen Drama S. 56.

In dem lat. Freis. O. Rach. drücken sich die Hirten bei der Krippe sehr gewählt aus. Im Cass. Weihn. sind sie zwar sehr bäurisch dargestellt, aber einer citiert lateinisch, 435, und sie reden sich mit *her* an. Auch Eger. Pass. 1693 singen sie lateinisch, und S.Gall. Weihn. 731 und Erl. Dreik. werden sie von einem der h. drei Könige und von Herodes mit *vil lieben herren* und *ir herren* angesprochen. S. meine Abhandlungen zum altdeutschen Drama S. 68.

Wenn Bord. Mkl. S. 289 das Kostüm Christi genau angegeben ist als ein rotes Priestergewand mit goldener Krone, und dann dennoch der Text ihn als nackt am Kreuze hängend annimmt, 418, so beruht das auf der oratorienartigen Kunstform des Stückes; s. oben S. 191.

Durch die Thatsachen des christlichen Glaubens erklärt es sich, wenn Adam nach dem Sündenfall Gott als Jesus Christus anspricht, Wien. Pass. 128, oder daß der Weltschöpfer im Eger. Pass. Salvator, wie sonst Christus, genannt wird.

Eine andere Unsicherheit in der Zeichnung der dargestellten Person ergiebt sich hie und da durch das Einspielen der eigenen Persönlichkeit der Schauspieler; s. unten.

Auf scenischer Bequemlichkeit beruht wohl die unklare Vorstellung, die sich durch den Widerspruch von Spielangabe und Text einstellt. Kath. S. 166 sagt Maxentius zu Cursates: *las ir uz czyn dy cleidir, — las sie slan mit besemen sere.* Aber Cursates thut es selbst: *Tunc exuit eam et percutiat virgis.* S. 170 sagt Maxentius: *Ie hern, dy hy sint by my, tut dese* (Porphyrius und die anderen

Christen) *hen von mir, slat en grose wunden und get er cleis den hunden.* Aber nur Cursates thut das, er sagt: *Herc, by den hulden dyn etc. Tunc decollat eos.* S. oben S. 191 die eine Mehrheit vertretenden Einzelpersonen.

Erl. Ost. H. 29 Kaiphas zu den Juden; *ir — sûllt euch auch nicht vergeszen, ir sûlt saufleisch eszen, das sag ich euch an allen list, wann sl unser muem ist.*

Tiere und Sachen.

Dem Hahn wird Alsf. Pass. 3528. 3594 menschliche Rede in den Mund gelegt, daselbst 6320 sogar dem Mond und 6334 den Sternen; Balaams Esel aber redet nicht, Ben. Weihn. 75.

Das Dolium kann Verschiedenes vorstellen, einen Berg, die Tempelzinne, den Thron Sathans, die Rednerbühne des Conclusors, s. oben S. 177. 179.

Eine Taube konnte auch den h. Geist darstellen, S.Gall. Pass. 106, — ein schwarzer Vogel den Teufel, Don. Pass. 1845, als Christus Judas den Bissen gereicht hat, *Iecz sol Iudas ein swartzen vogel by den füssen in daz mull nemen, daz es flocke,* — eine weifse Taube Christi Seele, Alsf. Pass. 6274 beim Tode Christi: *Angelus secundus stal in cruce a dextris et mittit columbam albam volare,* Augsb. Pass. 1789, Eger. Pass. 6040, aber vgl. Frankf. Pass. 4151, wo Lucifer die Seele Christi vergeblich in der Luft sucht. Andererseits wird die Seele durch ein Bildchen dargestellt, Don. Pass. 3455 *In dissem sol jeglicher schecher ein bildly im mull han, als ob es ein sel were.* Diese Bildchen nehmen Engel und Teufel und bringen sie in Himmel und Hölle.

Symbolisch-allegorische Bedeutung hat das Kreuz auf dem Ölberg, Don. Pass. 2011, und das Taschenkruzifix, das Christus in Bord. Mkl. bei sich trägt. Wenn er seinen Akt als am Kreuze leidender Christus spielt, legt er das Kreuz auf die Erde und steckt das Kruzifix ein, S. 289. Ähnlich ist das tragbare Kreuz in der Wolf. Mkl., die auch unter dem Kreuze spielt, *Maria sumit crucem in brachium* 211, *Hic portant crucem ad sepulcrum* 366. Das Schwert Simeons in Bord. Mkl., das Johannes der h. Jungfrau an die Brust hält 177, 182, 376, s. Sterz. Mkl. S. 135, Sterz. M. Lichtm. S. 107. Der Schlüssel Petrus' in S.Gall. Chr. Himm. Der Kelch auf dem Ölberg, Don. Pass. 1987. Das Licht in der Hand Christi, Wien. Ost. H. S. 302, 23. S. Teg. Ant. 45 *Misericordia cum oleo — Iusti-*

tia cum libra et gladio, 380 *Tunc tollunt ei velum,* Enoch und Elias der Synagoga, Don. Pass. 3775 die Binde und Fahne der Judaea. Die ausgestellte Hostie im Innsbr. Fronl. 32. 143. 278. 591 — *ich sehe en dort mit mynen aůgen, ich sehe en dort in des pristers henden* — ist zugleich Jesus als Versöhner am Kreuz, dem Eva für die Erlösung aus der Vorhölle dankt, 41, als das Kind, dem die h. drei Könige opfern wollen 592. 620. 637. — Sie und das Kreuz haben unter den Sachen allein einen sehr hohen Gefühlswert.

Auf scenische Bedingungen scheint es zurückzugehen, wenn Text und Aktion in Bezug auf Tiere und Sachen widersprechen und dadurch schwankende Vorstellungen erzeugen. Ben. Weihn. 241 *Deinde Maria vadat in lectum suum — et pariat filium,* aber im Text 450. 490 ist von Praesepe die Rede, und auch in der Spielanweisung 514 heifst es: *Postea reges vadant ad presepe.* Alsf. Pass. 7866 sagt Christus bei der Himmelfahrt: *Ich wel durch die wolcken clar uff su mynem vatter varn.* Das konnte doch nicht vorgestellt werden; auch heifst es vorher nur *Sequitur ascensio.* Bord. Mkl. 420 Maria spricht von ihrem eigenen, von ihr getragenen Tuch, mit dem sie Christi Scham bedeckt, aber ein Jüngling, ein Statist, reicht es ihr. Erl. Weihn. 1 in der Spielanweisung: *Pastor tenens asinum, cui fenum imponat,* dann *et dicit: Meiner rinder wil ich phlegen gůt hdv wil ich in geben.* Wolf. Sünd. 1940 sagt Abraham: *dat wy vinden Holt, dat wy to hope binden Unde leggen dat up use pert, Dat wy bereden unsen hert.* Dann: *Et procedunt. Abraham subiungit et ponit lignum super Ysaac,* — später: *Ysaac portat lignum.*

Die dargestellte Zeit ist das christliche Altertum in den Pass. Ost., Ost. H., Grabl., Mkl., Chr. Himm., M. Himm., das jüdische in Wien., Mastr., Eger. Pass. und in der Wolf. Sünd., die Zeit der Christenverfolgungen in Dor. und Kath., Theophilus im Mittelalter, also der Zeit des Dichters und Publikums, Teg. Ant. und Rhein. j. Tag in der Zukunft.

In der unmittelbaren Gegenwart spielen die Ansprachen an das Publikum durch die Prologspieler, einzelne Schauspieler, Prediger, s. unten.

In unbestimmte Zeit fallen die Disputationen, wie in Ben. Weihn., Innsbr. Fronl., Frankf. Pass. Dir., Alsf., Don., Frankf. Pass.

Öfter aber fliefsen verschiedene Zeiten zusammen, zeitlich weit voneinander entfernte Personen der Vergangenheit begegnen sich.

Die oben S. 192 genannte Rachel ist die Frau des Patriarchen Jacob und zugleich Mutter eines der unschuldigen Kinder. — Propheten aller Zeiten kommen unter sich, Wolf. Sünd. 2202. 2377, auch David mit seinem Sohn Salomon und mit Augustinus und dem Archisynagogus zusammen, Ben. Weihn., Frankf. Pass. Dir., Frankf. Pass., mit Maria als Kind, Wolf. Sünd. 3862. 3936. 3950, und mit Maria am Grabe Christi, Sterz. Mkl.; sie citieren ihre eigenen Schriften, Wolf. Sünd. 2817 — wie Petrus das Evangelium Alsf. Pass. 1489; — Gott Vater beruft sich bei der Weltschöpfung und nach dem Sündenfall auf Propheten, Patriarchen und auf den h. Paulus, Mastr. Pass. 154, Wolf. Sünd. 131. 160. 173. — Ecclesia tritt gleichzeitig mit Balaam, Jessias und der Jungfrau Maria nach der Verkündigung auf, Mastr. Pass. 199. 218. 230. 270. — Petrus hat die Himmelsschlüssel schon zur Zeit der Bekehrung Magdalenas, M. Magd. 535. — Zur Zeit der Auferstehung werden schon Christen erwähnt, Erl. Ost. H. 19. 75. — Der Antichrist tritt zur Zeit des älteren Herodes auf, Ben. Weihn. 694. 708. — Die Engel sprechen von den Menschen vor Adams Erschaffung, Wolf. Sünd. 201. 233. — Red. Ost. H. 311 *Symeon ad Baptistam: Wer is desse vromede man, der dit ruge clet heft an? he is jo to van der werlde komen.* Die Worte spricht Symeon, als Christus der Vorhölle schon nahe ist. Johannes der Täufer aber ist doch lange vor Christus gestorben, so daſs ihn Symeon kennen könnte. — Die gesungenen Evangelientexte der Passionen. — Ueber Christus im Innsbr. Fronl.; s. oben S. 195.

Das Vorspiel zum Rhein. j. Tag, das die Prophezeiungen Sophonias und des h. Gregorius über das letzte Gericht enthält, hat einerseits die Vorstellung von den alten Zeiten, in denen diese zwei Menschen gelebt haben, andererseits scheinen ihre Reden die Vorzeichen des jüngsten Gerichts selbst zu vertreten, fallen also in die Zukunft.

Das ist in den seltensten Fällen Unwissenheit oder augenblicklicher Unbedacht. Wolf. Sünd. 2375 sagt Salomon: *Sit wilkomen, gy propheten alle gader. Gát hir sitten bi mínem leven vader. Wol doch de historien dat nicht enroret, Na legenicheit des spéls sik dut doch boret.* Derselbe Arnold Imessen läſst ja auch bei Salomon Eimbecker Bier kredenzen 2384. 2700. 2732. Auch das gebildete Publikum wird das als poetische Freiheit aufgefaſst haben. S. unten b), II, 2) bei den chronologischen Widersprüchen.

Oder die alte Zeit flieſst mit der Gegenwart zusammen. Die

Juden der grofsen Menge im Neuen Testament, Frankf. Pass. Dir.,
S.Gall. Pass., Frankf. Pass. haben moderne Judennamen, wie Selig-
mann, Liebermann, Süfskind, oder sie heifsen Staudenfuchs, Helmschrot usw., Eger. Pass. 3240. Auch sonst sind die Namen unter-
geordneter Personen oft modern, Kath. S. 161 der Knecht Willekin,
die Diener des Krämerarztes in den Pass., Ost. Rubin, Pusterbalg,
Lasterbalg, die Knechte des Herodes, Sreddel und Quantz, Alsf.
Pass. 776, die Grabwächter, 'Ritter' Schintekrae, Rackenbein, Un-
verzeit, Helmschrot usw., Frankf. Pass. 3422. 3494, Sterz. Ost., die
Teufel Rosenkranz, Federwisch, Krumnase usw. Alsf. Pass. 163,
Cass. Weihn. 817, Red. Ost. H., die Hauswirte Arnolt, Czulrich,
die Magd Hildegard im Cass. Weihn.

Von den ritterlichen Soldaten Herodes' und Pilatus' war schon
die Rede; ihre Ritterlichkeit ist die moderne. Ebenso der Rex
paganissimus in Innsbr. M. Himm., der 2757 einen Ritterschlag
vornimmt mit vielfachen Anspielungen auf Schäden des ritterlichen
Lebens in der Gegenwart. Dazu kommen Äufserungen wie Augsb.
Pass. 922 Johannes zu Maria: *O Maria, thû schon gebaren! Vergiss
nit deiner iunckfraylichen sicht!* 964 Maria zu Magdalena: *kom her
sû mir mit frawen sucht*, oder wenn Magdalena 1879 gar Selbstmord bei ihr vermutet.

Über das Eimbecker Bier bei König Salomon, Wolf. Sünd., s.
oben S. 196.

Über die modernen Ortsnamen in Kath., Red. Ost. H., Wien.
Ost. H. s. oben S. 180.

Nicht so sehr Vermischung alter und neuer Zeit liegt vor, wenn
Prologsprecher, Prediger sich an das Publikum wenden, als vielmehr eine zeitweilige Unterbrechung der dramatischen Darstellung
durch eine andere Kunstform, die Ansprache von der Bühne aus;
s. unten.

Ähnlich ist Frankf. Pass. 3667. 3673: Christus wirft vor der
Kreuzigung den Juden den Gallentrank und den Lanzenstich als
geschehen vor. Er spricht hier eigentlich nicht als agierende
Person des Dramas, sondern hält eine Art dramatischer Ansprache
an die Juden im allgemeinen oder an die unter den Zuschauern
befindlichen; s. Alsf. Pass. 4512.

Aufserdem. Ben. Weihn. 94 ein Episcopus puerorum, 580 ein
Vagantenlied, das von der Einkehr der Wissenschaften in Hesperien
spricht. Wien. Pass. 184. 219, nach dem Sündenfall vor dem neuen
Testament erscheinen in der Hölle ein Usurarius, ein Monachus. Augsb.

Pass. 114 Christus sagt zu den Aposteln, dafs Magdalena zu seinem Grab kommen wird, *als ir vormals habt vernomen*. Eger. Pass. 6160 die deutsche Redaktion des INRI. 6970 Pilatus macht das Kreuzeszeichen. Frankf. Pass. 840 Jesus redet Latein. Red. Ost. H. 137 ein Grabwächter sagt: *myn swert het Mumminc*. Sterz. M. Lichtm. S. 100 der jüdische Priester singt mit seinen zwei Gefährten ein christliches Responsorium. Der Krämerarzt, der in Paris studiert hat, Innsbr. Ost. H. 313, 5, Erl. Ost. 100, und von Avignon kommt, Alsf. Pass. 7490, Erl. Ost. 84, ebenso seine ganze Sippe in Ost. H. und den entsprechenden Passionen, der wirkliche Gärtner in Sterz. Ost. sind ganz modern gehalten. Wolf. Sünd. 3913 nennt David, 3923 Joachim Maria als kleines Mädchen Mutter der Barmherzigkeit.

Erl. Weihn. 7 der Hirte sagt: *die engel mir erschinen sind und saiten mir von ainem chind, das soll ein raine maid gepern*, 15 Joseph zu dem Hirten: *so ist das das chindlein das hdint sol gepórn sein*. D. h. am heutigen Weihnachtsabend, an dem das Spiel aufgeführt wurde. Dadurch erklärt sich der Widerspruch, wenn 22 Joseph fortfährt: *da siczt die edel maid, die uns hat ein chind gepórn*. Auch das wiederholte Trinken in diesem Stück — 19. 26. 43. 45 Joseph bietet den Hirten, Maria und der Hebamme zu trinken an — bezieht sich auf die gegenwärtige Weihnachtsfreude. — Erl. Ost. H. 29, s. oben S. 194.

Hie und da geben sich die Personen des Stücks als gegenwärtige Schauspieler zu erkennen. Innsbr. Ost. H. 730 *Mercator dicit* zu Rubin: *Só nem ab dꝝ hulszen und wirff sꝝ under dꝝ aldin wib, das lassen ir pulszen*(?). Cass. Weihn. 855 *Ioseph respondit Marien: Nu wol uff, es ist zith. du sehest wol, das uns nymmant nicht brenget (für gft). was woln wir dan hie geseszen? unszer ist leider vorgessen. sal ich nu in die stad nach brode gen: das thut mynem krancken hertzen we; szo wirde ich wol geschlagen mit einnen schide uff mynen kragen irn von eynem allenn wibe. ich mochte vel luber daheym bliben. darumb dincket mich wol guth: du host eyn schleier, szo han ich eyn hute, dy wollen wir nach bier senden und wollen das beth lossen wenden. nu woluff und volge mir: wir wollen gezn zu dem guden bier.* — Erl. Dreik. 179 sagt der dritte der h. drei Könige: *Caspar, durch dein tugent, das du mir gdbst dein alter umb mein jugent, des ich der erst möcht gesein für Ihesum den scheppher mein! Caspar dicit: Ich wil dich gewern so zehant der ped, des du mich hast gemant: nim hin mein graben part hie an diser vart und*

verleich du mir dein jugent, d. h. Kaspar giebt ihm seinen falschen
Theaterbart. — Erl. Ost. 383 Rubinus auf die Frage des Krämerarztes nach seiner verlornen Frau: *Herr, ir fragt mich se spat, ich
wais welter teufel sei hin hat, und dunkcht mich auch nit wol getan,
das ir sei allain habt lassen stan under diser samnung, si leit in ein
vinster gedrang, under die jungen leut. owe irr hdut! phdch, das ist
gar enwicht, si chumt uns ganze her haim nicht.* 357 *chund mir sei
immant zaigen, des wolt ich immer wesen aigen. es würd nicht helm
dar umb verrukcht, hiet ers ein wenig überjukcht.* 644 *Pusterpalk*
dicit zu Rubinus, der ihn gerufen: *Lass mir dein huld; es ist gar
an mein schuld, das ich so lang pin gewesen; vor gestankch pin ich
chaum ernesen: ich lag auch lezund under einer pankch, do led ich
grossen gestankch von den alten weiben, den wolt ich gern die runzen
vertreiben usw.* — Erl. Weihn. 49 *Quo facto dicat pastor: Ioseph,
mich zimpt in meinem müt, dem chint sei die chelten nicht güt. lasst
uns hie aufstan und lasz uns zu haus gan; da schüll wir froleich
wern mit Ihesu Christo dem edeln herrn.* Darauf der Epilog: *Tunc
dicat Ioseph: Güt man, des völig ich dir. wol auf, Maria, volig mir;
wir schüllen in got fröleich sein, wir mügen nicht lenger hie
gesein.* — Wien. Ost. H. S. 317, 29 Rubinus, als ihn sein Herr
wegen langen Ausbleibens gescholten hat, *Herre, ich was unter
jenen alten weiben Unde wolte in den harnstein sneiden.* — Vielleicht gehört auch die Rede der beiden Marien an die h. Jungfrau, Sterz. Mkl. S. 139, hierher. — S. unten bei den dramatischen
Ansprachen.

Gelegentliches Mitspielen von Leuten, die nicht zum Personal
des Schauspiels gehörten, scheint mir vorzukommen im Eger. Pass.
5646. Nachdem Pilatus das Urteil über Christus gesprochen und
sich die Hände gewaschen hat, *Primus Schwiczbub dicit: Pilate,
grossmechtiger richtter und herr, Ich bit dich durch dein grosse er,
Du wellest mir verginden also drat Den karb, der mit dem zeug da
stat, Den wil ich den rittern noch in tragen, Das si daussen nit
darffen klagen: Wo ist hamer, nagel und zang?* Eine wirkliche
Person des Stückes hätte sich wohl nicht an Pilatus gewendet. Es
scheinen Theaterdiener zu sein. S. meine Abhandlungen zum altdeutschen Drama S. 25.

Vermischung der Zeit des Stückes mit der unbestimmten der
Disputation zeigt sich, wenn im Ben. Weihn. der Archisynagogus,
der mit Augustinus und den Propheten gestritten hatte, dann mit
König Herodes verkehrt, oder der Meister Synagoga, der im Alsf.

Pass. das lange Streitgespräch mit der Ecclesia führt, zugleich eine handelnde Person der Passion ist.

Das meiste von Personen und Sachen ist Auswahl aus der Überlieferung, der biblischen, durch Apokryphen und moderne Erfindungen erweiterten wie der legendarischen, und den älteren epischen und dramatischen Gestaltungen derselben.

Zu der Charakterisierung dieser überlieferten Gestalten aber wurde vielfach die Erfahrung des gegenwärtigen Lebens benutzt. Das gilt vor allem für Nebenpersonen, den Krämerarzt und seine Sippe, die Grabwächter, Soldaten, Henkersknechte, Juden, die Diener, Mägde und Boten aller Art, die Chorherren im Theoph. Trier.

Wir werden bei diesen Personen uns auch das Kostüm dem gegenwärtigen näher zu denken haben, als bei den Helden der Hauptpersonen; ähnlich wie in der bildenden Kunst der betreffenden Zeiten.

Mit den Vorgängen sind die Personen und Sachen natürlich immer im Zusammenhang. Aber da es, wie wir unten sehen werden, Vorgänge giebt, die zu dem Hauptinhalt des Stückes in sehr loser Beziehung stehen, so gilt dies natürlich auch von deren Personen, also z. B. denen der Vor-, Nach- und Zwischenspiele, der Domherren im Eingang von Theoph. Trier.

b) VORGÄNGE.

I. Vorgänge, als Reden (Gespräche, Gesänge) betrachtet.

Reden ohne Gegenrede.

Über die Formen der dramatischen Rede und Scene s. oben S. 63 ff., 70 ff. im ersten Abschnitt.

In Monologen, mögen sie von einem Alleinstehenden oder dem Mitglied einer scenischen Gruppe gehalten werden, überwiegt als Inhalt Ausdruck der Gefühle. Beispiele sind oben S. 38 ff. und 95 ff. gegeben, nur nicht nach Monolog und Gespräch geschieden und zusammen mit Gefühlsausdrücken ohne Rede, und nur solche, für die in den Textbüchern auch Aktion ausdrücklich angegeben ist. Ich setze darum noch her: K l a g e. Besonders Marias in den Marienklagen, ihre Bitten an die Menschen, an alle Pflanzen, ihr klagen zu helfen in Wolf. Mkl. 386, ihre Apostrophen an Erde, Tag, Tod, das Kreuz in Trier. Mkl. S. 265, 15. 267, 28, s. oben S. 66 f. die Klagen Magdalenas um Christus in Erl. Ost. 1037, die Klage Rachels um die Kinder in Freis. O. Rach., S.Gall. Weihn. 1009, die Klagen Evas und Seths um Adam in Wolf. Sünd. 1612. 1646, die Klage einer der zwei Mütter vor Salomon um ihr Kind in Wolf. Sünd. 2387, die Klage Theophilus' um seine Pfründe in Theoph. Helmst. 1, Theoph. Trier. 526. — Verzweiflung, zugleich Verfluchung, Judas', Alsf. Pass. 3623, Don. Pass. 2411, Frankf. Pass. 2660. — Reue, Magdalenas in Ben. Pass. 78. 117, Mastr. Pass. 962, Petrus' in Don. Pass. 2373, Eger. Pass. 4566, Theophilus' in Theoph. Helmst. 285. 403, der Teufel in Eger. Pass. 177 (zugleich Klagerede 199 ff.), 6640, Red. Ost. H. 1928, Wolf. Sünd. 587. — Ärger, Zorn, Herodes, Frankf. Pass. 1173, Gott Vater, Wolf. Sünd. 1297. — Furcht, Rachel, als sie die Mörder kommen sieht, Mastr. Pass. 522. — Trotzige Fluchrede, Lucifer, Wolf. Sünd. 587. — Weltlust, Magdalena, Ben. Pass. 19, Mastr. Pass. 746, Wien. Pass. 311, Alsf. Pass. 1796, M. Magd. 330. — Liebe, Magdalenas zu Christus in Ost. und Ost. H., besonders Muri. Ost. H. — Jubel und Gebet, Magdalena, Sterz. Ost. S. 160. — Triumphierende Freude, Maria, Cass. Weihn. 187, Sterz. M. Lichtm. S. 106, — wenn es nicht Ansprachen an das Publikum sind.

Gebete. Christi auf dem Ölberg, — Marias, S.Gall. Weihn. 410, Cass. Weihn. 246, — eines Engels, Cass. Weihn. 207, — einer Jungfrau, Cass. Weihn. 217. 250, — Melchisedeks, Wolf. Sünd. 2094. — Bitten. An den Tod, an das h. Kreuz, in den Marienklagen. — Bitten an Abwesende. Magdalena an Christus in Muri. Ost. H., Beschwörung des Teufels, Theoph. Helmst. 39. 606, Theoph. Trier. 554, s. auch die Berufung Christi durch Johannes, Alsf. Pass. 491. — Wünsche oft in den Marienklagen, oder der Krämerarzt, der sich einen Diener, Erl. Ost., Innsbr., Wien. Ost. H., der Procus, der sich einen Boten zu Magdalena wünscht, M. Magd. 370. Zum Teil werden die Stellen aber besser als dramatische Ansprachen gefaßt.

Die Klagen Marias und die Weltlust Magdalenens zeigen hierbei oft lyrische Formen; s. oben S. 57. 77.

Meist werden die pathetischen Gefühle ungebrochen dargestellt. Es ist selten, daß ihr Ausdruck mit kleinen Zügen versetzt wird, welche die Existenz anderer Interessen neben ihnen zeigen. Augsb. Pass. 967 Maria Cleophe, als sie Christus gebunden im Hause Kaiphas' weiß, vor dem sie mit den anderen Frauen steht: *O lieber*

maister, herre mein, mochten doch wir dich sehen sein Noch einmal
nun vor diser nacht! wol hand sy so ain lautten gebracht, Was wir
reden das hörstu nicht. O lieber herr, we dir beschicht; Wann du
hast solchs nit gewundt, das man dir dein hend also bundt. Bord.
Mkl. 417 Maria, als sie die Scham Christi mit ihrem Schleier bedeckt: *Ik wyl dat wedder bedecken. (Hic velat.) Id schal nicht*
lenger nacket stan, mynen dök wyl yk em umme sldn; wente ik arme
moder Marie eynen anderen doek wedder lye. S. oben S. 197.

Seltener sind Gedanken, Absichten. Gott Vater über die Welt-
schöpfung und Erlösung, Maatr. Pass. 1. 154. 180, Eger. Pass. 29, —
oder an das Publikum? — Wolf. Sünd. 129, — Herodias über den Rat
des Teufels, Alsf. Pass. 728, — Simon, der Pharisäer, über Christi
Nachsicht mit Magdalena, Alsf. Pass. 2777, Don. Pass. 239, Eger.
Pass. 3045, — der Krämer über den zu erwartenden Gewinn, Muri.
Ost. H. 31, — Magdalena über ihre Bekehrung, Muri. Ost. H. 215,
Alsf. Pass. 2847, — über den Schmerz Marias, Wolf. Mkl. 291, —
Gottes Absicht, zu Cain zu gehen, Wolf. Sünd. 1299, — der einen der
zwei Mütter, das Kind der andern zu stehlen, mit einer Exposition,
Wolf. Sünd. 2387, — Sathans Absichten mit dem Vertragsbrief,
Theoph. Helmst. 243, — Absichten des Krämerarztes, Muri. Ost.
H. 31. — Befehle, Rufe an abwesende Diener und Untergebene,
Innsbr. Ost. H. 790, Augsb. Pass. 1302, Cass. Weihn. 614, Eger.
Pass. 3099. 7864, Frankf. Pass. 1160. 4180, Wien. Ost. H. S. 317,
23. — Natürlich sind Mischungen mit Gefühlen sehr häufig.

Wenn Einzelreden beiseite gehalten werden, s. oben S. 67, so
dienen sie zur Charakteristik der redenden Person und der, über
die gesprochen wird. Alsf. Pass. 2777 drückt Simon, der Pharisäer, seine Verwunderung über Jesus' Nachsicht mit Magdalena aus;
s. oben. Don. Pass. 239 *So das*, die Salbung Christi durch Magdalena,
Simon ersicht, tät er im selbs sdlcsam und spricht, als ob er mit im
selber rette. Eger. Pass. 3045 *Symon murmurat in se ipsum.* Red.
Ost. H. 311 Sathan: *We is desse fromede man, de dit ruge clet*
heft an? er meint Johaannes den Täufer. Wolf. Mkl. 291 Magdalena
über den Schmerz Marias.

Aber wenn mehr Personen auf einem Standplatz versammelt
sind, ist es das Gewöhnliche, dafs einer zu dem andern spricht
oder zu der Gesamtheit der anderen. Dabei kann Gegenrede ausbleiben, so bei Mitteilungen, Aufforderungen, Ansprachen, Reden,

Prophezeiungen, Lehren, Predigten, meist einer Person an eine
Mehrzahl. Innsbr. M. Himm. 502. 1181 Mathaeus an die Juden,
Johannes an die Heiden, Alsf. Pass. 464 Johannes der Täufer an
die Juden, 1289. 1938 Christus an die Juden. Theoph. Helmst. 299,
der Prediger an das aus Statisten bestehende Publikum (?), ebenso
Rhein. j. Tag 1 Sophonias, Gregorius, wenn nicht an das wirkliche
Publikum, Erl. Ost. 81. 427 der Arzt Rubin an seine Kunden vor
der Quacksalberbude, ebenso Wien. Ost. H. S. 313, 5.

Gespräche.

Meist aber folgt auf Rede Gegenrede. Dabei ist das Tempo
des Gespräches (nicht der Rede) rasch, das ist mit kurzer Rede
und Gegenrede, oder langsam. Beispiele s. oben S. 90 ff. Das entspricht dem Inhalt der Gespräche, s. die Stichomythie zwischen
Lucifer und Sathan unter dem Kreuz beim Tode Christi, Alsf. Pass.
6274 *Lucifer: Wer is dit? wer ist das? Sathanas: Herre Luciper,
ich byn dyn knecht Sathanas. Luciper: Was gehestu dar stan?
Sathanas: Herre Luciper, ich wel disses menschen sele han. Luciper:
Hoistu dan auch deyl daran? Sathanas: Ich hoffe, hie solle mer nit
entgan,* oder das *Bin ich es?* der Apostel beim Abendmahl.

Oder langsam. Das findet sich besonders, wenn eine Person
einen Vortrag, eine Predigt hält, der gegenüber sich die anderen
mehr leidend verhalten. Auf die Rede folgt dann nur eine Be-
merkung aus dem Publikum, Innsbr. M. Himm. 382. 2757. 2837.
Predigten der Apostel, Antwort eines der Heiden, Ansprachen des
Rex paganissimus, Antworten der Ritter. Alsf. Pass. 1952, Christi
Bergpredigt, Ausruf der Magd Marthas. Oder in Disputationen wie
Frankf. Pass. Dir., Alsf., Don. Pass. zwischen den Vertretern christlichen und jüdischen Glaubens, in Wolf. Sünd. zwischen Justicia
und Misericordia, wo beide lange Reden halten.

Wo Rede die Aktion überwiegt, kann man als Inhalt der
Scenen und Vorgänge unterscheiden: Aufträge, Besorgungen derselben, Berichte über die Besorgung, Meldungen, Teg. Ant. 76. 147.
205 die Gesandtschaften des deutschen Kaisers, des Antichrists,
Frankf. Pass. 1424 die Entsendung des Boten, der Christus von
der Krankheit Lazarus' Kunde geben soll, Luz. Grabl. 63 die Meldungen zwischen Pilatus, seinem Diener und dem Centurio, Erl.
Dreik. 68 Herodes sagt den h. drei Königen, er habe schon von

ihrer Ankunft gehört, Erl. Ost. 456 Medes' Bericht, dafs die
Wächter schlafen. Freis. O. Rach. 17, Ben. Weihn. 438. 512 kurzer
Bericht der Hirten über Christi Geburt. — Verkündigungen, die
Gabriels an Maria, Prophezeiungen, die der Propheten im Vorspiel
zu Ben. Weihn., S.Gall. Weihn. Sophonias' und Gregorius' im Rhein.
j. Tag, Gottes und Davids, Wolf. Sünd. 3889. 3906, über die Ge-
burt Marias, die 3918 erfolgt, — Mitteilungen, Erzählungen. Letztere
z. B.: Johannes erzählt Marien von der Gefangennahme, dem Kreuz-
gange Christi in den Marienklagen, S.Gall. Pass. 769, Alsf. Pass.
5988, Eger. Pass. 5888, — Berichte der Grabwächter und über sie,
Muri. Ost. H. 395, Frankf. Pass. Dir. 258. Sterz. Ost. S. 148, —
Bericht der drei Marien oder Magdalenens über die Auferstehung,
Trier. Ost. 67. 157, Sterz. Ost. S. 151, — Bericht der Engel an die
Hirten über die Geburt Christi, dieser an andere, Ben. Weihn. 438,
S.Gall. Weihn. 738, Cass. Weihn. 338, — Berichte an Herodes oder
die Bewohner von Jerusalem über die h. drei Könige, Freis. Her.
S. 57, Ben. Weihn. 374, S.Gall. Weihn. 509, Maastr. Pass. 340, —
Erzählung der h. drei Könige von den Vorzeichen an die Juden,
Maastr. Pass. 349. — Aufserdem: Alsf. Pass. 7101 Sathan erzählt
Lucifer von Christi Leben und Tod, — Cass. Weihn. 724 Lucifer
erzählt den Teufeln von der Geburt Christi, 804 Krentzelin
von Johannes dem Täufer, — Eger. Pass. 29 Gott erzählt von der
Schöpfung und kündigt die Erschaffung des Paradieses an, 825
Moses erzählt den Israeliten seine Lebensgeschichte, — Wolf. Sünd.
1428 Seth berichtet an den Engel, an Adam, was er im Paradiese
gesehen habe. — Absichten. Eger. Pass. 29, s. oben, Wolf. Mkl.
322 Joseph von Arimathia beabsichtigt, Christus zu begraben. —
Aufstellungen von Meinungen, Behauptungen, — Fragen, Erkun-
digungen, — Mahnungen.

Nicht selten kommt es vor, dafs Mitteilungen, Andeutungen
auf Ereignisse gehen, die vor den Anfang des Stückes fallen. So
die Erzählungen Johannes' von Christi Kreuzweg an Maria in den
Marienklagen. — Freis. O. Rach. 41 der Internuntius zu Herodes:
Reges illi, quos misisti explorare cunas Christi usw. Die h. drei
Könige kommen vielleicht im Stück gar nicht vor[1]); jedenfalls

---

[1]) Möglich und nicht unwahrscheinlich ist es, dafs die h. drei Könige
unter dem Chorus 16 verstanden sind, der die Hirten fragt: *Pastores dicite,
quidnam vidistis? Respondeant pastores: Infantem vidimus pannis involutum.*
Derselbe Dialog spielt sich Ben. Weihn. 512 zwischen den Magi und den
Hirten ab.

müſste ihre Scene mit Herodes vor dasselbe fallen. — Erl. Dreik. 68, Herodes sagt den h. drei Königen, er habe schon von ihnen gehört. — Besonders in Anfangsscenen der Stücke dienen sie der Exposition, der Vorgeschichte. So in Freis. Her. S. 56, die Engel sprechen zu den Hirten, dann die h. drei Könige zu den Bürgern Jerusalems von der erfolgten Geburt Christi, Freis. O. Rach., — Teg. Ant., im Vorspiel und 160, — Ben. Weihn., im Vorspiel, — Dor., Frankf. Pass. Dir., im Vorspiel, — S.Gall. Weihn., im Vorspiel, — Innsbr. M. Himm., Kath., Mastr. Pass. im Vorspiel, wenn es als solches zu betrachten ist, — Prag. Mkl., Zehn Jungfr., Alsf. Pass. im Vorspiel, — Cass. Weihn., Eger. Pass. im Vorspiel, wenn es als solches zu betrachten ist. — Erl. Dreik., Erl. Ost. H., Erl. Weihn., Frankf. Pass., im Vorspiel, — M. Magd., im Vorspiel, — Red. Ost. H., Rhein. j. Tag, im Vorspiel, — Theoph. Trier., Wien. Ost. H., Wolf. Sünd. — Wolf. Sünd. 3459 dient die erste Scene zwischen Joachim und Anna als Exposition des sie betreffenden Abschnittes.

Selten deuten Vorhersagen und Absichten über das Ende des Stückes hinaus. Freis. Her. S. 61 der Befehl zum Kindermord(?). Cass. Weihn. 334 das Jesuskind spricht von seinem künftigen Martertod, Sterz. M. Lichtm. S. 107 Simon von den künftigen Leiden Marias.

Lehren, Predigten, Überzeugungen anderer (Passionen, Innsbr. M. Himm.), — Aufforderungen zum Gebet (Cass. Weihn. 258), — Versuchungen (Sathan und Christus), — Verführungen (die Hypocritae und der Antichrist, der Teufel und Fabricius in Dor., der Teufel und Herodias in Frankf. Pass. Dir., Alsf. Pass., der Teufel und Maxentius in Kath., die Teufel und Magdalena in den Passionen und M. Magd.), — Beratungen (Pass.), — Bitte, Fürbitte, Empfehlung, — Auftrag, Befehl, Einladung, Berufung (der Apostel), — Ermahnung, Tadel, Überführung, Verhöhnung, Verspottung, Beschimpfung, Lästerung, Bedrohung, — Entschuldigung, Versprechen, — Auflehnung, Verleugnung, Verrat, Abfall. — Belohnung, Dank, Tröstung, Verehrung, Huldigung, Anbetung (Cass. Weihn. 221 *Primus cantor* an die anwesende h. Jungfrau), mit einzelnen religiösen Akten, Opfer, Taufe, Darbringung im Tempel, liturgischen Liedern.

Entsprechend dem Hauptinhalt ist beliebt die Entfaltung theologischer Gelehrsamkeit, s. die Zusammensetzung des Credo in Innsbr. Fronl., Innsbr. M. Himm., Eger. Pass., — außerdem die ge-

lehrten Disputationen des zwölfjährigen Christus mit den jüdischen
Gelehrten, Eger. Pass. 2659, — Augustins und der Propheten mit
den Juden, Ben. Weihn., Frankf. Pass. Dir., Frankf. Pass., — der
Ecclesia, Gentilitas und Synagoga, der Cristiana und Judaea in
Teg. Ant., Alsf. Pass., Don. Pass., — der Propheten in S.Gall. Weihn.,
Rhein. j. Tag, Sterz. Mkl., Sterz. M. Lichtm. S. 105, Wolf. Sünd., —
den Prozeſs der Töchter Gottes im Himmel, Mastr. Pass., Wolf.
Sünd. 2272, — das Gespräch Gottes mit den Engelchören, unter an-
derem über das Liberum arbitrium, in Wolf. Sünd. 216. 241. 268.
307. Weltliche Gelehrsamkeit neben geistlicher zeigt besonders das
Ben. Weihn., Wolf. Sünd. mit der Erwähnung Äsops.

Tendenzen verraten sich in den Parodien des ritterlichen
Minnelieds, Innsbr. Ost. H. 668, Erl. Ost. 365. 384, M. Magd. 445,
564. 642, — gegen *sélgeraete*, Zehn Jungfr. 32, — gegen die Juden
in den Passionen.

Gefühle sind hier wie bei den Aktionen oder den zwischen
Aktion und Rede gleich aufgeteilten Handlungen als Begleitung
immer vorausgesetzt; aber der Ausdruck einiger ist sehr reich ent-
wickelt und umfaſst ganze Scenen und Scenenfolgen. Beispiele s.
oben S. 38 ff. und 200. Vor allem der Schmerz, in der Klage über
einen erfahrenen Verlust, Marias in den Marienklagen, und der drei
Marien in den Osterspielen und Passionen. — Zu dem Verzeichnis
von S. 38 ff. kann man noch hinzufügen: unter 'Mitleid' das der
Consolatrix in Freis. O. Rach. 84, — unter 'Ärger', 'Zorn' Judas'
Ärger über Magdalenas Vergeudung der Salbe, Eger. Pass. 3071,
Thomas' über Magdalena, Sterz. Ost. S. 160, den Zank der zwei
Mägde in Cass. Weihn. 654, Petrus' und Johannes' in Eger. Pass.,
Sterz. Ost., Wien. Ost. H., — unter 'Hohn' die höhnischen Be-
schimpfungen, die mit Hohn gewürzten Miſshandlungen Christi
durch die Juden, Wächter und Henker bei den Verhören und der
Kreuzigung, besonders Eger. Pass. 4512. 4694 die mit Jesus gespielten Kinderspiele, die Verhöhnungen der Grabwächter untereinander, durch Pilatus und die Juden in den Ost. H., Ost. und
Passionen, die Josephs durch die frechen Mägde, Cass. Weihn. 614; —
unter 'Stolz' mit Triumph, Prahlerei die Reden und Gesänge der
Engel bei Christi Auferstehung und Höllenfahrt, die der Grabwächter in Ost. und Ost. H., — bei 'Liebe' vor allem die Marienklagen, die Abschiedsscenen von Maria und Christus, Augsb. Pass.
323, Eger. Pass. 3729, ihre Bitte an Judas, ihn zu schützen, Augsb.
Pass. 265, Eger. Pass. 3861, — dazu weltliche Liebe, die aber

mehr Weltfreude ist, in dem Verkehr zwischen Magdalena und ihren Liebhabern oder Teufeln, in den Pass. und M. Magd. — Unter 'Freude', wozu auch Behagen, das Glück Magdalenas, als sie Christus als Gärtner wiedergefunden, in den Ost. und Pass., — die Wochen- und Kinderstube in Cass., Erl. Weihn., die Gelagscene bei König Salomon, Wolf. Sünd. 2700. — Dann Humor, Spaß, Spott, vor allem in den Krämerscenen der Ost., Ost. H. und Pass., s. besonders die z. T. parodistischen Reden in Innsbr. Ost. H. 668. 674. 939, Erl. Ost. 363. 384, in der Scene zwischen dem wirklichen Gärtner mit Magdalena, mit seinem Knecht, Sterz. Ost. S. 154. 156, zwischen dem Blinden und seinem Diener, Alsf. Pass. 1413, zwischen dem Vigil und den Grabwächtern, Red. Ost. H. 753, zwischen den Teufeln, besonders in den Teufelsspielen von Innsbr. Ost. H., M. Magd., Red. Ost. H., zwischen Johannes und Petrus in Eger. Pass., Sterz. Ost. S. 165, Wien. Ost. H. S. 314, 15, zwischen Thomas und Magdalena, Sterz. Ost. S. 161, zwischen dem Erzengel Michael und David, Wolf. Sünd. 3599, bei den Prolog- und Epilogsprechern, Innsbr. Ost. H. 1174, Cass. Weihn. 871, Eger. Pass. 8299, Erl. Ost. 57, Erl. Weihn. 55, M. Magd., Prolog, Sterz. Ost. S. 167, Wien. Ost. H., Prolog, — auch in den Kindermordscenen in S.Gall. Weihn., Erl. Dreik., in den Späßen der Schergen mit Christus; s. oben S. 206. Der Eindruck in den letztgenannten Beispielen war natürlich ein anderer als in den ersteren.

Über mehr sprachliche Formen der Spaßhaftigkeit s. unten beim Stil.

Auch im Gespräch findet sich mitunter das Pathos des Gefühls unterbrochen; s. oben S. 201. Cass. Weihn. 334 *Et puer,* der neugeborene Christus, *dicit: Eya, eya, Maria, liebe mutter myn: sal ich von den Ioden liten grosze pin. Maria dicit: Swige, libes kindelin Ihesu Crist: beweyn diner marteil nicht zu disser frist;* d. h., wir wollen, trotzdem wir deinen künftigen Tod wissen, uns jetzt in unserer Freude nicht stören lassen. — Sterz. Mkl. S. 139 zwei Marien sagen zu der dritten, der h. Jungfrau: *Dar umb lass dein weinen sein, Und lass uns nit lenger hie stan, Sundern wellen heim gan, Wan es ist nun spat, Dass uns an dieser stat Von niemand nit wider far, Und kemmen morgen wider dar.* — Wolf. Mkl. 326 die h. Jungfrau: *Nu nemet one hen,* den Leichnam Christi, *dat is min wille. Wen gy one begraven, so swiget stille, Uppe dat der Iodden nein gemote An ome sich mer vorsoken.* — Wolf. Sünd. 923 Eva zu Gott vor dem Sündenfall, als er sich entfernen will: *Ach leve here, du en scalt nicht ilen*

*Van uns, dinen undersaten, Unde uns so draden allene laten. Wol
is dusse stede vul lusticheit, Like gerne wy dy hir bi uns seit. Leve
here, de warheit met ic gein. Creator: Ia, Eua, dat mag wol schein.
Et recedit ad tronum suum.*

Die ausgedrückten Gedanken, Absichten, Gefühle des Schauspielers sind nicht immer wahr und nicht immer seine wahren,
wie das Publikum weifs. So die Angabe Petrus', dafs er Christus
nicht kennt, in den Passionen. Freis. Her. S. 60 Herodes zu den
h. drei Königen: *Ite et de puero diligenter investigate et invento re-
cedentes mihi renuntiate ut ego veniens adorem eum;* s. Ben. Weihn.
433. — Mastr. Pass. 1164 Maria (Magdalena) *ginc su Ihesus,* der
in das Haus des verstorbenen Lazarus gekommen war, *dit sach ein
Iude inde sprach: Mich dunc Maria is up gestan. Zu den grave
wilt si gaen inde iren bruder weinen, Lazarum, den reinen.* Zum
Grabe geht Christus mit den zwei Schwestern erst 1186. — Alsf. Pass.
4418 *Deinde Fedderwisch apparens uxori Pilati in sompno et dicit
ei: O, du hoch geborn konigyn! ich bin der engel Seraphim: got hot
mich zu der gesant.* — Augsb. Pass. 271 Judas zu Maria: *Fraw, nun
vernem mich offenbar! was ich dir sag, dat ist war, Das ich nie args
hab vernomen, das dein kind möcht zu schaden komen,* ebenso Eger.
Pass. 3873, dann 6182 Pilatus zu den Juden über das INRI. *Aber
het ir mirs vor geseit, Das es euch solt wesen leit, So het ichs also
geschriben nit Ueber Ihesum, den ir habt gericht,* während er 6155
seinem Diener gesagt hatte, er habe die Absicht, den Juden damit
ein überlast anzuthun. — Frankf. Pass. 3461 *miles Ruckenbein: ich
wil bedenken, das he* (Christus) *slug Malchum in den garten.* 3887
Salomes zuversichtliche Tröstungen gegenüber der h. Jungfrau. —
Red. Ost. H. 850 ein Grabwächter erzählt den Hohepriestern in
Bezug auf Christi Auferstehung: *ik sach dat vor war, dat de enghel
van deme hemmel clar myt eneme groten schine quam unde de vrouwen
to sik nam an dat graf unde sprak aldus.* Aber die Wächter haben
geschlafen, 227, und 786 glauben sie, dafs die Jünger Christum
gestohlen haben. — Sterz. Ost. S. 147 sagt Unverzait, einer der Grabwächter, am Grabe vor den anderen, dafs die Jünger den Leichnam
des Herrn gestohlen haben, dort, wo Schürnprant Wache halten
sollte, während der wirkliche, S. 146, von einem dritten Wächter
S. 148 bestätigte Vorgang der war, dafs die Wächter im wachen Zustand niedergeschlagen, wehrlos gemacht wurden. — Theoph. Helmst.
616. 630. 639 Sathan lügt Marien vor, dafs er von dem Kontrakt
nichts wisse, ihn nicht finden könne. Dafs das Vertrauen, welches

die h. Jungfrau in Judas setzt und ausdrückt, Augsb. Pass. 275, Eger. Pass. 3861, unbegründet ist, weifs das Publikum.

So verstand es gewifs auch, dafs die Worte, welche Christus auf dem Kreuzweg an die Juden der Bühne richtet, Frankf. Pass. 3667. 3673, vgl. Alsf. Pass. 4512, eigentlich den gegenwärtigen Juden gelten; s. oben S. 197.

Wenn Kaiphas sagt *Expedit vobis ut unus moriatur homo pro populo et non tota gens pereat*, so drückte er hiemit zwar seine Ansicht aus, zugleich aber etwas ganz anderes, woran er nicht dachte, was aber vom Publikum verstanden wurde; Ben. Pass. 171, S.Gall. Pass. 558, Augsb. Pass. 35, Eger. Pass. 3463. 3489, Frankf. Pass. 1620[1]). — Alsf. Pass. 613 sagt Johannes der Täufer zum Volk: *sich, so dan ist der leste dagk, das der benomen wirt das leben, dan so wirdet gegeben* usw. *Hic, si placet, Mors lento pede vadat post Iohannem.* D. h. der Tod, von dem Johannes hier spricht, wird ihn eher erreichen, als die anderen, an die er gedacht hat.

Auch verschiedene Widersprüche zwischen dem Gehörten und Gesehenen mufste das Publikum nach ihrem Wert aufzufassen wissen. s. oben S. 179. 193.

Neben dem unmittelbaren Zweck der Mitteilung an einen andern Schauspieler oder, wie bei den Monologen, des Ausdrucks der eigenen Gedanken und Gefühle dienen die Reden der Schauspieler auch öfters der Ökonomie des Stückes; sie exponieren die Sachlage, s. oben S. 203 unten, sie tragen nicht Dargestelltes nach; Rückblicke und Vorhersagungen, geäufserte Absichten vertreten Vorgänge; s. unten in II A und III. Direkter dienen diesen Absichten z. T. die dramatischen Ansprachen, von denen in I B die Rede sein wird.

Wenn sich von einer gröfseren Gruppe eine kleine Zahl zu einem Sondergespräch ablöst, s. oben S. 51 f., so dient das nicht so sehr zur eigentlichen Handlung als zur Charakteristik des Sprechenden oder der Person, über die gesprochen wird. S. oben S. 200 über das Aparte. So, wenn Jesus über Lazarus' Grab stehend weint, reden die Juden, in Eger. Pass. auch der Totengräber, über die Liebe, die Jesus zu Lazarus getragen habe, Mastr. Pass. 1178, Don. Pass

---

[1]) Alsf. Pass. 2462 *isz fuget und bekommet uns woil, und ist viel besser sicherlich, dasz der, der do so berymmet sich, vor uns sterbe.* Bei dieser Formulierung ist der Bezug auf Christi Tod für die Menschheit verwischt.

1295, Eger. Pass. 3191, Frankf. Pass. 1542. — Außerdem Alsf. Pass.
3126 *Post hoc*, nachdem Christus den Bissen eingetaucht hat,
*Iohannes ponit se ad pectus Ihesu et dicit: Lieber herre, meynster
mynn, wer sail der vorreder synn? Ihesus respondit clandestine Iohanni dicens: Dem ich reichen dissen byssen yn den mont, der wel
mich verraidden zu disser stund. Et cum hoc Ihesus porrigit Iude
intinctum panem.* Don. Pass. 289 als Christus Magdalenen ihre
Sünden vergeben und sie gedankt hat: *Disser red nach facht ein
Iud an, heist Osyas, und spricht:* er erkundigt sich über Christus,
der solches thue, und erhält Belehrung. 443 als Jesus in den
Tempel geht, spricht Salathiel: *Wer ist disser frömde man, der also
frevenlich dar zu uns gan usw.* 711 Verwunderung der zwei Jünger,
als sie Christus mit der Samariterin sehen. 1315 Salomon zu den
anderen Juden bei der Erweckung Lazarus'. 1563 Achas unmutig
zu den Juden beim festlichen Einzug Christi in Jerusalem. Frankf.
Pass. 850 Liebermann Rabi drückt den anderen Juden seine Verwunderung darüber aus, daß Jesus Latein spreche. Sterz. M.
Lichtm. S. 101 das Gespräch der jungen Judenpriester über die
Armut Josephs und Marias.

Über Reden, die Vorgänge vertreten, s. unten II A, chronologische, synchronistische Reihe.

Der sprachliche Ausdruck.

Ich gebe nur einige Andeutungen, da mir keine systematischen
Sammlungen zu Gebote stehen, und setze hierher auch Beispiele
aus I B, den dramatischen Ansprachen. Wenn der Stil einer natürlichen oder kunstmäßigen Rede in der Auswahl aus den syn-
taktischen, phraseologischen und rhetorischen Möglichkeiten besteht,
so kann man in unseren Stücken einmal Redeformen unterscheiden,
die der gewöhnlichen Wirklichkeit nahekommen.

So die Frage ohne oder ohne vollständige Antwort, — abgesehen
von der, die einen Ausruf vertritt, wie Dor. S. 294, 1 *Wie bistu
des hungers ie genesen?* fragt Fabricius, S. Gall. Chr. Himm. 143
Den vatter welstu gerne sehen? Eger. Pass. 8289 der Conclusor: *wo
sindt nun die Iuden mit irer list?*, — Alsf. Pass. 2256 Christus:
Martha, wil du des gleuben mer? daß er die Toten erwecken könne,
während Mastr. Pass. 1151 auf diese Frage antwortet. Don. Pass. 3362
ein Henkersknecht zu Pilatus: *geschow den man* (l. *rock*, Christi sc.),

wie gefalt er dir? Eger. Pass. 599 Kain zu Abel: *Abel, ich müs dich etwas fragen, Das soltu mir die warheit sagen, Und warumb got dein opfer sei Angenemmer wen das mein da pei; Das selb mir nit gefallen thüt Und vast beschwert mir meinen müt. Wirstu mich das nit wissen lan, Es müss dir an dein leben gan. Et sic Caym interficit fratrem.* Sterz. Mkl. S. 124 Maria zu Johannes: *Darumb wie du in (Christus) hast gesehen, Das soltu mir der warheit jechen.* Johannes antwortet blofs, dafs er ihn blutig aus eines Juden Haus heraustreten und das Kreuz tragen gesehen habe, und versucht dann, Maria zu trösten. Sie fährt fort: *Sag mir lieber Iohann, Umb wie ich dich gefragt han.* Jetzt erst berichtet Johannes von der Kreuzigung.

Aufgreifen eines Wortes. Frankf. Pass. 2767 Pilatus zu Christus, nach der Bibel: *du sehist wol, das myn gewalt ist ober dich also gestalt, das ich dich uff diesen tag gedoden ader gelassen mag. Salvator dicit: Non haberes in me potentiam, — Du hettest wenig uber mich gewalt, das weis sicherlich, wer sie dir nit von myns vatter wegen oben von hymmel her abe gegeben.* Ebenso lateinisch 3254. — 3207 Christus zu Pilatus vor den Zeugen gegen ihn: *Sie hant wol macht ze sprechen vil gut oder bose, wie iglicher wil, wan die zeit is komen nu. sehen sie, als sie recht thun! Cayphas dicit: Da wollen wir wole fore uns sehen.* S.Gall. Chr. Himm. 141 Philippus zu Christus: *den vatter zög uns vor unsern ögen, so went wir dich fürbas nit me fragen.* Christus: *Den vatter welstu gerne sehen?* M. Magd. 601 Procus: *Und trewtet euch ein ander man, der mit dem griffel schreiben chan, das ist mein swdre.* Maria: *Ir griffelschreiben liebet mir.*

Wortspiele. Alsf. Pass. 1319. 1386 das biblische vom Wasser des Lebens, von der Speise, die nicht sättigt, bei der Geschichte Christus und die Samariterin. Eger. Pass. 6552 *Salvator* am Kreuz *canit: Sicio. Finitis dicit: Mich durstet also serre Nach dem armen sunder und nach den sellen, die do sein Lange zeit in der hellepein Gewessen umb ir missetat.* Don. Pass. 655 Trank der Samariterin und Trank der christlichen Lehre, 717 natürliche und geistige Speise, 1121 leibliche und geistige Blindheit. Innsbr. Ost. II. 874 *Personae cantant: Heu, quantus est noster dolor! Rubin dicit: Was heu, was heu, was heu! was sagit ir von hdu! saget uns von cygner und von keszen, des moge wil wol genesen.* M. Magd. 459 auf die Worte des Procus, dafs er von Liebe brenne, antwortet Magdalena: *Lesche, herr, lesche.* S. auch oben M. Magd. 601.

Zwei Gedanken ineinander verschlungen malen das geteilte Interesse des Sprechenden. Augsb. Pass. 225 Rabbi (Kaiphas) zu Judas: *Iudas nem hin pfenning ain, zwen, drey, schow auf, das diser kauf stät sey! Nem mer da vier, fünf, sechs, syben, das der man werde vertriben! Iudas sich auf! das wirt auch neun; das mag wol ain gütter kauf seyn. Zehen, aylf, zwölf an der zal, dreyzehen, vier- zehen, du hast die wal usw.*

Scharf logische Zurückweisung. Eger. Pass. 4504 Christus zu Malchus, der ihn wegen der Antwort an Annas geschlagen hat, nach der Bibel: *Hab ich übel gesprochen, So hastu dich wol gerochen. Hab ich aber des nicht gethan, Warumb hastu michs engelten lan?* Besser Alsf. Pass. 3500 *Hon ich geret frevelich, sso gib geseugniss ubber mich. Hon ich aber recht gethain, warumb slehestu mich, du gudder man?* 3558, Frankf. Pass. 2470. — Red. Ost. 942 Pilatus zu den Grabwächtern: *Slepe gy, wo mochte gy dat sen? dat kan nycht wol to samende sten. seghe gi id ok, so slepe gy nicht: gy hebben dat sulven under jw ghedicht.*

Unsinnige, auf die Rede reimende Gegenrede, z. T. als Ab- lehnung. Innsbr. Ost. H. 455. 700. 898, Cass. Weihn. 868, Sterz. Ost. S. 152 '*Salvete*' *sprach der wolf ze dem stier*, Wien. Ost. H. S. 320, 11. 16. 320, 23 *Mercator: Sweiget, vrau, oder ich gebe euch einen puf. Mercatrix: Dorte get der mond uf. Mercator: Sweiget! ich gebe euch einen slag. Mercatrix: Zolch, da er hie lag.* — Auch in Einer Rede, Erl. Ost. 73 *Es mag nicht alles werden versumien, es misticht ein münich auf einer nunnen.*

Absichtliches Mißverstehen. Eger. Pass. 6552 *Salvator* am Kreuz canit: *Sicio* usw. *Abraham dicit: Hört zu, Ihesum den dürst Auff die nechtigen pratwürst.*

Ironie. Augsb. Pass. 1164 Herodes von Christus: *Zwar, er ist wol ain witzig man.* Erl. Ost. 398 nach Beschreibung einer häß- lichen Bauernmagd, die Rüben gegraben, *der fross si siben, die süss und die vil rain*, Wien. Ost. H. S. 316, 19.

Selbstironie oder Wahrheit im Munde eines Lügners, Prahlers, Schwindlers, öfters beiseite. Innsbr. Ost. H. 537 Rubin von seinem Herrn: *waz man em der gesunden brenge, dy macht er alle siche.* Erl. Ost. 100 *Medicus cantat: Nuper veni de studio, scio, quod tota regio mihi coequalem nescit, nec habet talem. hoc loquor sine fraude, sed tamen ficta laude. Ich pin neulich kömen von Pareis, auf erznei hab ich allen fleis gelegt wol tausent jar, waz ich red, daz ist nicht war,* 140. 246 *und dar zu meinen praiten hut, der ist im chaum für di*

sunn gůt, 311. 408 ff. Wien. Ost. H. S. 313, 5. 8 *Was ich euch sage,
das ist nicht war*, 313, 13 *Ich bin ein meister her komen, Ir sullet
mein nemen kleinen vromen*, 316, 11. — Joseph in Cass. Weihn. 562,
Pilatus im Innsbr. Ost. H. 40 (?). — Der Redende rechnet dabei wohl
auch darauf, daſs sein scenisches Publikum über dem Wortschwall
und dem Metrum den Sinn überhöre. — Oder es wird eine allgemeine Aussage durch Ausführung der Einzelheiten oder einen
Vergleich als falsch oder als Lüge gekennzeichnet, Innsbr. Ost. H.
559 *min meister ist eyn kloger man, wirt eyner in dem mantel wunt,
kumt er cůů em, her macht en gesunt*, 564 *dſ blinden macht er
sprechen, dy stummen macht er essen*, Cass. Weihn. 603 Joseph sagt
von seinen Hosen, sie seien *bei den lucheren gans*, Erl. Ost. 390
Ir har ist gelb recht als ein pech, 403 *nempt sei pei der cholweissen
hant*, Red. Ost. H. 1351 *Hebbe dat ey, dar de henne myt deme pelse
af lep*, Sterz. Ost. S. 147 ein Grabwächter zu dem andern: *wen ir
seit ein süren helt, So man die herten eier schelt*, Wien. Ost. H.
S. 313, 28 *Ich bin jung und hovelich: Ich kan den alten weiben Die
Beutel abe sneiden*, 315, 27 *So ist die vumfte vein und klar Als eine
ku, die kalben sal. Wer da hat ein har oder swei, Der wirt rauch
als ein gansei*, 316, 7 *Auch habe ich gar ein seuberlich weip —
Sie hat warlich einen krummen munt Und siht uber die nase sam
ein hunt* usw. — Ob hierher gehört Innsbr. Ost. H. 40 Pilatus: *Ich
bin Pylatus genant, eyn konig in der Iůden lant, und wil hỵ eyn
richte sicsen, das alle Iuden müssen swicsen?*

Grobe und unflätige Worte. Magdalena zu Martha, S.Gall.
Pass. 171 *du magst wol sin ein alte doren*, 203 *das dich der divel
socke*, Alsf. Pass. 1931 *du peltenerssen, ganck dyn strayssen*, 1934
du kirchenvistern, ganck von mer, Frankf. Pass. 983 *gang hinweg!
das der tufel in dich fare!* — Judas zu Magdalena, nachdem sie
Christus gesalbt hat, Eger. Pass. 3071 *Zetter und mort uber deinen
leib, Magdalena, du verfluchtes weib!* — Der wirkliche Gärtner zu
Magdalena, Sterz. Ost. S. 153 *get resch, ir bose haut — Oder ich
smier euch eure glieder.* — Die Magd Hildegart zum h. Joseph,
Cass. Weihn. 615 *alder zegenbart,* — Hildegart und Gutte zu
einander, 664 *du wil bosse hute*, 672 *du bose schande, du bist ein
lcufferin uff dem lande,* — Joseph zu ihnen, 680 *Ach, er snoden
hute.* — Der Vigil zu den Grabwächtern, Red. Ost. H. 766 *de sunne
mag ju in den saghel schynen.* — Ein Chorherr im Convent, Theoph.
Trier. 84 *So dat mallich dat use kricht, Unde latet uns des hars in
dem erse nicht.* — Kaiphas zu den Grabwächtern, Wien. Ost. H.

S. 310, 11 (die Handschrift hat fälschlich *Pilatus*) *Sweiget gummen,
ir affen, Und lat euer klaffen! Ir bestundet bass einen grützen heiss,
der da wer gemacht veist, Wenne ir vorwar keinen man Torstet
immer bestan.* — Pilatus zu den Grabwächtern, Innsbr. Ost. H. 180
Wen ir wult ritter wesen, so sult ir hundez pulver lesen. — Thomas zu
Magdalena, der er nicht glaubt, daß sie Christus gesehen habe, Sterz.
Ost. S. 161 *Du hast gesehen ein bok für ein geis.* — Petrus und
Johannes zu einander beim Wettlauf, Sterz. Ost. S. 165. 167 (s. Eger.
Pass. 8125), schelten sich Säufer und Dieb. — Ecclesia bei ihrer
Disputation mit der Synagoga zu den Juden, Alsf. Pass. 4546
*Wane er bossen schebigen Iudden! ir stincket als die ridden! er sijt
bosser dan eyn hont,* 4605 *her Moises buch hot er wol gelesen, er
machet uber uwern eygen ars eyn beszen,* 4693. — Die Seele des Schülers
zu Lucifer, M. Magd. 294 *Da mit so lauff ich enweckch, her teufel,
habt euch mein dreck.* — Vieles der Art in den Reden der Teufel,
Cass. Weihn. 728 Lucifer: *Auch geb ich der zu lone, dasz eyn alt
weib scheusz nach der none,* 779 *och geb ich der ein selgereth,
der monche leckebreth*(?), 817 *Krentzelin, habe dir zu lone schauff-
lorbern und zegenbonen! Belial und Machedantz, habet uch allermeinst,
das eyn alde nunne vor der metten scheusz,* M. Magd. 55 Lucifer:
*und pring die sel mir, so wil ich seu verslikchen in meinen ars
dickchen,* Red. Ost. H. 1351 *Hebbe dat ey, dar de henne myt deme
pelse af lep,* 1387 *Des hebbe stanck, myn leve kumpan!* 1467 *So
hebbe, dat der su entrolt,* 1503 *tpru vort tpru!* 1571 *me schal dyne
munt myt swyneparten belegghen,* 1595 *settet em* (dem Peneaticus)
den ers uppe den heten hert, 1596 *Ach, Lucifer, here, de dy bemeghe,*
1737 Sathan zu dem Priester: *ga vort, du rehte olpender,* 1901 *set,
wo steit de kerle* (der Priester) *bemeghen.* Theoph. Trier. 570, Wolf.
Sünd. 2176 ein Teufel zu Eva: *Swich stille, du olde kafsack Unde
lat dim braschent sin. Edder ich wil dy eine lexien lesen, De van
gode nicht wesen schal.* — In den Reden zwischen dem Krämerarzt
und seinem Diener, Wien. Ost. H. S. 315, 1 *Medicus dicit: Rubein,
ich wil dir den quark geben, Dass du das jar nicht must uberleben,
Und auch einen vladen darzu, Den da machet die ku.* — Don. Pass.
356 sagt Magdalena: *der tüffel sol mich nit me beschissen* ist zweifelhaft. War das Wort schon ganz farblos geworden wie später?
        Das Element des geschlechtlich Unanständigen vertreten besonders
Rubin und andere Personen der Krämergruppe, Innsbr. Ost. H. 467.
599, Erl. Ost. 74. 132. 304. 360. 469. 806. 896. 901, — die Mägde
in Cass. Weihn. 661, — *Anima monachi* in Wien. Pass. 225 *ich greif*

an ir hendelin, ouf richt sich der eilfte vinger min, — die Seele
eines Schülers, M. Magd. 222, eines Minners 269, — Magdalena
und der Procus M. Magd. 601, — die Juden, Erl. Weihn. 27, — Lucifer,
Innsbr. Ost. H. 402, Wien. Pass. 236, M. Magd. 262. 288.

Scurrile Rede und Beredsamkeit, welche die eben genannten
Mittel anwendet, aber auch Häufungen, Redeschwall, s. Eger. Pass.
4758, Erl. Ost. 57. 627, Red. Ost. H. 1122, findet sich besonders in
den Reden der oben S. 207 angeführten Personen, nicht nur der
niedrig oder komisch gehaltenen, sondern auch ohne Rücksicht auf
die Würde der Personen und der Handlung in den Reden der
Apostel Thomas, Petrus und Johannes, des Pilatus, des Kaiphas. —
Hier erscheinen öfters Häufungen, so die Aufzählung von Medica-
menten, Erl. Ost. 627, — von gesehenen Ländern, Alsf. Pass. 7494, —
von Handwerkern, Red. Ost. H. 1122, — von Judennamen, Eger.
Pass. 4758, — von Bauernnamen, Erl. Ost. 57, — Nachahmung
der Juden-, Teufel- und der Tiersprache. S. oben S. 76; der Hahn
im Alsf. Pass. 3528. 3594 singt: *Gucze gu gu gu ga! Peter, lug lug
lug nu da.*

Das Gespräch liebt sehr die Anrede, was wohl auch den Zweck
hatte, das Publikum mit Namen und Stand des Angesprochenen bekannt zu machen, ihm denselben einzuprägen, Alsf. Pass. 536, Red.
Ost. H. 19. 41, Wolf. Sünd. 1903. 2025.

In Wien. Ost. H. S. 298, 36 sagt der zweite Ritter zu Pilatus:
*Herre, get uf das pallas sitzen Mit so guten witzen: Ir seit der
grosten herren ein, Den die sonne ie uberschein.* Das ist wohl mehr
für das Publikum als für Pilatus berechnet.

Über das oft dem Ausdruck dienende Verstummen s. oben S. 83 f.

Andererseits kann der Vortrag auch, abgesehen von dem ganz
oder teilweise lateinischen Text, den metrischen — auch lyrischen —
und musikalischen Formen, s. oben S. 76. 79, der gleichzeitig
von mehreren gesprochenen oder gesungenen Rede, s. S. 142, den
Monologen, S. 200, den opernhaften Wiederholungen, s. S. 112, sich
von der Sprache des gewöhnlichen Lebens weit entfernen, so durch
sprachlichen, metrisch-musikalischen Ausdruck des Pathos. In den
Marienklagen, s. oben S. 113 ff., die z. T. traditionellen rhetorischen
Wiederholungen des *owé, wá ist.* Oder Bord. Mkl. 702 *syn blot
my nu rodet, syn dot my nu dotet, syn not my nu nodet;* Himmelg.
Mkl. S. 400, — in den Klagen Magdalenas um Christus und in ihrer
Freude, nachdem er ihr erschienen, in den Ost., Ost. H., so Wien.
Ost. H. S. 331, 29 *ich sach meinen herren So in grossen eren: Des*

bin ich einem swebenden vogel gleich, Und bin in allen vreuden reich, —
oder Marias vor ihrem Tode, Innsbr. M. Himm. 989 *Myn sele ist
vol diner mynne. eya, hette ich vlogele, lyber son, ich welde in der
hymmels tron vligen in dyne wissen arme,* — in den Reden des ge-
fallenen Lucifer, Eger. Pass. 189 (wo die Spielanweisung unrichtig
Sathanas hat) *O we meiner schönen klarhait — O we meiner grossen
gwalt — O we meiner weissen dancken.* 199 *Das sei dem högsten
got geklagt, — Auch klag ich das ganz unverporgen Der hellen
sunnen und auch dem morgen, — Ich klag dirs du lichter tag. Es
sol von mir geklagt sein Dem lüstigen hellen monneschein. Dem fir-
mament ich auch klagen sol,* ebenso im folgenden den Sternen, dem
Himmel, den Wolken usw., — in den Klagen der Fatuae und der
Verdammten im Zehn Jungfr. und Rhein. j. Tag, — in den Verzweif-
lungsmonologen Judae vor seinem Tod, Alsf. Pass. 3694, Frankf.
Pass. 2660, — in der Mahnrede des Mors, Alsf. Pass. 2125, — des
Conclusors in Eger. Pass. 8289 *Wo sindt nun die Iuden mit irer list, —
Wo sint nun irre gewappnet man?* — in den liturgischen, den Psalmen
und Prophetenstellen entnommenen oder diesen ähnlichen Chor-
liedern. Festgehalten ist das Pathos in den ganz lateinischen
Stücken, bis zum Bombast gesteigert in den Reden des Herodes im
Freis. Her. und Freis. O. Rach., s. das in beiden Stücken vor-
kommende Citat *incendium meum ruina extinguam.*

Oder durch litterarische Formeln, so daß bei denselben Anlässen dieselben Phrasen gebraucht werden; s. L. Wirth, Die Oster-
und Passionsspiele S. 148 ff. 229. Dazu etwa: Wien. Pass. 102 *ich
kan mit allem mine sinne daz obez ab dem boume nicht gewinne.*
Erl. Ost. 156 *das du mit deinen sinnen mit den zenden chains möchst
gewinnen* (Orendel 304). — Don. Pass. 2289 *Her, er ist ein übel-
tåter und unser gesetze ein verråtter.* Eger. Pass. 49 *gott, aller
ding mechtig ain herr Und aller ern ein krontrager.* — Wien. Pass.
64 *Hèrre, ich heize Satanas, der ie wider got was.* Eger. Pass. 5023
Ich bin der unleidig Iudas, der Ihesum verratten hat in has. Wien.
Ost. H. S. 304, 17 *Hore, herre Satanas, der ie wider got was.*

Ein Priamel spricht Lucifer, Cass. Weihn. 821. 871.

Zweifelhaft, ob die vielen Fremdwörter in Don. Pass. und Wolf.
Sünd. die gewöhnliche Sprache der Gelehrten nachahmen oder
ihrer Rede besondere Würde verleihen sollen, da sie auch in der
Sprache Ungelehrter vorkommen. Don. Pass. 927 Christus zur
Ehebrecherin: *war sind komen dise man, — die dich dar hand pre-
sentirt, oder hand sy dich hie condempnirt?* 1373 Caiphas: *Ir heren,*

das ist ein listiger man (Christus), *der vil arguierens kan.* 1579
Christus zu den Juden: *Min tag di werden bald volfürt, dar an ich
wird clarificiert.* 2255 Malchus schlägt Christus und sagt: *Pro-
phetisier uns, bistu Crist.* Wolf. Sünd. 829 Gott Vater bei der Erschaffung Adams: *Nu scal lif und sele to hope komen, De wil ik
itzunt inspireren — et suflat Adam deus — Up dat se sik gans wol
regeren.* 1222 Kain zu Abel: *Nein, Abel, broder, wy willen to like
Alsachte hen spasseren, Unde gode unse opper offereren.* 2369 Salomon: *Wy willen hir nu tosamende teren Unde hir na wislike con-
verseren.* Eger. Pass. 1955 *studiern: regirn.*

S. auch die vielen lateinischen Citate in den grofsen Disputationen von Wolf. Sünd., die Deklination lateinischer Wörter in
Luz. Grabl. 49. 66. 67. 112. 365. In Frankf. Pass. 840 redet Christus
lateinische Prosa zur Verwunderung der Juden.

Die litterarischen Formen des Liebeslieds werden parodiert, s.
oben S. 206.

Meist aber zeigt die dramatische Rede weder Naturwahrheit
noch Pathos in litterarischen Formen. Die Rede der Helden wie
der Nebenpersonen ist meist von uncharakteristischer Trockenheit
und vom Vers und Reimzwang beeinflufst. S. Creizenach, Geschichte des modernen Dramas I S. 184. Theoph. Helms. 598 Theoph.
sagt zu Maria: erst wenn ich den Kontrakt wieder habe, *so lone ik
wol der rede. Eia, entorne dy nicht! Ik spreke, so it my gewant is.
Ik segge, so it my is gewant. Wente it is min hogeste pant.* Trier.
Mkl. S. 270, 11 *Miner lieben muter huter, Ein huter miner lieben
muoter.* Eger. Pass. 3581 *wir wissen wol, das du sein junger pist,
als wir wol wissen zu der frist.* Wolf. Sünd. 3748 *Segget Annen,
dat ic or bede, Ek wil twiden ore beden;* im ersten Vers fehlt wohl
auch *twide.*

Bei Spielen, welche Latein und Deutsch mischen, findet sich
der lateinische Ausdruck oft an hervorragenden Stellen, Froning
S. 304, aber der lateinische Bibeltext zeigt mitunter grellen Wider-
streit zwischen dem dargestellten Gefühl und dem sprachlichen
Ausdruck. Magdalena singt und spricht bei der Begegnung mit
Christus als Gärtner: *Rabi, quod interpretatur magister,* Nürnb. Ostf.
S. 18, Trier. Ost. 121, Frankf. Pass. Dir. 301, Sterz. Ost. S. 158,
Wolf. Ost. 167 *Ita bone* (l. *raboni*), *qui dicitur magister.* Auch im
Ben. Pass. 15 findet sich die Phrase im Munde Symons, des Phari-
säers, der Christus einladet. Daselbst 266 *Ely Ely lama sabactany,*

hoc est: Deus, deus meus, utquid dereliquisti me? dasselbe Trier. Mkl.
S. 266, 10.

Wo der Text hauptsächlich deutsch ist, kommt es selten vor,
dafs eine lateinische nicht oder nicht wörtlich übersetzte Rede zum
Verständnis des Deutschen notwendig ist. Wien. Pass. 851 Symon
der Pharisäer sagt zu Christus: *mecum rogo manducare te magistrum
gencium*, — dann deutsch: *dû solt gewern, hêrre, mich, ich pit dich
inneclîche: tû mîn gesinde rîche. Ihesus respondit: Ego peccatores
veni salvos facere, non in domo peccatorum recuso discumbere*, ohne
deutsche Übersetzung.

Eine wissenschaftliche Behandlung des Stiles hätte auch das
Quantum? Quoties? Quot? und die Ordnung zu berücksichtigen,
d. h. bei gewissen sprachlichen Ausdrucksmitteln zu untersuchen,
ob sie, z. B. Vergleiche, knapp sind oder ausführlich, wie oft sie in
einem Stück, wieviel verschiedene in einem Stück gebraucht werden,
ob sie sich steigern.

II. Vorgänge als veränderte Zustände und als Hand-
lungen betrachtet, mit und ohne Rede.

1) Einzeln.

Über die Unterstützung der in den Scenen gebrauchten Reden
durch Gebärden, s. oben S. 38 ff., durch Musik S. 79, des Redenden,
über Aktionen während der Rede eines andern, zum Ausdruck der
Gefühle der Hörenden, s. oben S. 98.

Soweit der Inhalt von Scenen oder ihren Verbindungen zu
dramatischen Einzelvorgängen für das Auge sichtbare Veränderungen
der auf der Bühne befindlichen Personen oder Sachen sind, also
veränderte Zustände, wie Krankheit, natürlicher Tod, die von
Rede der Beteiligten oder ihrer Umgebung begleitet sind oder auch
nicht, s. die Aktionsscenen während der Redescenen auf einem
andern Lokale der Bühne, s. S. 148 ff., verweise ich auf S. 46, auf
die Handlungen einzelner Schauspieler, der von ihnen gebildeten
Gruppen, die Veränderungen, welche mit den Sachen vorgehen.

Handlungen Alleinstehender sind natürlich nicht häufig. Judas
spioniert, Don. Pass. 2019, s. oben S. 48, Judas hängt sich S.Gall.
Pass. 855.

Handlungen können mitunter auch Zustände ausdrücken. So
stellt der gröfste Teil des Cass. Weihn. den Zustand der Wochen-
und Kinderstube kurz nach der Geburt Christi dar, die Marien-

klagen den Zustand Marias während der Kreuzigung Christi. —
Die Handlungen Magdalenas in M. Magd. und den Passionen, in
Wien. Pass. 279 nur eine Scene, ihr längere Zeit andauerndes weltliches Leben. — Innsbr. M. Himm. 779. 816. 905 war vom Prediger, dann von Maria selbst gesagt worden, daſs sie die Gewohnheit
hatte, alle Tage die sechs Lebensstationen Christi zu besuchen und
dabei ihre Horen zu sprechen. Dem Publikum wird es nur einmal vorgeführt 921, in jenem Teil des Stückes, der ihr vierundvierzig Jahre dauerndes Leben nach dem Tode Christi, 1117, darstellt. — Eger. Pass. 535 *Adam veniens de campo ad habitacionem
intrat cum Eva ad habitacionem. Deinde exeunt habentes pueros.* —
539 *Deinde Adam transiens ad campum, faciendo ut supra. Deinde
veniens ad habitacionem, faciens ut supra, exeunt cum duobus magnis
filiis.* In beiden Fällen will der Dichter sagen: Indem ein solcher
Vorgang sich sehr oft wiederholte, geschah es, daſs ihnen Kinder
geboren wurden und heranwuchsen.

Andeutende Handlungen. Wenn Personen hin und her oder
im Kreis herumgehen, so soll das einen langen Weg in gerader
Richtung oder in verschiedenen Winkeln bedeuten. Alsf. Pass. 784
Et sic transeunt trans eundo, die zwei Schergen Herodes', welche
Johannes, den Täufer, suchen. 5906 *Deinde Maria faciendo longum
circulum cum Iohanne et duabus sororibus plangendo cantat*, auf
dem Weg zum Kreuz. Erl. Ost. 705 *Tunc omnes tres*, die drei
Marien, *ambulantes per circuitum sepulchri simul cantantes*, das
kann nur bedeuten, daſs sie zum Grabe in der Richtung des Grabes
gehen; dann folgt die Krämerscene. Luz. Grabl. 263 *et in circuitu
pergant ad sepulcrum*, die Prozession, welche Christi Leichnam zum
Grabe trägt; das bedeutet: sie gehen in der Richtung des Grabes.

Wenn Bord. Mkl. 417 es neben entsprechenden Reden Marias
heiſst *Hic velat*, d. h. die Scham des nackten Christus am Kreuz
mit dem Schleier, so kann das nicht ein wirkliches velare gewesen
sein, da Christus im roten Gewand neben ihr steht. Was geschah,
sagt die Spielanweisung von 422: *Beata Maria accipit hic pannum
de serico album, cum quo tegit lumbos crucifixi, quem iuvenis quidam
tenet*, also eines hölzernen oder metallenen Kruzifixes. Wie ein
anderer Schauspieler auch ein Kreuz und ein solches Kruzifix
trägt zur Andeutung, Markierung, daſs er den am Kreuze hängenden
Christus vorstelle, s. oben S. 180. 191. 193. Wenn Wolf. Mkl. 211 die
Spielanweisung lautet: *Maria sumit crucem ad brachium*, und 366:
Hic portant crucem ad sepulcrum, so bedeutet dies, daſs Maria den

am Kreuze hängenden Christus umarmt, daſs die ganze Gruppe den
Leichnam Christi begräbt, während er als redender Schauspieler
an ihrer Seite steht.   Da in den Marienklagen, Trier. Mkl. S. 268,
7. 270, 31. 271, 20, Bord. Mkl. 648, Erl. Mkl. 276 usw. auch der Speer
Longins, das Tränken mit Galle in den Worten und Gebärden
Christi und der Frauen vorkommt, so vertreten diese den ganzen
nicht dargestellten Akt der Kreuzigung, ohne Schauspieler für die
Juden, die Henkersknechte und Soldaten.

Von den dargestellten Einzelvorgängen gilt meistens, daſs sie
für die christliche Welt von höchstem Wert sind.   Sehr häufig ist
dieser innere Wert aber auch von äuſserem Glanz begleitet. S. oben
S. 182 f. die vielen Personen von hohem und höchstem Rang unter
dem Personal. Dem entsprechen die vielen feierlichen Einzüge, Prozessionen, s. oben S. 53, die häufigen Ratsversammlungen bei Herodes,
Pilatus, Kaiphas, die Gastmähler in den Pass., Erl. Dreik., Zehn
Jungfr., Wolf. Sünd., — auch Theoph. Trier.

Scenen, die von einfachen Leuten in bescheidener Häuslichkeit
oder auf dem Lande gespielt werden, sind selten; sie kommen in
den Weihnachtsspielen und den entsprechenden Teilen der Passionen
vor, besonders in Cass. Weihn., — dann in andrer Umgebung in
den Osterspielen und Passionen — der Krämerarzt und seine
Sippe —, im Sterz. Ost. Magdalena und der wirkliche Gärtner
mit seinem Knecht, — in den Vorspielen der Passionen — Adam
und Eva, Joachim und Anna, — in den Passionen — der Blinde und
sein Diener (Alsf. Pass.), die Familie der Samariterin (Don. Pass.), —
die Handwerker als arme Sünder in der Hölle (Wien. Pass., auch
Innsbr. Ost. H., M. Magd., Red. Ost. H.), — in M. Magd. Procus
und Vetula.

Die Auswahl des sichtbar Dargestellten ist durch Rücksichten
der Schicklichkeit wenig beengt: Maria gebiert Christus, Ben. Weihn.
241, Cass. Weihn. 143, Eger. Pass. 1623, Katharina wird zur
Geiſselung entkleidet S. 165, Marcellus der Mantel genommen, so
daſs er nackt entflieht, Don. Pass. 2103, s. oben über Nacktheit
S. 25, — die Juden trinken aus dem *culus vituli*, Alsf. Pass.
3274, — auch körperliche Leiden, Handlungen die sie verursachen,
gewaltsame und martervolle Tötungen werden dem Stoff entsprechend
häufig dargestellt, Kindermord, Kreuzigung, Beinebrechen bei den
Schächern, in Öl sieden — Dorothea, — geiſseln — Christus, Katharina, — hängen, Judas. — Doch entfernt sich Joseph während der

Geburt Christi, um eine Wiege zu holen, Cass. Weihn. 142, oder ist mit dem Anbinden des Esels beschäftigt, Eger. Pass. 1623, so dafs das Publikum den Eindruck erhält, der Vorgang sei ohne Zeugen.

Wunderbares. S. oben S. 190 über das Auftreten der im Traume erscheinenden Personen, der vom Leibe getrennten Seele. Dem Stoff entsprechend erscheint Wunderbares, Übernatürliches, Prophetisches fast in jedem Stück; s. die Engel- und Teufelscenen. Der Teufel kann einer Person, einer Gruppe erscheinen, ohne von den anderen gesehen zu werden; s. oben S. 190. Der Hahn, Mond und Sterne sprechen in menschlichen Worten; s. oben S. 194.

Unmögliches, das Mögliches bedeutet. Über in Wirklichkeit unmögliche Formen der Rede s. oben S. 215 unten. — Die Sichtbarkeit und das ruhige Dastehen der unbeschäftigten Schauspieler. Einerseits erinnert ihre Sichtbarkeit an die wirkliche Gleichzeitigkeit, andererseits entfernt sie sich von der Wirklichkeit, insofern in dieser das wenigste von Gleichzeitigem gesehen werden kann.

Typisch-Symbolisches. Das Verhalten der Prudentes und Fatuae im Zehn Jungfr.

Allegorisches. Da allegorische Personen vorkommen, s. oben S. 192, so auch allegorische Handlungen, wenn diese Personen etwas Sichtbares thun. Alsf. Pass. 616 *Hic si placet Mors lento pede vadat post Iohannem.* Er thut es stumm, gerade als Johannes vom Tode spricht, bei dem er nicht an seinen eigenen denkt. Don. Pass. 3775 Cristiana verbindet Judaea die Augen, zerbricht ihre Fahne, Wolf. Sünd. 3717 Justicia und Misericordia küssen sich.

Aber auch andere Personen vollziehen allegorische Handlungen. Teg. Ant. 380 Enoch und Elias nehmen der Synagoge die — ihr einst von der christlichen Kirche umgebundene, Don. Pass. 3775 — Binde von den Augen, *tollunt ei velum.* — Pilatus wäscht sich die Hände in den Passionen. — Alsf. Pass. 6462, Bord. Mkl. S. 289, Vers 177. 182. 376, Sterz. Mkl. S. 135, Sterz. M. Lichtm. S. 107, Johannes oder Symon setzen der h. Jungfrau ein Schwert an die Brust. Augsb. Pass. 111 Christus sagt, die Salbung durch Magdalena deute auf seinen Tod. S.Gall. Chr. Himm. 173 Christus giebt Petrus den Schlüssel, *den schlüssel emphach in die hant, der ist dir von himelrich gesant zû ainem zaichen sicherlich, das ir den gewalt habent eweclich.* Wien. Ost. H. S. 302, 23 Gabriel spricht: *Herre vater, Iesu Crist, Wenne du das wâr licht bist, so nim das licht in die hant dein;* das ist die S. 302, 11 von Gabriel getragene *candela.*

Wolf. Sünd. 1965 nennt der Engel die vorhergegangene Scene von
der Opferung Isaacs ausdrücklich als *figure*[1]).

Auch Handlungen können nur einen Schein der Wahrheit bedeuten, so, wenn im Teg. Ant. 291 der Antichrist den Schein erweckt, einen Hinkenden, einen Aussätzigen zu heilen und sogar
einen Toten aufzuwecken. Der Rex Teotonicorum wird dadurch
getäuscht, aber das Publikum weiß es besser; s. oben S. 208. Oder
wenn Sathan verkleidet zu Herodias kommt, Alsf. Pass. 698.

Sie können mitunter nur von einer Person des Standplatzes
gehört werden, von anderen nicht; s. oben S. 190.

Die dargestellten Vorgänge haben oft einen gewissen Gefühls-
wert, indem sie einerseits gewisse Gefühle ausdrücken, s. oben
S. 200 ff. 206, andererseits solche bei dem Publikum erregen.
Darüber unter IV.

Wie die Abhängigkeit von der bekannten Überlieferung den
meisten Scenen eine gewisse Würde verleiht, so verursacht sie hie
und da eine gewisse Dunkelheit, die aber wohl durch die auch beim
Publikum vorauszusetzende Kenntnis der Überlieferung behoben
wurde. Jemand, der mit ihr gar nicht vertraut wäre, könnte allerdings nicht wissen, daß Herodes im Freis. Her. S. 60 lügt, wenn
er die Absicht kundgiebt, Christus anzubeten, oder daß die
Heilungen und Erweckungen des Antichrist, Teg. Ant. 291, nur
Blendwerk sind, daß die Freis. O. Rach. 41 erwähnten Könige die
h. drei sind. Denn in dem Stück sind sie nicht vorgekommen.

Neben der heiligen Tradition sind auch bei den Vorgängen Er-
fahrungen des wirklichen Lebens, auch jenes der niederen Stände,
häufig benutzt, besonders in den Krämer-, Grabwächter- und
Teufelsscenen, auch z. T. in den Scenen, welche sich zwischen
Johannes und Petrus in den Ost. abspielen, in jenen zwischen
Magdalena und Martha, zwischen Magdalena und dem wirklichen

---

[1]) Sicher ist die Bedeutung hier allerdings nicht. Denn *figure* konnte
hier wie sonst einen durch den Inhalt abgeschlossenen Teil eines Stückes
bezeichnen, Actus, Historie; s. meine Abhandlungen zum altdeutschen Drama
S. 3. Dazu Eger. Pass. 27. 2777. 2789. 7511. Augsb. Ost. H. 2176, Augsb.
Pass. 2159. 2163 scheinen sogar ganze Stücke so genannt zu werden, s. meine
Abhandlungen S. 109 f.; aber die beiden letztgenannten Stücke standen in
einer gewissen litterarischen Beziehung zueinander.

Gärtner in Sterz. Ost., in den Marterscenen Christi, bei der Verdammung der Berufssünder, oft Handwerker im Innsbr. Ost. H., Wien. Pass., M. Magd., Red. Ost. H. — Aber nicht im Zehn Jungfr. und im Rhein. j. Tag.

2) Im Zusammenhang.

Der Vorgang einer einzelnen Scene, s. oben S. 70, hat zwar immer einen gewissen Abschluß, so wenn einem Diener, Boten ein Auftrag erteilt wird, — oder wenn die Teufel einen Entschluß fassen, Alsf. Pass. 133, Christus durch Johannes getauft wird, Alsf. Pass. 491, oder die Geißelung Christi, also ein bedeutender oder wichtiger Stoff, zur Darstellung kommt. Aber ein größerer Zusammenhang wird fast immer durch eine Folge von Scenen dargestellt, entweder unmittelbar hintereinander — so die Kreuzigung Christi in Ben. Pass., 212 bis 215 Christus, die Juden, Pilatus, 216 bis 261 die Vorigen, mehr Maria und Johannes, 262. 263 Christus, die Juden, 264 bis 273 die Vorigen, mehr Longinus, — oder wenn Herodes durch die von Sathan bestimmte Herodias zur Einkerkerung Johannes' veranlaßt wird, Alsf. Pass. 698 bis 727 Sathan und Herodias, 728. 729 Herodias allein, 730 bis 783 Herodias, Herodes und seine Diener, — oder die Versuchung Christi durch Sathan, 1144 bis 1159 Christus und Sathan in der Wüste, 1160 bis 1175 Christus und Sathan auf der Tempelzinne, 1176 bis 1197 Christus und Sathan auf dem hohen Berg, — die Apostelwahl, 1198 bis 1211 Christus, Petrus, Andreas, 1212 bis 1224 die Vorigen und fünf neue Apostel an einem andern Ort, 1225 bis 1252 die Vorigen und fünf neue Apostel an einem andern Ort, — oder durch andere Scenen getrennt; dies ist besonders bei Vorgängen sehr hohen oder höchsten Ranges der Fall, so meist bei der Kreuzigung Christi; Beispiele s. oben S. 126 ff.

Eine andere Art des Wechsels ist es, wenn neben einer Redescene gleichzeitig an einem andern Ort eine Aktionsscene stattfindet, s. oben S. 148, die in einen andern sachlichen Zusammenhang gehört.

Die aus Scenen zusammengesetzten oder aus ihnen bestehenden dramatischen Vorgänge vereinigen sich durch ihren sachlichen Zusammenhang zu einem größeren Ganzen, so daß der Hauptinhalt eines Stückes dem Publikum deutlich wird.

Hauptinhalt.

Der oben S. 169 ff. nach seinem Verhältnis zur kirchlichen Tradition besprochene Hauptinhalt, Hauptvorgang unserer Stücke ist entweder eine Handlung oder eine Fügung des Schicksals nach göttlichem Ratschluſs.

Ist es eine Handlung, so kann man folgendes unterscheiden: Der gute Held, Christus, erlöst, rettet die Sünder. Er thut dies durch seine Menschwerdung, Lehre, Wunder und seinen Märtyrertod, so in den Passionen — auch in jenen, welche mit Weltschöpfung und Sündenfall beginnen —, durch einen besonderen Akt, in den Osterspielen, welche Auferstehung und Höllenfahrt enthalten.

Der gute Held, Christus, verklärt sich selbst, S.Gall. Chr. Himm.

Der gute Held, eine Heilige, rettet sich selbst durch standhaft ertragene Marter und göttliche Gnade, die Legende Dor.

Der gute Held, eine Heilige, rettet sich selbst durch standhaft ertragenen Märtyertod und göttliche Gnade, die Legende Kath.

Der böse Held sündigt, rettet sich aber selbst durch Reue und göttliche Gnade, M. Magd., Theoph.

Fast nur Gefühlsausdruck, aber darum nicht weniger Handlung, weil das Gefühl ausgedrückt wird, sind die Marienklagen.

Eine theoretische Handlung stellt die Zusammensetzung des Glaubens, Innsbr. Fronl., vor.

Die Haltung der Helden ist aber auch sonst, wo, wenigstens was die Hauptsache anbelangt, kein Eingreifen höherer Mächte statthat, nicht immer handelnd. Der gute Held, Christus, hat allerdings freiwillig den Märtyrertod auf sich genommen, wie das Publikum wuſste; dargestellt wird aber nur, wie er der List und Gewalt böser irdischer Gegner unterliegt. Ähnlich verhält es sich mit Dorothea und Katharina. Auch sie stellen hauptsächlich das Leiden unschuldiger Helden dar.

In M. Magd. unterliegt die böse Heldin der guten Martha.

Eine äuſsere Entwicklung zeigen M. Magd. und Theoph., auch, obwohl sehr undeutlich, das Vorspiel zu Teg. Ant., insofern der deutsche Kaiser erst die Weltherrschaft erlangt, dann aber seine Krone auf dem Altar Gottes niederlegt.

Schicksale, d. i. bei unsern Stoffen so viel als Gottes Ratschluſs und Eingreifen, wobei unter Gott Gott Vater oder Christus nach seiner göttlichen Seite zu verstehen ist.

Die Geburt Christi in Ben., S.Gall., Cass. Weihn.

Die Rettung des Jesuskindes in Freis. O. Rach.

Der vergebliche Weg der drei Marien zum Grabe, das sie leer finden, die Begegnung Magdalenas mit Christus in den Osterspielen.

Die Verklärung der h. Jungfrau im Innsbr. M. Himm. (im ersten Teil).

Das jüngste Gericht, Rhein. j. Tag.

Ziemlich gleichgewogene Mischungen von Handlung und Schicksal in dem genannten Sinne sind Wolf. Sünd. und die Passionen mit der Vorgeschichte, wenn das Menschengeschlecht erst sündigt, dann gerettet wird, — das Spiel von den zehn Jungfrauen, insofern die Helden erst sich vergehen und verdient machen und dann dafür Lohn oder Strafe empfangen, — der Teg. Ant., insofern der böse Held sich erst zur Weltherrschaft verhilft, dann aber untergeht, von Gott gestürzt wird. Hier steht dem handelnden Helden das thätige Eingreifen Gottes gegenüber.

Aber ähnlich auch in den Osterspielen, wo die Frauen durch ihr aktives Verlangen nach dem Grabe der wertvollen Entdeckung — Magdalena sogar der Erscheinung Christi — gewürdigt werden, dann in Freis. Her., O. Rach., S.Gall. Weihn., Erl. Dreik., Sterz. M. Lichtm., Luz. Grabl., Stücken, welche die Schicksale des Jesuskindes, des toten Jesus ebensosehr aber auch das Handeln des Herodes, der h. drei Könige, der Eltern, der Freunde des Heilands — allerdings durch göttliche Veranlassung — zeigen.

In dieser Gruppe stellt das Zehn Jungfr. einen typisch-symbolischen Vorgang dar.

Die oben unter Handlung und Schicksal aufgeführten Stücke sind demnach nur nach dem Haupteindruck in ihre Kategorien eingeteilt.

Nach dem Obigen ist es klar, daß bei vielen Stücken schwer gesagt werden kann, ob sie guten oder schlechten Ausgang haben. In den Passionen und in Kath. geht zwar der Held unter, aber er erlöst nach göttlichem Ratschluß das Menschengeschlecht, auch dort, wo auf die Passion nicht Auferstehung und Himmelfahrt folgte, wie in der alten Fassung des Alsf. Pass. und des Frankf. Pass., oder erwirbt sich die Märtyrerkrone. — Im Zehn Jungfr. und Rhein. j. Tag ist der Ausgang ebenso glücklich als unglücklich.

Wirklich guten Ausgang haben Freis. O. Rach., Ben., S.Gall.,

Cass. Weihn., die Ostf., Ost. und Ost. H., Dor., Innsbr. M. Himm., Erl. Dreik., S.Gall. Chr. Himm., Sterz. M. Lichtm., Wolf. Sünd.

Immer traurigen haben die Marienklagen.

Ohne Ausgang sind Freis. Her., Luz. Grabl.

Beim Innsbr. Fronl. kann man seines theoretischen Charakters wegen gar nicht nach einem derartigen Ausgang fragen.

Vielfach kann der Hauptinhalt als ein Konflikt zwischen dem Helden und feindlichen Mächten aufgefaßt werden, die den Untergang des Helden herbeiführen. So stehen in den Passionen Christus und seinem Bekehrungswerk die Juden gegenüber, deren Vertreter auch Pilatus für ihre Zwecke gewinnen. Judas ist nur Werkzeug.

Katharina findet in der standhaften Bethätigung des Christenglaubens gegen den vom Teufel angereizten Maxentius ihren Untergang.

Im Teg. Ant. gelingt es dem Helden zunächst, getrieben und unterstützt von den Hypocritae, die von Gott eingesetzte Ecclesia zu vertreiben, aber, als er sich als göttlicher Weltbeherrscher am Ziele sieht, wird er von Gott gestürzt, und die Ecclesia kehrt an ihren früheren Platz zurück.

Oder der Held siegt in dem Konflikt.

In Freis. O. Rach., Ben., S.Gall., Cass. Weihn., Erl. Dreik. gelingt es, das Christuskind vor den Nachstellungen des Herodes zu retten.

In den Ost. H. ersteht Christus aus dem Grabe trotz der von den Juden aufgestellten Wächter und befreit die Väter aus der Vorhölle trotz des Widerstandes der Teufel.

In Dor. gelingt es der Heldin im Gegensatz zu Fabricius und dessen Einbläser, dem Teufel, nicht nur die eigenen Martern zu überstehen, sondern auch die Heiden zu bekehren und den Götzen zu stürzen.

In M. Magd. und Theoph. stehen die Helden den Teufeln gegenüber, deren Versuchungen sie endlich überwinden, mit Hülfe Marthens und der h. Jungfrau.

Im Wolf. Sünd. setzen die Vertreter des Menschengeschlechts in wiederholten Versuchen bei Gott durch, daß der Prozeß des sündigen Menschen wieder aufgenommen und ihm die Aussicht auf Rettung eröffnet wird.

In den Ost. kann man als den Gegner der drei Marien Christus auffassen, der sich ihrem sehnsüchtigen Suchen und Begehren erst entzieht, dann aber doch zeigt.

In dem Zehn Jungfr. und Rhein. j. Tag steht den doppelten Mehrzahlen der Helden, der Fatuae und Verdammten, Christus als selbst durch Maria unerbittlicher Richter gegenüber.

Ohne solche Konflikte im Hauptinhalt sind der Freis. Her., Innsbr. M. Himm., Innsbr. Fronl., S.Gall. Chr. Himm., Luz. Grabl., Sterz. M. Lichtm., die Marienklagen.

Wo ein Konflikt vorliegt, erregt natürlich der Vorgang immer eine Spannung. — Am wenigsten Spannung bieten die Marienklagen, da Christus entweder beim Beginn des Stückes schon tot ist, wie in Lichtenth., Sterz. Mkl., oder sein Tod unausweichlich erscheint.

Durch Inhalt und Ausführung haben auch ganze Stücke wie die einzelnen Personen und Vorgänge, s. oben S. 192. 222, einen gewissen Gefühlswert, über den unten am Schluß von I A und unter IV.

Haupt- und Nebenvorgänge.

In was für konkreten Vorgängen sich dieser abstrakte Inhalt darstellt, ist aus der litterarischen Gruppierung der Stoffe oben S. 169 ff. zu ersehen. Um dies ins einzelne auszuführen, müßte die ganze evangelische und legendarische Geschichte Christi, der h. Jungfrau, zu der auch die Theophilusdramen gehören, der h. Magdalena, Dorothea, Katharina usw. erzählt werden. Ich sehe davon ab und mache darauf aufmerksam, daß nicht nur alle Pass., Weihn., Ost., Ost. H., Mkl. untereinander wesentlich gleichen, abstrakten wie konkreten Inhalt zeigen, sondern auch Dor. und Kath. oder Zehn Jungfr. und Rhein. j. Tag sich sehr ähnlich sind.

Schon durch die Inhaltsangabe für die Passionen, 'Christus rettet die Sünder durch seine Menschwerdung, Lehre, Wunder und seinen Märtyrertod', S. 224, ist angedeutet, daß der abstrakte Hauptinhalt, die Rettung des Menschengeschlechts, sich durch ein System von Einzelhandlungen vollzieht, die alle, wenn nicht von gleicher, doch von hervorragender Wichtigkeit sind. Wenn dabei Christi Märtyrertod genannt wird, so ist mitzuverstehen der Verrat Judas', die Verhöre und Mißhandlungen, wenn von der Lehre, auch das letzte Abendmahl. Ebenso bei den Ost. H. Grabwache, Auferstehung

15*

und Höllenfahrt, bei den Ost. der vergebliche Gang der drei Marien
zum Grabe, die Begegnung Magdalenas mit Christus und die
Meldung bei den Aposteln. In den Weihnachtsspielen ist der Moment
des Geburtsaktes nicht von den unmittelbar vorhergehenden und
nachfolgenden Vorgängen, Verkündigung, Reise nach Bethlehem,
Verehrung durch die Hirten, die h. drei Könige, zu trennen; —
zur Darbringung im Tempel, Sterz. M. Lichtm., gehört notwendig
die Prophezeiung Symons, — zu Mariens Verklärung, Innsbr. M.
Himm., die Beziehung Marias zu den Aposteln, welche auf göttliche
Veranlassung von ihrer Missionsthätigkeit abberufen und um ihr
Sterbebett versammelt werden. Dem Märtyrertum Dorotheens und
Katharinens muſs der Versuch der Gegner vorangehen, sie auf ihre
Seite zu bringen; die Bekehrung Magdalenens und Theophilus'
wäre unverständlich ohne ihre Versündigung. In Wolf. Sünd. verlangt der Stoff Versündigung und Verdammung der Menschen, die
Berathung auf Erden, den Prozeſs im Himmel über ihr Schicksal,
die Möglichkeit der Rettung durch die Geburt Marias. Im Teg.
Ant. scheint der freiwillige Verzicht des deutschen Kaisers auf seine
geschilderte Weltherrschaft als notwendige Bedingung für das Aufkommen des Antichrists gemeint zu sein. — Neben Stücken mit
einer Menge von Hauptvorgängen giebt es andere, wie die Mkl.,
die oft nur einen oder zwei besitzen.

Neben diesen wichtigsten Vorgängen, welche geeignet und notwendig sind — wenn auch nicht in demselben Grade —, den
Hauptinhalt des Stückes zum Ausdruck zu bringen, den Hauptvorgängen, findet sich eine groſse Menge anderer, deren Wichtigkeit
in verschiedenem Grade und aus verschiedenen Ursachen geringer
ist. Wie wir Haupt- und Nebenpersonen, Personen ersten, zweiten,
dritten Grades unterschieden haben, ebenso giebt es Rangstufen
der dargestellten Vorgänge. So haben z. B. die Gespräche zwischen
Herodes und den Magi, zwischen Herodes und seinen Weisen
gröſsere Wichtigkeit als die zwischen Herodes und seinen Dienern,
Soldaten und Waffenträgern, zwischen diesen und den Magi und
Weisen gewechselten Reden, welche sie herbeiführen. Oder das
Verhör Christi bei Pilatus steht im dramatischen Range höher als
das Vorführen Christi zum Behuf dieses Verhörs, der Bericht des
Centurio über Christi Tod an Pilatus hat eine gröſsere Bedeutung
als die Entsendung eines Dieners durch Pilatus an den Centurio,
das Gespräch dieses Dieners mit dem Centurio, die Rückkehr und
Meldung des Dieners an Pilatus, Luz. Grabl. 63, oder der Auftrag

Proclas an ihre Dienerin, das Anerbieten einer zweiten, diese zu begleiten, weil eine Frau schicklicherweise nicht allein vor Gericht gehen könne, Eger. Pass. 5008, eine geringere als die Besorgung des Auftrags an Pilatus.

Diese Darstellung von minder wichtigen Vorgängen beruht auf der für das Drama notwendigen Auflösung eines Vorgangs in eine Reihe gleich notwendiger, aber nicht gleich wichtiger Einzelvorgänge nach dem Muster des wirklichen Lebens. Die Menge der Einzelhandlungen, welche durch diese Nachahmung in das Drama gebracht wurde, ist außerordentlich groß; s. oben S. 46 ff. 50 ff.; nur muß man sich jetzt die dort für Aktion gesammelten Beispiele meist mit Rede ausgestattet denken.

Neben diesen unwichtigen, aber in ihrem Zusammenhang notwendigen Nebenvorgängen giebt es auch andere, welche sich durch die losere Beziehung charakterisieren, in welcher sie zu dem abstrakten und konkreten Hauptinhalt und den Hauptvorgängen stehen; die Gesandtschaft der Juden nach Rom im Frankf. Pass., die ganze Intervention Proclas für Christus in den Pass., Lehre und Tod des Johannes in Frankf. Pass. Dir., Alsf. Pass., — oder in Augsb., Eger. Pass. die Scene, in welcher Maria Christum Judas anbefiehlt, — die Klage der drei Marien neben der der h. Jungfrau in Erl. Mkl., die Scene zwischen Magdalena und dem wirklichen Gärtner in Sterz. Ost., die Königin von Saba, die zwei vor Salomon streitenden Mütter in Wolf. Sünd.

Auch zeitweiliges Eingreifen göttlicher Macht kann hieher fallen, so zu Gunsten der Heldinnen in Dor. und Kath., durch Träume in der Geschichte von der Flucht nach Ägypten.

Derartige Nebenvorgänge können sogar durch große Ausdehnung und eingehende Ausführung einen hervorragenden Platz im Stücke einnehmen und vielleicht seine Hauptanziehungskraft gebildet haben; ihre dramatische Stellung rückt sie dennoch in zweite Linie; so die Scenen zwischen den drei Marien — oder Magdalena allein — und dem Krämerarzt, der öfters noch Diener und Frau hat, — in Ben. Pass., Muri. Ost. H., wo der Krämer sogar bei Pilatus um die Marktgerechtigkeit ansucht, Frankf. Pass. Dir., wo sogar zwei Kaufleute erscheinen, Innsbr. Ost. H., Wien. Pass., Alsf., Eger. Pass., Erl. Ost., wo die Scene als ein Zwischenspiel *ludus* bezeichnet ist, Wien. Ost. H., Wolf. Ost. Die Erwägung, daß, wenn eine Salbe gekauft werden soll, auch ein Verkäufer da sein muß, hat hier, am meisten in Innsbr. Ost. H. und Erl. Ost., zu sehr ansehnlichen Wucherungen geführt. Im Zehn Jungfr. aber wurde ein ähnlicher Anlaß nicht benutzt.

Einige Vorgänge, deren Stoff noch weiter vom Hauptinhalt des Stückes absteht, sind in ihrer untergeordneten Stellung bereits äußerlich charakterisiert: die Vor-, Nach- und Nebenspiele. Dem S.Gall. Weihn. geht ein Prophetenspiel voraus, dem Ben. Weihn., der Frankf. Pass. Dir. und dem Frankf. Pass. eine Disputation zwischen Augustinus, den Propheten und jüdischen Gelehrten, dem Alsf. Pass., M. Magd. ein Teufelsspiel, einerseits Beratungen der Teufel, andererseits eine Scene von der Bestrafung der Sünder durch die Teufel, dem Teg. Ant. eine Disputation zwischen Gentilitas, Synagoga, Ecclesia, ja der ganze erste Teil bis zur Niederlegung der Krone durch den deutschen Kaiser kann als Vorspiel zum eigentlichen Antichristspiel betrachtet werden, doch s. oben S. 228, — wie im Mastr., Wien., Eger. Pass. die Scenen aus dem alten Testament, — im Innsbr. Fronl. die Reden Adams und Evas, im Rhein. j. Tag die Reden der Propheten. — Nachspiele finden wir in Frankf. Pass. Dir. die Bekehrung der Juden durch Augustinus und das Spiel, in Innsbr. M. Himm. die Besiegung der Juden durch den Rex paganissimus, im Red. Ost. H. ein Teufelsspiel mit armen Sündern. Ob der Rex Egypti bestimmt war, nach Ben. Weihn. gespielt zu werden, ist zweifelhaft. — Zwischenspiele sind Innsbr. Ost. H., Wien. Pass., ein Teufelsspiel mit armen Sündern, Cass. Weihn. eine Teufelsberatung, in der auf ihre Rolle den Sündern gegenüber hingewiesen wird, Erl. Ost. 57, das Krämerarztspiel, *Rubinus proclamando ludum.* — Teufelsspiele sind also in dieser Gruppe reich vertreten; Frankf. Pass. Dir. ist ein Rahmenspiel, mit Vor- und Nachspiel.

Hieher gehören auch die Disputationen zwischen typischen oder allegorischen Vertretern des christlichen und jüdischen Glaubens, Frankf. Pass. Dir., Alsf., Don. Pass. Über diese und die eingelegten Predigten s. unten in B. — Auch der Prozeß der zwei Mütter vor Salomon, wenn dabei alle Propheten und Sibyllen zuhören, Wolf. Sünd. 2387. 2425, ist vielleicht als Zwischenspiel zu betrachten. — Als ein mit dem Anfang des eigentlichen Spieles enger verknüpftes Vorspiel könnte gelten die Geschichte Johannes' des Täufers in Frankf. Pass. Dir. und Alsf. Pass.

Andere wieder sind Nebenhandlungen, obwohl sie mit der Haupthandlung oder einer der Haupthandlungen in naher Beziehung stehen, auch sachlich betrachtet große Wichtigkeit haben können, wenn sie in einem Stück durch viel geringeren Umfang und weniger eingehende Ausführung von der Haupthandlung, dem Hauptvorgang abstechen. Das ist besonders deutlich, wenn derselbe Stoff in einem Drama Haupt-, im andern Nebenvorgang ist. Christi Kreuzestod in den Mkl. gegenüber den Pass., die Klagen der h. Jungfr. in den Pass. gegenüber den Mkl., die Geburt Christi, seine Schicksale nach der Geburt, auch die Darbringung im Tempel in den Pass. gegenüber den Weihnachts-, Dreikönigs- und Lichtmeßspielen, die Bekehrung Magdalenas in den Pass. gegenüber M. Magd., das Begräbnis Christi in den Pass. gegenüber Luz. Grabl., Auferstehung und Höllenfahrt in den Pass. gegenüber Ost. H., die Auffindung des leeren Grabes und das Gespräch Magdalenas mit Christus als Gärtner in den Pass. gegenüber den Ost., die Himmelfahrt Christi in den Pass. gegenüber S.Gall. Chr. Himm., die Geburt Marias im Eger. Pass. gegenüber Wolf. Sünd., die Zusammensetzung des Credo in Innsbr. M. Himm., Eger. Pass. gegenüber Innsbr. Fronl. — Die Darbringung Christi im Tempel ist Nebenvorgang nicht nur im Eger. Pass., sondern auch im S.Gall. Weihn. gegenüber Sterz. M. Lichtm., die Flucht nach Ägypten nicht nur im Eger. Pass., sondern auch im S.Gall., Cass. Weihn., Sterz. M. Lichtm. gegenüber Freis. O. Rach.

Oder die Bestrafung der Sünder in der Hölle ist Nebenvorgang in Innsbr. Ost. H., Wien. Pass., M. Magd., Red. Ost. H., während ein ganz ähnliches Thema Hauptvorgang des Teg. Ant., des Zehn Jungfr., des Rhein. j. T. ist. Das Martyrium Enochs und Elias' in Teg. Ant. ist Nebenvorgang, das der Heldinnen in Dor., Kath. Hauptvorgang. Das Leiden der unschuldigen Kinder und ihrer unschuldigen Mütter ist Nebenvorgang in Freis. O. Rach., Erl. Dreik., S.Gall. Weihn., Mastr. Pass., — in den Passionen, Dor., Kath. ist das Leiden der unschuldigen Helden Hauptvorgang. Gelehrte Disputationen, Beratungen sind Nebenvorgänge in Ben. Weihn., Frankf. Pass. Dir., Innsbr. M. Himm., Alsf. Pass., Don. Pass., Frankf. Pass., Hauptvorgang in Innsbr. Fronl., Wolf. Sünd. (die Beratung auf Erden, der Prozeß im Himmel über das Schicksal des Menschengeschlechts).

Vorgänge, die schon in einem Oster-, Weihnachts- oder Himmelfahrtsspiel sich nebensächlich darstellen, sinken an Wert noch herab, wenn sie in einem Passionsspiel vorkommen. S. die Darbringung im Tempel in S.Gall. Weihn. und Eger. Pass., — die Grabwache in Ost. H. und in den Passionen, — das Erscheinen

Christi bei Maria in S.Gall. Chr. Himm., Augsb. Ost. H., und in
Alsf., Don. Pass.

Auch in den Haupt- und Nebenvorgängen wie im Hauptinhalt,
s. oben S. 226, finden wir Konflikte. Im Frankf. Pass. Dir. und
Alsf. Pass. unterliegt Johannes der Täufer als Sittenprediger dem
Herodes durch die Künste der Herodias. Ein Teil des Freis. Her.
stellt sich als ein Konflikt des älteren Herodes, vielleicht als Helden,
s. oben S. 181, mit dem Jesuskind dar, vor dem er seine Macht
scheinbar sichert. Im Vorspiel des Teg. Ant. setzt der deutsch-
römische Kaiser seine Weltherrschaft gegen die z. T. widerstrebenden
anderen Fürsten durch. In Innsbr. M. Himm. schlagen die Apostel,
vor allem aber die Wunderkraft der h. Jungfrau selbst den Angriff
der Juden auf ihre Bahre siegreich ab. Im Nachspiel besiegt der
bekehrte Rex paganissimus die ihm Trotz bietenden Juden.

Verbindung der Vorgänge.

Die einzelnen Vorgänge eines Stückes sind oft verknüpft durch
das mehrmalige Auftreten von Personen. So begegnen Personen
eines theoretischen Vor- oder Zwischenspiels auch als handelnde
Personen im eigentlichen Spiel Ben. Weihn. Archisynagogus 78 und
429, Alsf. Pass. Synagoga und Rabi Synagoga 1555. 4522, Frankf.
Pass. Synagogus 295. 429, Lieberman 239. 852, Isaac 69. 1158.

Aufserdem. Freis. Her. S. 61, die unschuldigen Kinder erscheinen schon beim Einzug der h. drei Könige oder des Herodes (?) —
Himmelg. Pass. S. 395, Mastr. Pass. 752, der Evangelist Johannes
ist der Bräutigam von Cana. — Muri. Ost. H. 1. 151, der Krämer
erscheint zuerst, als er bei Pilatus sich um die Marktgerechtigkeit bewirbt. — Mastr. Pass. 584, Kaiphas kommt schon bei der
Disputation des zwölfjährigen Christus vor. — Alsf. Pass. 1255.
1275, Herodes der Jüngere und Pilatus werden schon vor dem
Gespräch Christi mit der Samariterin eingeführt. — Augsb. Ost. H.,
die Auferstehung Christi aus dem Grab und sein Besuch bei der
h. Jungfrau sind mit der Aufnahme der Väter ins Paradies dadurch
verknüpft, dafs diese Christus von der Hölle zum Grab begleiten
und dort während Christi Besuch bei Maria, 2521, warten. —
Augsb. Pass., die Schergen des Pilatus, welche Christus geifseln,
1346, und kreuzigen, 1640, übernehmen auch die Grabwache. —
Don. Pass. 91. 113, Jesse und Mosse, Soldaten des Pilatus, von denen
Jesse Geliebter Magdalenas ist, beteiligen sich später an Gefangennahme, Geifselung, Kreuzigung Christi, 2117. 2841. 3019. Der

Vater des blindgebornen Marcellus, der 943 geheilt wird, ist Tauben-
verkäufer im Tempel und wird von Christus mit den anderen Ver-
käufern hinausgejagt. Leviathan, der 897 die Ehebrecherin holt,
stößt 1103 Marcellus aus dem Tempel. Osyas, der 289 der Scene
zwischen Christus und Magdalena beim Gastmahl des Symon beigewohnt hatte, hat die Aufsicht über den Stadtesel, auf dem Christus
nach Jerusalem reitet. Der Apotheker, von dem Magdalena 193
Salbe für den lebenden Christus kauft, ist derselbe, bei dem sie
die für den toten nimmt, 4047. Die vier Schergen, Ritter, welche
den gefangenen Christus mißhandeln, 2603, sind auch die Grabwächter, 3775. Der 2807 befreite Barrabas nimmt an der Geißelung
und Kreuzigung Christi teil. — Eger. Pass., die sechs Schergen,
Ritter, welche den gefangenen Christus mißhandelt und sich an
der Kreuzigung beteiligt haben, 5102. 5208. 5281. 5289. 6100, sind
auch die Grabwächter, 7354. — Frankf. Pass. 1128, Pilatus wird
schon vor dem Gastmahl bei Symon eingeführt; der Kaiser von
Rom ernennt ihn zum Statthalter.

Durch Handlungen. Einige Verknüpfungen dienen der Spannung,
so wenn in den Marienklagen, die sonst wenig Spannung haben,
s. oben S. 227, Maria, bevor sie noch zum Kreuze kommt, fragt,
was die Hammerschläge, die sie hört, bedeuten, Prag. Mkl. 17, oder
was die lärmende Menge, die sie von weitem sieht, Bord. Mkl. 146,
oder was sich dort um jenen Baum winde wie ein Wurm, Bord.
Mkl. 184, Wolf. Mkl. 38, oder wenn sie, noch auf dem Weg befind-
lich, Christus von ferne rufen hört, Erl. Mkl. 116, oder, als sie schon
das Kreuz verlassen hat, nochmals diesen Ruf vernimmt, Trier.
Mkl. S. 266, 13, Himmelg. Mkl. S. 399, 20. 29, und sich sorgt, ob
Christus noch lebe. S. Alsf. Pass. 6153. 6172. — Zehn Jungfr. S. 16
am Anfang, die Ankündigung des Engels, daß der Bräutigam zu
irgend einer unbestimmten Stunde kommen werde. — Don. Pass.
2019, bevor die Schergen ausziehen, um Christus gefangen zu
nehmen, spioniert Judas allein auf dem Ölberg. — Wolf. Sünd. 216.
241. 268 spricht Gott zu den Engeln vom Liberum arbitrium, sie
würden noch einmal erkennen, warum er das jetzt thue, — 748, nach
dem Engelsturz, wird ihnen das Liberum arbitrium genommen.
   Die Verknüpfung ist ursächlich und folgernd. S. oben S. 227 ff.
In Bezug auf Vor-, Nach-, Zwischenspiele. Der Inhalt des Propheten-
spiels vor S. Gall. Weihn., der Disputationen vor Teg. Ant., Ben.
Weihn., Frankf. Pass. Dir., Frankf. Pass. soll durch die folgende

Darstellung bewiesen, die Judenschaft bekehrt werden. Die Niederlegung der römischen Kaiserwürde durch den deutschen König im
Teg. Ant. ermöglicht das Aufkommen des Antichrist, das Teufelsspiel in Alsf. Pass. handelt von den Anschlägen der Hölle gegen
Christus, das vor M. Magd. erklärt die Anfechtungen, denen die
Heldin ausgesetzt ist. In Mastr., Wien., Eger. Pass. — vielleicht
auch in Wolf. Sünd. — erklären die Scenen des Alten Testaments
die Bedeutung der Erlösung.

Eine Folgerung stellen die Nach- und Zwischenspiele dar in
Frankf. Pass. Dir. die Bekehrung der Juden durch das vorher-
gehende Spiel, die Füllung der durch Christus geleerten Hölle in
Innsbr. Ost. H. 275, Red. Ost. H.

In den Passionen ist durchweg der Haß der Juden gegen
Christi neue Lehre, die Furcht Pilatus' vor einem Konflikt mit
den Juden oder mit dem Kaiser als Ursache von Christi Untergang zu erkennen.

Außerdem. Freis. Her. S. 61, Freis. O. Rach. 54, Herodes'
Armiger, Internuntius rät zum Kindermord. — Teg. Ant. 180, der
Antichrist wird von den Hypocritae in seinen Absichten gefördert. — Ben. Pass. 71, Magdalena wird durch einen Engel bekehrt; 104, Judas, der Verräter, ärgert sich über die Verschwendung
der Salbe. — Ben. Weihn. 74, Balaam wird vom Engel ge-
zwungen, zu segnen. 698 (wenn im Zusammenhang mit dem
Vorigen), Herodes, der Kindermörder, soll von dem Rex Egypti
besiegt werden. — Dor. S. 288, 13, Fabricius wird vom Teufel ge-
reizt, Dorothea zu begehren. S. 292, 4, Dorothea bekehrt mehrere
Heiden. — Frankf. Pass. Dir. 92, Magdalena wird durch die Bergpredigt bekehrt. 133 *Iudas iam ductus invidia clamabit: utquid
perditio hec:* bei der Salbung Christi durch Magdalena. 193 nimmt
sich Nicodemus Christi beim Verhör vor Pilatus an, 246 ª beteiligt
er sich an der Grablegung. — S.Gall. Pass. 241, Magdalena wird
durch Martha bekehrt. — Rufus ist schon 279, bei Gelegenheit der
Ehebrecherin, Gegner Christi, zeugt dann gegen Christus beim Verhör,
801. 1063, und beteiligt sich bei der Kreuzigung Christi, 1164.
Malchus, der 720 verwundet wird, hat schon im Rat, 531. 560,
gegen Christus gesprochen. — S.Gall. Weihn. 265, Cleophas rät
Joseph, Maria zu heiraten. 325, Gabriel motiviert vor Maria die
Verkündigung durch die beabsichtigte Erlösung des Menschen-
geschlechts. 946, Herodes' Neffe rät zum Kindermord. — Innsbr. M.
Himm., die 323 bekehrten Heiden bekehren 2514 den heidnischen

König, der den Rachekrieg gegen die Juden unternimmt. — Innsbr. Ost. H., der Arzt schlägt seine Frau, 915, sie läfst sich dann von Rubin entführen, 973. — Kath. S. 162, Maxentius, der heidnische König, wird vom Teufel angetrieben, sich gegen Katherinens Reden zu verhärten. S. 170. 171, sein Zorn gegen Katharina wird dadurch gesteigert, dafs er durch ihre Schuld Weib und Freund verloren hat, die von ihr bekehrt wurden, S. 167. 169, wie sie S. 165 heidnische Weise bekehrt hatte. — Mastr. Pass. 584, Kaiphas disputiert schon mit dem zwölfjährigen Jesus im Tempel. 1360, Judas motiviert selbst seinen Verrat mit der Salbe. — Wien. Pass. 76, der Sündenfall wird durch Beschlufs der Teufel vorbereitet. 391, Magdalena wird durch einen Engel bekehrt. 445, Judas' Ärger über die Vergeudung der Salbe. — Alsf. Pass. 968, die Tochter der Herodias wird vom Teufel verleitet, das Haupt Johannes' zu fordern. 1451, der Blinde bereitet sich auf seine Begegnung mit Christus vor. 1680, das kananäische Weib findet ihre Tochter gesund. 1952, Magdalena wird durch die Bergpredigt bekehrt. 2083, der Regulus findet seine Knechte, die ihm die Genesung des Sohnes melden, dann diesen selbst. 2532, die Berathung der Christo zugethanen Juden erklärt den festlichen Einzug in Jerusalem 2584, s. auch 3800. 3178, Judas motiviert selbst seinen Verrat mit dem Verdrufs über die Salbe. 7623, Magdalena schlichtet den Streit zwischen dem Krämer und seiner Frau. — Augsb. Ost. H., der Besuch des auferstandenen Christus bei Maria, 2521, ist durch die Rückkehr Christi von der Hölle zum Grabe, also nach Jerusalem, ermöglicht. — Augsb. Pass., der Jude Achilleus, der 1. 473 im Rate gegen Christus gesprochen, zeugt 761 beim Verhör gegen ihn und beteiligt sich 1730 an der Kreuzigung. Amon, der 37 im Rate gegen Christus gesprochen, ist 2457 bei der Kreuzigung. Nathan, der 186 im Rate gegen Christus gesprochen, beteiligt sich an der Gefangennahme, 609. Judas' Ärger über die Salbe, 90. Ein Verwandter Malchus' erkennt Petrus, 737. — Cass. Weihn. 141, Joseph wird mit Maria abgewiesen, weil er sie ungeschickterweise dem Wirt für eine Jungfrau ausgegeben hatte. — Don. Pass. 79, Magdalena läfst Jesse, ihren Liebhaber, durch ihren Diener holen. 143, Magdalena will erst nur aus Weltlust zum Gastmahl Symons. 169, Magdalena wird durch Martha bekehrt. 293. 438. 877. 1559, Nicodemus' frühere Beziehungen zu Christi, die seine Rolle beim Begräbnis Christi, 3609, erklären. Kaiphas und Annas haben sich schon 553. 563 über Christi Auftreten als Prediger geärgert. 737, die Sama-

riterin berichtet zu Hause von ihrer Begegnung mit Christus. 743.
755. 1333. 1559, die früheren Begegnungen Josephs von Arimathia
mit Christus erklären seine Rolle bei der Grablegung. 877. 1559.
897, die Ehebrecherin wird geholt, um vor Christus geführt zu
werden. 943 wird der blindgeborene Marcellus von Christus geheilt,
2103 ist er unter seinen Jüngern auf dem Ölberg und verliert seinen
Mantel. 1033. 1165, Longinus zürnt Christo, weil er ihn nicht wie
Marcellus von der Blindheit geheilt hat, daher sein Lanzenstich,
3487. — 1507, Judas' Ärger über die Vergeudung der Salbe. 2035,
die Juden erhalten von Pilatus Soldaten zu Christi Gefangennehmung. 2091, Malchus wird von Petrus das Ohr abgehauen,
2329 zeugt er gegen Christus. 3827, die Grabwächter erheben
ihren Sold in einer Wechselbank. — Eger. Pass. 83, Gott motiviert
die Schöpfung des Paradieses. 93, Lucifer und die Seinen benutzen
die Zeit, während Gott dies thut, zum Abfall. 373, der Sündenfall
wird durch den Ratschluß der rachgierigen Teufel motiviert. 1001.
1012, Goliath soll und will die Juden für die Anbetung des goldenen Kalbes strafen. 1469, Maria, die bei Elisabeth zu Besuch
ist, steht ihr bei der Entbindung bei. 1565, Joseph wird mit Maria
abgewiesen, weil er sie dem Wirte für eine Jungfrau ausgegeben
hat. 3247, Gewal spricht gegen Christus im Tempel, 4522 beteiligt er sich an den Mißhandlungen Christi. 4388 wird Malchus
verwundet, 4469 giebt er Christus eine Ohrfeige, 6077 beteiligt er
sich an der Kreuzigung Christi. 5646, die zwei 'Schwitzbuben'
nehmen das Handwerkszeug, das zur Kreuzigung benötigt wird,
fürsorglich aus dem Prätorium mit. — Erl. Ost. 848, Rubinus rät
dem Arzt, sich schlafen zu legen; während dieser schläft, entführt
er die Frau, 859, die 822 von ihrem Mann geschlagen worden
war. — Erl. Ost. H. 477, die acht Grabwächter werden wegen
Feigheit von Pilatus eingesperrt. — Frankf. Pass. 670, Magdalena
lädt selbst die Ritter zu sich ein. 789, das Schreiben auf die Erde
in der Scene mit der Ehebrecherin wird wenigstens in der Auffassung der fliehenden Juden so erklärt, daß Christus dadurch ihre
Missethaten kundgeben wollte. 1076, Magdalena wird durch die
Bergpredigt bekehrt, *Magdalena dicit habendo contritione de peccatis.*
1218, Pilatus' Einsetzung zum Statthalter von Judaea wird durch
seine Verdienste im Pontus und durch die Beschwerden der Juden
über Herodes motiviert. 1397, der Regulus findet die Diener, welche
ihm die Genesung des Sohnes melden, dann diesen selbst. 2365
wird Malchus verwundet, 2504 zeugt er gegen Christus und be-

teiligt sich 2562 an den Mißhandlungen Christi. 2598, Mannes, ein Verwandter des von Petrus verwundeten Malchus, erkennt Petrus, schlägt Jesus 2596. — 2743. 3217. 3717. 3720 nimmt sich Nicodemus Christi an, auch durch den Rat an Pilatus, betreffs der Freigabe des Gefangenen, 3350; das erklärt seine Rolle bei der Grablegung 4361. — 3304, die von Christus Geheilten legen vor Pilatus Zeugnis für ihn ab. 3125 wird das Bestreben der Teufel, Christus durch Procla zu retten, durch eine Teufelscene erklärt. 3687, durch die Begierde des ersten Soldaten nach dem Rocke Christi wird das Würfeln um den Besitz desselben, 3801, eingeleitet. — Luz. Grabl., die neben der Bewachung überflüssig scheinende Versiegelung des Grabes, 476, wird 460 dadurch motiviert, daß man dann bei Verletzung des Siegels wissen könne, ob die Wächter sich hätten bestechen lassen. — M. Magd., Tutivillus hat 72 schon geklagt, daß ihm eine Magdalenen ähnliche Seele entgangen sei. 386, eine Vetula vermittelt den Verkehr von Procus und Magdalena. 666, der Procus Magdalenens will sich an der Kupplerin rächen. — Red. Ost. H. 988, die Grabwächter entgehen dadurch der Strafe, daß ihnen Kaiphas einen Empfehlungsbrief an Pilatus giebt. — Theoph. Helmst. 403, Theophilus wird durch die Predigt bekehrt und auf Maria verwiesen. — Theoph. Trier. 334. 787, der Schrecken Theophilus' beim Anblick des Zauberbuchs und der Urkunde bereitet seine spätere Reue vor. — Wolf. Ost. 252, die Überzeugung Thomas' von der Auferstehung Christi wird dadurch vermittelt, daß Magdalena ihn zu Christus, wahrscheinlich also zum Grab, wo sie ihn als Gärtner gefunden hat, führt. Das ist verständlicher als die plötzliche Erscheinung Christi bei den Aposteln. — Wolf. Sünd. 3078. 3108. 3121, die Aussprüche der Propheten und Sibyllen sind dadurch verknüpft und bestimmt, daß am Schluß der Rede der eine den andern auffordert zu sprechen.

Die Motivierung ist oft mehrfach. S. schon oben S.Gall. Pass. Rufus, Augsb. Pass. Achilleus, Amon, Don. Pass. Nicodemus, Kaiphas, Annas, Frankf. Pass. Nicodemus. — Außerdem: Judas' Verrat ist durch seine Begierde, Geld zu gewinnen, und durch den Verdruß über den Entgang eines Gewinns bei Gelegenheit der Salbe Magdalenens begründet. Johannes des Täufers Tod erklärt sich durch den Haß der Herodias und die Einflüsterungen der Teufel ihr und ihrer Tochter gegenüber (Alsf. Pass.). Pilatus ist an sich unlustig, Christus zu verurteilen; in dieser Haltung wird er noch bestärkt dadurch, daß auch Herodes Christus nicht verurteilen

will. — Ferner. Teg. Ant., die Erfolge des Antichrists gehen
aus seinen Handlungen und der Beihülfe der Hypocritae hervor.
Dor., Fabricius wütet gegen die christliche Dorothea als Heide und
verschmähter Liebhaber. Kath., die Wut des heidnischen Königs
Maxentius gegen Katharina erklärt sich aus seiner heidnischen
Verstocktheit, ihrer christlichen Standhaftigkeit und aus den Ver-
lusten an Weib und Freund, die er durch sie erlitten hat. Alsf.
Pass. 6960, Pilatus ist in betreff des Grabes besorgt wegen eines
Traumes — von Christi Auferstehung — und 7014, weil er fürchtet,
die Jünger würden Christi Leichnam stehlen. Eger. Pass. 1772,
die h. drei Könige haben aufser dem Stern noch andere Vorzeichen
gesehen, die sie zu ihrer Fahrt bestimmen. Theoph. Helmst. 235.
285, Theophilus' Reue und Bestrafung erfolgt durch eigene Reue
und die erst nachfolgende Predigt.

Der Schmerz Marias bei Christi Tod erklärt sich einerseits
und hauptsächlich durch den Verlust ihres Kindes, aber auch durch
die aufserordentliche Natur dieses Kindes, das sie als einen Gott
von keinem Manne geboren hat. Ebenso ist ihre Freude über die
Geburt Christi mehr als die jeder Mutter über die Geburt eines
Kindes.

Auch die allmähliche, erst auf wiederholte Einwirkungen er-
folgende Umstimmung des Gemütes kann hierher gerechnet werden.
S. oben S. 236 Don. Pass., Joseph von Arimathia. Aufserdem: Pilatus
giebt in den Passionen erst dem wiederholten Drängen der Juden
nach. In den Ost. wird Thomas erst durch Christus selbst von
dessen Auferstehung überzeugt. Teg. Ant. 291, erst das dritte
scheinbare Wunder des Antichrist überzeugt den deutschen König.
Ben. Pass. 52. 71. 73, Magdalena bekehrt sich erst auf die dritte
Ermahnung des Engels. Frankf. Pass. Dir. 359, erst allmählich
läfst sich Synagoga von Ecclesia überzeugen. Alsf. Pass. 6996 und
7027 werden die Grabwächter durch die Engel zum Schlafen
aufgefordert, was erst auf die zweite Mahnung geschieht, s. 7209. —
7029. 7035, erst auf das zweite *Exurge* der Engel steht Christus auf.
Don. Pass. 757 ist Joseph von Arimathia durch die Erzählung der
Samariterin von ihrer Begegnung mit Christus noch nicht bekehrt;
er wird es erst 1333 durch die Auferweckung Lazarus'. M. Magd.,
erst das vierte Mal 670, nach 465. 520. 624 gelingt es Martha, ihre
Schwester zu bekehren. Bord. Mkl. 145, erst allmählich läfst sich
Johannes bestimmen, Marien auf dem Wege zum Kreuze zu begleiten. Red. Ost. H., Pilatus vergiebt den Grabwächtern auf ihre

Entschuldigungen nicht 975, erst 1016, nachdem sie den Empfehlungsbrief des Kaiphas abgegeben haben. Sterz. Mkl. S. 124, erst auf wiederholtes Fragen erzählt Johannes Marien die ganze Wahrheit über Christus. Theoph. Helmst. 531, erst auf wiederholtes Bitten gewährt das Jesuskind Marien die Begnadigung des Theophilus. Theoph. Trier. 600, Sathan entschließt sich erst nach einigem Widerstreben zu dem Pakt mit Theophilus. Wien. Ost. H. S. 331, 17. 333, 7, Thomas und Petrus lassen sich erst allmählich von der Auferstehung Christi überzeugen. Wolf. Mkl. 83, erst auf wiederholte Bitten gewährt Christus Marien die Begnadigung der Sünder.

Diese mehrfachen Motivierungen sind immer Steigerungen.

Fehlende Verbindung und Abschliefsung.

Andererseits ist die Verknüpfung und Motivierung oft locker, schwach oder fehlt.

Was die Vor-, Nach- oder Zwischenspiele anbelangt, so ist besonders schwach der Zusammenhang der Nachspiele mit dem eigentlichen Stoff von Innsbr. M. Himm. Denn wenn selbst, was in dem vorliegenden, am Schluß verstümmelten Text nicht gesagt wird, die Eroberung Jerusalems eine Strafe für die Juden sein soll, so bezieht sich diese Strafe auf ihr Verhalten zu Christus, der bei Beginn des Stückes schon tot ist, nicht auf ihren bald bereuten Versuch, den Leichenzug Marias zu stören. In Wien. Pass. ist das Teufelsspiel mit den in die Hölle geschleppten Sündern sogar im Widerspruch zu der Chronologie der Stückes; s. oben S. 197. Die Dingung des Dieners, dessen Verkehr mit der Frau des Arztes, ihre Entführung in Erl. Ost., Wien. Ost. H. hat gar nichts mit dem Hauptinhalt zu thun.

Für alle Passionen gilt, daß es nie ganz deutlich wird, warum Christus von den Juden so heftig gehaßt wird, s. oben S. 234, nämlich wegen seiner Ansprüche als Messias und Sohn Gottes, seiner herben Kritik der Pharisäer, — da die Wunder und Lehren, welche natürlich in jeder Passion einen großen Raum einnehmen, keinen unüberwindlichen Gegensatz zur jüdischen Religion darstellen und die Aufmerksamkeit von der dramatischen Hauptsache ablenken. Außerdem zeigen in den Passionen wenig Zusammenhang untereinander und mit der Haupthandlung die verschiedenen Heilungswunder, überhaupt die verschiedenen Begegnungen Christi

mit anderen Personen. S. auch die Bekehrung Magdalenas und
das Abendmahl Christi als einzigen Inhalt der Wien. Pass., soweit
sie erhalten ist, die einzelnen Scenen aus dem Alten Testament in
Eger. Pass., Wolf. Sünd. — Dann Ben. Pass. 52. 71. 73 Magdalena,
die gerade ihrer Lebensfreude Ausdruck gegeben hat, *vadat dormitum*, nur damit der Engel Gelegenheit habe, sie dreimal zu
warnen. Es können nicht drei Tage gemeint sein, in deren Nächten
Magdalena schlief, da dieses dreimalige Einschlafen während des
Gastmahls, das Symon der Pharisäer Christus giebt, stattfindet. 213
Tunc Iesus suspendatur et titulus fiat: Iesus Nazarenus rex Iudeorum.
Die Worte des Titulus werden von Pilatus gesungen, wohl nur,
weil das Publikum das INRI, auch wenn es lesen konnte, in der
Entfernung nicht sah. — Ben. Weihn. Im Vorspiel ist das Vorkommen der einzelnen Propheten und Sibyllen ganz unvermittelt, —
ebenso auch sonst in den Prophetenspielen, Frankf. Pass. Dir.,
Frankf. Pass., Sterz. Mkl., Wolf. Sünd., — 498, der Hirt charakterisiert sich selbst als einfältig: *meus simplex animus, mea mens
non sobria ignorat, que potior sit horum*, des Engels und Teufels,
sententia, ganz wie es 462. 486 der Teufel gethan hatte, *O gens simplex nimium.* — Muri. Ost. H. 352, wozu die Ansprache Pilatus'
an das Volk dienen soll, in der er für morgen einen Gerichtstag
ankündigt, ist unklar, doch liegt das vielleicht an der fragmen-
tarischen Überlieferung. Möglich wäre ein Bezug auf die künftige
Scene, in der die Wächter sich vor Pilatus wegen der mißlungenen
Grabwacht entschuldigen. So wie die Aufstellung der Wache auch
durch eine Ansprache Pilatus' eingeleitet wird in Innsbr. Ost. H.
40, Erl. Ost. H. 1, Wien. Ost. H. S. 299, 1. — Nürnb. Ostf. und
sonst in den Ost. ist die Rückkehr Magdalenas zum Grab Christi,
nachdem sie es mit den anderen zwei Marien verlassen hatte, unverständlich, es sei denn, daß man darin einen Ausdruck ihrer besonders großen Sehnsucht nach Christus gesehen habe. — Frankf.
Pass. Dir. 166, der Kuß Judas' bei der Gefangennahme, nachdem
sich Christus schon zu erkennen gegeben hat. Ebenso Alsf. Pass.
3384, Augsb. Pass. 645, Frankf. Pass. 2357, — vorher S. Gall. Pass.
807, Don. Pass. 2083, Eger. Pass. 4336. — S. Gall. Pass. 1002, Alsf.
Pass. 4418, Augsb. Pass. 1434, Don. Pass. 2948, Eger. Pass. 5474
bleibt es ganz unklar, warum der Teufel Christum retten will
(Frankf. Pass. 3125 wird es erklärt; s. oben S. 237). S. Gall. Weihn.,
die Verbindung der Geburt Christi mit der Darbringung im Tempel
ist lose. — Innsbr. M. Himm. 661, wozu die Mahlzeit dienen soll,

welche der Princeps Judaeorum ankündigt, als zu einer Erquickung
für die Schauspieler, ist nicht zu ersehen; s. auch das Gastmahl
2623, das der Rex paganissimus gleich nach seiner Bekehrung den
Aposteln giebt. — Kath. S. 165, die Bekehrung der acht Weisen
durch die Heldin geschieht sehr plötzlich. — Mastr. Pass. 1073,
Magdalena übergiebt dem Boten einen Brief für Christus, von dem
der Bote auch bei Christus spricht, 1085, *si sendet dig disen brijf.*
Gleichwohl meldet er die Botschaft wie einen mündlichen Auftrag.
S. Ben. Pass. 213, Frankf. Pass. 1073 [1]). — Wien. Pass. 189, nachdem Adam und Eva *ad infernum* geführt worden sind, ist es mindestens
verwirrend, wenn sofort ein Usurarius, ein unzüchtiger Monachus
und andere Sünder und Sünderinnen an denselben Ort gebracht
werden; s. dagegen die ähnliche Scene in Innsbr. Ost. H., M. Magd.,
Red. Ost. H. oben S. 220. 231. — Alsf. Pass. 1253. 1257, die Selbst-
vorstellung des Herodes und Pilatus an diesem Ort vor der Scene
mit der Samariterin ist nur durch das Bedürfnis nach einer äufser-
lichen Verknüpfung, s. oben S. 232, nicht durch den Gang des
Dramas bedingt. 2295, Symon leprosus bereitet Christus erst im
Hause Lazarus', dann in seinem eigenen ein Gastmahl. 2532, das
Verharren Christi auf seinem Standplatz, während man erwartet,
ihn nach Jerusalem reiten zu sehen, ist nur durch die oben S. 235
angeführte wirkliche Motivierung des festlichen Empfanges Christi
in Jerusalem zu erklären. Jesus mufste warten, bis die Beratung
der ihm wohlgesinnten Juden über den festlichen Empfang und
Einzug abgehalten worden war. 7666, Maria Magdalena berichtet
als Wortführerin aller drei Marien den Aposteln, Christus sei auf-
erstanden. 7704, nach ihrer Begegnung mit Christus als Gärtner
thut sie dasselbe im eigenen Namen, ohne von der Erscheinung
Christi etwas zu sagen. — Cass. Weihn. 142, Joseph geht ab um
eine Wiege zu holen in dem feindlich gesinnten Haus; der eigentliche Grund ist, weil Maria keinen Zeugen bei der Geburt Christi
haben soll; s. Eger. Pass. 1623 und oben S. 220. — Don. Pass. 2395,
das Abgehen Kaiphas' vom Verhör mit Christus in den Tempel hat
nur den Sinn, dafs die Scene, in welcher Judas den Hohepriestern
im Tempel das Geld zurückbringt, sich anschliefsen könne. — Eger.
Pass. 2993, die Bekehrung Magdalenas ist nicht verständlich; 2919

---

[1]) Vgl. in den Sterzinger Fastnachtsspielen N. VII, Aristoteles 47: Aristoteles recitiert seinen Brief, nachdem er ihn abgeschickt hat. Allerdings ist
der Brief selbst, der 127 vorgelesen wird, anders.

war sie noch weltlich sündhaft. Dazwischen liegt blofs die Bitte
Marthas an Christus, 2925, ihrer Schwester den Teufel aus-
zutreiben. — Erl. Dreik. 166 bittet Herodes die h. drei Könige,
ihm auf dem Rückwege Nachricht über das Kind zu bringen, 225
werden sie durch einen Boten bestimmt, einen andern Weg ein-
zuschlagen. Aber bei der Beratung Herodes' mit den Seinen, deren
Resultat der Kindermord ist, wird das Ausbleiben der h. drei Könige
gar nicht erwähnt. — Erl. Mkl., die Klagen Magdalenas und Marias
Cleophae haben mit denen der h. Jungfrau nur das Objekt gemeinsam. — Erl. Ost. 53 sagt Prima Maria: *Lieben swester, es
dunkcht mich frü, wir schüllen sten ainhalb zü, das uns icht red
ersten, da von das wir so frü hie gen.* Der eigentliche Grund
des Beiseitestehens war, um für das folgende Medicusspiel mit
Rubinus und Pusterpakch Raum zu schaffen. 1121, Jesus, der
Magdalenen *in specie ortulani* erschienen war, geht fort. Nach
einem Monolog Magdalenens *Tunc dominica persona veniet in habitu
sacerdotali.* Das Weggehen Christi ist blofs durch das scenische
Bedürfnis erklärlich, einer Verwandlung im Aussehen Christi auf
offener Scene aus dem Wege zu gehen. 1136, woher weifs Magdalena, dafs die Grabwächter niedergeschlagen worden sind? —
Erl. Ost. 456, woher kommt Medes? — Red. Ost. H. 853, woher weifs
der Grabwächter, der allerdings lügt — denn er hat geschlafen —
von dem Engel mit den drei Marien, die nicht im Stücke vorkommen, und von dem Erdbeben, 781. 816, das wirklich dargestellt
wurde 249. — Sterz. Mkl., zwischen den redenden Propheten und
der Marienklage ist der Zusammenhang gering. — Sterz. M. Lichtm.,
die Verbindung zwischen der Darbringung im Tempel mit der
Flucht nach Ägypten ist lose. — Sterz. Ost., statt der sonst üblichen
Exposition beginnt dieses Ost. überraschend mit dem Gesang der
Grabwächter: *Wir wellen umb das grab gan, Iesus der wil uf
stan. Ist das war, ist das war, So werden gulden unser har,* also
ohne vorhergehende Bitte der Juden um eine Grabwache. Ebenso
schwach motiviert ist 152. 154. 156 das Erscheinen eines wirklichen
Gärtners, als Magdalena bei Christi Grab weint, sein Weggehen
und Wiederkommen, das Auftreten seines Knechtes, alles vor dem
Erscheinen Christi S. 158 in seiner wahren Gestalt. — Theoph.
Trier. 336, die Verzweiflung Theophilus' nach dem Verlust seiner
Pfründe, die ihn dem Teufel zutreibt, scheint wenig begründet.
516 sagt Samuel, nachdem er von der Raubburg Ovelgunne erzählt:
Sus wont de duvel nu darinne, und in der That bringt Sathan 814
Theophilus nach Ovelgunne. Aber bei der Beschwörung kommt Sathan

nicht aus Ovelgunne, sondern aus Indien, 582. Vielleicht ist gemeint, daß Ovelgunne nur zeitweilige Wohnung Sathans sei. — Wolf. Sünd. 2387 bis 2734, das Auftreten der zwei Mütter und der Königin von Saba, 2475, die häusliche Scene Salomons mit seiner eifersüchtigen Frau, das Trinkgelage Salomons mit seinen Hausgenossen unterbricht in müssiger Weise die Beratung Salomons mit den Propheten und Sibyllen. 2464 will die wahre Mutter das Kind eher abtreten als töten lassen; warum die andere dann doch die Teilung verlangt, ist unverständlich.

Übertreibung. Die Erschöpfung der Henkersknechte bei der Geißelung, Eger. Pass. 5390, Frankf. Pass. 3458. Die Bosheit der zweiten der Mütter vor Salomon, die verlangt, daß das Kind geteilt werden soll, Eger. Pass. 1093; s. Wolf. Sünd. 2464 oben.

Eine Vorhersage kann einen zu erwartenden Vorgang vertreten; s. oben S. 209, — die Erwähnung eines Briefes das Schreiben desselben; s. unten II A.

Eine Absicht wird nicht ausgeführt. Alsf. Pass. 5580, Annas giebt den Rat, das Kreuz mit dem angehefteten Christus fallen zu lassen. — Cass. Weihn. 798, der Teufel Machadantz will im Engelskleid an Christi Wiege spionieren. — M. Magd. 361. 502, die Heldin will Schminke kaufen.

Unbefriedigend ist es auch, wenn Erl. Ost. 1255. 1273 Thomas erklärt, in seinem Unglauben verharren zu wollen, bis er seine Finger in Christi Wunden gelegt habe, dies aber in diesem Stücke nicht geschieht, — oder wenn Freis. O. Rach. 41 der Internuntius zu Herodes sagt: *Reges illi quos misisti* usw., also von den h. drei Königen spricht, die im Stücke gar nicht vorgekommen waren.

Sehr häufig ist das Erscheinen eines Schauspielers an einem bestimmten Orte nicht vermittelt. Für den Anfang des Spieles ist dies das Gewöhnliche, nicht weil der Schauspieler sich auf einen Standort begiebt, sondern weil er das von einem Raum außerhalb der Bühne thut. Besonders auffällig in den Pass. die mit der Schöpfungsgeschichte anfangen, wo Gott Vater über die Bühne an seinen Ort gehen mußte, in den Marienklagen, Ost. H., Theoph. Trier. 46.

Davon abgesehen. Das Auftreten der Samariterin am Brunnen in den Passionen, — des Liebhabers Magdalenens, Ben. Pass. 58,

Alsf. Pass. 1810, — Rubins, als der Krämerarzt gerade einen Diener braucht, Innsbr. Ost. H. 460, Erl. Ost. 108, Wien. Ost. H. S. 313, 27, — Nicodemus', Luz. Grabl. 107, — der vier Milites, Luz. Grabl. 429, — der Kupplerin, M. Magd. 386.

Eine Gruppe für sich bilden auch gewisse Wege einer agierenden Person zu einer andern, die so unvermittelt sind, daſs man umgekehrt die Bewegung der zweiten Person zu der ersten erwarten würde. S. meine Abhandlungen zum altdeutschen Drama S. 38. Innsbr. Ost. H. 1099 *Maria* (Magdalena) *recedit cantando: Vere vidi dominum vivere* usw. nach der Begegnung mit Christus als Gärtner, 1109 *Thomas venit ad Mariam et dicit: Maria las din schallen* usw. 1140 *Maria* (Magdalena) *cantat: victimae paschali* usw. *Petrus et Iohannes veniunt clamando: Dic nobis, Maria, quid vidisti in via?* Eger. Pass. 8061 *Et sic Salvator recedit a Maria Magdalena in locum suum*, nachdem er ihr als Gärtner erschienen war, *donec Maria canit obviantibus duobus apostolis, scilicet Petro et Ioanne.* 8103 *Tunc Maria procedit ulterius ad parvum spacium. Tunc veniunt ei in obviam Maria Iacobi et Maria Salome cantantes: Dic nobis Maria* usw. Erl. Ost. 1176 Magdalena singt: *Vere vidi dominum vivere* usw., dann 1203 *Victimae paschali* usw. *Deinde venient Petrus et Iohannes cantantes: Dic nobis, Maria* usw., 1255 erscheint auch Thomas. Sterz. Ost. S. 160 *Tunc Salvator recedit ad tempus*, Christus als Gärtner. *Maria plangit et canit iterum: Ich hab warleich gesehen den lieben herrn mein* usw. *Deinde venit Thomas dicens: Maria las dein schallen! Wie mag mir das gefallen, Dasz ein todter man Von dem tod sol aufstan.* S. 161. 162 die Überzeugung Thomas' durch Christus selbst, *tunc Maria canit: Victimae paschali* usw. S. 163 *Tunc Petrus et Iohannes vadunt ei obviam cantando: Dic nobis, Maria, Quid vidisti in via?*

Doch ist es auffällig, daſs die Erscheinung auf die Marienscenen beschränkt zu sein scheint.

Selten tritt durch Fehlen der Verknüpfung Überraschung der Personen des Stückes und des Publikums ein. Teg. Ant. 156, die Ablegung der Krone durch den deutschen Kaiser. 371 Elias und Enoch reden von Elias und Enoch, die Juden fragen: *Ubinam sunt?* Antwort: *Nos sumus vere.* 436 nach der Triumphrede Antichrists *Statim fit sonitus super caput Antichristi, et eo corruente et omnibus suis fugientibus Ecclesia cantat.* — Dor. S. 291, 23. 294, 25, das unmittelbare Eingreifen Gottes, der die Heldin im siedenden

Ölfaß unversehrt erhält und seine Engel zur Zerstörung der Götzenbilder schickt. — Kath. S. 167, der Besuch Christi im Kerker des Helden, S. 168 das Zerbrechen des Rades.

Zum Teil gehört auch die oben S. 233 erwähnte Spannung hierher. Denn wenn Maria, die doch weiß, daß ihr Sohn gekreuzigt wird, fragt, was diese Versammlung, diese Hammerschläge bedeuten, was sich dort winde wie ein Wurm, so wirken die vorhergesehenen Dinge auf sie überraschend, übersteigen ihre Erwartungen.

Die vorgeführte Reihe von Begebenheiten erhält meist einen Abschluß, s. oben S. 223.

Selten fehlt er. Im Freis. Her. erfährt man nichts über das Schicksal der h. Familie bei der drohenden Gefahr, auch nichts über das Gelingen oder Mißlingen von Herodes' Absichten, in Dor. nichts über das Schicksal des Fabricius. In der Luz. Grabl. wird noch die Grabwache aufgestellt, aber wie sie ihrer Aufgabe gerecht wird, kommt nicht mehr zur Darstellung, während das Publikum doch wußte, daß nun Auferstehung und Höllenfahrt Christi folgen soll. Auch in der Frankf. Pass. fehlt die Auferstehung Christi. Der ältere Herodes wird nicht bestraft in Freis. O. Rach., S.Gall. Weihn., Erl. Dreik., der jüngere nicht in der Nebenhandlung des Alsf. Pass.

Die Marienklagen könnten eigentlich ins Ungemessene fortdauern, werden mehr abgebrochen als beendigt.

Schwach motiviert wären auch die Selbsteinführungen der Schauspieler, aber sie gehören zur Kunstform des mittelalterlichen Dramas und sind unten bei den dramatischen Ansprachen behandelt. S. oben S. 240 die Charakterisierung der einfältigen Hirten durch diese selbst im Ben. Weihn.

Widersprüche.

Die Inconcinnität steigert sich zu Widersprüchen. Auf die litterarische Entstehung gehe ich nicht ein. Einige, die einen Gegensatz zwischen Spielanweisung und Text darstellen und sich aus scenischen Rücksichten oder aus schwankenden Vorstellungen über Person, Ort, Zeit erklären, sind schon besprochen worden; s. oben S. 179 f., 191 ff., 195 ff.

Eine andere Gruppe bezieht sich auf die Chronologie innerhalb des Stückes. Ben. Pass. 117, nachdem Christus Magdalenen gerade vergeben hat: *Mulier, remittuntur tibi peccata. Fides tua salvam te fecit. vade in pace,* heifst es: *Tunc Maria surgat et vadat lamentando cantans: Auwe Auwe, das ich ie wart geborn* usw. 246, Maria singt unter dem Kreuz: *Mi Iohannes, planctum move, plange mecum, fili nove, fili novo federe matris et matertere.* Aber das Novum foedus durch Christi Worte: *Mulier, ecce filius tuus* erfolgt erst 260. — 267, der Tod Christi mit *Ely ely lama* usw. und Longins Lanzenstich. Trotzdem 271 *Et unus ex Iudeis dicat ad Iudeos, Elyam vocat iste* usw. *Alter Iudeus: Si filius dei es, descende de cruce.* — Trier. Mkl., Maria spricht S. 268, 7 und 270, 31 von der Seitenwunde, welche Christus durch den Lanzenstich Longins empfangen hat, aber S. 270, 9. 214, 4 ist Christus noch am Leben. — Alsf. Pass. 3718 *Ihesus non respondet quidquam. Quod videns Pilatus ducit ipsum ad pretorium.* 3784 *Sic introducit eum,* Christus, *in pretorium,* Pilatus' Diener, *et vexilla se inclinant.* — 5350 *Et sic imponitur crux Ihesu. Maria stat iuxta crucem et Iudeos et videt et dicit: Nu hebet sich aber myn leit* usw. 5950 fragt sie den Johannes um Christi Schicksal; er sagt, dafs er ihn blutend, mit dem Kreuz beladen, aus der Juden Haus habe gehen sehen. — 5863, Johannes verspricht Marien in deren Hause, bei ihr zu bleiben, *want dich dyn kynt mer bevole;* das geschieht erst 6108: *Mulier, ecce filius tuus* usw. — 7291 *Tunc Salvator procedit cum suis,* d. i., den Engeln und den aus der Vorhölle erlösten Vätern, *ad celum qui canunt* usw. *et Eva dicit stans in porta celi.* 7632, nach der Krämerscene vor dem Weg der drei Marien zum Grab: *Sequuntur apparitiones animabus ductis per angelos infra celum cantando.* — Erl. Dreik. 229 *Vir unus* meldet den h. drei Königen, 244 ein Engel Marien, dafs Herodes seine Diener zum Kindermord ausgesandt habe. Aber Herodes erhält den Rat dazu erst 285. — Erl. Mkl., Christus ist tot 4. 5. 15. 25, 32 hat sich schon die Erde geöffnet, aber 54 fragt Maria Johannes, wo er Christus gelassen habe, und sie gehen zum Kreuz, wo Christus noch lebt; er stirbt erst 325. Schon vor 325 aber, 276, wird die Seitenwunde durch den Stich Longins erwähnt. Und obwohl Christus im ganzen Stück nicht spricht, und Maria mit Johannes das erste Mal zum Kreuz kommt, wird doch vorausgesetzt, dafs Christus beide einander empfohlen habe, s. 158. 172. 261. — Erl. Weihn. 22 *da siezt di edel maid, di uns hat ein chind gepörn,* 27 folgt die Vermählung, 45 die Besorgung des Kindes. —

Sterz. Mkl. S. 119, die Scene ist beim Grab Christi, 120 spricht Maria vom Bersten der Erde, 129 Daniel von Christi Lendentuch, das er von Maria empfangen habe, 125. 130 sagt Johannes, daſs Christus ihm Marien, sie ihm empfohlen habe, — trotzdem fragt S. 124 Maria Johannes, wo er Christus gelassen habe, und er erzählt ihr die Scene von der Kreuzigung, die sie selbst gesehen haben muſs. — Wolf. Mkl. 13 sagt Maria dem Johannes, daſs sie in seine Hut befohlen wurde, 78 die erste Maria, daſs Christus tot sei, 117 lebt und spricht dieser, 140 fragt Maria, wem Christus sie empfehle, er antwortet: Johannes, 162 stirbt er, aber noch 209. 339 fragt Maria: *weme bevelestu mik?*

Eine andere Kategorie sind unmögliche Wiederholungen in den Vorgängen. Wenn dasselbe Ereignis zweimal eintritt, empfinden wir das als einen Widerspruch. Muri. Ost. H. 173, Christus erscheint den drei Marien, 306 Magdalenen allein, die eine von den dreien ist. — Mastr. Pass. 984, das Gastmahl bei Symon, dem Pharisäer und die Salbung Christi durch Magdalena kommt auch 1206 vor. Vgl. Alsf. Pass. 2295. — Trier. Mkl. S. 264, 15, Christus empfiehlt Marien den Johannes als ihren Sohn, sie ihm, letzteres auch S. 270, 9. — Alsf. Pass., das eigentliche Gastmahl bei Symon, dem Pharisäer, ist 2724; aber 2295 heiſst es: *Et sic vadunt cum eo*, dem auferstandenen Lazarus, *Ihesus et discipuli, et intrant domum Marthe. Ibi Symon leprosus parat mensam.* 3486, Christus sagt von Annas, er habe immer offen gelebt; darauf schilt ihn Sauel und giebt ihm eine Ohrfeige, darauf Christus: habe ich unrecht geredet, so beweise es, wo nicht, was schlägst du mich? Dasselbe 3544 vor Kaiphas mit Fluchusz statt Sauel. — 4304, am zweiten Tag, *Et sic imprimunt sibi*, Christus, *coronam cum impetu*, 5272, am dritten Tag, *et imponatur ei corona spinca.* — Augsb. Pass. 882, Johannes erzählt Marien auf ihre Frage von der Gefangennahme Christi; dabei ist Magdalena gegenwärtig, s. 900 *Yetz stat Maria vnd Iohannes mit einander auf vnd gand gen Iherusalem vnd die andern Marien mit in.* 955 berichtet Magdalena Marien dasselbe über die Gefangennahme Christi, was Johannes gesagt hatte. — Eger. Pass. 5906, Johannes erzählt Marien von dem Kreuzweg Christi, 5956 erzählt er auf ihre Frage: *Wo liestu mein herzliebes kindt?* dasselbe. An eine der Natur abgelauschte Frage, trotz erhaltener Nachricht, ist nicht zu denken. 7979, Christi Frage als Gärtner an Magdalena, was sie suche, und Magdalenens Antwort, daſs es Christus sei, wiederholt sich 8001. — Erl. Ost. 777, Secunda Maria fragt den Krämer um den Preis der Salbe, Antwort des Krämers. 783, Tertia Maria fragt dasselbe, der Krämer antwortet; allerdings ist der Preis verschieden. — 1007, der Engel fragt die drei Marien, wen sie suchen, sie antworten: Christus, Replik des Engels, daß er nicht mehr im Grabe sei; dasselbe 1017. — 1203, Petrus und Johannes fragen Magdalena: *dic nobis, Maria, quid vidisti.* Sie antwortet: *das grab ich offen vand, dar inn lag sein gewant.* Aber die Apostel fragen 1211 weiter: *Maria, von wann gest du, oder was sagst tu von Ihesu?* Darauf erzählt sie ihre Begegnung mit Christus als Gärtner, und nochmals fragen die Apostel 1243 *Dic nobis, Maria* usw., worauf sie wie das erste Mal von dem leeren Grab erzählt. — Erl. Ost. H. 73, die Juden bitten Pilatus um die Grabwache, die er bewilligt, Vorstellung der acht Grabwächter; 209 bittet Kaiphas um dasselbe und Pilatus bewilligt es. — Frankf. Pass. 2070, Christus sagt den Aposteln insgesamt, daß Judas ihn verraten werde, 2104 sagt er es Johannes. — 2743. 3217, Nicodemus tritt gegen Kaiphas für die eheliche Geburt Christi ein; allerdings das zweite Mal vor Pilatus. Der Fall ist zweifelhaft. — Sterz. Ost. S. 152. 154, die Frage des wirklichen Gärtners an Magdalena und ihre Antwort, sie suche Christus. — Wien. Ost. H. S. 313, 9, *ein kaufmann spricht: Ich bin nemlich komen von Parcis: Uf erstei habe ich geleget meinen vleiss wol vier und vierzig jar: Was ich euch sage, das ist nicht war.* Hier spricht ein Arzt. Dann mit der Überschrift *Aliud: Nu horet, ir jungen und ir alten, ich bin ein meister herkomen* usw. Rede eines Kaufmanns, der neben Spangen, Beuteln, Taschen, Glastöpfchen auch Arzneien hat; s. oben S. 193. — Wolf. Mkl. 140, Maria: *Weme bevelstu nu mik?* Christus empfiehlt sie Johannes. Dieselbe Frage Mariens kehrt aber 208. 220. 339 wieder.

Unmögliche Wiederholungen in der Rede s. oben S. 112 ff.

Von einer unmöglichen, durch das Vorausgebende nicht erklärbaren, also diesem widersprechenden Einsicht der handelnden Personen zeugt es, wenn Freis. Her. S. 56 auf die Worte der Engel: *Pastores, annuntio vobis gaudium magnum* diese antworten: *Transeamus Bethleem et videamus hoc verbum*, oder S. 59 Herodes die Weisen *de hoc puero* befragt, ohne ihnen zu sagen, was er durch die h. drei Könige über ihn gehört habe. Ebenso Mastr. Pass. 298, der Engel hat den Hirten allerdings den Inhalt der Freudenbotschaft gesagt, *der werlde loisere, den die engele han irkoren, de is alzehant geboren.* Aber wie sie daraus ersehen sollen, daß dies zu Bethlehem geschehen ist, wohin sie gehen wollen, 313, ist unbegreiflich. Desgleichen Wien. Ost. H. S. 315, 9, *der arzt spricht: Nu sage, knecht, was das bedeute? Ich sehe aldort gar vil leute, Mich dunket in meinem mut, Dass sie suchen salbe gut.* Wie kann er das den drei Marien ansehen? S. auch S. 319, 7, wo er ihnen Salbe anbietet, ohne daß sie welche verlangt haben.

Über ähnliche Fälle s. unten II A bei der Kürzung und Verdichtung.

Außerdem. Teg. Ant. 290 singt der deutsche König: *sic retinebimus decus imperiale.* Aber 156 hat er die Kaiserwürde niedergelegt. — Ben. Pass. 82, die eben bekehrte Magdalena sagt, obwohl sie allein zum Krämer geht, die Salbe für den lebenden Christus zu kaufen: *Dic tu nobis, mercator iuvenis* usw. *Heu quantus est noster dolor.* — S. Gall. Pass. 675 heißt Christus die Apostel Schwerter kaufen. 726 verbietet er den Gebrauch; ebenso nach der Bibel Augsb. Pass. 520. 665, Don. Pass. 1896. 1903. 2091, Eger. Pass. 4204. 4212, 4394, Frankf. Pass. 2121. 2364. — Innsbr. M. Himm. 904 spricht Maria von sechs Horen (s. 781), es kommen aber nur fünf vor, da 956 Begräbnis und Auferstehung zusammengezogen werden. 1865, der *Princeps Iudeorum* ist bekehrt, 2651, er ist unbekehrt. Oder ist eine andere Generation gemeint? Auffällig ist, daß die bekehrten Heiden in dieser Partie des Stückes Primus, Secundus usw. miles, nicht Primus, Secundus usw. paganus genannt werden, wie jene, die im Anfange des Stückes die Taufe empfangen haben, und daß 2527 der Secundus miles sagt, daß er und seine Kameraden *an desem tage* Christen geworden seien, was mit den Bekehrungen des Primus, Secundus paganus usw., 223. 374, schwer zusammen ginge. Allerdings ist Petrus das eine wie das andre Mal unter den Bekehrern. — Innsbr. Ost. H. 1119, Magdalena erzählt Thomas, daß sie zu dem ihr erscheinenden Christus *sancte deus, sancte fortis* usw. gesagt habe. Diese Worte waren bei dieser Scene nicht vorgekommen (in anderen Stücken begegnen sie, Nürnb. Ost. S. 19, Frankf. Pass. Dir. 304, Erl. Ost. 1148). — Mastr. Pass. 1162, Martha zu Magdalena: *stant up! he* (Christus) *ruft dich alzehant.* Das hat Christus, als er mit Martha sprach, 1140, nicht gethan. — Alsf. Pass. 2257, wie im Mastr. Pass. sagt Martha Magdalenen, Christus rufe sie, wovon in dem Gespräche zwischen Christus und Martha nichts vorgekommen war. 6996 sagt der Engel zu den Grabwächtern: *liget nidder und slauffet snelle.* Unmittelbar darauf: *Et statim surgit primus miles et vadit ad Pilatum,* und auch seine Gefährten schlafen nicht, 7019. — Augsb. Pass. 1893 befiehlt Pilatus, alle drei Gekreuzigten zu töten; 1901 frägt er auf Josephs von Arimathia Bitte erstaunt: *Ist diser mentsch dann yetzund tod?* 1878 Magdalena sagt unter dem Kreuz Christi: *sein mütter ist was weiss ich wa? Villeicht thüt sy ir selb den tod von grosses smertzen, jamers not,* Maria ist also nicht anwesend. Das wird aber durch 1929, Einleitung zur Pietàgruppe, vorausgesetzt. — Cass. Weihn. 101 Joseph und Maria werden von den Hauswirten Arnoldus und Czulrich hart abgewiesen, trotzdem holt Joseph doch wahrscheinlich bei ihnen eine Wiege 151, trotzdem besorgen Arnolds und Czulrichs Mägde, Hillegart und Gutte, das Kind, 615, und Czulrich beteiligt sich sogar an dem Tanz der Mägde um die Wiege. — Eger. Pass. 4143 sagt Christus, dafs Judas ihn verraten soll, *Iudas, du hast dich selbs genandt,* — darauf Johannes 4145 *Das sein mir wunderlich geschicht, Seins nammen sol wir wissen nicht.* — Erl. Dreik. 39 gehen die Hirten, nachdem der Engel ihnen die Geburt Christi verkündigt hat, sofort nach Jerusalem, es den Leuten zu erzählen, s. 57, aber vor Herodes singen sie 41 *Natum vidimus.* — Erl. Ost. 75 *Tunc adveniat Pusterpakch cum medico, Pusterpakch precedens;* 91. 106 aber wünscht der Arzt einen Diener. Das wird Rubinus. Dieser wünscht sich 236 einen Knecht; dazu meldet sich 247 Pusterpalkch. — Erl. Ost. 365 sagt der Engel zu den Grabwächtern *percuciens: Recedite* usw. Das thun sie auch: 369 *Et sic recedunt omnes.* Aber 456 *Medes clamat ter alta voce: Waffen, her, waffen, die ritter sind all entslaffen.* Darüber klagt auch Kaiphas bei Pilatus 465, und auch bei ihrer Entschuldigung sagen die Grabwächter, ein Donnerschlag habe sie betäubt. — Frankf. Pass. 2070, Christus erklärt, Judas sei der Verräter. Dennoch sagt Petrus 2096 zu Johannes, er wüfste gerne, wer der Verräter wäre. — Johannes sagt 2102 *Petre, du sehe wol, das ich sliff,* aber 2066, gerade bevor Christus Judas als den Verräter bezeichnet, ist die *nota: Salvator, Iohannes, Petrus et Iudas intingunt simul.* — Red. Ost. H. 50, Secundus Judeus sagt: *we vruchten, dat syne jungere here varen unde nemen sinen licham dar ut, unde spreken denne al averlut, Ihesus de si upghestanden.* Darauf Pilatus: *Wane! begynne gy me to reven? love gy, dat en dot man werde leven?* Diese Antwort pafste nur, wenn es die Meinung des Secundus Judaeus selbst gewesen wäre, Christus könnte auferstehen. 1572 *Lucifer ad penesticum: Segghe, my dunket an dyner sprake, gycht du hebbest en hoker wesen* —. Aber der Penesticus hat noch gar nicht gesprochen. — Sterz. Mkl. S. 125. 130; s. oben S. 247. — Sterz. Ost. S. 148, ein Wächter erzählt den anderen, was sie alle S. 146 gesehen haben. S. 151, die zweite Maria erzählt den anderen, was alle drei S. 150 gesehen haben. S. 164 sagt Magdalena zu Petrus von Christus: *Ich hab in werlich swier gesehen.* Aber sie hat zweimal nur den wirklichen Gärtner gesehen, S. 152. 154, Christum nur S. 158. — Wien. Ost. H. S. 299, 15, Pilatus rät in seinem Palast den Juden, eine Grabwache aufzustellen. S. 301, 1, nachdem die Juden einen Rat gehalten, geben sie zu Pilatus und bitten ihn darum, wobei er sie seltene Gäste nennt, S. 300, 14. — S. 308, 27 Pilatus befiehlt den Wächtern, von der verunglückten Grabwache zu schweigen, und verspricht ihnen reichen Lohn, S. 309, 10. 20 schilt er sie, S. 312, 13 verteidigt er sie gegen die Juden, S. 313, 1 verlangen sie Schweiggeld von Kaiphas. — S. 310, 11 nach der Rede der Frau des Kaiphas nimmt der Spielanweisung gemäß Pilatus — es ist wohl Kaiphas — das Wort und sagt zu den Grabwächtern: *Sweiget gummen, ir affen* usw., die gar nicht gesprochen haben. S. 331, 6 sagt Christus zu Magdalenen nur: *Das*, die Auferstehung, *tu auch meinen jungern kunt.* Bei der Besorgung des Auftrags sagt Magdalena zu Petrus, Christus habe gesagt: *Und sage es meinen jungern, besundern Petro.* Noch ausdrücklicher S. 334, 5: *Petre, du solt nicht trauren noch klagen: Ich wil dir wol sagen, Dass dich Iesus sum erstenmale hat genant, Da er mich vor dem grabe klagende vant.*

Über andere Widersprüche s. unten B bei den Ansprachen und II A in den Fällen der Kürzung.

Einheitlichkeit, Gleichmäfsigkeit und Abwechslung.

So beliebt Parallelen sind, s. unten II B, so ist doch auch oft das Streben nach Abwechslung zu bemerken.

Bei Wiederholung ähnlicher oder derselben Handlungen wird das eine Mal eine Einzelheit weggelassen. Teg. Ant. 205, der Antichrist schickt eine Gesandtschaft an den König von Griechenland ohne Geschenke, 229. 249, an die Könige von Frankreich und Deutschland mit Geschenken. — Innsbr. M. Himm. 269, es werden nicht alle Heiden- und Judenbekehrungen aller zwölf Apostel vorgeführt, sondern nur die von Petrus, Andreas, Matthaeus, Symon. — Trier. Mkl. S. 264, 15 bringt die Empfehlung Marias an Johannes,

die des Johannes an Maria; bei der Wiederholung S. 270, 9 wird nur
Maria dem Johannes empfohlen. — Wien. Pass. 524, nur Petrus und
Judas fragen beim Abendmahl: Bin ich es? — Alsf. Pass. 6979,
nur der vierte und erste Grabwächter beteiligen sich am Gespräch. —
Red. Ost. H. 195, nur der Vigil und drei Grabwächter reden, der
vierte bleibt stumm. 804, nur drei Grabwächter reden, der dritte
bleibt stumm. 896, nur zwei Grabwächter reden, der erste und
zweite bleiben stumm. 906, nur drei Grabwächter reden, der vierte
bleibt stumm.

Andere Variationen bei Wiederholung derselben oder ähnlicher
Vorgänge. Teg. Ant. 68, die sonst gleichlautenden Botschaften des
römischen Kaisers an die Könige von Frankreich werden am Schluß
verändert. An den französischen König: *cuius ad servitium nos te
invitamus et cito venire sub precepto mandamus*, — an den von
Griechenland 113, *Ibi mutantes: Cuius ad servitium te invitamus et
tributum dare sub precepto mandamus.* 219, der Antichrist läßt
den König am Schluß seiner Botschaft sagen: *Huius edicti formam
si tu preteribis, in ore gladii cum tuis interibis*, in der sonst gleichlautenden an den König von Frankreich 236 *Ultimam clausulam
ista commutantes: Sed de tui regni certus devotione rependit tibi vicem
voluntatis bone.* — Innsbr. M. Himm., die Heiden werden in zwei
Abschnitten bekehrt, vor und nach der Judenbekehrung, 502. 1241.
Es werden nicht alle Apostel einzeln oder alle zusammen von Engeln
zu Maria zurückgeführt, sondern erst einer, dann zwei, dann vier,
dann alle übrigen zusammen. 1981, alle Juden werden bekehrt bis
auf zwei. — Innsbr. Ost. H. 362, bei den verschiedenen armen
Sündern, die in die Hölle geschleppt werden. S. auch Wien. Pass.
189, M. Magd. 152, Red. Ost. H. 1348. 1596. — Kath. S. 164 bei
dem Religionsgespräch der Heldin mit den acht heidnischen Weisen. —
Zehn Junfr., die Rollenverteilung der fünf Prudentes und der fünf
Fatuae. — Alsf. Pass. 3370, bei dem wiederholten *Quem quaeritis?*
Christi bei der Gefangennahme. 3912, elf jüdische Bannerträger
sagen erst einer nach dem andern, daß die Banner sich von selbst
geneigt haben, dann spricht Pilatus, dann schließt sich der zwölfte
Bannerträger, Hölderlin, der Rede seiner Gefährten an. 7157, bei
dem wiederholten *Tollite portas* bei der Höllenfahrt. 7789, bei
dem Gespräch Christi mit allen zwölf Aposteln. — Augsb. Pass.
399, bei 'Bin ich es'? der Apostel beim Abendmahl. 609, bei
Quem quaeritis? — Eger. Pass. 49, viermal folgt auf einen Engel-
chor die Einzelrede eines Engels, aber nur nach dem ersten und

vierten Mal spricht auch Gott. 1549, die viermalige Abweisung
Josephs und Marias in Bethlehem. — Frankf. Pass. 1986, bei 'Bin
ich es'? der Apostel beim Abendmahl. — Rhein. j. Tag 344, bei
den Scenen zwischen Christus mit den Guten und mit den Bösen. —
Sterz. Mkl. 119, in der Abfolge der Reden und Gesänge des
Prophetenchors, der einzelnen Propheten, der drei Marien und Johannes'. — Sterz. M. Lichtm. 104, bei der Zurechtweisung und
Bekehrung von Symons Diener und Annas Dienerin. — Wolf. Sünd.
2828, bei der Beratung der Propheten und Sibyllen mit Salomon,
statt einförmiger Anreihung der Prophezeiungen.

Obwohl einige Stücke mehr, andere sich weniger von der
Wirklichkeit entfernen, so wechselt doch diese Entfernung öfters
in demselben Stück. In Bezug auf das Lokale war eine Beobachtung
der Proportionen oft nicht möglich. Jerusalem steht im Alsfelder
Plan, Froning S. 267, auf einer Linie mit Synagoga, den Häusern
des Annas, Caiphas und Josephs von Arimathia, die Säule, an der
Christus gegeißelt wird, und die für den Hahn auf dem Donaueschinger
Plan in der Mitte der Bühne, weitab von den Häusern der Hohenpriester und des Pilatus, neben oder in denen sie der Wirklichkeit
und der Proportion nach zu erwarten wären. S. über das Dolium
oben S. 20 f. Wo sich die Bühne über ganze Länder erstreckte, wie
im Teg. Ant., Frankf. Pass., war an eine auch nur annähernde
Proportion nicht zu denken, aber auch sonst eine solche schon
dadurch verhindert, daß Häuser, Tempel, Gärten viel kleiner als
in Wirklichkeit waren, die Schauspieler aber in Lebensgröße.

Bei Personen ist zu bemerken, daß für die Handlung un-
bedeutende oft reicher ausgestattet sind, als wichtigere; so der
Krämerarzt gegenüber den heiligen Personen in den Ost., Ost. H.
und den Pass., s. Muri. Ost. H. 1. 151, Frankf. Pass. Dir. 258,
Innsbr. Ost. H. 455, Alsf. Pass. 7483, Eger. Pass. 7864, Erl. Ost.
57, — die Teufel in den Teufelsspielen, besonders Red. Ost. H., —
die Kanoniker in Theoph. Trier.; s. oben S. 180 ff., 229.

Über die verschiedene Seh- und Hörweite in einem Stücke s.
oben S. 61. 85. 162.

Trotz der großen Kondensierung in den Vorgängen einiger
Stücke, wie Freis. Her., Teg. Ant., Dor., s. unten II A, herrscht
in ihnen ausführlicher Botenverkehr. Teg. Ant. 50. 229 werden
Boten beauftragt und richten ihre Botschaft aus, aber 423 beruft
der Antichrist kondensierend selbst die Könige der Erde. — Alsf.

Pass. 1001, Botenverkehr im Hause des Herodes, aber 4208 befiehlt
Pilatus, während des Verhörs mit Christus, Barrabas von den Fesseln
zu befreien, und spricht ihn gleich an. — In der so ausführlichen
Don. Pass. 2950 geht die Frau des Pilatus nach ihrem Traum selbst
zu Pilatus, während sie in den anderen Passionen Diener oder
Dienerinnen schickt, im Eger. Pass. sogar zwei. — In Erl. Ost.
beansprucht die Krämerscene 896 Verse von 1331, in Ben. Pass.
beansprucht die Scene von Magdalenens Weltleben 54 Verse, während
Christi Gefangennahme und Verhöre bis zur Verurteilung mit 60
abgethan werden. Unverhältnismäfsig lang ist die Bischofswahl in
Theoph. Trier.

Trotzdem während der Redescene an einem Bühnenort an
einem andern agiert werden kann, s. oben S. 148 ff. und unten II A
'synchronistische Reihe', ist das nicht an allen Bühnenorten der
Fall, und in allen Stücken, die zwei gleichzeitig gespielte Scenen
bieten, kommen andere vor, wo alle anderen Schauspieler als die
redenden ruhig dastehen oder sitzen.

Ebensowenig ist die Proportion zwischen der Bühnenzeit und
der wirklichen festgehalten. S. Gall. Pass. 469 bis 589 verstreichen
vier Tage von dem Tode Lazarus' bis zu seiner Erweckung in
121 Versen, 1170 bis 1283 aber drei Tage von Christi Tod bis zu
seiner leiblichen Auferstehung in 170 Versen. Innsbr. M. Himm. 1
bis 982 (s. 1117) verstreichen vierundvierzig Jahre in 982 Versen,
1018 bis 1536 aber drei Tage in 519 Versen. Andere Beispiele
unten II A. — Wege werden mitunter durch Gesang oder Rede
der gehenden oder anderer markiert, oft aber auch nicht. In
Innsbr. M. Himm. legt der Engel Gabriel den Weg von Maria bis
in den Himmel zu Gott während eines Gespräches Marias mit den
Jungfrauen zurück, 1075 bis 1157, während einer Predigt des Johannes, 1181 bis 1234, den vom Himmel zu Johannes; 1026 aber
war er zeitlos vom Himmel zu Maria gekommen, 1311 ein andrer
Engel ebenso schnell vom Himmel zu Andreas und anderen Aposteln. —
Don. Pass. 1190 bis 1211, Gespräch Marthas und Magdalenas,
während dessen ihr Bote zu Christus geht, aber 1223 geht er zeitlos
zu den Schwestern zurück.

Neben ununterbrochenen chronologischen Reihen kommen auch
durch öfters lange Zeitpausen unterbrochene vor; s. unten II A,
'chronologische Reihe'.

Alle diese Verschiedenheiten verstofsen nicht nur gegen die
Proportion, sondern auch gegen die Wirklichkeit, in welcher der

Diener mit seinen Zuständen und Handlungen ebenso reich ausgestattet ist, als der Herr.

Einheitlicher Charakter eines Stückes zeigt sich, wenn z. B. das Innsbr. Fronl. fast ganz theoretisch, das Zehn Jungfr. fast ganz symbolisch sind, während Symbolik und Theorie sonst meist nur beigemischt erscheint.

Vielfach herrscht eine Gemütsstimmung im ganzen Stück so vor, daſs gegenteilige nicht begegnen. So sind ohne komische und hedonistische Elemente die traurigen Marienklagen und ernsten Osterfeiern, Freis. Her., Freis. O. Rach., Teg. Ant., Dor., Innsbr. Fronl., Innsbr. M. Himm., Kath., Trier. Ost., Augsb. Ost. H., S.Gall. Chr. Himm., Luz. Grabl., Rhein. j. T. (keine Berufssünder), Sterz. M. Lichtm., Theoph. Helmst., Wolf. Ost. — Cass. und Erl. Weihn. sind fast ausschlieſslich heiter behaglich bis zum Possenhaften. In ersterem 336 sagt die h. Jungfrau zu dem Jesuskind, das seinen künftigen Martertod angedeutet hatte: *Swige, libes kindelin Ihesu Crist; beweyn diner marteil nicht su diszer frist*, während S. 555 die Quinta puella die Aufforderung zur gegenwärtigen Freude gerade durch das künftige Leid motiviert. — Die Passionen sind lebhaft und erschütternd, die Ost. und Ost. H. tröstlich, Zehn Jungfr. und Rhein. j. T. furchtbar.

Trotz des theoretischen Inhalts der Reden der Propheten in Sterz. Mkl. sind sie mit den Klagen Marias doch durch Mitgefühl verknüpft.

Nur hedonistische Elemente sind dem ernsten Inhalt beigegeben in den Passionen, welche das Weltleben Magdalenas schildern, Ben., Maastr., Don., Frankf. Pass., dann im Zehn Jungfr., das Treiben der Thörichten, in Wolf. Sünd. das Leben am Hofe Salomons. — Die Gastmähler in den Pass. wie im Innsbr. M. Himm. sind vielleicht auch so aufgefaſst worden; s. oben S. 240 f.

Innerhalb der Ost., Ost. H. und Pass. stechen die Krämer- und Grabwächterscenen von den übrigen ab durch possenhaften Ton, ebenso die zwischen Johannes und Petrus beim Wettlauf in Erl., Sterz. Ost., Wien. Ost. H., Eger. Pass. 8125. 8203, während die Eger. Pass. sonst ernsthaft ist, — zwischen Magdalena und dem wirklichen Gärtner in Sterz. Ost., — die Aufnahme von Berufssündern in der Hölle in Wien. Pass., Innsbr. Ost., M. Magd., Red. Ost. H. — Pilatus, der sonst in den Pass. und Ost. H. würdig gehalten ist,

verändert seinen Ton, wenn er die Grabwächter schilt, Innsbr. Ost.
H., Red. Ost. H.

Die Rede wechselt schon durch die eingestreuten lyrischen und
Gesangsstücke, und so stechen die Marienklagen der Passionen
stark von dem Übrigen ab. In der Prag. Mkl. steigert sich der
Ton innerhalb des Stücks zu höherer Idealität.

Dementsprechend bleibt oder wechselt der Gefühlswert für den
Zuschauer während des ganzen Stückes.

B. DRAMATISCHE ANSPRACHEN.

Über Prologe und Epiloge s. oben S. 63 ff., 200 ff.

Durch die Prologe wird das Publikum zu Ruhe und schweigendem
Zuhören aufgefordert, Wien. Pass., Dor. 1 *Primus qui proponit ludum:
Nú swiget, ir jungen und ir alten*, Frankf. Pass. Dir., Innsbr. M.
Himm. am ersten Tage auch zum Ausweichen, Innsbr. Ost. H., Wien.
Pass., Zehn Jungfr., Alsf. Pass. am ersten und zweiten Tag mit
Berufung auf den Ratsbeschlufs, Cass. Weihn., Don. Pass. am ersten
und zweiten Tag, Eger. Pass. am ersten, zweiten, dritten Tag, 5710
Nun schweigt ir herren, und seit unverdrossen, Frankf. Pass. am
ersten Tag, S.Gall. Chr. Himm. *Silete, silete, silentium habete:
Swigent lieben lüten*, M. Magd., Red. Ost. H., Sterz. M. Lichtm., Sterz.
Mkl., Wien. Ost. H., Wolf. Sünd. — Dem Publikum wird der Inhalt
des folgenden Spieles mitgeteilt. In Wien. Pass. sehr allgemein,
von gote, in S.Gall. Pass., Innsbr. M. Himm. am ersten und zweiten
Tag, aber recht unvollständig, nichts von dem Krieg zwischen den
Juden und dem rex paganissimus, in Innsbr. Ost. H., Zehn Jungfr.
sehr allgemein, nur dafs von Christus die Rede sein werde, Alsf.
Pass. am ersten und zweiten Tag, Augsb. Ost. H., Bord. Mkl.,
Cass. Weihn., Don. Pass. am ersten und zweiten Tag, Eger. Pass.
am ersten, zweiten, dritten Tag, am zweiten Tag auch der Inhalt
des dritten, Frankf. Pass. nur der Inhalt des Vorspiels, für das
eigentliche Stück 330 eine ganz abstrakte Inhaltsangabe in einer
Zeile, S.Gall. Chr. Himm., Red. Ost. H., Sterz. M. Lichtm., Sterz.
Mkl., Theoph. Trier., auch Inhalt des ersten Vorgangs, — Wien. Ost.
H., Wolf. Mkl., sehr allgemein. — Es werden dem Publikum die
Schauspieler vorgestellt, Innsbr. M. Himm. — Bord., Sterz. Mkl.,
Sterz. M. Lichtm. mit Inhalt des Stückes.

Eine Exposition durch, wenn auch unvollständige, Mitteilung der Vorgeschichte bieten Dor., Theoph. Helmst. ohne Inhalt, Bord., Sterz. Mk., Sterz. M. Lichtm. mit Inhalt des Stückes.

Außerdem Gebete, Aufforderungen zu Gebeten und religiösen Betrachtungen und Gefühlen, Dor., Alsf. Pass. am ersten Tag, Bord. Mkl., Don. Pass. am ersten und zweiten Tag, Eger. Pass. am zweiten Tag, Sterz, Wolf. Mkl., Wolf. Sünd., — theologische Erörterungen, Alsf. Pass. am zweiten Tag, Wolf. Sünd.

Epiloge. In ihnen finden wir Rückblicke auf den Inhalt des Vorhergegangenen, in Eger. Pass. am ersten Tag, in Sterz. M. Lichtm. Ankündigungen des am nächsten Tage Folgenden, Alsf. Pass. am ersten Tag, Don. Pass. am ersten Tag, — Gebete, Aufforderungen zu Gebeten und frommen Betrachtungen und Gefühlen, Trier. Ost., Frankf. Pass. Dir., Innsbr. Fronl., Ost. H., Alsf. Pass. am ersten, dritten Tag, Augsb. Pass., Bord. Mkl., Cass. Weihn. 821, 871, Eger. Pass. am ersten, zweiten, dritten Tag, Red. Ost. H., Sterz. Mkl., M. Lichtm., Wien. Ost. H. S. 336, 4, — eine Predigt, Innsbr. Fronl.

Von den Angelegenheiten und Interessen der Schauspieler handeln Innsbr. Ost. H. 1174, Eger. Pass. 8299, Erl. Weihn. 55, Red. Ost. H. 1984. S. oben S. 198 ff.

Auch größere Teile eines Stückes, abgesehen von den Tagen, werden mit Prologen eingeleitet. So S.Gall. Pass. 112 die Versuchung Christi, Innsbr. M. Himm. 45 die Mission der Apostel, 269 Fortsetzung, 767 der Tod Marias durch den Praedicator, *praedicator surgens intimat ludum*, 881 durch den Engel, 2457 die Bekehrung des heidnischen Königs und die Besiegung der Juden durch denselben am zweiten Tag, durch Gabriel, Erl. Ost. 57 *Tunc venit Rubinus proclamando ludum*, eröffnet das Zwischenspiel mit dem Krämerarzt, — oder durch Epiloge abgeschlossen, Cass. Weihn. 821 das Teufelsspiel durch Lucifer, Frankf. Pass. 313 das Vorspiel durch Augustinus.

Auch hier Aufforderungen zum Schweigen S.Gall. Pass. 112 *Iterum: silete. post hoc secundus angelus: Wollent ir nû mit ruhten gedagen* —, Innsbr. M. Himm. 53 *primus angelus de secundo choro: nû suiget al glich*, 277 *secundus angelus de primo choro: und siceget stille an deser stad*, 2623 *Nû suiget liben lute.*

Etwas Ähnliches sind die Einführungen einzelner kleinerer Handlungen. Als eine Art Prologe kann man ansehen S.Gall. Pass., Augustinus 1. 204. 308. 541. 752. 855. 973. 1069, ein Engel 112.

442, Alsf. Pass., Proclamator 464, ein Geistlicher 1138, Frankf.
Pass., Augustinus 1. 313. 413. 489. 656. 798. 882. 1268. — Betrachtungen über vorgeführte Handlungen stellt ein Engel oder
Augustinus an, S.Gall. Pass. 106. 855. 973, Eger. Pass. 4742. 5074.
5402. 6382. — In Augsb. Pass. können die Reden des Proclamators
251. 619. 849. 1324. 1540. 1565. 1801, Cass. Weihn. 821 die Lucifers
für Epiloge zu vorhergehenden Handlungen genommen werden,
während die Reden Augustins. S.Gall. Pass. 752, eines Engels in
Innsbr. M. Himm. 2457, Augsb. Pass. 1540 sowohl nach rückwärts
als nach vorwärts blicken. — Eine wirkliche Exposition enthalten
die Ansprachen wohl nie; es sind Inhaltsangaben oder Betrachtungen.

In dem Augsb. Pass. 1565 beruhigt der Proclamator mittelst
einer solchen eingeschobenen Ansprache das Publikum wegen des
Getöses, das beim Tod Christi zu hören sein wird: es seien nur
Büchsenschüsse.

Auch in diesen Ansprachen finden sich oft Mahnungen religiösen Inhalts, Aufforderungen zum Mitgefühl, Eger. Pass. 4742.
5074. 5402 mit Christus bei seinen Mißhandlungen, 6272 bei der
Kreuzigung, 6382 mit Marias Schmerz.

Die Ansprachen sind meist würdig, possenhaft aber zum Teil,
wo die Schauspieler als solche sprechen, Innsbr. Ost. H. 1174,
Eger. Pass. 8199, Erl. Weihn. 55. Sonst Cass. Weihn. 871, Erl.
Ost. 57, Sterz. Ost. 167, M. Magd. Prolog, Wien. Ost. H. Prolog.

Über Predigten an das Publikum im Stücke s. oben S. 65 ff.
Außerdem gehören viele der für die Schauspieler bestimmten und
vielleicht nur an sie gerichteten Predigten und Reden hierher. So
die Christi und Johannes' des Täufers in den Passionen, der Apostel
in Innsbr. M. Himm., des Priesters in Theoph. Helmst. S. Alsf.
Pass. 464. 1386. 1469. 1938 *Hoc facto ordinantur sessiones predicacionis et Christus sedendo predicat discipulis et Marthe et Magdalene ponendo thema scilicet: Dico vobis, gaudium est angelis dei* usw.

Speciell das jüdische Publikum mag die Rede des Matthaeus
an die Juden des Schauspiels im Auge gehabt haben, Innsbr. M.
Himm. 502, die Christi in Frankf. Pass. 3667, da er hier vor der
Kreuzigung, von dem Gallentrank und dem Lanzenstich spricht,
den er von der Judenschaft erhalten habe. Ganz deutlich ist Alsf.
Pass. 4483. 4512, im Zwischenspiel, das nur Ecclesia und Synagoga als Schauspieler hat. Ecclesia sagt: *ir Iudden, horet und
mercket eben nu. — ir Iudden, die vorsament synt hye, dye mogen
wol treden herby und thun uff er oren, das sie nicht werden zu thoren.*

Für ein ritterliches Publikum konnten die Reden des Rex paganissimus in Innsbr. M. Himm. 2757. 2837 gelten; s. besonders 2773. 2859 die Klagen über die Schäden des gegenwärtigen Adels.

Aber auch mitten in einer dramatischen Scene giebt eine Person oft ihre Rolle auf und wendet sich an das Publikum; s. oben S. 62. 66.

Am häufigsten so, daſs sie dem Publikum ihr Leid oder fremdes Leid klagt, oder das Publikum zum Mitleid auffordert. Prag. Mkl. 63, Zehn Jungfr. S. 29, die zweite und dritte Fatua klagt dem Publikum, Alsf. Pass. 3622 Judas, Don. Pass. 2411 Judas, Eger. Pass. 5000 Judas, Erl. Ost. 347 Rubinus, Theoph. Trier. 336, Theophilus klagt dem Publikum den Verlust seiner Praebende. — Besonders bei Gelegenheit von Marias, auch anderer Kummer über Christi Martertod; selten sind Klagen Christi selbst. Lichtenth. Mkl. 120, Maria: *Swem ie herzeleit geschach, der klag heut mein ungemach, das ich arme dulde, das mein kind ertotet ist.* Innsbr. Ost. H. 442 *Secunda persona: hyr um ir fraicen und ir man, last uch das czů hercsen gan.* Prag. Mkl. 63 Maria: *nu wainet, selige cristen, mit mir.* Trier. Mkl. S. 260, 4 Maria: *O lieben kint der cristenheit, Helfet klagen mir min grós herzeleit.* S. 267, 9 *Ach lieben liute, Nú helfet mir sehen, ob —.* S. 269, 21 *Ach lieben vrouwen, merket, die hie stén, Die dá liebe kint hán, Ob den wurde alsó getán, Die músten liden jámers vil, Ámer liden ane sil.* S. 271, 4 Christus: *Ach mensche, nu sich an mich, Welhe gróze martel lide ich durch dich.* Alsf. Pass. 5906 *O ir lieben kinde der kristenheit, helffet klagen mer myn groisszes herczeleit!* 8070. Bord. Mkl. 120. 291 die Mutter des Johannes: *O leven kyndere, bewenet nu unses heren dot.* 340 Johannes: *Maria leve medder, we nu wyl rechte overdencken unde ok in syn herte sencken den weynent, den scrygent, dynes reynen herten not, unde dynes leven kyndes bytter dot, de mot myt dy trurent han unde aller werlde valsche vrowde ldn.* 459 Magdalena: *alle gy leven vrunde, de gy hyr nu umme sidn, latet juwo unses heren lydent to herten gdn. wylle gy na dessem levende myt vrowden syn, so danket em vor desse grote swarc pyn.* 538 Christus: *seet altomale an myk: wart gy martere des ghelyk, de yk vor den sunder nu lyde?* Eger. Pass. 5938 *Maria valedicit populum dicens: Got gesegen euch, ir man und fraŭen, Ich wil gen und mein traus kindt schauen, Das leit jemerlichen schmersen: Das beweint in cŭrm hersen. Alle, die do muetter sindt, Wan ir also secht eure kindt Solche martter tragen, Das helfft mir alle klagen.* 6434 *Auwe, du*

*werde cristenheit, Gedenck heut meins grossen herzenleit, Das ich
arme dulde.* 7154 *Maria: Nu denckt all, die mütter sindt, Das die
hetten ein liebes kindt, Das also ermort wer: Wie grosz wirt ir
schwer!* 7212 *Nicodemus ad populum dicit: Lieben leut, nempt zu
herzen, Disen grossen schmerzen, Den Maria umb ir kindt treit, Und
die grossen jamirigkeit, Das er von der bösen Iuden zorn Sein heiligs
leben hat verlorn. Das sol wir klagen alle gleich, Peide arm und
auch reich, Und lasset euch das herze fliessen, Das er uns las ge-
niessen Seines unschuldigen tot Und helff uns aus aller not.* 7228
*Joseph von Arimathia: Andechtigen leut, nemmet war, Wie gestorben
ist der gerecht von der Iuden schar, Und last eur zeher fliessen Umb
den man, der ist begraben; Wer das thut, den wil er begaben, Das
er nit ewigklich verdirbet, Sunder Maria im gnad erwirbet, Das er
sein sündt hie mag gepuessen. Das helff euch Ihesus der vil suessen.*
Erl. Mkl. 130 *Maria: Ist ie einer müter laid geschehen und hat ie
laid gesehen an iren lieben chind, die das an ir enphind, die merckh
mein groszes laid und mein chldgleiche arbait.* 190. 356 *Maria:
waint ir leut, wainet vast, secht an, wie er an des chrduczes ast
durch unser schult gehangen ist; des wainet all zu diser frist! Wer
sich heut in rechter reu petrübt und sich dar zu übt, der wirt sein
freunt sicherleich; dar umb waint alle geleich!* 372 *Johannes: dar
umb, ir werden christenleut, helft all gemain chlagen heut die marter
und den jamer gros.* **Erl. Ost.** 687 *prima persona: Owe liebe cristenhait, ich chlag euch mein herzenlaid, das ich trag in meinem herzen.*
1049 *prima Maria: Durch got, ir frauen, ir helft ze chlagen mir
mein leid,* wegen des leeren Grabes. **Luz. Grabl.** 169 *ach mensch,
das lausz dir gon zú hertzen, und gedenck an sinen grossen schmertzen,
den er durch dich erlitten haut um unser sind und missetaut.* **Sterz.
Mkl. S. 118.** 122 *Jeremias: Das klag mit mir, christenheit, Solche
herte bitterkeit, Das die kind von Ierusalem So gar untreu und wider-
zem.* 130 *Daniel: Wo wohnt hie ein mutter bei, Die do leidt solch
leid und schmerzen, Als si hägt an irem herzen? Dar umb solt ir
Mariam klagen mit mir.* 132 *David: Dar umb, ir werten christen,
Tut auf eurs herzen kisten Und helft der jungfrau tragen Ir schmerz
und leidenklagen.* 133 *Maria: Klagt mit mir, frauen und mann,
Wann ich vil unmusz han. Iohannes cantans ad populum —: Du
viel salige christenheit, La dir erbarmen des grosze leid, Das hie leidt
die mutter sein Umb sein grosze harte pein.* 140 *Maria: Durch got,
ir frauen all gemeine, Beide keusch und auch reine, Nu helft zu
klagen mir mein kind, Ia wiszt ir wol, wie lieb sie sind.* **Wolf. Mkl.**

24 *Nu merket alle, de moder sint, Sege gy hangen so juwe kint, Oft gy icht begunden kummer te dolen.* 222 Magdalena: *Nu provet vruwen unde man, Eft ju uppe dusser erden Groter iammer mote werden Wan einer moder, de dat mut dulden, dat or kint al sonder schulden Vor oren ogen worde gedodet*, 291. Wolf. Ost. 23 Tertia Maria: *Gy leven lude algemeine, Beide grot unde kleine, Nu gripet an iuwe herte Unde denket an de smerte, De god an deme cruce leit, Do one de bose Iudas vorreit.*

Aufforderungen zur Freude und Huldigung. Cass. Weihn. 183 Maria: *Frauwet uch mit mir, er liben kinde, und gonnet mer alle, die da hie sint, sint das mich der fridenrich got szo mit groszen eren begabet hat! des mag ich mich berummen wol, wan her mechte mich gnaden wol: du he mir undir mynnen brusten lagk, der heilige geist myn selben plagk. er moget myn alle wol begeren, wenn ich bins der morgenstern, der do ist szo lichtfar, schoner dan eyn spigel clar. mir ist auch alles underdan: son, sterne und auch der mone, und alles, das in der werlt lebet und in des meres grunde strebet, und die cleynen fogellin. darumb mogen mir alle wol frolich sin, das mir alle die dienen gar mit der vier elemente schar: erden, lofft, fier und wasser twar. wol ich das sprechen dar: got mit synen engeln myn begert. was er biddet, das sollet er von mir syn gewert.* 267 Aufforderung zur gerührten Freude über Christi Geburt durch die Tercia puella. 390 *Et pastor dicit ad populum: Er lieben lute, frauwet uch alle, das ich hon gehort gar eyn frolich wort.* Sterz. M. Lichtm. S. 106 Joseph, *ibi vertit se ad populum: Freut euch mit mir ir lieben leut, Secht den herrn Iesum Christ, der mein got und schepfer ist, et monstrat puerum populo. — Maria recipit puerum ad manus proprias dicens.* Ausdruck ihres freudigen Stolzes, Mutter Gottes zu sein, *vertit se ad populum: Nu seht ir menschen all, Wie euch mein kind gefall, den ich euch bring zu diser frist Und euer got und schepfer ist.*

Mahnungen, Warnungen. Zehn Jungfr. S. 29 vierte Fatua, Alsf. Pass. 2185 Mors, 2827 Philippus verweist das Publikum auf das Beispiel Magdalenas, 2862 Magdalena, Eger. Pass. 7652 eine arme Seele, S.Gall. Himm. 248 ein Engel, Sterz. Mkl. S. 139 ein Juvenis fordert zum Gebet auf.

Mitteilungen, zur Exposition dienend, Rekapitulierung, Einprägung des Geschehenen, Lehren. Trier. Ost. 165 Magdalena kündigt dem Publikum die Auferstehung Christi an, Cass. Weihn. 280. 288. 519. 533. 541. 549 die Engel, Puellae und Cantores, 390 *Et pastor dicit ad populum sic,* Mitteilung von der Botschaft der

Engel, Eger. Pass. 29 Gott Vater über die Absicht der Schöpfung. Erl. Weihn. 5 *Pastor: Vernempt allgleich, paid arm und reich: di engel mir erschinen sind und saiten mir von einem chind, das soll ein raine maid gepern.* S. oben S. 222. Frankf. Pass. 4160 Centurio: *Sehet*, Christus muß Gott sein, wegen des Erdbebens und der anderen Zeichen, die er schildert. S.Gall. Chr. Himm. 246 Angelus: Mitteilung von der gegenwärtigen Himmelfahrt und Aufforderung zum Gebet. Rhein. j. Tag 1 *Ich Sophonias, ein wissag, sol üch kunden den jungsten tag.* 38 Gregorius: *ich wil uch sagen* usw. Vielleicht nur an die Schauspieler gerichtet. Sterz. Mkl. S. 121 alle Propheten lehren. Sterz. Ost. S. 146 der Engel sagt: *Terra tremuit*, zweimal. S. 167 *Petrus ad populum: Ir herren, neue mer ich euch sag, Heut ist der heilig ostertag.* Er und Johannes teilen dem Publikum warnend mit, daß der andere ein Dieb ist. Wien. Ost. II. S. 324, 13 die drei Marien: *O we, wir armen swestern waren komen mit leide su unsers heren grabe: der stein was abe, Die engel sageten uns mere, wie Christus erstanden were,* 17; S. 326, 1 Magdalena: *Ich quam gegangen salben den herren allenthalben* usw., S. 335, 36 Johannes vor seinem und Petrus' Lauf zum Grabe, was alles das Publikum gesehen, gehört hat. Wolf. Ost. 97 die drei Marien *ad invicem cantant: Ad monumentum venimus gementes* usw. *We waren gan to goddes grave Unde wolden salven sine plage* usw., was alles das Publikum selbst gesehen hat. 121 Magdalena: *dat graf was wan* usw. Wolf. Sünd. 1817 Noe, nachdem er die Taube das erste Mal aus der Arche entlassen und wieder hereingenommen hat, sagt: *Ik wil noch beiden seven dage, Er ek se anderwarf ut iage. De seven dage schalt vorlopen sin: Nu schal aver ut dat duvelin.* 2378 die oben S. 196 angeführte Stelle, in der Salomon die unhistorische Erfindung entschuldigt. 2387 eine der zwei Mütter erzählt, daß sie das Kind der andern für ihr erdrücktes nehmen wolle; wenn nicht Selbstgespräch.

Ein Schauspieler stellt den andern dem Publikum vor; s. oben S. 256. Erl. Weihn. 21 Joseph: *Ir hört, Ir sälige christenhait, da sicet die edel maid, die uns hat ein chind geporn* usw. Wien. Ost. S. 298, 30 *Der erst ritter spricht: Weicht und tret uf zwor Und lot meinen herren gen hervor! Er ist ein herr uber alle dise lant, Seine herschaft ist weite bekant* usw. Wolf. Mkl. 291 *Secunda Maria: Hir steit de vorsonerinne.*

Die agierende Person fordert den Zuschauer auf, an den Handlungen teilzunehmen, oder setzt solche Teilnahme voraus. Muri. Ost.

H. 57 der *paltenaere*, Krämer: *Wú ist Iohannes chrumbe?* dieser und ein später genannter Ruolincstacin sollen bei ihm kaufen. Innsbr. Ost. H. 455 *Mercator*, der Krämerarzt: *Got grúsz uch, ir hirn ubir al, als sprach der wolf und kúckte in den genszestal. der mir kende gewisen eynen knecht, der mir czu dinste wer recht, dem weldich sulich lon geben, daz er daz jar nicht kende ubirleben.* 574 *Rubin dicit: Nû horet al gemeyne, beyde gros und kleyne, kan mir ymant gewiszen eynen knecht, der mir czû dinste were recht?* Erl. Ost. 81 *Hôrt, ir herren al geleich, paide arm und reich! ich pin ein meister lobsam — wdr indert hie ein chnecht, der mir wdr zu dinst recht, dem wolt ich geben ze lon sibenzig pôn* usw. 236 *Rubinus dicit: Nu hôrt, ir herren all gemain, paid grosz und chlain, ir reichen und ir armen, ir chalten und ir warmen: chan mir imant saigen ainen chnecht, der mir ze dinst sei gar recht, dem gdb ich zwo hosen gel* usw. M. Magd. 370 *Et dicit rikmum ad populum,* der Procus: *Got grúsz euch, ir herren all gemain, paide grosz und chlain! chan mir impt zaigen ein man, der mir dar zu geraten chan, zu der schônsten frauen ain, so sei die sunn ie überschain, Maria in freuden ist si genant, si ist en doch wol wechant. wolt ir mich sei wiszen lan, ir frauen und tugentleichen man, wann ich sei nicht geloben mag paide nacht und tag* usw. Wien. Ost. H. S. 298, 30 der erste Ritter Pilatus' fordert das Publikum auf, Platz zu machen, und *lot meinen herren gan hervor! Er ist ein herr uber alle dise lant* usw.; s. oben S. 262. S. 313, 9 ein Kaufmann spricht: — *Was ich euch sage, das ist nicht war. Nu horet, ir jungen und ir alten, Ir rauchen und ir kalten, Nu horet alle gleich, Beide arm und reich —*, Anpreisung seiner Arzneikunst. Das wirkliche Publikum wird als ein im Stück vorkommendes behandelt. S. oben S. 196 ff. manches von dem, was auf Einsetzung der Gegenwart für die dargestellte Vergangenheit beruht.

Nicht nur als Ansprachen an das Publikum heben sich diese Stellen von dem eigentlichen Drama ab, sondern in vielen Fällen ist auch der Inhalt dieser Ansprache nur locker mit den dramatischen Vorgängen verbunden, wenn dem Publikum Dinge mitgeteilt werden, die es entweder gegenwärtig sehen soll oder in einem früheren Zeitpunkt des Stückes gesehen hat. S. oben S. 261 f. unter den Mitteilungen die Stellen aus Cass. Weihn., Frankf. Pass., S.Gall. Chr. Himm., Sterz. Ost. S. 146, Wien. Ost. H., Wolf. Ost.

Hierher gehören auch die Selbsteinführungen. Frankf. Pass. Dir. 2 *Ich heizin David godis kneht*, S.Gall. Pass. 41 Johannes der

Täufer, S.Gall. Weihn. 1 Moses, 17 Balaam, 47 David usw., 853 Symeon der Prophet, Innsbr. Fronl. alle Personen aufser Eva und Papa 39. 661, Innsbr. Ost. H. 40 Pilatus, Wien. Pass. 197 der in die Hölle geschleppte Usurarius, 241. 257 andere Sünder, Alsf. Pass. 465 Johannes der Täufer, 1255 der jüngere Herodes, 1275 Pilatus, 3916 die jüdischen Bannerträger, 5438 Veronica, 7189 Isaias, 7197 Simeon der Prophet, Augsb. Pass. 1 *Achilleus ain iud ich haisz*, Eger. Pass. 1153 Joachim, *Ioachim dicit ad populum et Annam: Ioachim gehaissen ist mein nam*, 4037 ff. alle Apostel, 6752 Longinus, Erl. Ost. 81 Medicus, Erl. Ost. H. 1 Pilatus, Frankf. Pass. 1998 die Apostel, Red. Ost. H. 266 Abel, 283 Isaias, 295 Symeon der Prophet, 1359 der in die Hölle geschleppte Bäcker, 1384 der Teufel Tutevillus, Rhein. j. Tag 1 Sophonias, 35 Gregorius, Sterz. Mkl. S. 121 Jeremias, S. 125 Jesaias, S. 128 Daniel, Theoph. Helmst. 1 Theophilus, Wolf. Mkl. 5 Johannes evangelista.

Schon vorher aufgetretene oder angesprochene Personen nennen sich; Innsbr. M. Himm. 1183 *Iohannes ist min name vrÿ*; aber er ist schon 67 aufgetreten. Mastr. Pass. 132 Gerechtigkeit; aber sie wurde schon 126 angesprochen. 847 Magdalena; aber sie war schon 776 aufgetreten. Bord. Mkl. 420 *yk arme moder Marie*; aber s. 132. Eger. Pass. 697 Noe; aber er wurde 675 angesprochen. 5022 *Ich pin der unleidig Iudas, der Ihesum verratten hat in has*, vor seinem Tode; er ist zuerst 3071 aufgetreten und seither sehr häufig. Erl. Dreik. 309 Herodes' Hofnarr Lapp; s. 119. Frankf. Pass. 33 David; aber er wurde 24 angesprochen. Luz. Grabl. 273 Nicodemus; aber s. 107. Sterz. Mkl. S. 123 Maria Cleophae; aber s. S. 119. Theoph. Trier. 526 Theophilus, *Ik bin geheiten Theophilus, Myne klage begint aldus*; aber s. 286.

Diese Selbsteinführungen sind vereinzelt in Mastr. Pass., Augsb. Pass., Bord. Mkl., Erl. Ost., Luz. Grabl., Rhein. j. Tag, Wolf. Mkl. Sonst kommen sie öfters vor.

Über Einführungen durch andere s. oben S. 262.

Bekehrungen, Mahnungen einer Mehrheit sind aufser dem vereinzelten Prolog der Angeli im Zehn Jungfr. die häufigen Silete; s. oben S. 27, die zugleich zur Bezeichnung der Einteilung dienten; s. Mone, Altteutsche Schauspiele S. 22 Anm.

Als Ansprachen an das Publikum sind auch jene Stellen zu betrachten, wo ein Schauspieler oder mehrere zusammen nicht in der ersten Person, sondern in der dritten eine epische Mitteilung machen. Diese Stellen sind meist lateinisch und beruhen dann auf den evangelischen Texten, doch kommen auch einige deutsche vor. S. oben S. 261.

Latein. Von einem Chor gesungen. Ben. Pass. 127 *Et sic tacendo*, d. h. während Christus, Martha und Magdalena schweigen, *clerus cantet: Videns dominus flentes sorores Lazari, ad monumentum lacrimatus est coram Iudeis et clamabat. Et Iesus cantet: Lazare, veni foras! Et clerus cantet: Et prodiit ligatis manibus et pedibus, qui fuerat mortuus.* — Ben. Weihn. 511 *Pastores* —: *Facta est cum angelo multitudo celestis.* — Himmelg. Pass. S. 394 *angeli cantent: Reliquid eum temptator* —. *Corus cantet: Ambulans Ihesus* —. 395 *Corus: Mirabantur omnes* —. Nürnb. Ostf. S. 18 *Chorus cantet responsorium: Maria plorans ad monumentum.* — Frankf. Pass. Dir. 22ᵃ *Puer Ihesus proficiebat* —. 31ᵃ *Arguebat Herodem Iohannes* —. 37ᵇ *Reliquid eum temptator* —. 317 *Currebant duo simul* —. 341 *Cognoverunt discipuli* —. Immer von den Personae gesungen. — S.Gall. Pass. 51 *Tunc Iudaei intrant ad Iohannem dicentes: tunc duo venientes ad Iohannem* —. 118 *Tunc angeli canant responsorium: ductus est Ihesus in desertum* —. 881 *Tunc Pylatus apprehendens eum* (Christus) *ducat ad pretorium, et duo angeli canant responsorium: 'Ingressus Pylatus' usque: 'tu es rex Iudaeorum', quod cantet Pylatus.* — Innsbr. Ost. H. 1158 *Petrus et Iohannes recedunt et cantant: Credendum est magis soli Mariae* etc., *et corruunt ante sepulchrum et cantant: Currebant duo simul* —. Alsf. Pass. 580 *Hoc dicto chorus cantat: Arguebat Herodem Iohannes* —. 924 Gastmahl bei Herodes. *Chorus cantat: Meretrix swadet* —. — 1198 *Hoc dicto chorus cantat: Reliquit eum temptator* —. 2532 *angeli canunt: Et sic vadunt et solvunt asinum. Chorus canit: Solventes* —. 2761 *Et sic accedit ad pedes Ihesu* (Magdalena). *Chorus canit: Accessit ad pedes* —. 7648 Weg der drei Marien zum Grab. *Angeli canunt: Dum transirent sabbatum* —. 8060 *Modo dividunt se*, die Apostel, *per ludum hinc inde. Angeli cantant versum: In omnem terram* —. — Eger. Pass. 331 *Finitis Chorus cantat: Et factus est homo* (Adam) —. 441 *Chorus cantat: Dum deambularet dominus* —. 2993 *Apostoli canunt Accessit ad pedes* (Magdalena) —. *Chorus cantat: Unde promerui* —. 3051 *Salvator canit, Maria iacet: Hec est illa Maria* —. *Chorus respondet: Que resurgentem a mortuis prima omnium videre meruit.* 3359 *Et sic incipit*, Christus, *canere cum discipulis: Ingrediente* —, *Ingrediente domino in sanctam civitatem* —. 3453 *Deinde Chorus incipit: Collegerunt* —, *Collegerunt pontifices et pharisei concilium et*

dicebant —. *Iudei omnes, chorus: Ab illo ergo die cognoverunt inter-*
ficere eum dicentes —. 6204 *Et sic levant eum cum cruce modico*
modo. Chorus cantat: Ecce lignum crucis —. Erl. Dreik. 67 *Magi* —
cantantes responsorium: Magi videntes stellam —. Erl. Ost. H. 1
Tunc exit Pilatus cum militibus cantando: Ingressus Pilatus —.
Sterz. Ost. S. 165 *Tunc Petrus et Iohannes currunt ad monumentum*
cantando: Currebant duo simul —. Wien. Ostf. S. 252 *Tunc chorus*
imponat antiphonam: Currebant duo simul. —. Wolf. Sünd. 810
Et descendit in Ebron et accipit globum terre et format hominem.
Interim angeli cantant: Formavit igitur dominus hominem —.

In S.Gall. Pass. 51, Innsbr. Ost. H. 1158, Erl. Dreik. 67, Sterz.
Ost. S. 165 ist die singende Mehrheit jene, von der sie etwas berichtet.
Wo eine Person mehr einer Menge singt, ist die Einzelperson im
Text genannt, Eger. Pass. 3359, Erl. Ost. H. 1.

Von einer Person. Ben. Pass. 12 *Iesus venit: Cum appropin-*
quaret dominus — et: Cum audiret populus —. Innsbr. Ost. 40 *Quo*
facto Pilatus cantat: Ingressus Pilatus —. 853 *Tunc procedet eis,*
Rubin den drei Marien, *et cantat: Ibant, ibant tres mulieres Ihesum,*
Ihesum, Ihesum quaerentes —. Eger. Pass. 2993 *Apostoli canunt:*
'*Accessit ad pedes*'. '*Accessit ad pedes Ihesu peccatrix, mulier Maria*'.
Magdalena canit: 'Et osculata sum'. Et sic osculatur pedes, ultra
canit: Et tersi capillis. Et sic facit, ulterius canit: Et unxi. Et
sic facit. 3051 *Salvator canit, Maria iacet: Hec est illa Maria* —,
3453 *Annas cantans solus: Unus autem ex ipsis, Cayphas nomine,*
cum esset pontifex anni illius, prophetavit dicens — Cantans solus
Cayphas: Expedit vobis, ut unus moriatur homo —. Erl. Ost.
H. 300 *Et sic angelus percutit eos gladio ignito cantans: Terra*
tremuit et quievit. — Sterz. Ost. S. 146 *Et venit angelus percutiens*
stans a longe cantans: Terra tremuit et quievit, dreimal.

Ben. Pass., Innsbr. Ost. H. 40, Eger. Pass. 2993 erzählt die Einzelperson von sich selbst. — Ben. Pass. 127, Nürnb. Ostf., S.Gall.
Pass. 881, Eger. Pass. 3453 zeigen zugleich, wie die in den Evan-
gelien wörtlich angeführten Reden als dramatische Reden benutzt
wurden.

Diese lateinischen Citate stehen vor der Aktion, so daß sie als
eine Art Spielanweisung betrachtet werden können. Aber Frankf.
Pass. Dir. 31ª oder Alsf. Pass. 580 folgen sie nach.

Deutsch. S.Gall. Weihn. 516 *Da sait ain bott künig Herodes,*
er erzählt ihm von den h. drei Königen, *die hort ich fragen all dry,*
wa hie ain kind geborn sy, das der Iuden künig sol sin (der red er-

schrack der herre min, won er der Iuden künig sol sin), dar su sechend ir in sit (Herodes wart betrüpt gar), sehend wa sy ritend har. 816, der dritte König hat sein Gebet gesprochen; darauf: *(si namend urlob wirdenklich und richtend an ir herberg sich).* — Red. Ost. H. 114 nach der Rede des primus Judaeus an die Grabwächter: *(Des so gynghen se mede).*

Diese epischen Bestandteile begleiten oft die gleichzeitigen entsprechenden Aktionen. S. auch oben S. 153 Ben. Pass. 130, S. 154 Alsf. Pass. 924. 2532. 3078, S. 157 Luz. Grabl. 476, S. 150. 152 Wien. Ostf. S. 252, S. 157 Wolf. Sünd. 810.

Andererseits vertreten sie längere dramatische Ausführungen, s. z. B. Frankf. Pass. Dir. 22ᵃ; s. unten II A.

Auch das Silete, s. oben S. 27. 69, ist an das Publikum gerichtet.

Unsicher ist es, ob auch die Anwendung der dritten statt der ersten Person und der Wechsel beider Ausdrucksweisen in Freis. O. Rach. und Ben. Weihn. hierher gehört. Freis. O. Rach. 47 *Rex internuncio respondeat: Rex novus ut pereat regisque furor requiescat, omnibus modis et fraude et dolis mecum satagatis.* Ben. Weihn. 515 *Postea non revertentibus,* die h. drei Könige, *ad Herodem, sic dicat* (Herodes): *Gens Iudea properet, ut Herodem audiat et prestet consilium de re, que me sauciat.* Auch Ben. Weihn. 470 wird die dritte Person für die zweite gebraucht: *et unus,* Hirt, *dicat ad alterum: Nunquid frater colligit ea, que audio?*

Eine seltsame Vermischung von dramatischer Darstellung und Ansprache ist es, wenn Kaiphas in Erl. Ost. H. 30 die Juden ermahnt: *Ir sölt saufleisch essen, das sag ich euch an allen list, wann sie unser muem ist.* — Auch wenn in Wien. Pass. Sathan zu Lucifer sagt: *herre, ich heisse Satanas, der ie wider got was* (s. Wien. Ost. H. S. 304, 17), da doch Lucifer ihn kennen muſs und ihn zum Überfluſs 55 mit Sathan angesprochen hat.

Zwischen der dramatischen Ansprache und dem eigentlichen Stücke können Widersprüche vorkommen. Innsbr. M. Himm. 781 der Praedicator (und Maria 904) spricht von sechs *horae* Mariens, im Stück sind es fünf, 921; s. oben S. 249. Vers 2467 ist der Widerspruch nur scheinbar. Gabriel kündigt als Inhalt des Folgenden an, daſs die Apostel sich nach Marias Tod und Himmelfahrt wieder zerstreuen werden. Wenn er fortfährt: *wÿ Maria unse frauwe in also wunneclichir schauwe in hymmel empfangen wart* usw., so gehört dies zu der vorhergehenden Angabe des vorhergehenden Inhalts.

Alsf. Pass. 2926 im Epilog zum ersten Tag wird für den folgenden die Marienklage bei der Kreuzigung angekündigt. Sie folgt aber erst 5848 am dritten Tag. Eger. Pass. 2797. Doch hat der dritte Tag keinen Prolog, der zweite keinen Epilog.

Durch diese Ansprachen, die Vermischungen des vorgestellten Zeitpunktes und Ortes mit dem gegenwärtigen, der dramatischen Person mit dem Schauspieler, s. oben S. 197. 198, durch das Mitspielen des Publikums, s. oben S. 62. 86, durch die Vor- und Nachspiele in den Frankf. Pass. Dir. und Frankf. Pass., durch welche sich diese Stücke als Rahmenspiele zur Bekehrung der gegenwärtigen Frankfurter Juden darstellen, wurde das Publikum häufig daran erinnert, daſs es nicht Wirklichkeit, nur ein Spiel vor sich habe.

II. QUANTITÄT.

A. QUANTUM?

ZUSTÄNDE.

Trotz des großen Bühnenraumes müssen seine Entfernungen und Bühnenorte häufig viel größere vorstellen. In Teg. Ant. und Frankf. Pass. erstreckt sich der Inhalt des Stückes über ganze Länder. Aber auch sonst sind natürlich Tempel, Häuser, Städte, Gärten viel kleiner als in Wirklichkeit, und sieht man oft, wie beengt die Aufführung durch den ihr bemessenen Raum war, s. oben S. 253. Der Raum bei Kaiphas und Pilatus reichte zur Verleugnung Petrus' und zur Geißelung Christi nicht aus. S. über das Dolium S. 20, über Erl. Ost. 53 S. 242, über Erl. Weihn. 1 S. 191.

Trotzdem die Bord. Mkl. an keinem wirklichen Orte spielt, s. oben S. 180, wird in ihr doch angenommen, daß Maria und Johannes von ihrer Wohnung zum Orte der Kreuzigung gehen, 169. Aber das wird nur markiert: *Valde modicum transeunt, scilicet, si est opus, usque ad medium circuli.* Auch Magdalena, als sie sich angeblich dem Kreuze nähert, *vadit ad medium*, 263. Also keine größere Entfernung von dem Orte, wo sich alle Schauspieler zusammen in Ruhe befinden, als die bei jedem Vortrag vorgeschriebene, S. 289 daselbst.

Es kann aber auch vorkommen, daß schon der Dichter sich einen kleineren Raum vorstellt, als er in Wirklichkeit sein konnte. Teg. Ant. 287, der deutsche König hat den Antichrist besiegt. *Tunc rex Teotonicorum rediens et sedens in trono suo cantat: —*

Tunc Ypocrite adducunt claudum coram Antichristo, der nach 205 im Tempel von Jerusalem residiert. *Quo sanato rex Teotonicorum hesitabit in fide.* Ebenso sieht er die Heilung des Aussätzigen, die Erweckung des Toten. In Innsbr. M. Himm. 921 bis 966 geht Maria vor ihrem Tode zum Locus baptismatis (Christi), zum Locus iecunii, zum Locus passionis, zum Locus sepulturae, schliefslich zum Locus ascensionis, wobei sie überall Christus apostrophiert. Das war aber nicht etwa eine Pilgerfahrt, die sie einmal unternahm, um sich auf ihren Tod vorzubereiten, sondern, wie der Predicator 779. 816 sagt, alle Tage.

Vielleicht ist das auch der Fall, wo die Darstellung von einem sonst notwendigen Botenverkehr absieht. Teg. Ant. 423 *Antichristus: Reges conveniant et agmina sanctorum*, Ben. Weihn. 390, Alsf. Pass. 4208, Erl. Dreik. 89. 271.

Wieviel an äufseren und inneren Eigenschaften der auftretenden Personen zur Erscheinung kam, ist schwer zu sagen, da die oben S. 29 ff. angeführten Angaben über ihr Aussehen und ihren Anzug unvollständig sind, und wir nicht wissen, inwieweit sie durch das Spiel ihren Charakter, s. oben S. 185 ff., zum Ausdruck brachten. — Die Charaktere sind häufig wenig eingehend ausgearbeitet und, wo es geschieht, meist einseitig.

Die mit mehr Attributen ausgestatteten Personen bedeuten solche, die für den Inhalt und die Vorgänge des Stückes gröfsere Wichtigkeit haben. Aber auch der blofse Gefühlswert kann entscheiden, so dafs der Krämerarzt reicher ausgestattet wird, als heilige Personen; s. oben S. 253.

Die geringste Ausstattung haben die im ganzen Stücke stummen Personen, die Statisten, aber auch die h. Familie im Freis. Her., der Apostolicus (Papst) im Teg. Ant. sind stumm. S. oben S. 31 f.

Innerhalb ganzer Stücke bedeuten Gruppen, ihre Gröfse, Nebenpersonen, die Menge des Personals ausführliche Schilderung des Zuständlichen. Zu Gott Vater gehören Engel, zu Lucifer Teufel und arme Seelen, zur b. Familie Diener und Hebammen, zu Christus, aufser den Aposteln, Joseph von Arimathia und Nicodemus, Engel, zu Caiphas eine grofse Anzahl Juden, zu dem älteren Herodes sein Neffe, seine Soldaten, sein Hofstaat mit einem Hofnarren, zu dem jüngeren seine Familie, sein Hofstaat, seine Schergen, zu Lazarus und

seinen Schwestern Magdalenas Diener und Dienerinnen, Musikanten,
Liebhaber, — auch Totengräber, Eger. Pass., — zu Pilatus seine Be-
amten, Soldaten, Bannerträger, Schergen, Grabwächter bis zu acht,
Erl. Ost. H., zu Pilatus' Frau ihre Diener und Dienerinnen, in
Eger. Pass. zwei, zum Krämerarzt seine Frau und Magd, seine
Diener, deren Diener, zum Rex paganissimus in Innsbr. M. Himm.
seine Familie, sein ritterlicher Hofstaat, zum Judenpriester in Sterz.
M. Lichtm. zwei andere niederen Ranges, zu Theophilus die Chor-
herren. S. auch die Töchter von Jerusalem bei Christi Geburt und
Tod, bei Marias Tod, die Propheten in Ben., S.Gall. Weihn., Innsbr.
Fronl., Sterz. Mkl., Wolf. Sünd.

Aber durch Redescenen werden Zustände selten geschildert;
s. oben S. 218.

VORGÄNGE.

Was die Vorgänge anbelangt, so zeigt sich reichere oder ärmere
Ausstattung vor allem durch Verwendung einer mit Aktion verbundenen Redescene oder der blässeren Formen einer blofsen
Aktionscene, einer Rede ohne die dazu nötige Aktion, einer dramatischen Ansprache.

Die in Redescenen dargestellten Vorgänge können aufser der
zur Rede gehörigen Mimik, s. oben S. 38, auch wirkliche Handlungen enthalten; s. oben S. 36. 46 ff.

Die Ausführlichkeit, mit der besonders die späteren Stücke,
zum Teil aber auch die älteren, dem wirklichen Leben nachzukommen
suchten, ist oft sehr grofs und geht aus der Auflösung gröfserer
abstrakter Vorgänge in kleine konkrete hervor; s. oben S. 229.

So in den mit Rede ausgestatteten Botenscenen, wo der Bote
den Auftrag erhält, an seinen Bestimmungsort geht, ihn ausrichtet
und wieder zurückkehrt. Freis. Her., Muri. Ost. H. 380, Botschaft
Pilatus' an die Grabwächter, — Don. Pass. 1033, Frankf. Pass. 938,
Botschaft an den Vater des Blindgebornen, — Luz. Grabl. 63, Botschaft Pilatus' an den Centurio: er erteilt dem Diener den Auftrag,
dieser antwortet, er werde es besorgen, geht zum Centurio, richtet
seine Botschaft aus, der Centurio antwortet, er werde kommen, der
Bote kehrt zu Pilatus zurück und berichtet ihm, der Centurio kommt
zu Pilatus.

Wie ferner aus den Beispielen über Motivierung und Verknüpfung hervorgeht, s. S. 232 ff., kommen nicht blofs die für den

Hauptinhalt wichtigen Vorgänge vor, sondern sehr häufig auch,
was sie bedingt, einleitet, und was ihnen folgt. So wird in der
Regel auch die Botschaft Proclas an Pilatus, während des Verhörs
mit Christi, durch eine Scene bei Procla eingeleitet, wo sie den
verhängnisvollen Traum hat und den Auftrag erteilt, oder es geht
sogar noch eine Teufelsscene voraus, in welcher die Teufel den Entschluß fassen, Christus durch Procla zu retten. Oder es wird das
Schicksal der Grabwächter nach der Auferstehung vorgeführt, die
Entführung der Frau des Krämers — infolge des Streites zwischen
Mann und Frau wegen des Salbenkaufs durch die drei Marien —,
oder es wird Maxentius nach dem Tod Katharinas vom Teufel geholt, die Samariterin nach dem Gespräch mit Christus im häuslichen Kreis vorgestellt, Don. Pass. 737.

Im Reichtum der Ausstattung überwiegen Handlungen die Zustände begreiflicherweise; s. die vielen Botenscenen, während die
Hauptpersonen ruhig dastehen oder sitzen, was für sie einen Übergang aus der Rede- in die Aktionsscene bedeutet. S. oben S. 127
die Unterbrechungen des Abendmahls durch Judas' Verrat. Alsf.
Pass. 778, Sreddel und Quantz, die Knechte Herodes', suchen
redend Johannes, während Herodes und seine Gesellschaft nur
agieren oder nur stumm dasitzen. Frankf. Pass. 1168, die Juden
und der Kaiser in Rom wartend. Luz. Grabl. 69, der Diener des
Pilatus richtet seinen Auftrag bei dem Centurio aus, dieser antwortet ihm, während Herodes und Joseph von Arimathia warten.

Oder eine für die Handlung wichtigere Scene hat den Vorrang
vor einer andern. So wird Ben. Pass. 144 sogar das Abendmahl
nur agiert, wärend der Redescene von Judas' Verrat und dem Auszug der Juden zu Christi Gefangennehmung.

Außerdem bestimmt der religiös-theologische oder der Gefühlswert die Ausstattung der Vorgänge. S. die langen geistlichen Disputationen von Ecclesia und Synagoga, die Predigten und Aus-
einandersetzungen der Apostel und Propheten — das Innsbr. Fronl.
ist dadurch ganz theoretisch —, die Marterscenen in den Passionen,
besonders Eger. Pass., die Marienklagen, das Wochenbett Marias,
Cass. Weihn., die Scenen zwischen Christus und Magdalena, das
Weltleben, die Krämerscenen, der Wettlauf der Apostel Petrus und
Johannes, das jüngste Gericht. Also tragische, hedonistische,
komische Vorgänge. — Hiebei auch Vorgänge, die einen Zustand
schildern, wie Cass. Weihn. und die Scenen mit dem Weltleben Magdalenas, was, wie gesagt, sonst nicht beliebt ist.

Rücksicht auf den grofsen malerischen Effekt kann bei der reichen Ausstattung der Scenen von der Kreuzigung, der Kreuzabnahme, der Höllenfahrt Christi, seiner Himmelfahrt mitgewirkt haben.

Öfters dient die Ausführlichkeit der Charakteristik des Helden, so bei den verschiedenen Wundern Christi, den Heilungen, dem Gespräch mit der Samariterin, — oder auch anderer Personen; s. die Bischofswahl in Theoph. Trier., wobei eine ganze Reihe von geistlichen Würdenträgern durch ihr Verhalten zu der Wahl gezeichnet werden.

Natürlich steht auch die gröfste Ausführlichkeit hinter der Fülle eines entsprechenden wirklichen Vorgangs zurück.

Über die Zeit, welche die Aufführung der behandelten Stücke beanspruchte, ist oben S. 88. 95 gehandelt worden. Vergleicht man damit jene, welche die dargestellte Begebenheit in Wirklichkeit erfordern würde, so liegen, weil ihre Handlung nach Stunden bemessen werden kann, der Bühnenzeit am nächsten alle Marienklagen, Nürnb. Ostf., Innsbr. Fronl., Trier. Ost., Zehn Jungfr., Erl. Ost., Ost. H., S. Gall. Chr. Himm. (?), Luz. Grabl., M. Magd., Red. Ost. H., Sterz. M. Lichtm., Theoph. Trier. (das ist die erste Abteilung eines gröfseren Stückes), Wien. Ostf., Ost. H. Also aufser den Marienklagen und Osterfeiern jene Osterspiele, welche nicht mit der Grabwache beginnen, und jene Ost. H., welche nicht mit der Auffindung des leeren Grabes durch die drei Marien und Magdalena schliefsen.

In der Alsf. und Eger. Pass., wo zwei Spieltage für das Leiden und Sterben Christi angesetzt sind, ist die Bühnenzeit sogar länger als die dargestellte Wirklichkeit.

Aber natürlich ist häufig blofs der spätere oder der Hauptvorgang dargestellt, blofs die Scene Christi mit dem Kranken, dem Regulus, dem kananäischen Weibe, den Juden und der Ehebrecherin, ohne dafs vorher etwa die häuslichen Verhältnisse dieser Personen vorgeführt worden wären oder die Folgen der Hauptvorgänge. So erfährt man z. B. auch nichts von dem Schicksal der Grabwächter in S. Gall., Augsb., Don. Pass., Augsb. Ost. H., Sterz. Ost.; der Tod des Johannes kommt nur in der Frankf. Pass. Dir. und Alsf. Pass. vor. Selbst das Schicksal des Fabricius bleibt unklar, wenn Dor. vollständig ist. Und so begegnet neben grofser Ausführlichkeit auch grofse Kürze und starke Zusammenziehung.

Ich führe zunächst Fälle von dramatischen Vorgängen mit Redescenen an, wo die Bühnenzeit hinter der wirklichen beträchtlich und auffällig zurückbleibt, und keine Wahrscheinlichkeit vorliegt, daſs zwischen zwei Versen ein längerer Zeitablauf angenommen wurde. Von diesem Falle unten.

Die Wege, welche einzelne Personen oder Gruppen zurücklegen, mitunter von einer Stadt zur andern, von Jerusalem nach Rom und Ähnliches, mögen sie durch eigene Rede und Gesang, s. oben S. 96, oder durch Rede und Gesang anderer, s. oben S. 150, oder gar nicht markiert sein, s. oben S. 98 und 270, sind fast immer sehr viel kürzer als die in Wirklichkeit zu ihnen nötige Zeit.

Grell ist der Widerspruch zwischen der kurzen Bühnenzeit und der langen der dargestellten Wirklichkeit, wo wir diese in Werten ausdrücken können. So verflieſsen drei Tage in der dargestellten Wirklichkeit von Muri., Innsbr., Augsb., Wien. Ost. H. und Sterz. Ost., — neun und mehr Tage in Dor., eine unbestimmte Anzahl von Tagen in Freis. Her., O. Rach., Ben. Weihn. (bis 562), Kath., Augsb. Pass. (wegen des fehlenden Anfangs zweifelhaft), Cass. Weihn., Don. Pass., Erl. Dreik., Rhein. j. Tag (zweifelhaft je nachdem man das Vorspiel einrechnet und beurteilt).

Monate in Erl. Weihn.

Jahre zählt der Inhalt von Teg. Ant., Ben. Pass., Himmelg. Pass., Frankf. Pass. Dir., S.Gall. Pass., S.Gall. Weihn., Innsbr. M. Himm. (a. 33 bis 71 oder 77), Alsf., Frankf. Pass., Theoph. Helmst.

Jahrhunderte in Maastr., Wien., Eger. Pass., Wolf. Sünd.

Im einzelnen. Besonders kurz sind Freis. Her., Freis. O. Rach., Teg. Ant., Ben. Pass., Ben. Weihn., Dor. — In Ben. Pass. 8 Einkehr Christi bei Zacheus, 15 bei Simon dem Pharisäer, dazwischen der Einzug in Jerusalem. — Teg. Ant. 156, die verhängnisvolle Niederlegung der Kaiserkrone, nur Aktion und vier Verse. Die Schlachten 88. 156. 287. 317 werden nur agiert, waren also gewiſs sehr kurz. Die Katastrophe 436 ist nur Aktion. — Muri. Ost. H., nach der Rede Pilatus' 355. 371 soll am nächsten Tage, der sicherlich noch in den Umfang des Stückes gefallen wäre, Gericht gehalten werden. — Dor. S. 293, 3 bis 293, 8 neun Tage, S. 294, 23 die Katastrophe. — Frankf. Pass. Dir. 22ª, die Worte des Chors: *puer Ihesus proficiebat* — vertreten die Jugendzeit Christi. — S.Gall. Pass. 469 bis 589, vier Tage zwischen dem Tode Lazarus' und der Auferweckung. 1170 bis 1283, von Christi Tod bis zu seiner leiblichen Auferstehung. — Innsbr. M. Himm. 1 bis 982, a. 1117, vier-

undvierzig Jahre, um die Maria Christus überlebt hat. 1018 bis
1536, s. 1035. 1078, drei Tage vom Endepunkt des vorigen Falles
bis zum Tode Marias. 1537 bis 2056, s. 1545, drei Tage zwischen
dem Tode Marias und ihrer leiblichen Himmelfahrt. 1537 bis 2456,
s. 2476, mehrere Tage zwischen dem Tode Marias und dem Entschlufs der Apostel, sich wieder zu teilen und zu predigen. —
Maatr. Pass. 568 bis 627, s. 630, zwei Tage, welche der zwölfjährige
Christus im Tempel, die Eltern aufserhalb suchend verbracht haben.
1080 bis 1119, s. 1188, vier Tage zwischen Lazarus' Tod und seiner
Erweckung. — Wien. Pass. 136 bis 147, das lange Leben Adams
und Evas bis zu ihrem Tode während ihres Klagegesanges. —
Alsf. Pass. 6274 bis 7631, s. 7299, drei Tage von Christi Tod bis
zu seiner leiblichen Auferstehung. 7632 bis 7865, vierzig Tage
von der Auferstehung bis zur Himmelfahrt. — Cass. Weihn. 91 bis
96, jedenfalls mehrere Tage, eine Zeit des Ehelebens Josephs und
Marias und ihre Reise nach Bethlehem, ausgefüllt durch eine Rede
Marias, welche in der Heimat begonnen, in Bethlehem vollendet
wird. 716 bis 828, s. 833. 842, mehrere Jahre zwischen der Geburt
Christi und dem Kindermord mit der Flucht der h. Familie ausgefüllt durch ein Teufelsspiel. — Don. Pass. 173 bis 349, s. 350,
ein Tag zwischen der Bekehrung Magdalenas und ihrer Versöhnung
mit Schwester und Bruder. 943 bis 966, s. 1002, drei Tage von
der Heilung des Blinden bis zu dessen Befragung durch die Juden.
1191 bis 1222, s. 1228. 1302, vier Tage vom Tode Lazarus' bis
zu seiner Erweckung. — Eger. Pass. 917 bis 920 mindestens mehrere
Stunden, die man zur Verfertigung eines goldenen Kalbes aus Ohr-
ringen annehmen mochte. — Frankf. Pass. 1168 bis 1171, der Bote
reist von Rom nach Jerusalem, spricht dort mit Herodes und kehrt
zurück. Währenddessen warten die jüdischen Gesandten beim
Kaiser. — Sterz. Ost. S. 160, zwölf Verse bedeuten mehrere Stunden,
die Magdalena nach ihrer Begegnung mit Christi verlebt hat, vor ihrer
Begegnung mit Thomas; sie sagt ihm: *ich was heut morgen vor tag
gegangen su dem grab, da sach ich minen herren.* — Theoph. Helmst.
261 bis 284, das Weltleben Theophilus' bis zu seiner Reue. 403
bis 458, s. 461. 689, verstreichen drei Tage, die Theophilus in Reue
zugebracht hat. — Wolf. Sünd. 1173 bis 1196, mehrere Jahre,
während welcher Cain und Abel geboren werden und heranwachsen.
1771 bis 1786, hundertfünfzig Tage der Sündflut. 3849 bis 3917,
von Joachims und Annas Wiedervereinigung bis zur Geburt und
dem dreizehnten Jahre Mariens.

Auch der häufige Mangel an Verknüpfung, Motivierung, s. oben S. 239, beruht oft auf Verdichtung.

Wie im einzelnen die Vorgänge zusammengedrängt werden, mitunter bis zur Undeutlichkeit, sollen folgende Beispiele zeigen. S. auch oben S. 248. Freis. Her. S. 61 *Rex gladium versans armigero reddit: dicens: Armigero eximie, pueros fac ense perire.* Also mit einem Krieger und einem Schwert, dem des Herodes, wird der Kindermord vollzogen. — Freis. O. Rach. 66 *Armiger interficiens pueros dicet: disce mori puer.* Das ist der Kindermord, mit Rachel als einziger Mutter (?). — Ben. Pass. 2 *Postea vadat dominica persona sola ad litus maris vocare Petrum et Andream et inveniat eos piscantes; et dominus dicit ad eos: Venite post me, faciam vos piscatores hominum. Illi dicunt: domine, quid vis, hec faciemus et ad tuam voluntatem protinus adimplemus.* Das ist die Apostelwahl, bei der Petrus und Andreas alle Übrigen vertreten. 4 *Postea vadat dominica persona ad Zacheum, et obviet ei cecus: Domine Iesu, fili David, miserere mei! Iesus respondet: Quid vis, ut faciam tibi? Cecus: Domine, tantum ut videam. Iesus dicit: Respice, fides enim tua salvum te fecit.* Das ist die Heilung des Blinden. 126 *Tunc vadat Iesus ad resuscitandum Lazarum, et ibi occurrant Maria Magdalena et Martha plorantes pro Lazaro, et Iesus cantet: Lazarus amicus noster dormit. Eamus et a sompno resuscitemus eum! Tunc Maria Magdalena et Martha flendo cantent: Domine, si fuisses hic, frater noster non fuisset mortuus. Et sic tacendo clerus cantet: Videns dominus flentes sorores Lazari, ad monumentum lacrimatus est coram Iudeis et clamabat. Et Iesus cantet: Lazare, veni foras! Et clerus cantet: Et prodiit ligatis manibus et pedibus, qui fuerat mortuus.* 144 *Interea Iesus faciat ut mos est in cena.* Also das Abendmahl ohne Worte. 180 *Tunc conveniunt Pilatus et Herodes et osculantur invicem.* 213 *Tunc Iesus suspendatur in cruce et titulus fiat: Iesus Nazarenus rex Iudeorum. Tunc respondent Iudei Pilato,* der also den Titulus selbst angeheftet (wie Alsf. Pass. 5724) und dessen Worte gesungen hat, *cantantes: Regem non habemus nisi Cesarem. Pilatus: Quod scripsi, scripsi.* Das ist die Kreuzigung vor der Ankunft Marias unter dem Kreuz. — Ben. Weihn. 241 *Deinde,* nach dem Besuch bei Elisabeth, *Maria vadat in lectum suum — et pariat filium. Cui assideat Ioseph in habitu honesto et prolixa barba.* — Cass. Weihn. 143 *Tunc Maria parit puerum.* — Teg. Ant. 436, die Katastrophe ist nur Aktion ohne Worte. — Dor. S. 288, 19, der Besuch des Fabricius bei Dorothea spielt sich in sechs Versen ab. — Alsf. Pass. 5670, die Kreuzigung der zwei Schächer in zehn Versen.

Andere Beispiele unten in den chronologischen und synchronistischen Reihen.

Über das Festhalten der Proportionen für Ort, Ausführung und Zeit s. oben S. 253 f.

Die chronologische Reihe.

Die chronologische Reihe der vorgeführten Begebenheiten könnte natürlich nur für den Helden, die Hauptperson, eine geschlossene sein, da es ja nicht anginge, etwa in einer Passion das Leben des Blindgebornen oder Pilatus' in demselben chronologischen Umfang darzustellen, wie das Christi. Aber auch der Held ist nicht immer redend oder handelnd beschäftigt, so z. B. Christus nicht im Alsf. Pass. in den Scenen 133, Beratung der Teufel, 620, Johannes der Täufer und Herodes, 698, Gefangennahme Johannes', 878, Tod Johannes', 1040, die Teufel holen Herodias und ihre Tochter, 1253, Einführung von Herodes und Pilatus, 1770, Magdalenas Weltleben, 2333. 2425, Beratung der Juden, 4480, Disputation zwischen Ecclesia und Synagoga usw.

Die Lücken, welche sich dadurch im Leben von Personen ersten und zweiten Ranges ergeben, werden ergänzt durch Berichte des Vergangenen, Beziehungen auf dasselbe in späteren Scenen. Diese Fälle sind sehr häufig: ich erinnere nur an die Kranken, den Regulus, das kananäische, das samaritische Weib, die Ehebrecherin, die vor ihrer Begegnung mit Christus nicht auf der Scene erscheinen.

Hier folgen andere Beispiele, zunächst

1) solche, bei denen der weder durch eine Rede- noch eine Aktionsscene dargestellte, aber erwähnte Vorgang oder Zeitverlauf, der eine Person betrifft, während anderer dargestellter, die vorher eine andre Person an einem andern Ort betroffen haben, gedacht werden kann. Allerdings könnte man öfters eine Aktionsscene annehmen; s. oben S. 148.

Freis. Her. S. 60, von der Anbetung des Jesuskindes durch die Hirten erfahren wir nur durch ihren Bericht an die h. drei Könige: *Infantem vidimus pannis involutum*; s. oben S. 153. — Ben. Weihn. 242, wenn der erste der h. drei Könige sagt: *Per curarum distrahor frequenter quadrivium —, cum hanc stellam video*, so zeigt dies, daß

der König den Stern schon vor dem gegenwärtigen Zeitpunkt beobachtet
hatte, was nicht zur Darstellung kommt; s. die Spielanweisung vor 241.
Aber es kann während der Scenen der Verkündigung und der Geburt Christi gedacht sein. — S.Gall. Weihn. 1009, von dem erfolgten
Kindermord erfahren wir nur durch die Klage Rachels. Er kann
während der Flucht der h. Familie nach Ägypten gedacht sein. —
Kath. S. 167, dafs Maxentius seine Reise, S. 166, wirklich unter-
nommen hat, erfahren wir aus seiner Rückkehr. Die Reise kann
während der Bekehrung des Porphyrius und der Königin durch
Katharina gedacht sein. — Mastr. Pass. 628, von der Suche der
Eltern nach dem zwölfjährigen Jesus erfahren wir nur aus ihrer
Rede, nachdem sie ihn gefunden. Sie kann während der Disputation Christi gedacht sein. 1070, die Rede Magdalenas an den
Boten, der Christus von Lazarus' Krankheit benachrichtigen soll,
vertritt diese. Man kann sie sich während des Gesprächs Christi
mit den Aposteln 1054 bis 1069 vorstellen. — Alsf. Pass. 2119, von
der Krankheit Lazarus' erfahren wir nur in der Botschaft Marthas
an Christus. Sie kann während Christi Verkehr mit dem Regulus
angenommen werden. 6513, dafs Malcus den Schächern die Beine
gebrochen, erfahren wir nur aus seinen Worten an Kaiphas. Das
soll wohl während der Marienklage geschehen sein. 6960, Pilatus'
Traum nur in seinem Auftrag an den Knecht, der zu den Grabwächtern gehen soll. Pilatus mag während der Kreuzigung geschlafen haben. — Augsb. Pass. 1434, der Bote, der Pilatus den
Traum Proclas meldet, setzt diesen und ihren Auftrag voraus —
während des vorhergehenden Verhörs Christi. — Cass. Weihn. 830,
ein Engel erzählt Joseph von dem Kindermord, der nicht vorkommt, — aber während der Teufelsscene gedacht werden kann. —
Frankf. Pass. 1993, Petrus zu Christus: *du hast mir dicke holffe
geben, da ich von dem winde begunde sweben uff des wilden meres
wasser.* Das war nicht vorgekommen. Vielleicht während des Welt-
lebens Magdalenas 656. 966 zu denken. — M. Magd. 370, der
Procus erzählt von seiner Liebe zu Magdalena, die nicht dargestellt
worden ist. Sie kann in die vorhergehende Scene von Magdalena
mit Magd und Teufeln fallen. — Red. Ost. H. 989, s. 876. 1005, aus
der Rede Annas' erfahren wir, dafs er einen Empfehlungsbrief für
die Grabwächter geschrieben hat, — vielleicht während diese bei
Pilatus waren. Doch s. unten S. 283. — 1211, Sathan berichtet Lucifer
von der Thätigkeit der anderen Teufel, die nicht vorgekommen ist.
Man kann sie sich während der Rede Lucifers 1152 denken. —

Sterz. Ost. S. 158, Christus als Gärtner erzählt Magdalena von seiner Höllenfahrt, die nicht vorgekommen ist. Die Höllenfahrt kann S. 147 während der Reden der Grabwächter fallen. — Wien. Ost. H. S. 307, 13, nur aus Kaiphas' Rede ist zu entnehmen, daß die Juden von der Auferstehung Christi, der vergeblichen Grabwache Kenntnis bekommen haben. Das kann während der vorhergehenden Höllenfahrt Christi gedacht sein. — Wolf. Sünd. 967, nur aus der Rede Evas an die Schlange sieht man, daß Adam Even das Verbot des Baumes mitgeteilt hat. Es kann dies während der Beratung der Teufel, 930, geschehen sein. 2387, von der Unterschiebung des toten Kindes für das lebendige erfahren wir nur durch die Rede der Schuldigen. Sie könnte es während des vorhergehenden Gelages bei Salomon gethan haben.

2) Andere erwähnte Vorgänge und Zeitverläufe konnte man sich während vorhergehender zeitlicher Pausen denken, welche hie und da die Darstellung zwischen zwei Versen unterbrechen, s. unten S. 285, mitunter während eines Weges, den eine Person zurücklegt, ohne daß dessen Zeitverlauf durch eigene oder fremde Rede markiert wird. Innerhalb der Rede eines Schauspielers nehme ich eine solche Zeitdauer nicht an, außer wo es ausdrücklich angegeben wird, wie in Wolf. Sünd. 1815.

Freis. O. Rach. 41, Internuntius zu Herodes: *Reges illi quos misisti explorare cunas Christi iusso calle permutato redierunt te frustrato.* Das Stück kennt also die h. drei Könige, aber im Text kommen sie nicht vor; s. oben S. 204. Möglich wäre es allenfalls, daß man ihr Auftreten an der Krippe und ihren Heimweg sich in einer Pause vor 18 zu denken hatte. — Ben. Pass. 126, durch das Weinen der Schwestern, die Worte Christi: *Lazarus amicus noster dormit* und die Auferweckung erfahren wir von Lazarus' Krankheit und Tod. Die Pause ist unmittelbar vorher. Denn 99 bis 125 ist Lazarus' Schwester Magdalena beim Gastmahl Simons des Pharisäers. — Dor. S. 293, 9, *Fabricius dicit ad servos: Ir nœne man, als ich iu vor niun tagen habe geseit, gêt und bringet ús dem kerker die meit*, zeigt, daß Dorothea durch neun Tage eingekerkert war. Die Pause ist vor S. 293, 9. — S. Gall. Pass., Lazarus stirbt 469, das verkündet Christus in der Ferne den Aposteln 479. 490 geht er zu den Schwestern. Martha sagt ihm 519, daß Lazarus schon seit vier Tagen im Grabe liege. Der Weg Christi 490 bezeichnet die viertägige Pause. — S. Gall. Weihn. 444, der Engel erzählt den Hirten von der Geburt Christi, die im Stücke fehlt. Die Pause ist

435. 843, Joseph sagt Marien, es seien vierzig Tage seit der Geburt Christi vergangen. Vorher hat Herodes den veränderten Heimweg der h. drei Könige erfahren. Ein Teil der vierzig Tage wird wohl in die Pause zwischen 842 und 844 fallen. 912, *Do sprach ain bott zu Herodes: Her küng, mêr wil ich iuch sagen, es ward in disan drij tagen zu disem tempel braucht ein kind.* Vorher die Darbringung im Tempel. Die Pause fällt vor 912. 1082, die Botschaft der Engel an Joseph in Ägypten, Herodes sei tot, Joseph solle heimkehren, nach der Klage Rachels über den Kindermord. Die Pause ist vor 1077. — Innsbr. M. Himm. 2475 sagt Petrus: *Bruder, nû hôrt, was ich uch sage, wan Maria in kurzen tagen, unser frauce hý, ist genamen von gote und ist czû hymmel komen, so mûze wir uns abir scheiden hüten und predigen den glouben allen luten.* Die Himmelfahrt der Seele hat 1537. 1555 stattgefunden, die des Leibes aus dem Grabe drei Tage darauf, 2109; über die drei Tage s. oben S. 274 f. Der Raum zwischen 2109 und dem Zeitpunkt vor 2475 ist ganz mit der Darstellung der zweiten Himmelfahrt Mariens ausgefüllt, bei der auch die Apostel anwesend waren. Wenn Petrus also sagt, daß sie vor wenig Tagen Marien verloren haben, so bezieht sich das wohl auf die Zeit, welche zwischen der zweiten Himmelfahrt und 2475 verstrichen ist. Sie ist nicht ausgefüllt; vor 2475 fällt eine Pause. — Mastr. Pass. 298, der Engel meldet den Hirten die Geburt Christi, die im Stücke fehlt. Die Pause ist unmittelbar vorher. 322, ein Hirt erzählt dem andern von der Anbetung des Kindes in der Krippe, die fehlt. Die Pause ist unmittelbar vorher. 343, ein Hirt erzählt den h. drei Königen von der Anbetung des Kindes in der Krippe, die fehlt. Die Pause ist wieder vor 322. 552, ein Engel meldet Joseph in Ägypten den Tod des Herodes, der fehlt. Die Pause ist unmittelbar vorher. — Wien. Pass. 56, Lucifer zu Satban: *dú solt vil chundig sin dor an, wie uns werde der man, der unser erbe sol besitzen.* Die Schöpfung des Menschen fehlt. Die Pause ist 36. — Alsf. Pass. 2266, Martha sagt, Lazarus sei schon seit vier Tagen begraben. Diese vier Tage sind während des Weges Christi in der Pause zwischen 2234 und 2235 verstrichen. — 7800, *Inde Thome presenti dicit* (Christus): *Thomas, nu chome herc, und erfolle dine beger! gryff myr in myne wunden und gleube zu disen stunden.* Thomas' Zweifel fehlen. Die Pause ist 7786. — Don. Pass. 350, Magdalena sagt Martha, daß sie sich gestern bekehrt habe. Die Pause ist 343. 1002, der Blinde sagt den Juden, daß er Christus seit drei Tagen nicht ge-

sehen habe. Die Pause ist 1067. — 1228. 1302, Magdalena und
Martha sagen, daſs Lazarus seit drei, vier Tagen gestorben sei. Der
Tod fällt in die Pause 1223, während des Heimwegs des Boten. —
Eger. Pass. 825, Moses erzählt den Juden seine Lebensgeschichte,
die im Stücke nicht vorkommt. Die Pause ist 811. 1228, Lazarus
ist seit drei Tagen tot. Die Pause ist 1223, vor der Rückkehr der
zu Christus geschickten Boten. 1293, *Et sic Maria intrat templum
et facit reverenciam ad altare, et manens ad parvum spacium Ysachar
dicit ad Mariam: Maria, dû bist von Davids geschlâcht Und hast
got lang gedienet recht.* Dieser lange Tempeldienst fällt in die
Lücke von 1293. 1459, *Et sic Maria intrat cum Elisabeth ad
habitacionem manens cum ea ad parvum tempus. Deinde exiens
valedicit eam dicens: Elizabet, ich pin bei dir gewesen, Bistu dein
lieben sun hast genesen. Ich hab drei monet dein gepflegen schan.*
Die Pause ist unmittelbar vorher. 2547, nach dem Kindermord
folgt die Botschaft des Engels an Joseph in Ägypten, Herodes sei
tot, Joseph möge heimkehren. Die Pause ist unmittelbar vorher.
3185 sagt Martha, daſs Lazarus schon vier Tage im Grabe liege.
Diese sind in der Pause von 3159 zu denken, während welcher
Christus nach Bethanien geht. — Frankf. Pass. 1537 sagt Martha,
Lazarus habe vier Tage im Grabe gelegen. Diese fallen in die
Pause vor 1505, während welcher Christus nach Bethanien geht.
1787 sagt Noe, das Wasser der Sündflut habe hundertfünfzig Tage
gestanden. Vielleicht machte er unmittelbar vorher eine Pause. —
Red. Ost. H. 1152, vorher geht die Rede Sathans an die anderen
Teufel mit der Aufforderung, dem Auftrag Lucifers nachzukommen,
1152 aber ist Lucifer bereits ungeduldig, daſs sie nicht zurück-
kommen. In die Pause fällt ihre Thätigkeit auf der Erde, von der
1315 ff. ausführlich die Rede ist. — Wolf. Sünd. 1815, Noe sendet
die Taube zum zweitenmal aus, nachdem er gesagt hat: *De seven
tage schalt verlopen sin.* 3923, Joachim sagt, Maria sei geboren.
Die Pause ist vor 3918.

3) Bei einer dritten Gruppe ist auch das nicht der Fall.

Teg. Ant. 305, *Tunc rex* (Teotonicorum sc.) *veniens ad tronum
Gentilitatis et mittens legatum ad regem Babylonis, qui cantat coram
eo: Potestas domini* (des alleinigen Gottes) *mancat in eternum* usw.
Diese Besorgung eines Auftrags ersetzt diesen, der nicht vor-
kommt. Nur mit dem *mittens* der Spielanweisung könnte stumme
Gebärde für den Auftrag des Königs angedeutet sein. — Dor.
S. 289, 5, *Fabricius ad nuncium: Hâstû nû mîn rede vernomen?*

Wol hin und heiz die juncvrouwe komen, Von der ich dir habe ge-
seit, Diu mineme herzen wol beheit. Dafs Fabricius seinem Boten
von Dorothea gesprochen habe, war früher nicht vorgekommen. Es
ist auch kein Platz dafür vorhanden. Denn nach dem Besuch
Fabricius' bei Dorotheen, welcher der erste ist, heifst es: *Tunc*
transit Fabricius ad mansionem suam cum populo et dicit: folgt eine
Rede, die mit dem Anruf des Nuntius schliefst. Dieser antwortet.
Darauf S. 289, 5. — Mastr. Pass. 1163, Martha zu Magdalenen:
stant up, he ruft dich alzehant. Das war in dem vorhergehenden
Gespräch Marthas mit Christus nicht vorgekommen. Aber vielleicht
ist *ruft* futurisch gemeint. — Erl. Dreik. 41, die Hirten erzählen
Herodes *Natum vidimus,* was im Stücke nicht vorkommt. S. oben
S. 250. — Frankf. Pass. 1173, aus den ärgerlichen Worten Herodes'
nach Lesung des kaiserlichen Briefes kann man sehen, dafs der
Kaiser in diesem Briefe von den Anklagen der Juden gegen ihn
gesprochen hatte. Das Schreiben dieses Briefes war nicht vorgekommen. Aber s. unten S. 283. 1190, aus den Worten des Kaisers
an die Juden nach Lesung von Herodes' Brief kann man ersehen,
dafs Herodes darin die Beschuldigungen der Juden zurückgewiesen
habe. Angegeben war der Inhalt dieses Briefes nirgends, aber s.
unten S. 283.

Wenn die Rückblicke in dramatischen Scenen oder den dramatischen Ansprachen der Prologe — in Dor. erscheint beides — sich
auf die Zeit vor dem Anfang des Stückes beziehen, meist der Exposition dienend, s. oben S. 202 ff. 256. 258, so gehören sie auch in
die vorhergehende Kategorie 3).

Aber die Exposition kann auch fehlen — ohne Prolog: Ben.
Pass., Lichtenth. Mkl., Nürnb. Ostf., Innsbr. Fronl., Trier. Mkl., Ost.,
Wien. Pass. (die eigentliche Passion), Erl. Mkl., Ost, Sterz. Ost,
Wien. Ostf., Wolf. Ost., — mit und trotz dem Prolog: S.Gall. Pass.,
Innsbr. Ost. H., Augsb. Ost. H., Don. Pass., S.Gall. Chr. Himm.,
Wien. Ost. H.

Oft ist sie unvollständig wie in Freis. O. Rach., wo das Publikum erst 41 erfährt, dafs die h. drei Könige vor Beginn des
Stückes bei Herodes gewesen waren, oder Sterz. M. Lichtm., wo
das Publikum im Prolog nur über Annas Vorgeschichte etwas
erfährt.

So wie Zurückverweisungen die Darstellung vertreten können,
so auch Vorhersagungen, geäufserte Absichten. S.Gall Weihn. 369,

Maria hat die Absicht, Elisabeth bei ihrer Entbindung beizustehen, was nicht vorkommt, obwohl es in den Rahmen des Stückes fällt. — Innsbr. M. Himm. 1545 sagt Christus, während er die Seele Mariens fortträgt, s. 1537. 1555, zu den Aposteln, sie sollen den Leib Mariens begraben — *und hôtet sin drŷ tage dar, so wil ich kome al vor war und brengen dŷ sele* (l. *den lip) zcû mir her.* Das geschieht 2057, bald nach Beginn des zweiten Tages, s. 2028. Es ist also nach dem Begräbnis der h. Jungfrau, welches am Tage ihres Todes zu denken ist, dem Angriff der Juden auf dasselbe, der Bekehrung dieser durch die Wunder an Mariens Bahre bis 2022, am Schluſs des ersten Spieltages zwischen diesem und dem zweiten 1023 eine Pause anzunehmen. — Eger. Pass. 1035, vorher hat David seinen Kampf mit Goliath angekündigt, nun folgt Salomon. Davids Kampf mit Goliath ist also in der Lücke vor 1035 anzunehmen. — Rhein. j. Tag, das Vorspiel mit den Prophezeiungen des Sophonias und Gregorius von den Vorzeichen des jüngsten Gerichts vertritt diese selbst, wenn nicht die Reden an das wirkliche Publikum gerichtet sind. — Wolf. Sünd. 2597, die Königin von Saba hat Salomon zwei Blumen gegeben, aus denen er die bessere auswählen soll, *dar gy nicht ane verleisen.* Statt des Experimentes mit den Bienen sagt er: *Benen wil ik laten vleigen, de schullen sik to der naturliken blomen negen.*

Die Erwähnung eines Briefes als zu schreiben oder schon geschrieben scheint das Schreiben selbst zu vertreten, Mastr. Pass. 1073, Frankf. Pass. 1163. 1180, Red. Ost. H. 989, Theoph. Helmst. 233 vgl. Ben. Pass. 213 das INRI. S. oben S. 240. 282.

Öfters treffen Rückblicke und Vorhersagungen zusammen und vertreten die Darstellung einer Handlung oder eines Zeitverlaufs. Dor. S. 293, 4, *Fabricius: Nú stôst si* (Dorothea) *in den kerker, ir swêne man, Und in nium tagen sol man ir niht sezzen geben;* s. S. 293, 9, *Ir swêne man, als ich iu vor nium tagen habe geseit* usw. — S. Gall. Weihn. 973, Beschluſs des Kindermordes; s. 1009, die Klage Rachels. 1052, Prophezeiung von Herodes' Tod, s. 1080, wo der Engel seinen Tod berichtet. — Mastr. Pass. 1073, Magdalena zu dem Boten: *einen brief sule wir dir scriven;* s. 1085, wo der Brief Christus übergeben wird, *si sendent dig disen brijf.* — Sterz. Ost. S. 147, Christus kündigt seine Absicht an, die armen Seelen in der Hölle zu befreien; s. S. 158, wo er es berichtet. — Theoph. Helmst.

240, Absicht Sathans, in die Hölle zu Lucifer zu gehen, s. 247, von wo er Geld und Kleider bringt. 634, Maria gebietet Sathan, in die Hölle zu gehen und den Kontrakt zu holen; s. 639, wo er es erzählt. — Wolf. Sünd. 1813, Noe: *Ich wil noch beiden seren dage, Er ek so, die Taube, anderwarf ut iage. De seren dage schalt vorlopen sin: Nu schal aver ut dat durelin.* S. oben S. 281.

Während wir in den besprochenen Fällen doch angeben können, in welchen Zeitpunkt des Stückes — oder vor dem Stück — ein nicht dargestellter Vorgang oder Zeitverlauf fallen muſs, ist das in anderen nicht der Fall. Öfters finden wir Angaben vom Verlauf bestimmter Zeiten, Tage, Jahre oder müssen die Vorstellung davon als in der Natur der Sache oder in der bekannten kirchlichen Tradition begründet bei Dichter und Publikum annehmen, ohne daſs wir sagen könnten, wie diese Zeiteinheiten, Tage, Jahre, sich auf die gesprochenen Verse und agierten Handlungen verteilen. Es findet starke Verdichtung statt.

S. Gall. Pass. 1256 beginnt die Wacht am Grabe Christi, 1283 gehen die drei Marien zum Grabe Christi; das ist der dritte Tag nach Christi Begräbnis. Zwischen 1256 und 1283 wird die erste Auferstehung Christi und seine Höllenfahrt dargestellt. Wie der Dichter und das Publikum sich hier die Zeiteinteilung gedacht haben, ist unklar. Möglich, daſs vor 1283 eine Pause anzunehmen ist. Dann würde der Fall zu der vorher oben S. 279 besprochenen Kategorie 2) gehören. — Innsbr. M. Himm. Das Stück beginnt im ersten Jahre nach Christi Tod mit der Festsetzung des Glaubens durch die Apostel und ihrer Zerstreuung, 191. 269. Es folgt ihre Missionsthätigkeit, dann das fernere Leben Marias, ihre Vorbereitung zum Tode. Dabei sagt sie 1117: *is sint wol ryer und tyrczig jar, daz ich mynes kindes antlicze clar czů leczt mit augen ane sach.* — 1016 sagt Christus von Maria zu Gabriel: *und sage der herzeen liben daz, daz sy sal trolich ane haz an dem dritten tage sich bereyten, so wil ich komen, sy sal myn beyten, und neme sö czů eyner frundyn in dem hymmelriche myn.* Das geschieht 1536, Maria stirbt, *Anima Mariae recipitur a Ihesu.* — 1555 *Post haec dominica persona vadit ad coelum cum angelis suis bajulans animam matris suae.* — Wien. Pass. 136, Adam und Eva singen aus dem Paradiese verstoſsen ein Klagelied von elf Versen, *Ve nobis! re nobis! Quantis sumus involuti miseriis! horror eterne mortis nostre iam est sortis* und werden dann von den Teufeln in die Hölle geholt. Diese Verse vertreten ihr langes Leben. — Alsf. Pass. 7632 bis 7865, von

der Auferstehung bis zur Himmelfahrt Christi. Eine Pause wäre
kaum irgendwo anzusetzen. 7786 kommt Christus das erste Mal
nach der Auferstehung zu den versammelten Aposteln, überführt
Thomas, ißt Fische und Honig und sagt 7864: *nu kommet mit mir
alle glich, ich wil faren zu hymmelrich.* — Cass. Weihn. 91, Joseph
hat Marien eben seines Verdachtes wegen um Vergebung gebeten
und schließt: *ich wil dich nummerme vorlane.* Sie antwortet:
*Ioseph, über phleger myn, du sult mir wolkommen syn! och las dich
erwarmen obir mich vel armen unnd bitte uns nachtruge.* Es ist
also während dieses Gespräches die Reise von Jerusalem nach
Bethlehem vor sich gegangen. — Sterz. Ost. S. 160, der aus zwölf
Versen bestehende Monolog Magdalenens nach der Begegnung mit
Christus als Gärtner, vor der Begegnung mit Thomas, vertritt ihre
Beschäftigungen nach der Rückkehr vom Grabe bis zur Ankunft
Thomas'. Sie sagt zu diesem: *Ich was heut morgen vor tag Ge-
gangen zu dem grab* usw. — Theoph. Helmst. 261, der Monolog
Theophilus' 261 bis 280, in dem er seinen Entschluß ausspricht,
ein fröhliches Weltleben zu führen, samt den vier ermutigenden
Versen Sathans, vertritt dieses Weltleben selbst. — Der zweite
Monolog 403 bis 458, in dem Theophilus seine Reue ausspricht,
vertritt drei Tage der Reue; s. 398. 461. — Wolf. Sünd. 1771 *Hic
intrat archam* (Noe). *Noe dicit archa tecta;* am Ende des Monologes 1787 hat das Wasser schon 150 Tage gestanden. Oder ist
vor 1787 eine Pause? s. S. 283 unten. — 3918 in dem Gespräch
zwischen Joachim und Anna ist erst von der Freude der Propheten
über die Geburt Mariens die Rede — sie hören ihren Jubel über den
Markt —, dann ist Maria drei (dreizehn?) Jahre alt, 3933, und
soll in den Tempel gebracht werden.

Wie schon oben S. 279 angedeutet, giebt es leere Zwischen-
räume in der zeitlich dargestellten Abfolge der dramatischen Begebenheiten oder Zeitverläufe, deren im Geist zu ergänzender
Inhalt mitunter, aber nicht immer, durch vorhergehende und nachfolgende Verweisungen nach vor- und rückwärts angegeben wird.
Wahrscheinlich wurde dies durch eine Pause, ein kleines Innehalten
im Spiel zwischen zwei Versen oder Sätzen markiert. Hier folgen
noch Fälle ohne die erwähnten Angaben.

Freib. O. Rach. 18, gerade war der Besuch der Hirten bei der
Krippe erfolgt. Wenn nun 18 der Engel Joseph auffordert, mit
dem Kinde nach Ägypten zu fliehen, so ist inzwischen längere Zeit

vergangen. — Ben. Pass. 3, vorher die Berufung Petrus' und
Andreas' zum Apostelamt, nachher Christus mit Zacheus. In der
Pause ist die Berufung der übrigen Apostel zu denken. — Ben.
Weihn. 241, vorher geht die Begrüſsung zwischen Maria und
Elisabeth. Dann: *Deinde recedat Elysabeth, quia amplius non
habebit locum hec persona. Deinde Maria vadat in lectum suum, —
et pariat filium.* Es wird also der weitere monatelange Verlauf des
Besuches Marias bei Elisabeth nicht ausgeführt, die Heirat Josephs
und Marias übergangen. — 421, nach der Begrüſsung zwischen Maria
und Elisabeth redet der Engel Joseph zu, Marien nicht zu verlassen.
In die Pause vor 421 fällt also der weitere Verlauf von Marias
Besuch bei Elisabeth, ihr Beistand bei deren Entbindung, Mariens
und Josephs Vermählung, die Zweifel Josephs. — Mastr. Pass. 286,
vorher geht eine Anrede der Ecclesia an Maria, die gerade die
Verkündigung durch Gabriel erfahren hat. Es folgt die Rede des
Engels, der Joseph die Schwangerschaft Mariens erklärt. Demnach
fehlen die Heirat Mariens und Josephs und die Zweifel des letzteren. —
298, nach dieser Rede des Engels folgt die Verkündigung der erfolgten Geburt Christi an die Hirten. Sie ist also zwischen 297
und 298 zu denken. — 322, vorher geht die Rede des zweiten Hirten
an seinen Gefährten, in welcher er ihn auffordert, mit ihm nach
Bethlehem zu gehen. Darauf folgt die Rede des ersten Hirten, der
einem andern von der Anbetung des Kindes in der Krippe erzählt:
want ich sach dat kindolin ligen in der kribben sin. Dieser Besuch
fällt zwischen 321 und 322. — 552, nach dem Kindermord erscheint
der Engel bei Joseph in Ägypten und fordert ihn auf, heimzukehren,
da Herodes tot sei. Dieser Tod und vieles andere fällt in die
Pause vor 552. 558, nach dieser Botschaft des Engels heiſst es:
Hie vert Maria ende Ihesus ende Ioseph zu Egypten (l. *zu Iudaea*
oder *uit Egypten*). *Hie was Ihesus zwolf jare alt. Maria zu iren
sune:* sie fordert ihn auf, mit ihr und Joseph in den Tempel zu
gehen. Zwischen 557 und 558 fallen mehrere Kinderjahre Christi. —
Wien. Pass. 36, vorher ging der Engelsturz. In der folgenden
Rede Lucifers wird 57 der Mensch erwähnt, den Sathan ihm gewinnen soll. In die Pause fällt also die Erschaffung Adams und
Evas. — 189, nachdem Adam und Eva gestorben und in die Hölle
gekommen sind, erscheinen Sünderseelen in der Hölle, darunter
ein Usurarius und ein Monachus. Da wird sich der Verfasser wohl
einen gröſseren Zeitverlauf zwischen 188 und 189 gedacht haben. —
279, nach dieser Höllenscene tritt Magdalena in ihrer unbekehrten

Weltlust auf. Da sie dann von Christus begnadigt wird, überhaupt
das Stück in eine Passion übergeht, so fehlt das Leben Christi vor
dem Antritt seines Lehramtes und auch die ersten Phasen dieses:
wir haben uns das in der Pause vorzustellen. — 507, nach der Bekehrung und Lossprechung Magdalenens durch Christus äussert
dieser sofort die Absicht, das Abendmahl zu halten. In diesem
Stück ist stark auf die Bibelkenntnis des Publikums gerechnet [1]). —
Alsf. Pass. 7483, vorher die Absolvierung der Grabwächter, die in
der ersten Nacht ihres Amtes von den Engeln betäubt worden
waren; es folgt die Scene der drei Marien, die am Morgen des
dritten Tages nach Christi Tod zum Grabe gehen. — Eger. Pass.
535 *Adam veniens de campo ad habitacionem intrat cum Eva ad
habitacionem. Deinde exeunt habentes pueros.* — 539 *Deinde Adam
transiens ad campum faciendo ut supra. Deinde veniens ad habitacionem, faciens ut supra, exeunt cum duobus magnis filiis.* — 675,
nach Cains Tod folgt die Geschichte Noes. — 715, nachdem
vorher Noe in die Arche gegangen war, spricht er jetzt von dem
Abnehmen der Sündflut. — 811, nach dem Opfer Abrahams spricht
jetzt Gott zu Moses. — 1153, Joachim tritt sofort nach den Propheten
Isaias, Jeremias, Abacuk, Ezechiel auf. — 1243 *Et sic fit amplexus
ab ambobus* (Joachim und Anna). *Deinde transeunt ad Nasaret et
intrant domum et manent ad parvum tempus. Deinde exeunt cum filia.* —
2851, nach dem ersten Tag, der Jesus als zwölfjährig behandelt hatte,
tritt er jetzt am zweiten als erwachsen auf nach der Taufe, Versuchung und Berufung der Apostel. Dies fällt in die Pause vor
2851. — Erl. Weihn. 45, vorher ging die Vermählung Josephs und
Mariens. Nun ist das Christuskind schon geboren. — Wolf. Sünd.
1887, auf Noes Tod folgt Abrahams Opfer. — 1987, auf Abrahams
Opfer Gottes Erscheinung im brennenden Dornbusch vor Moses. —
2094, auf Moses Melchisedek. — 2181, auf Melchisedek David.

Das Weglassen aus der Überlieferung, die Verkürzung der
Überlieferung selbst, wenn Barrabas, die Schächer bei der Kreuzigung, die Botschaft an Christus wegen Lazarus' Krankheit nicht
vorkommen, wie in Ben. Pass., oder die Zweifel Josephs in Bezug auf
Marias Schwangerschaft im Ben. Weihn., die h. drei Könige und
der Gang Marias zu Elisabeth im Cass. Weihn., die Prophezeiung
Annas neben der Symons im Eger. Pass. oder die Versuchung

---

[1]) Darauf deutet wohl der Titel *Ad materie reductionem de passione domini.*

Christi durch Lucifer an nur einem Lokal, dem Berg, dargestellt wird,
von dem Lucifer Christus sich hinabstürzen heifst, in Don. Pass.,
so gehört das nicht hierher, sondern zu den Veränderungen, welche
der Dichter mit den überlieferten Stoff vorgenommen hat, bevor er
ihn dramatisch darstellte. Auf diese gehe ich in der Untersuchung
nicht ein, — denn wer kann sagen, was einem mittelalterlichen
Dichter aus der heiligen Überlieferung geläufig sein mufste? —
sondern bespreche nur die Auslassungen notwendiger Glieder innerhalb der Reihenfolge des vom Dichter ausgewählten Stoffes.

Die synchronistische Reihe.

Wenn wir uns die Bühnenvorgänge als getreues Abbild der
Wirklichkeit vorstellen, so müfsten wir gleichzeitig mit einem Vorgang immer mehrere dargestellt erwarten.

Zunächst bei einer Person oder gleichartigen Gruppe.

Hier ist auf S. 38. 95 zu verweisen, wo reichlich Beispiele
dafür gegeben sind, dafs häufig an einem Schauspieler zu gleicher
Zeit Verschiedenes wahrgenommen wird, seine nicht immer gleich
bleibende körperliche Erscheinung in ihrer Bühnentracht, seine
Gebärden, sein Mienenspiel, das seinen Gemütszustand in einem
bestimmten Augenblick ausdrückt, seine Handlungen oder sein
Leiden, seine Worte oder Gesänge. Hier ist häufig die Rede und
äufsere Erscheinung der Reflex eines inneren Zustandes oder
Vorgangs:

Aus den S. 256 angeführten Fällen sieht man, dafs öfters
epischer Bericht und die entsprechende Aktion zusammenfiel.

Aber nicht immer ist die Darstellung so ausführlich. Die Rede
mit einer andeutenden Gebärde kann eine vollständige von Rede
begleitete Handlung ersetzen.

So in mehreren Marienklagen, s. oben S. 180. 191. 193 ff. 219.
Am deutlichsten ist die Bord. und Wolf. Mkl.; s. oben S. 193. 219.
270. Höchst wahrscheinlich wurden auch die Prag., Trier., Erl.,
Sterz. Mkl. ähnlich dargestellt.

Dazu kommen andere Fälle, bei denen gewifs auch diese
stellvertretenden Gebärden oder Handlungen gefehlt haben werden.
Vieles aus den oben S. 274 angeführten Beispielen gehört hierher.
Die Rede ist mitunter im Futurum oder Imperativ.

Ben. Pass. 8 Christus: *Zachee, festinans descende, quia hodie in
domo tua me oportet manere!* Zacheus: *Domine si quid aliquem*

fraudavi, reddo quadruplum. Christus: *Quia hodie huic domui salus facta est, eo quod et tu sis filius Abrahe.* Jesus' Worte vertreten seinen Aufenthalt im Hause des Zacheus, die des Zacheus die Bewirtung. — Mastr. Pass. 3 *Hie macht vnse here dat irste, dat was himel und erde: Nu wil ich dat gewerde himel ende erde inde wille houen schone engele in minen trone, die minen lof sengen* usw. Man kann sich nicht vorstellen, durch welche Aktion der Schauspieler dies ausdrücken wollte. Die Spielanweisung wird hier wie oft nur den Inhalt der Rede zusammenfassen. — Trier. Ost. 17 *Tercia Maria: et ungamus corpus eius* (Christ.) *oleo sanctissimo.* 33. 41 alle drei Marien zusammen: *Sed eamus unguentum emere cum quo bene possimus ungere corpus domini sacratum.* — Wien. Pass. 136, Adam und Eva werden aus dem Paradiese gestofsen. *Tunc plangentes cantant: Ve nobis! ve nobis! quantis sumus involuti miseriis! horror eterne mortis nostre iam est sortis* usw. Dann 148: *Et sint demones parati, qui trahant primo Adam ante Lucifer;* 173 wird Eva in die Hölle geführt. Das Klagelied Adams und Evas vertritt also ihr ganzes an Müh' und Arbeit reiches Leben. — Zehn Jungfr. S. 20 *Tunc fatue vadant ad emendum oleum. Prima cantat Omnipotens pater etc. Secunda fatua: Sed eamus oleum emere praeter quod nil possumus agere. qui caret hoc carebit gloria.* — Cass. Weihn. 91, s. oben S. 284 f. — Eger. Pass. 37 Gott Vater: *Ich sprich ain himel der sol werden, Darsuo feur, wasser, lüfft und erden. Im himel schaff ich engel vil* usw. S. oben Mastr. Pass. — Sterz. Ost. S. 149 *Tertia persona exit cantando: Sed eamus nunc.* — *Ihesum quaerere, Festinemus unguentum emere cum quo possumus ungere corpus domini sacratum.* S. 160.

Dazu s. S. 267, wo man sieht, dafs epischer Bericht die gleichzeitig gedachte entsprechende Aktion ersetzen konnte.

Andererseits kann eine Aktion andere Aktionen, die fehlen, und auch Rede vertreten, in den Aktionsscenen, sowohl jenen, die zwischen zwei Redescenen vorkommen, s. oben S. 98 ff., als jenen anderen, während welcher an einem andern Bühnenlokal von anderen Personen gesprochen oder gesungen wird; s. oben S. 148 ff.

Der häufigste Fall ist das Zurücklegen eines Weges, bei dem, da er immer nur wenige Schritte beträgt, sowohl die Einzelheiten, welche in Wirklichkeit eine Fufsreise begleiten, als auch der Ausdruck der Gedanken und Gefühle des Reisenden wegfallen. Unter den anderen Aktionen finden sich viele, welche die Gemütsverfassung des Agierenden zum Ausdruck bringen.

Bei mehreren Personen.

Daß zwei oder mehrere Personen auf demselben Standplatz miteinander verhandeln, und die Gebärde, Handlung des Einen Reflex der gleichzeitigen Rede des andern ist oder umgekehrt, kommt natürlich sehr oft vor.

Ben. Weihn. 78 *Archisynagogus cum suis Iudeis valde obstrepet auditis prophetiis*, d. i. den vorhergehenden. 232 *Inter cantandum omnia ista*, d. i. während der Gesänge der Propheten und des Augustinus, *archisynagogus obstrepet movendo corpus et caput deridendo predicta.* — Nürnb. Ostf. S. 19 *Post hec exhibeat se Maria* (Magdalena) *cum reverentia quasi auscultatura verba ipsius* (Christi), *et dominus ad eam auctorabili voce dicat.* — Wien. Pass. 361, Simon der Pharisäer befiehlt den Jüngern, die Mahlzeit zu rüsten, diese thun es. — Alsf. Pass. 728 *Et sic recedit circueundo et auscultando de fine huius facti*, Sathan in Bezug auf Johannes' des Täufers Tod. — Eger. Pass. 6636, wenn Abraham zu Maria und den anderen Frauen unter dem Kreuze sagt: *Hebt eüch aus der traüffen, Oder ich schlach sunst in hauffen*, so wird dieser Rede wohl ein scheues Zurückweichen der Frauen entsprochen haben, Frankf. Pass. 2232 *tacite revertatur ad locum* (Christus) *orando ut prius: Pater mi, cum rigmo. Iudas venit ad ortum videndo Cristo occulte.* — S.Gall. Pass. 642, Alsf. Pass. 3078, Don. Pass. 1789, als Christus Petrus die Füße waschen will, wehrt dieser redend ab. — Bord. Mkl. 831, als Maria ohnmächtig hinsinkt, spricht ihr Johannes zu. — Don. Pass. 3177, Maria sieht die Mißhandlungen Christi und klagt darüber. 3197, Johannes sieht den Schmerz Mariens und tröstet sie. — Eger. Pass. 4966, Judas sieht die Mißhandlungen Christi und drückt seine Reue monologisch aus. 5532, Helmschrot sieht die Wunden Christi nach der Geißelung und spricht darüber.

Aber auch ohne daß die Handlung oder Rede einen Reflex ausdrückt, ist auf demselben Bühnenplatz Rede des Einen, Aktion des andern zu finden; s. oben S. 95 ff.

Z. B. Sterz. M. Lichtm. S. 109, Joseph schläft im Tempel, während Simeon, Anna, die Priester usw. mit Gesang abziehen. — Theoph. Helmst. 606, Theophilus schläft, während Maria mit Sathan verhandelt.

Aber es kann auch Rede des Einen einen Vorgang bei dem andern so vertreten, daß der andere entweder nur typisch oder ohne den betreffenden Vorgang oder gar nicht vorkommt. Wieder bieten die Marienklagen die deutlichsten Beispiele. Es wird von den einzelnen Vorgängen bei der Kreuzigung gesprochen, aber das bei der Kreuzigung beschäftigte Personal kommt nirgends vor, keine Aktion mit dem Schwamm, kein Longinus mit der Lanze, obwohl sie als gesehene Vorgänge erwähnt werden. S. oben S. 191. 193.

Trier. Mkl. S. 268, 7. 270, 31, die Seitenwunde und der Tod Christi. S. 271, 20, Christus dürstet. Bord. Mkl. S. 289, dann Vers 623. 648 die Seitenwunde und der Tod Christi. 237. 248 die Anrede an die Töchter Jerusalems, die gar nicht gespielt werden. In Erl. Mkl. kommt Christus gar nicht vor; trotzdem wird vom Lanzenstich und seinem Tod gesprochen, 276. 325. In der Wolf. Mkl. stehen der Christus darstellende Schauspieler und das ihn vertretende Kreuz nebeneinander.

Daraus erklären sich auch die Widersprüche in der Chronologie dieser Stücke; s. oben S. 246.

Trier. Ost. 17. 41, Sterz. Ost. S. 149, s. oben S. 289. Der Kaufmann, bei dem die drei Marien die Salbe kaufen wollen, kommt nicht vor. — Maastr. Pass. 1085, der Bote sagt Christus von den Schwestern Lazarus': *si sendent dig disen brijf,* und erzählt ihm den Inhalt. Das bedeutet, daß Christus diesen Brief liest. — Zehn Jungfr. S. 20, der Kaufmann, bei dem die thörichten Jungfrauen Öl kaufen wollen, kommt nicht vor. — Theoph. Helmst. 261, s. oben S. 285, die Personen, mit denen Theophilus sein Weltleben dahinbringt, kommen nicht vor.

Nur Aktion ohne Rede, sowohl gleichartige als verschiedene Beschäftigung mehrerer auf einem Bühnenplatz vereinigten Schauspieler erscheint sehr häufig; s. oben S. 100.

Auch hier kann Reflex erscheinen: Teg. Ant. 88. 156. 287. 317, die Schlachten mit Schlag und Gegenschlag. 426 *Statim fit sonitus super caput Antichristi, et eo corruente omnibus suis fugientibus (Ecclesia cantat).* — Don. Pass. 2019 *Nu falt der Salvator uff das antlit und blipt also ligen, und kumpt Iudas in garten dieplich schlichen und geschowt im wol.* — Ben. Pass. 144 *Interea Iesus faciat ut mos est in cena.* 213 *Tunc Iesus suspendatur in cruce.* — Frankf. Pass. 2232 *Tunc Iudas venit ad ortum videndo Christo occulte,* während Christus auf dem Ölberg betet. — Sehr auffällig Theoph. Trier. 256: *Hyr steken se nu de hoveder tosamen unde verramet up einen, de dem Prost nicht enbehaget. Des geit de Provest van torne van ene. De wyle kesen se ene unde sendet den kelner to em.*

Ohne Reflex sehr vieles von dem oben S. 100 Angeführten. So wenn Ben. Weihn. 514 zwei der h. drei Könige dabei stehen, während der dritte seine Gabe spendet.

Aber auch an verschiedenen Bühnenorten kann gleichzeitig Verschiedenes vorgehen. Meist in der Weise, daß an dem einen gesprochen und agiert, an dem andern nur agiert wurde; s. oben S. 148 ff.

Hier sind oft Beziehungen zwischen den zwei zu vollständiger und unvollständigerer Darstellung gebrachten Vorgängen zu bemerken.

Wenn die Standplätze nicht ganz verschieden sind.

Reflexe. Klage des einen über das Leiden des andern. Vor allem in den Marienklagen, in denen etwa die Kreuzigung selbst vorkommt, wie jedenfalls in den betreffenden Partien der Passionen. Dann Augsb. Pass. 939, Wolf. Sünd. 1266. — Hohn über das Leiden anderer. Augsb. Pass. 1687, s. auch das Würfeln mit Rede unter dem Kreuze, Eger. Pass. 6280. — Diese Reflexe bewirken eine Steigerung des Eindrucks, da neben dem Leiden des einen die Lust des andern erscheint.

Kontraste. Das eben erwähnte Spielen unter dem leidenden Christus, Eger. Pass. 6280, — Red. Ost. H. 227, die triumphierende Auferstehung Christi mit den Engeln, während die Wächter schlafen.

Oder es wird eine baldige Berührung, Begegnung der Personen der Rede- und Aktionsscene vorbereitet. So besonders in den Scenen, wo Petrus Christum verleugnet, während des agierten Verhörs Christi, worauf dann der Blick folgt, den der vorübergeführte Christus auf Petrum wirft, Ben. Pass. 164, Frankf. Pass. Dir. 172, S.Gall. Pass. 828, Alsf. Pass. 3514. 3582, Augsb. Pass. 705. 727. 737, Don. Pass. 2145, Eger. Pass. 4538, Frankf. Pass. 2526. — Alsf. Pass. 5420, Gespräch zwischen Pilatus und den Geißlern während des beginnenden Kreuzwegs Christi. Diese Geißler spielen dann eine Rolle bei der Kreuzigung. — Don. Pass. 1037, Longinus steht horchend abseits während der Unterredung der Juden über den Blindgebornen, bis er 1073 in das Gespräch gezogen wird.

Nötig ist eine Beziehung aber nicht. Eger. Pass. 6934, während den Schächern die Beine gebrochen werden, singt Joseph und Nicodemus: *Ecce quomodo moritur iustus.*

An ganz verschiedenen Standplätzen; Redescene während des Weges einer andern Person.

Kausale Beziehung. Ben. Pass. 204, Kreuzweg Christi, Judas bereut seinen Verrat.

Nahe Beziehung zwischen den epischen Worten eines Chores und der dargestellten Handlung; s. Beispiele oben S. 265. 153 ff.

Kontrast. Freis. O. Rach. 37. 67, Flucht der h. Familie, Beschluß und Ausführung des Kindermordes. Während der stummen Mordscene *Angelus e longinquo cantet: Christus sospes abiit.* — Alsf. Pass. 7291, während Eva schon an der Himmelspforte Christus in ihrem und im Namen der übrigen befreiten Altväter dankt, kommen die Juden zusammen, um über die Bewachung des Grabes Christi Rat zu pflegen.

Vorbereitung einer baldigen Begegnung, oft des Helden mit Personen des Gegenspiels. Wenn während eines Botenwegs jene Personen reden, zu denen der Bote kommen soll. Wenn Judas vom Abendmahl fortgeht, sich dem Ölberg nähert, wo Christus betet, wenn Maria und Johannes zur Kreuzigung gehen, während diese stattfindet, wenn Christus sich der Hölle nähert, während die Teufel sich fürchten, die Seelen der Väter jubeln. Frankf. Pass. Dir. 153, S. Gall. Pass. 769, S. Gall. Weihn. 853, Mastr. Pass. 1120, Wien. Pass. 361, Alsf. Pass. 1044. 1206. 1501, Augsb. Pass. 133. 1174. 1680, Don. Pass. 1190, Eger. Pass. 3645. 4168. 5593, Luz. Grabl. 77, Red. Ost. H. 259. 485. 1152, Wien. Ost. H. S. 303, 11. 305, 23. 316, 23, Wolf. Sünd. 1042. 3784.

Beziehung fehlt oft bei Markierung eines Botenweges durch einen Chor oder das Silete. Wien. Ost. H. S. 316, 23, der Klagegesang der drei Marien während der Beschäftigungen des Krämerarztes und seines Dieners.

Ohne Beschränkung auf einen Weg in der Aktionsscene.

Nahe Beziehung, die oft kausal ist: Teg. Ant. 151, Vorbereitung des Kaisers zum Kampf für Judea, ein Engel tröstet Judea, 197 Klage des Königs von Griechenland, Vertreibung der Ecclesia aus Jerusalem. — Ben. Weihn. 560, Archelaus herrscht statt Herodes, der Engel fordert Joseph zur Rückkehr auf. — Frankf. Pass. Dir. 188, Jesus wird mißhandelt, Judas drückt seine Reue aus, 353. — Innsbr. M. Himm. 1555, Innsbr. Ost. H. 168, Kath. S. 161, Mastr. Pass. 568, Alsf. Pass. 3732. 5804. 7027, Augsb. Pass. 1696, Cass. Weihn. 338, Don. Pass. 737. 807. 2395, Eger. Pass. 3009. 3109. 5006. 6144, die Hammerschläge bei der Kreuzigung, über die Maria

auf dem Weg zum Kreuz erschrickt, — Frankf. Pass. 1168. — Mit
zwei Aktionsscenen. Alsf. Pass. 3670, Augsb. Pass. 986, Eger. Pass.
7116, Wolf. Sünd. 930.

Kontraste. Zehn Jungfr. S. 18, Benehmen der Fatuae und der
redenden Prudentes, Innsbr. Ost. H. 168, Christus auf dem Grabe
stehend, Pilatus' Sorge, daſs die Wächter einschlafen könnten, Alsf.
Pass. 878, Eger. Pass. 899.

Parallelen. Alsf. Pass. 3274, das Abendmahl Christi und das
der Juden, mit zwei Aktionen, Wolf. Sünd. 3459, Trauer Joachims
und Annas über Unfruchtbarkeit, Trauer der Propheten über das
Schicksal des Menschengeschlechts, Trauer Adams, — mit zwei
Aktionen, 3587, Trauer Joachims und Annas, Trauer Adams, mit
zwei Aktionen.

Eine baldige Begegnung wird vorbereitet. Vor allem bei den
Anstalten Judas' zur Gefangennahme Christi, wobei er in der Rede-
scene seine Stelle hat, wie Ben. Pass. 143, Frankf. Pass. Dir. 154, Alsf.
Pass. 3350, Augsb. Pass. 465. 581, Don. Pass. 1851. 2019, Eger.
Pass. 3557, — oder in den Aktionsscenen, S.Gall. Pass. 683, Augsb.
Pass. 589, Eger. Pass. 4274 mit zwei Aktionsscenen, Frankf. Pass.
2112. 2147. Dann in den Redescenen bei Procla während des
Verhörs Christi, Frankf. Pass. Dir. 215, S.Gall. Pass. 1002, Alsf.
Pass. 4418, Don. Pass. 2948, Eger. Pass. 5090, 5474, Frankf. Pass.
3145. — Auſserdem. Ben. Pass. 19, Magdalenas Weltleben, stummes
Gastmahl bei Simon, — S.Gall. Pass. 1130. 1192, S.Gall. Weihn.
656, Innsbr. M. Himm. 1155, Kath. S. 161, Maastr. Pass. 568. 962,
Wien. Pass. 374, Alsf. Pass. 1307, 5310. 5340. 7027, Augsb. Pass.
129. 873. 1672, Don. Pass. 127. 169. 173. 711, Frankf. Pass. 1168.
1435. 1480, Theoph. Trier. 356. 778. — Mit zwei, drei Aktionsscenen, Don. Pass. 2233, Kaiphas' Kommen wird vorbereitet, Eger.
Pass. 4277, s. o., Red. Ost. II. 259, die Ankunft Christi in der Hölle
wird vorbereitet.

Wenig Beziehung findet sich: Teg. Ant. 160, das Vorgehen der
Hypocritae während des dramatischen Gesanges von Ecclesia, Gentilitas und Synagoga, — Ben. Pass. 130, S.Gall. Pass. 949, Alsf. Pass.
7632. 7291 mit zwei Aktionen, Eger. Pass. 3087. 3119. 3125.

Schon bei den oben S. 148 f. angeführten Fällen, wo der Redescene an einem Standort eine Aktionsscene an einem andern entspricht, war es öfters zweifelhaft, ob die Aktionsscene wirklich
gespielt wurde, die betreffenden Personen nicht bloſs ruhig da-
standen oder saſsen.

In einigen Fällen ist es höchst wahrscheinlich oder sicher, daß die Rede an einem Bühnenort die Aktion an einem andern vertrat, ersetzte. Hier kommen auch Aktionen von Sachen vor.

Teg. Ant. 423 *Antichristus dirigit nuntios suos ad singulos reges contans: Reges conveniant et agmina sanctorum. adorari volo a gloria regnum* usw. *Tunc omnes reges conveniunt undique cum suis.* Die Rede des Antichristus vertritt den Auftrag an die Boten und die Besorgung dieses Auftrags durch die Boten an die Könige der Erde. — Ben. Weihn. 390 *Post hoc Herodes maxime indignatus vocari faciat archisynagogum cum Iudeis suis dicens: Huc Iudea veniat secunda consilio* usw. *Modo veniat Archisynagogus cum magna superbia et Iudeis suis.* Der Fall ist dem vorigen gleich. — Frankf. Pass. Dir. 22ᵃ *persone universaliter cantabunt antiphonam: Puer Ihesus proficiebat.* Ein Schauspieler für den unerwachsenen Christus ist gar nicht vorhanden. Es folgt sogleich Christi Taufe. — Alsf. Pass. 4208 Pilatus: *snydet uff Barrabam die bant und losset en gesunt zu hant! Pilatus dicit ad Barraban: Frunt, nu danck den Iudden sere* usw. Danach wäre Barrabas auf dem Praetorium unmittelbar neben Pilatus' Richterstuhl gefangen gehalten worden. Die Rede Pilatus' vertritt wohl den Auftrag an den Boten und den Vollzug des Auftrags. — Bord. Mkl. 664 *De sunne de lyt, de steyn toryt, dat laken splyt,* ähnlich Erl. Mkl. 330, die Wunderzeichen bei Christi Tod. Da nicht einmal die Kreuzigung vorkam, s. oben S. 291, so ist nicht daran zu denken, daß diese Vorgänge an Sachen dargestellt wurden. — Eger. Pass. 917 *Aaron timens populum dicit: So irs den also haben welt, So sol es sein also bestelt. Bringt die örpandt von weib und kindt, Die in den orn hangen sindt, Daraus ain kalb gegossen werdt, Das ir anpet auff diser erdt. Et sic adorant vitulum corisando (et orando).* Es ist undenkbar, daß während der letzten vier Verse eine Aktion stattfand, die das Absammeln der Ohrringe und die Verfertigung eines goldenen Kalbes aus ihnen darstellte. — Erl. Dreik. 89 *Tunc Herodes subvocet omnes scribas dicens ricmum: Ir herren, habt ir die mär vernomen, die fursten sind her chumen und habent mir neue mär gesait* usw. Darauf antworten die Scribae 271. Die Fälle sind wie Teg. Ant. 423 und Ben. Weihn. 390. — Wolf. Sünd. 1173, das Gespräch zwischen Lucifer und dem neunten Teufel, in dem die Geburt und das Heranwachsen Cains und Abels erzählt wird, vertritt diese Vorgänge selbst. Die Familie Adams ist wahrscheinlich unsichtbar. Eva hatte 1171 gesagt: *Wy hauwen hen in godes namen.* — 1771, die Rede Noes, nachdem er die Arche bestiegen, an deren Schluſs es heiſst, daſs die Sündflut hundertfünfzig Tage gedauert habe, vertritt diese selbst. Man kann sich auch nicht vorstellen, durch welche scenischen Mittel sie hätte wiedergegeben werden sollen.

Auch wenn jede Rede fehlt und durch einige Zeit an zwei oder mehr verschiedenen Standplätzen bloſs agiert wurde, s. oben S. 159, so kann nahe, auch kausale Beziehung vorliegen. Alsf. Pass. 491, Johannes zeigt auf Christus, dieser kommt, — Eger. Pass. 899, Moses spricht durch Aktion mit Gott, die Juden übertreten Moses' Gesetz.

Oder eine Begegnung wird vorbereitet: Alsf. Pass. 491. 1105. 1198, — Augsb. Pass. 589, Judas auf dem Weg mit den Häschern, die anderen Juden in ihrem Lokal, Christus auf dem Ölberg, — Don. Pass. 1171. 2673.

Über Gleichzeitigkeit, welche durch Verschlingung oder Abfolge der Scenen dargestellt wurde, oben S. 126 f., s. unten in III.

B. QUOTIES?

ZUSTÄNDE.

Häufig vorkommende Bühnenorte, Personen und Gruppen, s. oben S. 106 ff., deuten ihre Wichtigkeit für das Stück an. Aber der Held ist deswegen nicht immer auf der Scene, d. h. an einem Bühnenorte sprechend oder agierend; s. oben S. 277.

VORGÄNGE.

S. oben S. 112. Doch zeigen sich bei vollem Verständnis noch mehr Wiederholungen und Parallelen, oder die Ähnlichkeit steigert sich.

Mehr in den Vorgängen selbst als in den dabei gebrauchten Reden. Freis. Her. S. 58, Erl. Dreik. 189, die drei Gaben der h. drei Könige, die sie dem Christkind darbringen. — Teg. Ant. 156. 318, der deutsche König besiegt erst auf eigene Faust, dann im Dienst des Antichrists den König von Babylon. — Ben. Pass. 27, Magdalena kauft Salbe für sich zu ihrem weltlichen Putz, 82 für

Christus, um ihm die Füfse su salben. — 170. 173. 177. 180, die verschiedenen Heilungen und Verhöre Christi; ebenso in den übrigen Passionen. — 178, Herodes und Pilatus sind unlustig, Christus zu verurteilen; ebenso in den anderen Passionen. — Ben. Weihn. 631, das Stürzen der Götterbilder durch Christi Ankunft in Ägypten, mit dem vergeblichen Versuch, sie wieder aufzurichten, wiederholt sich unmittelbar nacheinander. — Muri. Ost. H. 173, der auf- erstandene Christus erscheint den drei Marien zusammen, 215 Mag- dalena allein. — Dor. S. 291, 1. 292, 22, das Martyrium Dorotheas und der bekehrten Heiden für den Christenglauben. — Frankf. Pass. Dir. 74 wie Alsf. Pass., Johannes der Täufer und Christus finden ihrer Lehren wegen den Tod durch die Juden. — 131, Magdalena salbt den lebenden Christus, 267, will den toten salben. — 172. 178. 184, die Veleugnungen Petri, ebenso in den anderen Passionen. — 186. 188, die Reue Petrus' und Judas' über ihr Vergehen an Christus; ebenso in den übrigen Passionen. — S.Gall. Pass. 214, die Scenen mit der Ehebrecherin und Magdalena, die sich gegen weibliche Tugend ver- gangen haben, folgen sich unmittelbar. — 288, Magdalena salbt dem lebenden Christus die Füfse und will 1283 den toten salben. — Innsbr. M. Himm. 269, die Bekehrungen der Juden und Heiden zum Christentum folgen sich unmittelbar. — 1235, Engel führen die Apostel unmittelbar nacheinander zu Marien, weil diese sie vor ihrem Tode noch sehen will. — Innsbr. Ost. H. 362, verschiedene Sünder werden nacheinander in die Hölle geschleppt. — 457, der Arzt dingt Rubin, 574 dieser Pusterbalg, dann 630 Lasterbalg. — Wien. Pass. 189, verschiedene Sünder werden nacheinander in die Hölle geschleppt. — 280, Magdalena kauft Salbe für sich, 628 salbt sie Christus. — 359. 374, Martha, dann ein Bote fordern Magdalena auf, zum Gast- mahl Simons zu gehen. — Alsf. Pass. 2295, Gastmahl bei Simon leprosus im Hause Lazarus', 2724 im eigenen Hause. — 2743, Mag- dalena salbt den lebenden Christus, 7536 will sie den toten salben. — 6993. 7027, die Engel kommen wiederholt an Christi Grab zu den Wächtern, die Grabwache selbst zerfällt in zwei Akte, da ein Wächter zu Pilatus zurückgekehrt ist, 6913. 7019. — Augsb. Pass. 111 sagt Christus, indem er von Magdalena gesalbt wird, die Salbung deute auf seinen Tod. — Don. Pass. 192, Magdalena salbt den lebenden Christus, 4042 will sie den toten salben. — 453. 943. 1031, drei Blinde, Lucillus, Marcellus, Longinus, werden durch Christus ge- heilt. — Eger. Pass. 1559, Joseph und Maria werden viermal nach- einander abgewiesen, als sie in Bethlehem Herberge suchen. — Erl.

Ost. 91. 236, der Medicus dingt Rubin als Knecht, dieser Pusterpalkch. — 330, die Frau des Medicus geht verloren, 589 wird sie
entführt. — Erl. Ost. H. 277. 352, die Wache an Christi Grab
findet zweimal statt, da die Wächter zu Kaiphas zurückgegangen
waren. — Frankf. Pass. 670. 970, Magdalenas Weltleben, Ermahnung
Marthas. — M. Magd. 72, ein Teufel klagt über eine Magdalena
ähnliche Seele, die ihm entgangen ist. — 153, verschiedene Sünder
werden nacheinander in die Hölle geschleppt, darunter zwei Schüler
und ein Schreiber. — 314. 445. 485. 540. 628, verschiedene Scenen
der Weltlust Magdalenens. — Red. Ost. H. 125, Pilatus weist einem
der vier Wächter nach dem andern den Platz am Grabe an, deren
Antworten. — 1246. 1312, Rufen Lucifers, Kommen der Teufel. —
1348, verschiedene Sünder werden nacheinander in die Hölle geschleppt. — Sterz. Ost. S. 152. 158, Magdalena begegnet zweimal
einem wirklichen Gärtner, dann Christus als Gärtner. — Theoph.
Trier. 362. 436, Theophilus geht zu Gauklern, gleich darauf zu
Juden, um den Teufel zu suchen. — Wolf. Sünd. 3241. 3308. die
sich ablösenden Versuche dreier Propheten, Gott zu versöhnen, dann
3523 der glückliche Versuch Davids. — 3355. 3459, Trauer der
Propheten, 3502 Joachims und Annas. — 3893. 3918, Freude Davids,
Joachims und Annas über Marias Geburt.

Natürlich stimmt bei den genannten Fällen auch der Inhalt
der Reden oft nahe überein. Mehr in diesem gelegen ist die Ähnlichkeit in anderen Fällen. Ben. Weihn. 438, die Rede des Engels
und des Teufels an die Hirten. — Lichtenth. Mkl. 4. 25, in der
Rede Mariens, — 58. 97. 133, in der Rede Johannes'. — Nürnb.
Ostf. S. 18. 19. 20, die Meldungen der drei Marien an die Apostel. —
Frankf. Pass. Dir. 290. 310. 325, dasselbe. — S.Gall. Pass. 1337
dasselbe. — Innsbr. Fronl. 57, die unmittelbar nacheinander von ver-
schiedenen Personen entwickelten Glaubenssätze. — Innsbr. M.
Himm. 81 dasselbe. — 767. 881, der Prediger und der Engel geben
unmittelbar nacheinander denselben Inhalt für das Folgende an. —
Trier. Mkl. S. 268, 7. 270, 3, in der Rede Marias. — S. 264, 15. 19.
270, 9, Christus empfiehlt seine Mutter und Johannes einander. —
Trier. Ost. 1, die sich ablösenden Klagen der drei Marien. — Zehn
Jungfr. S. 24. 26, Fürbitte Marias und Ablehnung Christi. — Alsf.
Pass. 2333. 2532, Beratung der gläubigen, der ungläubigen Juden. —
3482. 3540, Annas, dann Kaiphas und Christus mit Sauels, dann
Fluchuaz' Scheltrede und Mißhandlung Christi und dessen Antwort:
Habe ich Unrecht gesprochen, so beweise es, wo nicht, warum

schlägst du mich? — 3860, die unmittelbar aufeinander folgenden Reden der Bannerträger. — 4280. 5272, die Reden höhnischer Verehrung an Christus. — 4919, die Disputation zwischen Ecclesia und Synagoga, die geteilt werden konnte. — 6921, die sich ablösenden Reden der Grabwächter. — 7666. 7764, die Botschaft an die Apostel über die Auferstehung Christi. — 8020, die sich ablösenden Reden der Apostel vor ihrer Scheidung. — Augsb. Pass. 153. 323, Maria versucht Christus von dem Gang nach Jerusalem zurückzuhalten. — Don. Pass. 3545. 3665, Disputation zwischen Cristiana und Judaea. — Eger. Pass. 49, die unmittelbar aufeinander folgenden Einzelreden und Chöre der Engel zum Preise Gottes. — 2365, die sich ablösenden Anerbietungen der Soldaten an Herodes zum Kindermord und seine Antworten. — 3669, Maria und Magdalena versuchen vergeblich, Christus von Jerusalem zurückzuhalten, 3713 Magdalena, 3729 Maria und Magdalena, 3808 Maria zum drittenmal, wie ausdrücklich gesagt wird; unmittelbar sich folgend. — 4033, die Apostel setzen einer nach dem andern den Glauben zusammen. — 5508, eine Dienerin der Pilatissa nach der andern soll Pilatus die Botschaft überbringen. — 7979. 8001 der deutsche Text, Christus als Gärtner und Magdalena. — Erl. Dreik. 41. 67, Herodes erkundigt sich bei den Hirten, bei den h. drei Königen. — 89. 271, er berät sich mit den Gelehrten. — Erl. Ost. 266. 306, Rubin über den Lohn Pusterbalgs. — 437. 536, Anpreisung des Arztes und seiner Heilmittel durch Rubin und der Arzt selbst. — Erl. Ost. H. 127, die sich ablösenden Prahlreden der acht Grabwächter. — Frankf. Pass. 748. 798. 1667, Disputationen Christi mit den Juden. — 1039. 1876. 2129, Judas verhandelt dreimal mit den Juden wegen des Verrats. — 1986, alle Apostel verwahren sich nacheinander, Verräter zu sein. — 2544. 2596. 2630, die Schergen fragen Christus, wer ihn geschlagen. — 2743. 3217, Nicodemus vertritt Christi eheliche Geburt. — 2765. 3254, Pilatus: weißt du nicht, daß ich Macht habe usw. Christus: du hättest sie nicht usw. — M. Magd. 208. 244. 266, Lucifer will weder den ersten Schüler noch den zweiten Schreiber noch den unmittelbar folgenden zweiten Schüler in die Hölle aufnehmen, weil er Stiefbrüder fürchtet. — Red. Ost. H. 85, die sich ablösenden Prahlreden der vier Grabwächter. — 770, die sich ablösenden Klagen der vier Grabwächter. — Rhein. j. Tag 1, die sich ablösenden Reden des Sophonias und Gregorius über die Vorzeichen des jüngsten Gerichts. — 200, die sich ablösenden Ankündigungen der vier Engel. —

384. 523, die Erinnerung an die Christus geleisteten oder versagten Werke in den Reden Christi an die Geretteten und die Verdammten. — Sterz. Mkl., die sich regelmäßig ablösenden Reden der drei Marien, Johannes' und der Propheten. — Sterz. M. Lichtm. S. 102. 104. 108, die jungen Priester werden von den alten, der Diener Symeons von diesem, die Dienerin Annas von dieser gescholten und bekehrt. — Sterz. Ost. S. 143, die sich ablösenden Prahlreden der fünf Grabwächter. — Theoph. Helmst. 494, die sich ablösenden Fürbitten Marias und Antworten Christi. — Wien. Ost. H. S. 331, 17. 333, 7, Thomas und Petrus werden von ihrer anfänglichen Ungläubigkeit bekehrt. — Wolf. Sünd. 1428. 1534, Seth erzählt dem Engel, später seinem Vater Adam, was er im Paradies gesehen hat. — 2582, unmittelbar sich folgendes Nötigen der Königin von Saba durch Salomon zum Essen. — 2828, die sich ablösenden Reden der Propheten und Sibyllen.

Eine reiche Quelle der Wiederholungen liegt in dem Wechsel von Gesang und Rede, von Latein und Deutsch, s. oben S. 74 f., meine Abhandlungen zum altdeutschen Drama S. 79.

Ein Einzelner singt erst deutsch und wiederholt dann sofort in deutscher Rede den Inhalt des Gesanges mit verändertem Ausdruck. Alsf. Pass. 5942. 5958. 5984. 6002, Erl. Mkl. 54. 62. 170, Erl. Ost. 969, Sterz. Mkl. S. 119. 123. 124. 133, Wien. Ost. H. S. 303, 25. Wolf. Mkl. 229. — Oberflächlich sind die Ähnlichkeiten von Gesang und Rede Alsf. Pass. 5906. 5972. — Notwendig ist die Wiederholung überhaupt nicht. Der Inhalt des deutschen Gesangs wird nicht redend wiederholt, obwohl die Person, welche eben gesungen hat, in Rede übergeht, Alsf. Pass. 6018, Bord. Mkl. 205, 233, Eger. Pass. 5946. 6576. 6726, Wien. Ost. S. 327, 21. — Alsf. Pass. 5998 singt nach Mariens deutschem Gesang Johannes auch deutsch mit andrem Inhalt.

Sehr häufig ist es, daß ein Einzelner erst lateinisch singt, dann den Inhalt des Gesungenen in deutscher Rede wiederholt. S. Gall. Pass. 248 *tunc Ihesus cantet versum 'dimissa sunt' et dicat: Alle dine sunde sint dir vergeben* usw., Innsbr. Fronl. 123, Innsbr. M. Himm. 921, Innsbr. Ost. H. 50, Mastr. Pass. 1188 *Martha singet ende spricht: Ecce, iam fetet. Quadriduanus est. Here, it is hude der uirde dach, dat ine her in legen sach.* Trier. Mkl. S. 264, 15, Trier. Ost. 118 *Tunc accedit Salvator* als Gärtner, *et cantat 'Maria' ut sequitur: Maria!* et dicit: *Maria, du salt dich vorsynnen, und myrcke, wer dych nenne! Tunc Maria cantat immediate: Rabi!* quod *dicitur magister. Et dicit: Ich horen, here, dyne stynime. gelobet systu mi und ummer mere!* Die deutschen Worte sollen das Erkennen Christi durch Magdalena an seiner Stimme klarer machen, 140. Wien. Pass. 110. 295. 403. 415. 441. 449. 485. 497. Zehn Jungfr. S. 15 Dominica persona, Alsf. Pass. 464. 2461. 3370, Cass. Weihn. 19, Don. Pass. 2011, der erste Engel *facht an se singen dis nachgeschriben gesang: Constans esto fili, quia ego tecum sum. Und wann der engel uss gesingt, facht er an und spricht: Sün, bis stet in dinem liden* usw. Eger. Pass. 3065. 6362. 6572, Erl. Dreik. 1, Erl. Ost. 1. 100. 681. 969, Erl. Mkl. 27, Erl. Ost. H. 365, M. Magd. 465, Sterz. Ost. S. 147 Christus, 152 hortulanus, Wien. Ost. H. S. 302, 15, Wolf. Ost. 101. 115. 131.

Dialoge erst lateinisch gesungen, dann deutsch gesprochen. S. Gall. Pass. 226 *Tunc Ihesus respiciens mulierem cantet antiphonam: nemo te condempnavit? et tunc respondet mulier: nemo. dicat item Ihesus: Vrauwe, ist ieman hie, der dich versteine? Mulier: Gnade, lieber herre, nein.* Mastr. Pass. 404, Wien. Pass. 279, Trier. Ost. 1. 7, Erl. Ost. 1146. — Anders ist der Dialog in Trier. Ost. 118 wiederholt, s. oben. Christus singt erst lateinisch, redet dann deutsch, Magdalena singt erst lateinisch, redet dann deutsch. Darauf *Salvator iterum cantat 'Maria' cum rickmo ut prius supra. Maria respondit iterum 'Rabi' cantans cum rickmo ut supra 'Ich hore'.*

Nicht so deutlich sind die Angaben Kath. S. 169 *Tunc regina sepulta cantet: Vidisti, domine, agonem meum etc. Here, vf deseme ertriche habe ich gestretyn togentlichen* usw., Bord. Mkl. 132. Doch sind die Fälle wohl den früheren gleich.

Aber nicht immer, wenn eine Person lateinisch singt, dann deutsch redet, ist der Inhalt derselbe, Ben. Pass. 91, Bord. Mkl. 144.

Daneben kommt es auch vor, daß eine einzelne Person erst lateinisch singt, dann den Inhalt in deutschem Gesang wiederholt, wobei öfters Nachahmung des lateinischen Metrums zu bemerken ist. Innsbr. Ost. H. 1021. 1099 *Vere vidi dominum vivere —. Ich sach werlichen minen herren lebende —.* Trier. Ost. 76. 106 *Dolor crescit, tremunt precordia De magistri pii absencia* usw. *Myn leyd dat wysset, myn hercze trurych ist, Nu myn lyebe meyster ghestorben yst* usw. Erl. Mkl. 22. 31. 158, Erl. Ost. 1041. 1049. 1121. 1176, M. Magd. 318, Wolf. Ost. 191. Nicht ganz deutlich, in der Spielangabe, aber wahrscheinlich auch so gemeint ist Bord. Mkl. 281 *Mater Iohannis cantat post hoc: Iam auctor lucis Nunc in ligno crucis Stat in angustia. Nu sy wy myt sorgen Huten gar verborgen*

Unde in der yamercheyt. S. meine Abhandlungen zum altdeutschen
Drama S. 79 f.

Dialogisch haben wir die Form vor Ben. Pass. 27 *Maria* (Magdalena) latein, *Mercator* latein, Magdalena deutsch. Aber der Kaufmann wiederholt seine lateinischen Worte erst 65.

In Bord. Mkl. 281, M. Magd. 318, Wolf. Ost. 191 und sonst
folgt auf lateinischen Gesang, den entsprechenden deutschen noch
eine deutsche Rede derselben Person, welche als eine Paraphrase
des Gesungenen aufgefaßt werden kann.

Ein Einzelner redet erst lateinisch, redet dann deutsch, der
Inhalt ist derselbe. Eger. Pass. 3071 *Iudas clamans in mensa dicit:
Utquid perdicio hec? Finitis dicit: Zetter und mord uber deinen
leib* usw., Frankf. Pass. 347 *Salvator — dicit eis* (den Aposteln):
*Qui sequitur me, non ambulat in tenebris. Et dicit: Ir herren, wer
mir folget nach* usw., — 840, hier redet Christus erst in lateinischer
Reimprosa, darauf verwundert sich Liebermann Rabi über seine
Kenntnis, dann wiederholt Christus seine Rede deutsch; 1915.
2570. 2630.

Wenn mehrere Personen lateinisch gesungen haben, ist es sehr
gewöhnlich, daß dann eine derselben den Inhalt des Gesungenen
in deutscher Rede wiedergiebt. Kath. S. 165 *Angeli cantant: 'Isti
sunt sancti', et unus dicit: Dit sint de merterere* usw., Trier. Ost.
41. 49, Don. Pass. 428. 1605, Alsf. Pass. 2616, Eger. Pass. 3359,
Erl. Ost. 777, Frankf. Pass. 1814, Wolf. Ost. 35.

Don. Pass. 3869 bietet eine Abweichung, insofern die deutsch
redende Person vorher nicht im lateinischen Chor mitgesungen hat,
und fachent die engel dar vor (vor der Hölle) *an zesingen dis nachgeschriben gesang: Tollite portas, principes, vestras et portas aeter-
nales et introibit. Und uff das stost der Salvator mit dem fůss an
die hell und spricht mit luter stimm: Ir fůrsten der helle, tůnd uff
die tor, Der kúng der eren ist dar vor.*

Maastr. Pass. 1244 *Di kindere sungen gloria, laus. Gloria,
laus et honor tibi sit. Hude si dir lof und ere, Crist, der werelde
losere* usw. Hier ginge lateinischer Chorgesang in deutschen über,
wenn nicht vielleicht die Spielanweisung unvollständig ist. S. oben
dieselbe Scene, der Einzug Christi in Jerusalem, Alsf. Pass. 2616,
Eger. Pass. 3359, Frankf. Pass. 1814.

Aber es kann eine Mehrheit lateinisch singen und darauf ein
Mitglied dieser Mehrheit sprechen, ohne daß der Inhalt der deutschen
Rede dem lateinischen Gesang entspricht, Erl. Dreik. 173.

Es kann eine Mehrheit lateinisch singen, ohne daſs darauf ein Mitglied der Mehrheit das Wort nimmt, Frankf. Pass. Dir. 127ᵃ, Frankf. Pass. 1364.

Chöre und einzelne Personen singen erst einen Dialog, dann halten ihn einzelne Personen mit demselben Inhalt redend ab. Alsf. Pass. 2425 *Chorus cantat: Colligerunt ergo pontifices* usw. *Tunc Iudei simul cantant: Quid facimus* usw. *Chorus: Unus autem* usw. *Cayphas canit solus in castro: Expedit vobis* usw. *Chorus: Ab illo ergo die* usw. *Deinde Annas et Cayphas vadunt ad Synagogam. David Iudeus dicit: Ir herren, nu fyndet eyn raid* usw. *Achior Iudeus dicit: O du herre Cayphas, Wie machen mer nu das. Hoc facto Cayphas, pontifex Iudeorum anni illius cantat: Expedit vobis etc. et dicit: Des horet, was ich sagen sail. Iss fuget und bekommet uns woil Und ist vil besser sicherlich, Dass der, der do so berymmet sich, vor uns alle sterbe.* Ähnlich Eger. Pass. 3453, Erl. Ost. 1203.

S. oben S. 238 die wiederholten Motivierungen, S. 264 die wiederholten Selbsteinführungen.

Vgl. über Wiederholungen anderer Art S. 247 ff.

Gleichzeitig ist die Wiederholung wenn ein Chor das episch mitteilt, was die Schauspieler agieren; s. oben S. 264.

Diese Wiederholungen sind zum groſsen Teil in einem wirklichen Vorgang nicht denkbar, besonders die wörtlichen. Aber auch die anderen sehr häufig nicht, abgesehen von der Mischung lateinischen und deutschen Textes. So die Wiederkehr derselben Gesprächswendungen Alsf. Pass. 3482. 3540 zwischen Annas, Christus und Sauel, dann zwischen Kaiphas, Christus und Sauel oder zwischen Christus und Pilatus, Frankf. Pass. 2765. 3254. S. auch oben S. 247.

Nachahmungen der Wirklichkeit sind sie nur, was Worte anbelangt, etwa bei ungeduldigem Rufen, Fragen, bei Befehlen. *Quem quaeritis? Tollite portas,* bei eindringlicher, feierlicher oder tief erregter Rede, wie in den Marienklagen, Wiederholung des *owê*, s. oben S. 215, obwohl hier die Wirklichkeit künstlerisch stilisirt ist, und litterarische Tradition mitwirkt, oder wenn es die Sachlage ergiebt, 'Bin ich es'?, — bei Vorgängen und den damit verbundenen Reden die mehrmaligen Reden Christi, die Verleugnungen Petrus'. — Die Wiederholung derselben kurzen metrischen Formen als Stichomythie, s. oben S. 121, malt erregtes Gespräch.

Im allgemeinen dient die Wiederholung sehr der Deutlichkeit und Eindringlichkeit der Bühnenzustände und Vorgänge. Sie prägt

die Persönlichkeiten, die Charaktere der Vorstellung des Publikums
ein, so die Hoheit Christi durch das dreimalige Erschrecken und
Hinstürzen der Juden, sie zeigt, wie bei denselben Anlässen in den
gleichen oder verschiedenen Personen dieselben Gedanken, Empfindungen und Handlungen entstehen, betont also das Überein-
stimmende neben den Verschiedenheiten, was auch dem Gedächtnis
dient. Sie macht den Kontrast deutlich, die Salbenkäufe Magdalenas.

Mehrfach stellt die Wiederholung von Vorgängen einen Zustand
dar; die Darstellung bietet schon eine Mehrheit, bedeutet aber eine
noch größere; s. oben S. 218 f., — oder einen langsamen, allmählichen
Vorgang, so das wiederholte *ascendo* bei der Himmelfahrt Christi,
Alsf. Pass. 7866.

Oder es werden dadurch kausale Beziehungen deutlich, so
wenn die von Dorothea und Katharina bekehrten Heiden, wie die
Heldinnen selbst, Marter und Tod für den Glauben erleiden.

Oder es liegt in der Ähnlichkeit ein Kontrast, wie in der Reue
Petrus' und Judas', in der Heilung der Blinden, Lucillus, Marcellus
und Longinus, im Don. Pass., — mit einem Omen verbunden in
der Salbe (Farbe), die Magdalena erst für sich kauft, dann für den
lebenden Christus verwendet und für den toten verwenden will;
s. oben S. 296 f.

Auch daß in einer Rede ein vorher dargestellter Vorgang episch
wiederholt wird, kommt oft vor.

So berichten die Hirten über die Verkündigung des Engels an
sie und den Besuch bei der Krippe, Freis. O. Rach. 13. 17, Ben.
Weihn. 438. 512, S.Gall. Weihn. 435. 459. 737, Erl. Dreik. 1. 41.
49. — Häufiger ist es, daß eine an dem dramatisch dargestellten
Vorgang nicht beteiligte Person ihn erzählt. So Quarta puella die
Botschaft des Engels an die Hirten, Cass. Weihn. 338. 519. Oder
ein Bote berichtet dem Herodes von dem Auftreten der h. drei
Könige, Freis. Her. S. 56. 57, Ben. Weihn. 342. 374. Die drei
Marien oder Maria Magdalena allein erzählen den Aposteln vom
leeren Grab und Christi Auferstehung, — die Grabwächter von
letzterer — in den Osterspielen und den entsprechenden Teilen der
Passionen. Johannes erzählt Marien von der Marter und Kreuzigung
Christi, S.Gall. Pass. 769, Alsf. Pass. 5989, Eger. Pass. 5888. Der
an Christus geschickte Bote über Lazarus' Krankheit in den Pas-

sionen. In seinem Bericht an die Schwestern, Frankf. Pass. 1443.
1451, wiederholt er wörtlich die Rede Christi über Lazarus'
Krankheit.

Außerdem: Kath. S. 166, Bericht Cursates' an Maxentius über
die Geißelung Katharinas, S. 168 über das Brechen der Räder und
den Tod der Henker. Alsf. Pass. 7101, Sathan erzählt Lucifer von
Christi Leben und Tod. Erl. Ost. H. 456, Medes meldet Kaiphas,
daß die Grabwächter schlafen. Luz. Grabl. 63, der Diener Pilatus'
erhält den Auftrag, den Centurio zu holen; er besorgt den Auftrag,
erhält die Antwort des Centurio und berichtet diese wieder Pilatus.
Wien. Ost. S. 306, 25, Sathan versucht vergeblich, eine Seele der
erlösten Altväter zu ergreifen, und berichtet darüber an Lucifer
S. 307, 3. Wolf. Sünd. 1424, *Seth intrat et circumspicit paradisum*;
dann erzählt er davon dem Engel und Adam, 1428. 1534. Hier
hängt die Annahme einer epischen Wiederholung von der Vollständigkeit und Vollkommenheit der Dekorationen ab, welche das
Paradies darstellen sollten.

Eine auffällige Abart dieser Wiederholung ist es, wenn der
Bericht an eine Person erstattet wird, die den Vorgang mit erlebt
hat. Sterz. Ost. S. 148, Wagzring erzählt den anderen Grabwächtern, was sich bei der Auferstehung ereignet habe, daß ein
Engel sie alle mit dem Schwerte niedergeschlagen habe, wie es
S. 146 dargestellt worden war. S. 151, Secunda Persona, eine der
drei Marien, sagt, nicht zu den Aposteln, sondern zu den zwei
anderen: *Wir waren zu dem Grab kommen, Mit grossen klagen
und weinen, zu salben seinen leichnam, Do sach wir drei Engel stan*
usw., wie S. 150 dargestellt worden war. Erst nachher geht die
erste und zweite Maria auf die Aufforderung der dritten, Magdalenas,
zu den Aposteln. Vgl. oben S. 247 f. und meine Abhandlungen zum
altdeutschen Drama S. 17. — Die epische Ansprache an das Publikum begleitet meist eine Aktionsscene, s. oben S. 264 f., aber sie
kann ihr auch folgen, Ben. Weihn. 511, Frankf. Pass. Dir. 31ª.

Diese Art der Wiederholung steht dem wirklichen Leben näher,
die Berichte sind notwendige Reflexe der Vorgänge — auch der
Bericht an den Wissenden ist physiologisch erklärlich, wenn auch
vielleicht nicht so gemeint. Unmöglich natürlich sind die epischen
Ansprachen.

Sie dienen ebenfalls zur Einprägung, Verdeutlichung des Geschehenen und machen seinen Gefühlswert klar.

Verwandt mit den Parallelen sind die Gegensätze; einige Fälle
gehören unter beide Kategorien, s. oben S. 304. In den Passionen
und M. Magd. bilden Gegensätze Magdalena und Martha, die
Gruppen der Christus befreundeten, der ihm feindlichen' Juden,
der treue Johannes, die untreuen Apostel Petrus und Judas, Petrus
und Judas selbst, Christi und seiner Freunde Leiden und die rohe
Freude seiner Feinde, — das Würfeln unter dem Kreuz, Alsf. Pass.
5680, Augsb. Pass. 1710, Eger. Pass. 6288, Frankf. Pass. 3809, der
Judentanz um das Kreuz, Alsf. Pass. 5794, — der böse und der gute
Schächer, das Trinken der Knechte bei der Geiſselung, Don. Pass.
2867, ihre Späſse mit dem gefangenen Christus, Eger. Pass. 4516,
Maria, die Mutter Christi, und Hellekrug, die Mutter (Grofsmutter)
Lucifers, Alsf. Pass. 432.

In den Osterspielen die Trauer der drei Marien und die Späſse
Rubins, die freudige Hoffnung der Altväter in der Hölle und die
Angst der Teufel, die anfängliche Prahlerei und die spätere Feigheit
oder Schläfrigkeit der Grabwächter. Christus führt die Altväter
aus der Hölle ins Paradies, die Teufel Sünder aus der Welt in die
Hölle, der ungläubige Thomas und der gläubige Petrus, S. Gall.
Chr. Himm. 27. 261.

Auſserdem. Ben. Weihn. 118, die Ruhe des h. Augustinus, die
nervöse Hast des Archisynagogus. 438, die Ansprachen des Engels
und des Teufels an die Hirten. Dor. S. 290, 23, die zwei Schwestern
der mutigen Dorothea sind feige. Innsbr. M. Himm. 269, die
Heiden sind bereitwillig zur Taufe, die Juden widerwillig. Zehn
Jungfr., die Prudentes und die Fatuae. Don. Pass. 143, Maria
Magdalena will erst aus Weltlust zum Gastmahl Simons gehen,
dann aus Reue. Rhein. j. Tag, die Geretteten und die Verdammten,
Christus in seinem Verhalten zu den einen wie den anderen. Sterz.
M. Lichtm., Simon und seine Diener, Anna und ihre Dienerin, der
alte Priester und die zwei jungen. S. auch oben S. 292 ff.

Eine Art Kontrast ist tragische Ironie, wenn in den Passionen
Christus durch einen Anhänger und Schüler seinen Untergang
findet, — besonders auffällig, wenn, wie im Augsb. und Eger. Pass.,
die h. Jungfrau Judas so sehr vertraut, daſs sie ihm die Sorge für
das Schicksal Christi anbefiehlt, oder wenn sein vornehmster Jünger
Petrus ihn verleugnet. Die Grabwächter kehren die Waffen, mit
denen sie die Auferstehung hindern wollen, gegen sich selbst, Sterz.
Ost. S. 148. Oder die Teufel suchen Christus zu verderben, s. das
Vorspiel vom Alsf. Pass., und erkennen dann, daſs sie zu ihrem

eigenen Schaden gehandelt haben; s. ihre Einwirkung auf Procla.
Oder der römisch-deutsche Kaiser legt, nachdem er die Weltherrschaft gewonnen, seine Krone nieder, übt also einen Akt christ-
licher Demut aus, ermöglicht aber eben dadurch dem Antichrist,
das Reich Gottes auf Erden und die Kirche zu stürzen, 201.

Einige Gegensätze bringen Spannungen durch Aufhalten der
notwendigen Entwicklung hervor. In den Passionen: die Bestrebungen Marias und anderer, Christus in Bethanien zurückzuhalten, während er entschlossen ist, nach Jerusalem zu gehen,
Augsb., Eger. Pass. Die Todesangst Christi auf dem Ölberg
gegenüber seiner sonstigen Entschlossenheit. Die für Christus
günstig aussagenden Zeugen beim Verhör, Frankf. Pass. 3300. 3320.
3328. 3332. 3336, auch Nicodemus', — Frankf. Pass. 3217. 3350, — die
Intervention Proclas, das Mitleid Pilatus', die Erklärung des Herodes,
er finde keine Schuld an ihm, — Alsf. Pass. 4130, — die Ehre, welche
der Cursor und die Bannerträger ihm erweisen, — Alsf. Pass. 3780.
3784, Frankf. Pass. 2997, — gegenüber dem sonst so feindseligen Verhalten der Juden und der Behörden. — Im Zehn Jungfr., Rhein. j.
Tag die Gnade, das Mitleid, gegenüber der Strenge Christi, im
Theoph. Helmst. die anfängliche Strenge Christi gegenüber der
gnädigen Milde Mariens. — In Innsbr. M. Himm., Nachspiel, der
Mißerfolg des Rex paganissimus bei seiner ersten kriegerischen
Unternehmung gegen die Juden. — Alsf. Pass. 6695, Marias anfängliche Weigerung, Christus begraben zu lassen, während sein
Begräbnis doch unumgänglich scheint. — Frankf. Pass. 3897, die
fromme Lüge Salomes, Christus werde bald zu ihr kommen, hält
die unausweichliche Erkenntnis Marias von der wahren Lage Christi
auf. — Sterz. Mkl. S. 124, Johannes zögert, Marien von dem Schick-
sal Christi zu unterrichten, das sie doch erfahren muß. — Wolf.
Mkl. 117, Christus weigert sich erst, der Bitte Mariens für die
Sünder nachzugeben. — S. oben die wiederholten Motivierungen
S. 238.

C. QUOT?

Ein Bühnenort kann mehrere der Wirklichkeit bedeuten; so
stellt die offene Bude mehrere Innenräume des Hauses vor, — so
wohnen nach dem Alsfelder Plan Nicodemus und Joseph, der Pater
familias, bei dem das Abendmahl abgehalten wird, und der
Regulus in einem Haus; das Haus Josephs und Nicodemus' hat

vielleicht auch den Jüngern und der h. Jungfrau gedient, Froning S. 269, also Personen verwandter Gesinnung gegen Christus.

In Prag., Trier., Bord., Erl., Wolf. Mkl. giebt es sicher nur einen Bühnenort, s. oben S. 133. 179, aber er bedeutet zwei, das Haus, wo Maria wohnt, und den Kalvarienberg, zu dem sie mit Johannes geht.

Der Held kann eine Person oder eine Mehrheit sein; s. oben S. 181.

Eine Mehrheit, die den Helden des Stückes darstellt, bieten die drei Marien in den Osterfeiern und Osterspielen (Ost.), s. auch Innsbr., Sterz. Ost. H., in Wolf. Sünd. das Menschengeschlecht, — zwei Mehrheiten die klugen und thörichten Jungfrauen in Zehn Jungfr., die Seligen und Verdammten in Rhein. j. Tag.

Wenn man die Vor- und Nachspiele in Betracht zieht, so können sich zwei Helden ablösen. Teg. Ant. der römisch-deutsche Kaiser und der Antichrist, — Ben. Weihn., Frankf. Pass. Dir., Frankf. Pass. Augustinus und das Christkind, Augustinus und Christus, — Innsbr. M. Himm. die h. Jungfrau und der Rex paganissimus.

Dem Helden steht eine Person, wie dem Christuskind Herodes, oft aber eine Pluralität von Gegnern gegenüber, die Juden und Judas in den Passionen, in den Ost. H. die Juden, die Grabwächter und die Teufel, M. Magd. die Teufel. In dem Vorspiel des Teg. Ant. die Fürsten der Welt aufser dem römisch-deutschen Kaiser, in Frankf. Pass. Dir., Frank. Pass., dem ersten Teil von Innsbr. M. Himm. die Juden.

Aber auch der Held hat eine Mehrheit von Freunden und Anhängern um sich versammelt; so stehen bei Christus seine Mutter, die Familie Lazarus', die Apostel, Joseph von Arimathia und Nicodemus, bei dem Christuskind Joseph der Nährvater und Maria, die Hirten, die h. drei Könige, bei Maria in den Marienklagen Johannes oder auch noch die anderen zwei Marien, bei dem Antichrist die Hypocritae.

Neben den einzelnen oder Gruppen von Hauptpersonen stehen dann einzelne oder Gruppen von Nebenpersonen, meist Diener.

So grofs die Anzahl der Loca und Personen besonders in den Passionen oft ist, so erscheint sie an der Wirklichkeit gemessen doch nur als eine Auswahl.

Häufig spricht dabei der Einzelne in einer Scene nicht für seine Person allein, sondern vertritt eine Mehrheit — d. h. in Wirklichkeit würden hier mehrere sprechen —, was öfters ausdrücklich bemerkt wird. Dor. S. 295, 5, ein bekehrter Heide für alle. Mastr. Pass. 584 findet die Disputation des zwölfjährigen Jesus im Tempel nur zwischen ihm und Kaiphas statt. Alsf. Pass. 3776 *Inde dicit Synagoga*, d. i. Rabi, *pro omnibus: Her Pylat, loys Ihesum vor gericht furen.* Auch 2664 hatte wohl Synagoga statt der Verkäufer im Tempel gesprochen. Bord. Mkl. 887 *sanctus Iohannes dicit collectam sequentem alta voce pro omnibus: 'Oremus. Interveniat pro nobis quaesumus'* usw. Eger. Pass. 2203 *Melchior pro aliis*, die h. drei Könige, *dicit grates angelo*, 3359 *unus iuvenis* statt der Volksmenge beim Einzug Christi in Jerusalem, ebenso 3365. 3383. 3389. 3397. Erl. Ost. 1, die Prima persona für alle drei Marien. Erl. Ost. H. 109, Centurio für die anderen acht Soldaten (Grabwächter) Pilatus'. Frankf. Pass. 850, Liebermann Rabi für die anderen Juden im Tempel. 2705, Synagogus für die Juden beim Verhör Christi. S.Gall. Chr. Himm. 113 *Dicit Petrus loco omnibus*. Luz. Grabl. 429 *Tunc accedant milites* (die Grabwächter) *et dicat primus*. Rhein. j. Tag 667 *Denn werdent die verdampnoten an ein seil geleit und spricht ein sel*, 725 Johannes für alle Apostel, 775 ein Teufel für alle. Wien. Ost. H. S. 301, 25 *Der erste ritter* (Grabwächter) für alle. Wolf. Ost. 1, Prima Maria für alle drei. Wolf. Sünd. 1225, Cain spricht zu Gott für sich und Abel, 2346, Oseas für alle Propheten.

Auch zwei Personen können eine gröfsere Mehrzahl vorstellen. Ben. Pass. 2, nur Petrus' und Andreas' Wahl zu Aposteln kommt vor. Wien. Pass. 524 sprechen nur Petrus und Judas: *Numquid ego sum?* Mastr. Pass. 108 und Wolf. Sünd. 3631 nur Iustitia und Misericordia, obwohl Pax und Veritas auch anwesend sind, s. Mastr. Pass. 156.

Wenn mehr als zwei Personen in einer Scene zusammen sprechen, so kann jede der andern gegenüber eine besondere Stellung einnehmen, eine verhandelnde Partei darstellen, so z. B. Eger. Pass. 441 Gott Vater, Adam und Eva nach dem Sündenfall, 1069 Salomon und die zwei Mütter, Red. Ost. H. Lucifer, Sathan und der Priester, Theoph. Helmst. 431 Maria, Christus, Theophilus, 606 Maria, Sathan, Theophilus.

Aber oft ist die Zahl der verhandelnden Parteien nicht gleich der der Personen. Mehrere Personen schliefsen sich zu Gruppen

zusammen, welche dieselbe Ansicht, dieselbe Seelenbewegung vertreten, so die Altväter in der Hölle und die Teufel, Red. Ost. II.
259, oder, in einer lokal von einer andern getrennten Nebenscene,
Tutivillus und Sathanas gegenüber Johannes dem Täufer, 616. — Sehr
häufig sind drei Parteien zu unterscheiden, Christus und die Engel,
die Teufel, die Altväter in Ost. H. Dann Mastr. Pass. 1164, Christus,
die Familie Lazarus', die Juden, — Alsf. Pass. 1531, Christus und
die Apostel, der Blinde, die Juden, — 5340, Christus, Maria und
Johannes, die Juden, bei der Kreuztragung, — 7594, die drei Marien,
der Krämerarzt, dessen Frau, — Don. Pass. 1295. 1315, Christus
und die Apostel, die Familie Lazarus', die Juden, — Frankf. Pass.
555, Christus, die Apostel, das kananäische Weib, — 780, Christus,
die Juden, die Ehebrecherin, — Wolf. Sünd. 930, Adam und Eva,
Gott, Lucifer. — Oder vier: Alsf. Pass. 7123, Christus, die Teufel,
die Seelen der Erretteten, der Verdammten, — Frankf. Pass. 1190,
der römische Kaiser, seine Räte, Pilatus, die Juden. — Fünf: Zehn
Jungfr. S. 22, Christus, Maria, die Prudentes, die Fatuae, die
Teufel, — Rhein. j. Tag, Christus, Maria, die Geretteten, die Verdammten, die Teufel.

Wenn mehrere dasselbe zusammen sagen oder singen, s. oben
S. 26. 134 ff., so bedeutet das die verschiedenen, wenn auch einen
Gedanken oder ein Gefühl ausdrückenden Reden mehrerer zusammen oder nacheinander, wie sie in der Wirklichkeit vorkommen,
oft auch nur ihre Gedanken, so dafs sie als eine Art Monologe
einer Mehrzahl erscheinen.

Eine Scene kann mehrere vertreten. D. h., nach dem S. 70
gegebenen Begriff von Scene haben die meisten Marienklagen nur
eine Scene. Alle Schauspieler sind an einem Bühnenort, s. oben
S. 307, versammelt, aber dennoch geht Maria mit Johannes von
ihrer Wohnung zum Kreuz, spricht mit Johannes zu Hause, auf
dem Wege, dann unter dem Kreuz mit Christus. Das gehört zum
Kunstcharakter dieser Dramen; s. oben S. 288 ff. 290 f.

Selten ist eine Scene gleich einem abgeschlossenen Vorgang
von dramatischer Wichtigkeit, s. oben S. 223. Meist vereinigen sich
mehrere zu Vorgängen höherer Ordnung, von denen wieder mehrere
zu einer höheren Einheit zusammenfliefsen, alle vereint den Hauptinhalt, s. oben S. 224, erkennen lassen. Wie viele Scenen einen
Vorgang höherer Ordnung bilden, hängt von dem Grad der dramatischen Auflösung ab; s. oben S. 229. 271.

Keine oder sehr wenig Scenen niedersten Grades, wie durch Diener überbrachte Botschaften, haben die Marienklagen, dann auch Innsbr. Fronl., Zehn Jungfr., Rhein. j. Tag.

In der Rede werden Effekte öfters durch Häufungen erzielt, so komische, s. oben S. 215.

Wie verschieden die Anzahl der dargestellten Vorgänge sein kann, sieht man besonders deutlich, wenn man Stücke ähnlicher Verszahl einander gegenüberstellt. Freis. Her. 114 Zeilen: Botschaft des Engels an die Hirten, die h. drei Könige kommen dem Stern folgend nach Jerusalem und werden von Herodes ausgefragt. Herodes berät sich mit den Scribae, dann mit den Proceres und entläßt die h. drei Könige. Diese bekommen von den Hirten Nachricht über das Christuskind, sie verehren es und reisen auf Befehl des Engels heim. Herodes erfährt dies und beschließt den Kindermord. Lichtenth. Mkl. 149 Verse, Maria klagt unter dem Kreuz, Johannes tröstet sie. — Ähnlich stehen sich gegenüber Dor., 265 Verse, mit den verschiedenen vieltägigen Martern und Bekehrungen der Heldin, und Wolf. Ost., 284 Verse, die drei Marien und Magdalena allein gehen zum Grab und melden den Aposteln die Auferstehung Christi, — Teg. Ant., Erl. Mkl. 438 Verse, Wolf. Mkl. 464 Verse, — Theoph. Trier. 824 Verse, Sterz. Mkl. 823 Verse, Cass. Weihn. 870 Verse, Bord. Mkl. 886 Verse.

In den Passionen, vor allem in jenen, denen noch eine Vorgeschichte aus dem Alten Testament voraufgeht, s. auch Wolf. Sünd., übersteigt die Anzahl der dargestellten Vorgänge die in der Wirklichkeit während der Bühnenzeit — höchstens drei Tage — möglichen bei weitem.

Über Mehrheiten der Motive s. oben S. 237.

Die Gefühlswerte der dargestellten Vorgänge steigern sich durch Pluralität der Beziehungen; s. oben S. 238.

Über die Mehrheiten ähnlicher aber nicht gleicher Zustände und Vorgänge s. die Parallelen oben S. 247. 296.

Eine Mehrheit von Vorgängen höchster Ordnung kommt in den Ost. H. vor, insofern Christus hier zuerst den Wächtern oder Juden gegenüber aufersteht, dann gegenüber den Teufeln die armen Seelen aus der Hölle erlöst, — ferner in jenen Stücken, die mit Vor-, Zwischen- und Nachspielen versehen sind, s. oben S. 230, wenn man diese als selbständige Teile betrachtet, — so der Sündenfall mit dem Zustand des Menschengeschlechts im Alten Testament

und die Erlösung durch Christus in Mastr., Wien. und Eger. Pass.,
die Himmelfahrt Marias und die Bestrafung der Juden durch den
Rex paganissimus in Innsbr. M. Himm., die Weltherrschaft des
deutschen Kaisers und die des Antichrists in Teg. Ant. — Ebenso
in den Spielen, welche den Hauptinhalt von Ost., die Auffindung
des leeren Grabes durch die drei Marien, und von Ost. H., Christi
Auferstehung und Höllenfahrt, mischen; s. oben S. 173.

III. ORDNUNG, EINTEILUNG.

ORDNUNG.

Von den in der Eingangsprocession aufgeführten Personen, s. oben S. 163, werden manche erst beträchtlich später wichtig: Teg. Ant., Ben., Alsf. Pass., Innsbr. M. Himm.

So häufig es ist, dafs in sprachlich gemischten Stücken auf den lateinischen der dem Sinne nach parallele deutsche Text folgt, so selten ist die umgekehrte Ordnung; Alsf. Pass. 2847, M. Magd. 314.

Über die Exposition zu dem ganzen Stück, die demselben voraufgeht, durch einen Prolog oder eine Scene s. oben S. 256. 261. 282. Zu den einzelnen Vorgängen aber wird die Exposition indirekt und nachträglich gegeben, wie auch oft für das ganze Stück, d. h. die Vorgeschichte ist aus dem dargestellten Vorgang zu entnehmen, s. oben S. 233 ff. So bei den Heilungen Christi, die ohne eine Vorgeschichte der einzelnen Kranken auftreten, in den Passionen, die weder den Sündenfall noch die Geburt und Jugend Christi darstellen. S. oben S. 273. 277. 282. Oder es ersetzt ein nachfolgender Bericht den nicht dargestellten Vorgang; s. oben S. 277.

Wenn eine Scene auf eine andere folgt, so bedeutet das gewöhnlich eine in Wirklichkeit chronologisch abfolgende zweigliedrige Reihe. Es kann aber auch gemeint sein, dafs das Publikum sich die zweite Scene gleichzeitig mit der ersten vorzustellen habe. Das ist der Fall in folgendem.

Nürnb. Ostf. S. 19, nach der Begegnung Magdalenas mit dem
auferstandenen Christus als Gärtner hat ihr dieser gesagt: *Nunc
ignaros huius rei fratres redde certos mei, Galileam dic ut eant et
me viventem videant.* Man sollte meinen, Magdalena werde sich
beeilen, diesen Auftrag an die Apostel zu besorgen. Aber es folgt
eine kleine Redescene bei den Aposteln selbst: sie singen den
Hymnus: *Ihesus nostra redemptio* usw. Dann: *Quo finito Maria
Magdalena procedat in occursum discipulorum quasi gaudens nunciatura eis resurrectionem domini ita cantando.* Sie ist also im
Garten stehen geblieben während des Gesanges der Apostel. Wahrscheinlich war die Entfernung dieses Gartens von dem Standplatz
der Apostel zu klein, als daß der Weg Magdalenas zu den Aposteln
bequem während des Gesanges der letzteren zurückgelegt werden
konnte.

Innsbr. M. Himm. 1624, die Apostel tragen den Leib Marias
zum Grabe. *Cum autem pervenerint circa palatium Iudaeorum,
faciunt stationem.* 1624 bis 1653 bereiten sich die Juden redend
zu einem Angriff auf den Leichenzug vor, 1654 bis 1665 betet
Bartholomaeus an der Bahre, 1666 erfolgt der Angriff der Juden.
Der höchst ungeschickte Aufenthalt des Leichenzugs beim Hause
der feindlich gesinnten Juden sollte nur markiren, daß jetzt die
Zeit zurückgehe und dargestellt werde, was die Juden während
des Leichenzuges planten. — 1807, durch die Wunder an der Bahre
Mariens ist der Princeps Judaeorum bekehrt worden und hat von
Petrus einen Zweig bekommen, mit dem er die wegen ihres Frevels
an der Bahre erblindeten anderen Juden wieder sehend machen
solle. *Deinde princeps vadit ad Iudaeos jacentes in via, deinde moram
facit cum eis.* Was dieses Zögern bedeuten soll, ist zunächst unverständlich. Dann folgt 1807 bis 1864 die Beisetzung Marias durch
die Apostel, 1865 *Post hoc princeps Iudaeorum dicit ad Iudaeos*, er
bekehrt sie zum Christentum und heilt ihre Augen durch den Zweig.
Gemeint ist also, daß die Bekehrung und Heilung während der
Beisetzung der h. Jungfrau geschehe.

Kath. S. 169, bei Katharinas Marter bricht das Rad, die Henker
fallen tot zu Boden und werden von den Teufeln geholt. Einer
stellt sie Lucifer in der Hölle vor, Lucifer antwortet. Erst nach
dieser Höllenscene meldet der Diener Cursates dem Maxentius das
Brechen des Rades und den Tod der Henker.

Wien. Pass. 337 rät Martha Magdalenen, zu Christus in das

Haus Simeons zu gehen; der werde sie von der Sünde erlösen, *in
bat Simon mit vlize, daz er mit im sold enpieze*: Diese Einladung
erfolgt aber erst 349 *Symon: Doctor legis, Ihesu bone, prophetarum
optime, — mecum rogo manducare te magistrum gencium, ut per te
letificetur ordo discumbencium.* Gemeint ist, daß 349 bis 373 die
Einladung Christi durch Simon und die Vorbereitungen zur Mahlzeit gleichzeitig mit 279 bis 348, dem Weltleben Magdalenas und
der Mahnung Marthas stattfinden, in der Weise, daß Martha vor
337 von dem bevorstehenden Gastmahl bei Simon Nachricht bekommen hat.

Alsf. Pass. 2482, *Ihesus: Ecce ascendimus Iherosolimam! et
tamen semper manent in eodem loco et dicit.* Er erörtert dann
seine Absicht mit den Aposteln, nähert sich 2512 mit ihnen der
Stadt und schickt dann um den Esel. 2532 *Interim ducunt asinum
ad Ihesum et manebit Ihesus in eodem loco, donec Iudei occurrunt
ei.* Das Zögern Christi auf seinem Weg nach Jerusalem ist also
auch nach der Ansicht des Dichters oder Schreibers etwas Auf-
fälliges. Die Aufklärung folgt: denn es heißt sofort: *Tunc quartus
Iudeus Bifus dicit in loco suo scilicet Iherusalem.* Er und seine
Gesinnungsgenossen beschließen einen festlichen Empfang in
Jerusalem. 2584, *Tunc Ihesus equitat ad Iudeos sedens super
asinum* usw. Gemeint ist, daß diese Beratung der gutgesinnten
Juden, 2532 bis 2583, während des auffallend langsamen Weges
Christi dahin, 2482 bis 2531, stattfinde. — 5313 sagt Synagoga:
legen mer en uff syn ruck das cruce michel unde breyt! dann zu
Christus: *stant uff, da zeuberer, und nym dyn falsche lere und lose
dir sie helffen tragen dyn cruce an dissem tage.* Darauf folgt, 5320
bis 5339, eine Scene zwischen Maria und Johannes, worin Maria
ihren Entschluß ausspricht, selbst zu sehen, was mit Jesus geschehe.
5340, *Et sic Maria et Iohannes vadunt ad Christum et vident,
quod crux imponitur Ihesu.* Man hat also mit der Auflegung des
Kreuzes von 5320 bis 5339 gewartet. Diese Scene ist gleichzeitig
mit der vorhergehenden, in der Synagoga Christus die Kreuztragung
ankündigt.

Augsb. Pass. 703 *Annas zů den schöryen: Beit! lasst mich selbs
mit im sprdchen, das will ich euch dann kundbar machen.* Aber
statt daß Annas sich jetzt zu Christus wendet, folgt die Scene
zwischen Petrus und der Magd, 705 bis 710, mit der ersten Verleugnung Petrus'. Erst 711 heißt es: *Als Ihesus stůnd vor Anna,
fragt in Annas also sprechend: Sag mir: wa sind dein junger

komen usw. Der Anfang dieses Gespräches Annas' mit Jesus ist gleichzeitig mit 705 bis 710.

Eger. Pass. 5006, nach seinem Monolog, 5000 bis 5006, macht Judas Anstalt, sich zu hängen: *Et sic summit funem preparans se ad suspendium.* Aber weder thut er es, noch setzt er seinen Monolog fort; es folgt: *Sub illo Cayphas dicit*: Berathung mit Annas über die Verwendung des von Judas, 4975, zurückgegebenen Geldes, 5006 bis 5021. Erst 5022 heifst es: *Finitis Iudas habens funem in collo dicit*: Fortsetzung des Monologes, 5031. *Et sic suspendit se:* 5006 bis 5021 ist gleichzeitig mit 5000 bis 5006. Es wäre ja auch unbegreiflich, warum Kaiphas und die anderen mit der Beratung über das verfügbare Geld nach der Entfernung Judas' hätten warten sollen. — 6204, Maria ist bei der Kreuz-erhebung anwesend und läfst Christi Scham mit ihrem Schleier verbinden. 6228 bis 6231 folgt die Kreuzigung der zwei Schächer, 6232 erst Marias Klage unter dem Kreuz. Gewifs meinte der Dichter nicht, dafs sie die Kreuzigung der Schächer dazu abge-wartet habe. Sondern diese 6228 bis 6231 ist gleichzeitig mit dem Anfang von Mariens Klage.

Red. Ost. H. 269 bis 370, Jubel der Seelen in der Vorhölle über den hellen Schein, der ihnen die Erlösung verkündet. 371 bis 484, Beratung der Teufel, in welcher der Jubel der armen Seelen erwähnt wird; 450 *de zelen veler lude syn an groteme schalle; se synghen unde trouen sik alle. Se schrien al averlut, dat se scholen drade ut. Se hebben vornamen enen glans unde hebben eynes monke dans*, s. 472. Es ist möglich, dafs beide gleichzeitig gemeint sind, aber nicht sicher, da man erwarten sollte, dafs die Teufel den hellen Schein auch gesehen hätten. — Auf die Befreiung der armen Seelen aus der Vorhölle folgt der Anbruch des Tages und der Prozefs der Grabwächter, 753 bis 1041, — darauf, 1042 bis 1983, eine Höllenscene, in der Lucifer die durch Christus geleerte Hölle durch seine Diener wieder füllen läfst. Auch hier ist es nur möglich, dafs 1042 bis 1983 mit 753 bis 1041 gleichzeitig sein sollen.

Wenn die gleichartigen Scenen, in die ein Vorgang zerfällt, durch ungleichartige unterbrochen werden, s. oben S. 127 ff. 164 f., z. B. die Lehren Christi von den erzürnten Reden und bösen Ab-sichten der Juden, das Abendmahl durch den Verrat Judas' und die Vorbereitungen zur Gefangennahme, so bringt auch dies die Gleich-zeitigkeit des Gegenspiels zum Ausdruck.

Über die verschieden mögliche Abfolge der einzelnen Vorgänge
s. oben bei den Stoffen S. 170.

Durch die Anordnung werden viele Verknüpfungen und
Parallelen zu Steigerungen, z. T. Spannungen s. oben S. 233. 239
die Stellen aus den Marienklagen. Ausserdem: wenn in den
Passionen die Erweckung Lazarus' nach viertägigem Todesschlaf an
den Schluß der Heilungswunder Christi tritt, s. Froning S. 329. —
In den Osterspielen hören die drei Marien (und die Apostel) von
Christi Auferstehung, Maria Magdalena sieht ihn und spricht mit
ihm, darf ihn aber nicht anrühren, Thomas legt seinen Finger in
Christi Seitenwunde. — Teg. Ant., die Ausbreitung der Herrschaft
des Antichrists über ganz Europa, wobei er zuletzt seinen gefähr-
lichsten und hartnäckigsten Gegner, den deutschen König, bezwingt,
der dann in seinem Dienste den König von Babylon besiegt. Im
Vorspiel muß allerdings der deutsche Kaiser zuerst mit dem König
von Frankreich kämpfen, während die anderen christlichen Fürsten
sich dann freiwillig unterwerfen, aber erst am Schluß gelingt es
ihm, den König von Babylon zu bezwingen und Jerusalem zu befreien. — Ben. Weihn. 438, die wiederholten, dem Inhalt nach ent-
gegengesetzten Reden des Engels und des Teufels an die Hirten
erwecken die Frage, wem sie folgen werden. — Dor., die ge-
steigerten Martern, von denen die zweite, die Entziehung der
Nahrung durch neun Tage, anscheinend sicheren Tod bringen muß. —
Innsbr. M. Himm. 2629, ein Bote meldet dem Rex paganissimus
den Zorn der Juden, 2689 kündigt ein zweiter ihm Krieg an. — Kath.,
nach der Geißelung folgt die Marter mit dem Rad. — Alsf. Pass.
5438, Christus begegnet auf dem Kreuzweg Veronica und den Töchtern
von Jerusalem; erst, als er am Kreuze hängt, Maria und Johannes. —
Augsb. Pass. 1412, erst Posaunenstöße, dann Verkündigung des
Urteils über Christus; ebenso Don. Pass. 3043. — Don. Pass. 2867,
die Fortsetzung der Geißelung nach einer Pause, während welcher
sich die Wächter durch einen Trunk gestärkt haben. — Erl. Ost. 330,
die Frau des Arztes geht erst verloren, wird dann entführt. —
Frankf. Pass. 1649, Judas bietet sich zum Verrat Christi an, erst
1876 verrät er ihn. — In M. Magd. ist die teuflische Lockung erst
bloße Weltlust, dann die Bewerbung eines Liebhabers. — Rhein.
j. Tag, die Verkündigung des Gerichts durch Sophonias und
Gregorius, dann durch den schrecklichen Posaunenstoß der Engel. —
Red. Ost. H. 259, 485, 545, 563, steigende Hoffnung der Väter in
der Vorhölle, steigende Angst der Teufel, je mehr Christus sich der

Hölle nähert. — 1246, 1312, die steigende Ungeduld Lucifers über das Säumen der Teufel. — 1716, der letzte der in die Hölle geschleppten Sünder ist ein Geistlicher. — Sterz. Ost. S. 146, der Engel kommt den erst prahlerischen, dann verzagten Grabwächtern immer näher.

Auch durch gleichzeitige Anordnung zweier Vorgänge kann Steigerung erzielt werden, wenn der eine einen Reflex oder eine Parallele, einen Gegensatz zu dem andern bedeutet; s. oben S. 290.

Dagegen war es wohl eine Schwächung des Effekts, wenn entgegen dem Gewöhnlichen der epische Bericht einer dramatischen Ansprache dem Vorgang nachfolgte, s. oben S. 305, — oder wenn Selbsteinführung schon bekannte Personen dem Publikum nochmals vorstellte.

Wo ein Konflikt als Hauptinhalt vorliegt, s. oben S. 226, der mit dem Untergang des Helden endigt, stellt sich die Anordnung der Vorgänge in folgender Weise dar.

Held: Antichristus, Gegner: die von Gott eingesetzte Ecclesia.

Teg. Ant., das eigentliche Antichristspiel. Einleitung: die Hypocritae gewinnen den König von Jerusalem, — Steigerung: der Antichrist gewinnt die meisten Fürsten, — Höhepunkt: er zwingt den deutschen König, ihn als Kaiser und Gott anzuerkennen und in seinem Dienst zu kämpfen, — Peripetie: Abfall der Juden vom Antichrist, Erscheinen und Martyrium Enochs und Elias', — Katastrophe: der Antichrist wird vom Blitz erschlagen, die Ecclesia nimmt ihren früheren Platz ein.

Held: Christus, Gegner: die Juden.

Ben. Pass. Einleitung: Apostelwahl, — Steigerung: Christi Bekehrungen, Heilungen, Erweckungen, zuletzt die des Lazarus, — Höhepunkt: der Einzug in Jerusalem und das Abendmahl, letzteres gleichzeitig mit der Vorbereitung der Peripetie: Judas' Verrat, — Spannung vor der Peripetie: die Todesangst Christi auf dem Ölberg drängt die Frage auf, ob er das Erlösungswerk ausführen wird, — Peripetie: Judas veranlaßt die Gefangennehmung Christi, — Spannung nach der Peripetie: die Abneigung Pilatus', Christus zu verurteilen, — Katastrophe: Christi Tod.

Die andern Passionen. Einleitung: Apostelwahl (Ben., Frankf. Pass.) oder Taufe Christi durch Johannes den Täufer (Frankf. Pass. Dir., Alsf. Pass.) oder die Geburt Christi (Mastr., Eger. Pass.) oder

Magdalenens Weltleben (Wien., Don. Pass.). — Steigerung: die Lehren, Bekehrungen, Heilungen und Erweckungen Christi, zuletzt die des Lazarus, veranlassen steigende Erbitterung der Juden. — Erster Höhepunkt: Christi Einzug in Jerusalem. — Vorbereitung zur Peripetie: Beginn von Judas' Verrat (Augsb., Don., Eger. Pass.). — Spannung vor dem zweiten Höhepunkt, dem Abendmahl: Versuch Marias, Christus in Bethanien zurückzuhalten (Augsb., Eger. Pass.) — Zweiter Höhepunkt: Christi Abendmahl. — Spannung vor der Peripetie: Christi Todesangst auf dem Ölberg. — Peripetie: Judas' Verrat, Gefangennehmung Christi. — Spannung nach der Peripetie: die Abneigung Pilatus', Christus zu verurteilen, sein Versuch, Christus durch die Gegenüberstellung des Barrabas zu retten, die Dazwischenkunft Proclas, die für Christus aussagenden Zeugen (Frankf. Pass. 3300. 3328. 3332. 3336) und Nicodemus' (Frankf. Pass. 3217. 3350). — Katastrophe: Christi Tod.

Kath. Held: Katharina, Gegner: Maxentius. — Einleitung: Katharinas Versuch, die Heiden zu bekehren. — Steigerung: ihre siegreiche Disputation mit heidnischen Gelehrten, ihre standhaft ertragenen Martern. — Höhepunkt: sie bekehrt die Königin und Porphirius in der Abwesenheit Maxentius'. — Peripetie: Rückkehr des Maxentius, neue Martern. — Katastrophe: Katharinas Tod.

Wenn der Held sich behauptet.

Freis. O. Rach. Held: das Christkind, Gegner: Herodes. — Einleitung: Anbetung des Christkindes durch die Hirten, Herodes fürchtet das Kind. — Spannung: Herodes' Furcht wird vermehrt, als er erfährt, daß die h. drei Könige nicht mehr zu ihm kommen. — Erfolg: die Flucht des Christkindes.

Ostf. Ost. Held: die drei Marien, Gegner: Christus. — Einleitung: die drei Marien wollen Christus finden. — Spannung: sie finden ihn nicht. Erfolg: eine von ihnen, Magdalena, findet ihn.

Ost. H. Held: Christus, Gegner: 1) die Grabwächter und Juden, 2) die Teufel. — 1) Einleitung: Aufstellung der Grabwache. — Spannung z. Th.: Widerstand der Wächter. — Erfolg: Auferstehung Christi. — 2) Einleitung: Christi Weg zur Hölle. — Spannung: Widerstand der Teufel. — Erfolg: Christus erlöst die armen Seelen aus der Hölle.

Dor. Held: Dorothea, Gegner: Fabricius. — Einleitung: Dorothea lehnt den Heiratsantrag des Fabricius und die Aufforderung, den Götzen zu verehren, ab. — Spannung: sie wird gemartert und bekehrt einige Heiden. — Erfolg: Ein Engel zerstört den Abgott, und die Heiden bekehren sich.

Innsbr. M. Himm. Held: Maria und die Apostel, Gegner: die Juden. — Einleitung: der Tod Mariens, der Entschluſs der Apostel, sie feierlich zu begraben. — Spannung: die Juden versuchen, das Begräbnis zu stören. — Peripetie: diese Juden werden bestraft und bekehrt. — Erfolg: Maria in den Himmel aufgenommen.

M. Magd. Held: Magdalena, Gegner: die Teufel. — Einleitung: Magdalenas Weltfreude. — Spannung: die Bekehrungsversuche Marthas gegenüber den wiederholten Verlockungen der Teufel. — Peripetie: die Bekehrung gelingt durch die letzte Mahnung 670. — Erfolg: Christus absolvirt Magdalena.

Theoph. Trier. Helmst. Held: Theophilus, Gegner: Sathan. — Einleitung: Theophilus verliert seine Pfründe und ergiebt sich Sathan. — Höhepunkt: Theophilus' Weltleben, der Zeitpunkt, in dem er am tiefsten in die Knechtschaft Sathans geräth. — Peripetie: seine Reue und Furcht vor und nach Anhörung der Predigt. — Spannung nach der Peripetie: Christi Weigerung gegenüber der Fürbitte Mariens. — Erfolg: Theophilus' Begnadigung durch Vermittelung der h. Jungfrau, welche den Teufel zwingt, den Kontrakt auszuliefern.

Wolf. Sünd. Held: das Menschengeschlecht, Gegner: Gott. — Einleitung: der Sündenfall. — Spannung: vergebliche Versuche der Propheten, das Menschengeschlecht zu retten. — Peripetie: der zweite Weg Davids zu Gott, der Prozeſs im Himmel. — Erfolg: Rettung des Menschengeschlechts durch die Geburt Mariens, der Mutter des Heilands.

Bei den Stücken mit zwei Mehrheiten der Helden.

Zehn. Jungfr. Held: die Prudentes und Fatuae, Gegner: Christus. Wenn man blofs das Schicksal der Fatuae betrachtet. — Einleitung: Einladung der Jungfrauen zur Hochzeit. — Höhepunkt: das Gelage der Fatuae. — Spannung: den Fatuae geht das Öl aus; sie suchen vergeblich es zu erneuern. — Peripetie: Christus kommt. — Spannung nach der Peripetie: die vergebliche Fürbitte Marias für die Fatuae. — Katastrophe: ihre Verurteilung.

Rhein. j. Tag. Held: die Geretteten und die Verdammten, Gegner: Christus. Wenn man blofs das Schicksal letzterer betrachtet. — Einleitung zugleich Spannung: Verkündigung des jüngsten Tages durch Sophonias und Gregorius. — Peripetie: das

Blasen der Engel zum Gerichte. — Spannung nach der Peripetie: die vergebliche Fürbitte Mariens. — Katastrophe: die Verurteilung.

Auch bei Vorgängen, die nicht den Hauptinhalt des Stückes ausmachen, in dramatischen Episoden, die einen Konflikt zeigen, s. oben S. 226. 232, erscheinen öfters ähnliche Formen.

In Frankf. Pass. Dir., Alsf. Pass. Held: Johannes der Täufer, Gegner: Herodes. — Einleitung: Johannes hält Herodes seine Schuld vor. — Peripetie: er wird eingekerkert. — Spannung nach der Peripetie: Herodes' Vorliebe für ihn. — Katastrophe: sein Tod.

Nachspiel zu Innsbr. M. Himm. Held: der bekehrte Rex paganissimus, Gegner: die Juden. — Einleitung: die Juden rufen einen Konflikt hervor und zwingen den Rex paganissimus zum Kampf. — Steigerung: seine Rüstungen. — Spannung: er muſs sich von der jüdischen Feste, die er erobern will, zurückziehen. — Natürlich wäre im Verlauf, wenn er erhalten wäre, eine Peripetie eingetreten, und der Rex paganissimus hätte die Juden besiegt und ihre Feste erobert, was seinen Erfolg ausgemacht hätte.

In den Marienklagen, die keinen Konflikt und nur wenig Handlung haben, kann man als Höhepunkt jene in einigen vorkommende Stelle bezeichnen, wo Christus Maria und Johannes einander empfiehlt; Prag., Trier, Bord., Wolf. Mkl.

Meist tritt das Gegenspiel sehr früh ein, in den Passionen die empörten Juden, Dor. und Kath. geraten gleich im Beginn des Stückes in die Gewalt ihrer Feinde, auch M. Magd. ist sofort den Nachstellungen des Teufels ausgesetzt. S. die Verknüpfungen oben S. 232.

Vereinzelt ist es, wenn das Gegenspiel erst nach dem Höhepunkt erscheint, so im Teg. Ant., wo der Fall der Helden nur durch Enoch und Elias eingeleitet wird.

Wenn in den Passionen die höher gestellten Personen, die Hohenpriester, Herodes, Pilatus, erst spät auftreten, so charakterisiert das die sociale Niedrigkeit der Kreise, in denen Christus sich bewegte.

Wenn auch Judas anfangs nur selten erscheint, so erklärt das die Thatsache, daſs er nicht der eigentliche Gegner Christi ist, sondern nur ein Werkzeug.

EINTEILUNG.

Die Teile, in welche das Stück zerfällt, die einzelnen Scenen und Vorgänge sind nur z. Th. äusserlich bezeichnet. So durch Pausen, s. oben S. 83, durch Ansprachen eines Engels, des Augustinus, eines Predigers, s. oben S. 256 ff., oder durch das Silete, s. oben S. 27. 69. 267, in Innsbr. M. Himm., s. Mone S. 22 Anm., Wien., Alsf. Pass., Cass. Weihn., M. Magd.

Ziemlich konsequent geschieht das in S.Gall. Pass. durch die Reden des h. Augustinus. Aber in Frankf. Pass. ist z. B. zwar die Heilung des Blinden in ihrem ganzen Umfang, also auch mit der Scene zwischen dem geheilten Blinden und den Juden, durch Augustinus eingeleitet, 882, die Gesandtschaft der Juden in Rom, welche zur Bestallung des Pilatus führt, 1128, aber nicht.

Auch die meisten Vor-, Nach-, Zwischenspiele sind als solche gekennzeichnet; s. oben S. 230. 257. Über das Rahmenspiel s. daselbst S. 230.

Wenn ein Stück an mehreren Tagen gespielt wurde, s. oben S. 89 95, so scheint man sich mehr nach Bequemlichkeit als nach dem Zusammenhang gerichtet zu haben. Frankf. Pass. Dir. I, Taufe Christi bis zur Bestellung der Grabwache; II, Christi Höllenfahrt bis zur Himmelfahrt. Innsbr. M. Himm. I, Zusammensetzung des Credo durch die Apostel bis zur Bekehrung der Juden, die sich am Begräbnis Marias vergangen hatten; II, Himmelfahrt Mariens und Eroberung Jerusalems. Alsf. Pass. I, Taufe Christi bis zum Gastmahl bei Simon; II, Abendmahl Christi bis zur Verurteilung Christi durch Pilatus; III, Kreuzigung Christi bis zur Ausgiefsung des h. Geistes. Don. Pass. I, Magdalenas Weltleben bis zum Verrat Judas'; II, Abendmahl Christi — der Schlufs fehlt. Eger. Pass. I, Schöpfung bis zu Christus zwölfjährig im Tempel; II, Apostelwahl bis zur Verurteilung Christi durch Pilatus; III, Kreuzigung, bis zur Erscheinung Christi vor Thomas. Frankf. Pass. I, Apostelwahl Christi bis zur Gefangennahme Christi; II, Verhör Christi bis zur Grablegung. Frankf. Pass. Dir. I. und II., Alsf. Pass. II. und III., Eger. Pass. II. und III., Frankf. Pass. I. und II gehören nahe zusammen. Andererseits wird in Innsbr. M. Himm. II sehr Verschiedenartiges zusammengefafst.

IV. ÄSTHETISCHE WIRKUNG.

ALLGEMEIN.

Durch das volle Verständnis des Dargestellten werden bei Publikum und Leser Vorstellungen und später Seelenbewegungen erzeugt. Beide sind mit Lust und Unlust verbunden, die zum Teil ästhetisch im engeren Sinne ist.

Zunächst von den Vorstellungen. Sie sind so beschaffen, daß sie jedesmal, so oft sie sich einstellen, entweder nur durch sich selbst oder auch noch durch Mitwirkung der miterregten, inhaltlich mit den ersten nahe verbundenen und ihrer Verdeutlichung dienenden Nebenvorstellungen von gegenwärtigen, vergangenen oder künftigen Zuständen und Vorgängen, also von Thatsachen innerhalb und außerhalb des betreffenden Schauspiels — etwa die von Christi Martertod am Anfang einer Passion oder in einem Weihnachtsspiel, das nur die Geburt behandelt —, Lust oder Unlust bewirken, und sind deshalb ästhetisch.

Dabei kann Lust oder Unlust allerdings auch von den erwähnten Nebenvorstellungen selbständig ausgehen und auch von anderen, die von den gegenwärtigen Wahrnehmungen des Kunstwerks noch weiter entfernt sind und nichts zu der Verdeutlichung der diese Wahrnehmungen betreffenden Vorstellungen beitragen. Dieser letzteren Lust oder Unlust ist von der Lust oder Unlust, die sich mit den Nebenvorstellungen verbinden kann, unabhängig, sie braucht nur mitunter gewisse unbetonte Nebenvorstellungen zur Verdeutlichung der Hauptvorstellung.

Das mittelalterliche Schauspiel stellt sich dadurch zunächst auf eine Linie mit den anderen, durch Auge und Ohr unmittelbar gefallenden oder mißfallenden Dingen. Mit einer schönen, d. i.

nach unseren gegenwärtigen Gefühlen durch Reichtum an mannig-
faltigen Linien und Farben ausgezeichneten, oder durch Armut,
Einförmigkeit und geometrischen Charakter der Linien, durch
Monotonie und Stumpfheit der meist grauen oder braunen Farbe
mifsfälligen Landschaft. Mit einer sonnen- oder mondhellen oder
einer trüben, verschleierten Beleuchtung derselben. Mit einem
schönen oder häfslichen Tier oder Menschen oder dem Bild eines
solchen. Mit einem Gewitter oder einem regenfeuchten Tag. Mit
einer freundlichen oder unfreundlichen, mit einer edlen oder un-
edlen Handlung. Mit einem guten oder schlechten Menschen, wobei
es keinen Unterschied macht, ob die Güte instinktiver Natur ist,
ähnlich der Mutterliebe der Tiere und der Neigung, welche Haus-
tiere ihren Herren beweisen, der Beschaffenheit einer schönen Seele,
oder ob sie einem religiös-moralischen Ideale nachstrebt; entweder
besorgt, ihre Reinheit unverletzt zu bewahren, oder entschlossen,
nicht Knecht der Sinnlichkeit zu werden. Mit einer klugen oder
thörichten Handlung oder Handlungsweise. Mit einer leidenschaft-
lichen oder temperamentlosen Handlung oder Handlungsweise. —
Mit gutem oder schlechtem Vogelgesang, mit guter oder schlechter
Musik. Mit guter oder schlechter Poesie überhaupt.

Beziehung auf andere gegenwärtige, dann auf vergangene und
künftige Dinge, auf Thatsachen, die mit der augenblicklich gehabten
Vorstellung sachlich und enge verknüpft sind, ist dabei sehr häufig.
Auf gegenwärtige, wenn das Objekt auf mehr als einen Sinn wirkt.
Auch wenn ich eine Landschaft, ein Gewitter vorzugsweise sehe,
so kann ich mich dabei der Wirkung des Vogelgesangs, des Ge-
quakes der Frösche, des Geruchs der Blumen oder des Düngers, —
des Donners, des rauschenden Windes und Regens nicht entziehen.
Wenn ich einem Gefecht zusehe, vernehme ich auch das Klirren
der Rapiere, den Tritt der Fechter. — Aber auch Vorstellungen
von vergangenen oder künftigen Dingen stellen sich sehr leicht ein.
Bei einem Moment des Gewitters kann man sich der vorhergegangenen Helligkeit, Ruhe und Schwüle oder schwächerer Blitze
und Donnerschläge erinnern und an die noch kommenden oder
vielleicht ausbleibenden denken. Wer einen schönen, würdigen, alten
Mann betrachtet, wird leicht mit der Vorstellung seines gegenwärtigen Platzes in der Welt die Erinnerung an die Rolle, welche
er in früheren Jahren gespielt hat, Vermutungen, was ihm noch zu
leisten, zu leiden oder zu geniefsen bestimmt sein möchte, verbinden.
Ebenso, wenn er sein Bild sieht.

Oft aber sind die Vorstellungen zum Wohlgefallen, zum Genusse notwendig. So, wenn das Objekt eine zeitliche Ausdehnung hat: kein gegenwärtiger Stofs in einem Gefecht kann gewürdigt werden, Bewunderung oder Mifsfallen erregen ohne Erinnerung an die vorhergehenden und unmittelbar bevorstehenden Aktionen. Das kleinste Gedicht oder Musikstück bliebe für den unverständlich oder ungeniefsbar, der nicht das Gehörte in Erinnerung behielte und nicht durch dieses wie das Gegenwärtige auf Künftiges vorbereitet würde. — Ja, solche der gegenwärtigen fremde Vorstellungen können sogar und müssen zuweilen von Dingen erregt werden, die im Objekt gar nicht vorkommen. Wer die Hecuba oder Andromache des Euripides oder die Shakespeareschen Historien liest, mufs Homer oder die englische Geschichte so kennen, wie sie Shakespeare und seinem Publikum bekannt war.

Man könnte, um den Umfang des unmittelbar Gefallenden oder Mifsfallenden zu zeigen, in die oben gegebene Aufzählung Dinge aufnehmen, die mit der poetischen Kunst noch weniger zu thun haben, als die meisten angeführten. Auch ein gut geputzter Stiefel, eine sorgfältig gearbeitete Kaffeemaschine, ein aus geschätztem Material angelegter und ordentlich geschichteter Düngerhaufen kann für Auge und Sinn eines Beteiligten wohlgefällig sein; letzterer zunächst durch seinen Anblick selbst — ebenso wie geringes Material, sorglose Schichtung Mifsfallen erregt —, dann aber auch noch durch den gleichzeitigen Geruch, nicht weil dieser dem Beschauer angenehm erschiene, sondern weil er die gute Qualität der gesehenen Bestandteile verdeutlicht, durch den Gedanken an die künftige Verwendung für einen Acker, den er hervorruft, da dieser z. B. gerade solchen Dünger braucht. Auch diese Bestimmung für ein künftiges Ziel dient zur Verdeutlichung der Vorstellung von dem gegenwärtigen Objekt. — Oder ein vorteilhafter Friede, den ein Staat mit einem andern abgeschlossen hat, kann dem unbeteiligt betrachtenden Staatsmann oder Historiker als technisches Kunststück gefallen oder ein schädlicher mifsfallen, wobei die Kenntnis und Vorstellung von dem Frieden vorausgehenden und nach ihm zu gewärtigenden Thatsachen zur vollen Würdigung des Aktenstückes unumgänglich notwendig ist. Er schöpft seine lustvolle Vorstellung aus dem vollständig bekannten und aufgefafsten Friedensinstrument.

Selbst bei so entschieden der Notdurft des Lebens dienstbaren und den schönen Künsten fernstehenden Dingen wie den genannten

ist das geschilderte Wohlgefallen — oder Mifsfallen —, das sie erwecken, ästhetischer Natur.

Diesen ihren Charakter würden sie erst dann verlieren, wenn
der betrachtende Landwirt an der Vorstellung von der künftigen
Verwendung des Düngerhaufens Lust empfände oder sich mit Lust
und Unlust verbundene Vorstellungen erweckte, die von seinem
betrachteten Objekt weiter entfernt sind, als der gleichzeitige Geruch,
nicht wie dieser zu einer Verdeutlichung beitragen; also wenn er
an die Mühsal der Herbeischaffung, an den Schaden dächte, den
dabei sein Zugvieh genommen, an den hohen oder niederen Preis,
den er dafür bezahlt hat, — oder wenn er sich den gegenwärtigen
Geldwert des Objektes vorstellte oder dächte, dafs es ihm gehöre,
oder wenn er den Gewinn oder Entgang, den er sich von dem
Objekte verspricht, ins Auge fafste, als künftige Lust oder Unlust, —
zu seinem Ärger oder seiner Befriedigung, oder wenn er ihn mit
dem der landwirtschaftlichen Schule oder des Nachbars, die vielleicht
über andere Mittel verfügen, vergliche — und darüber Stolz oder
ärgerliche Mifsgunst empfände.

Der Staatsmann würde die Rolle des feinschmeckenden Kunst-
kenners aufgeben, wenn er bei einem Friedensschlufs vergangener
Zeiten mit Mitleid und Befriedigung an die Leiden dächte, welche
der vorhergehende Krieg mit sich brachte, oder an die Segnungen
der nun folgenden friedlichen Zustände, oder wenn er gar, selbst
an den Verhandlungen beteiligt, mit Freude sich die Vorteile ver-
gegenwärtigte, welche sein Land von diesem Friedensschlusse ziehe,
oder die ihm selbst dadurch werden könnten, — oder wenn er sein
staatsmännisches Werk an das eines Gelehrten oder Künstlers hielte,
zu seinem Stolz oder seiner Beschämung.

Ich habe in diesen zwei Beispielen auch die Seelenbewegungen
herangezogen, welche sich an die mit Lust und Unlust gefärbten
Nebenvorstellungen anschliefsen. Aber es ist klar, dafs auch schon
diese allein etwas Fremdartiges sind gegenüber den rein ästhetischen
Vorstellungen.

Durch die genannten Nebenvorstellungen und die daraus hervorgehenden Seelenbewegungen würden die Empfindungen des
Landwirts und des Staatsmanns auf eine Stufe treten mit denen
eines Mannes, der von dem Äufseren eines ihm zukommenden
Briefes auf Empfang von Geld oder eines amtlichen Verweises
schliefst, aus der Gestalt und Farbe einer Cigarre auf ihre Güte
oder Schlechtigkeit und die betreffenden Lust- oder Unlustgefühle

vorausnimmt, während eine Würdigung des Aussehens allein bei Brief und Cigarre allerdings möglich ist, — oder der vor dem Bild, der Statue einer schönen Frau — oder bei Betrachtung des Originals — dächte, wie herrlich es wäre, ihre Liebe zu geniefsen, — einer häfslichen — oder bei Betrachtung des Originals —, wie schrecklich, ihre Liebkosungen zu empfangen. In keinem dieser Fälle wird durch die erwähnten, von der gegenwärtigen Wahrnehmung weit abstehenden Nebenvorstellungen die von Farbe und Formen deutlicher.

Diese Verbindung einer gegenwärtigen wohlgefälligen oder mifsfälligen Vorstellung mit der Vorstellung einer anderen Lust oder Unlust ist ganz verschieden von jenen bei Natur- und Kunstgegenständen oft und zuweilen notwendig geweckten andern als aus der gegenwärtigen Wahrnehmung hervorgehenden Vorstellungen. Diese sind nicht lust- oder unlustbetont. Wenn ich einem Rapiergefecht zusehe, so verstehe und würdige ich einen Stofs allerdings nur, wenn ich die vorhergehende Parade in Erinnerung behalte. Aber ich sage mir in diesem Augenblick nicht: Wie schlecht war diese Parade! ich ärgere mich nicht mehr über sie. In den ersten Akten des Othello sehe ich voraus oder weifs es, dafs der Mohr Desdemona umbringen wird. Aber ich sage mir nicht: Wie schön wird es sein, wie werde ich mich freuen, wenn er sie erwürgt! Ich mag denken: Welches schreckliche Schicksal steht ihr bevor! Aber zur Würdigung des Vorhergehenden ist auch das nicht notwendig oder förderlich, nur die Voraussicht, dafs sie unter diesen Umständen wohl untergehen werde.

Man empfindet demnach ästhetische Lust oder Unlust beim Betrachten einer Landschaft, wenn diese Lust oder Unlust nicht aus der Vorstellung von der Geliebten hervorgeht, mit der man in dieser Landschaft sich zu ergehen pflegt, sich ergangen hat oder sich ergehen wird, noch aus der Vorstellung eines Feindes, der hier wohnt, den man hier getroffen hat, dem man hier begegnen wird. Wohl aber kann die ästhetische Lust oder Unlust des augenblicklichen Sehens erhöht oder gemindert werden durch das gleichzeitige Gezwitscher der Vögel, das Rauschen des Baches oder das Quaken der Frösche, — durch die Erinnerung an den dunkeln Waldweg, durch den man auf diese offene Lichtung gekommen ist, — durch die Erwartung, dafs man sich von ihr durch eine Schlucht entfernen werde.

Das Gezwitscher der Vögel oder das Quaken der Frösche, also

die Vorstellung einer gleichzeitigen Thatsache, kann dem Beschauer
z. B. deutlich machen, dafs die noch kahlen Äste und das zum
Teil noch dürre Gras kein Herbst-, sondern ein Frühlingsbild, also
etwas Erfreuliches, darstellen. Dafs das Zwitschern der Vögel auch
als Wahrnehmung für das Ohr ästhetische Lust erregen kann,
kommt hier nicht in Betracht, wie das gleichwirkende Quaken der
Frösche zeigt. Die Vorstellungen vom Waldweg in der Vergangenheit und der Schlucht in der Zukunft sind auch nur Vorstellungen
von Thatsachen, nicht Zurückrufungen und Vorwegnahmen vergangener oder zukünftiger Lust- oder Unlustempfindungen. Ich
kann allerdings denken: wie schön war der Waldweg, wie häfslich
wird die Schlucht sein! Aber dadurch trete ich aus der ästhetischen
Betrachtung der vor mir liegenden Waldblöfse heraus. Zu dieser
haben Waldweg und Schlucht nur Bezug als Vorbereitung und Folge,
und können durch Kontrast, etwa durch Dunkelheit und steinige
Dürre gegenüber der Helligkeit und Frische der Wiese, die Lust
an dieser steigern. Die Schönheit und Häfslichkeit des Waldwegs
und der Schlucht, an die ich bei Betrachtung der Wiese mit Lust
und Unlust denken könnte, hängt ja auch noch von anderen Umständen, also Vorstellungen, wenn ich sie mir vergegenwärtige, ab,
als von Dunkelheit und Dürre. Der Weg durch die Schlucht kann
mir häfslich erscheinen auch wegen der dortigen Menschenwerke,
Kalköfen, Ziegelbrennereien.

Beim Anhören eines Liebesliedes verlangt einmal der einzelne
musikalische Moment, um verstanden und genossen zu werden,
die Erinnerung an Vorhergehendes, Erwartung des Künftigen, d. i.
Vorstellungen von vergangenen und künftigen musikalischen Vorgängen. Dabei kann aber auch durch die Vorstellung von der
gleichzeitigen Mimik des Sängers nicht durch die Lust oder
Unlust an derselben, die Lust am Gesange vergröfsert oder vermindert werden, indem diese Mimik die Meinung der Lieder
deutlicher macht oder verdunkelt. — Das Mifsfallen an geschmack-
loser Mimik ist eine Sache für sich. — Aber die durch das Liebeslied erzeugte Vorstellung von einem vergangenen, gegenwärtigen
oder zukünftigen Liebesverhältnis, die natürlich Lust erregt, oder
die mit Unlust verbundene von einem Nebenbuhler, der einem einst
im Wege war, jetzt ist oder in Zukunft sein dürfte, hat nichts mit
der ästhetischen, durch das Lied erzeugten Lust und Unlust zu thun.
Denn die durch die Geliebte und den Rivalen erregte Lust und
Unlust wird erst durch die Vorstellung ihrer Personen erregt, welche

etwas ganz anderes ist, als die Vorstellung oder Wahrnehmung des Liebesliedes, und zur Verdeutlichung dieses nicht beiträgt.

Die Seelenbewegungen, deren Lust und Unlust ich als gröfser annehme, als die mit den Vorstellungen verbundene Lust und Unlust, sind ähnlich diesen dann ästhetisch, wenn sie durch den gegenwärtigen, vollkommen aufgefalsten Moment einer bestimmten Thatsache, nicht durch Erinnerung an vergangene, Vorwegnahme einer künftigen Lust und Unlust erzeugt werden, deren Vorstellung von der Gegenwart weit absteht und nichts zu deren Verdeutlichung beiträgt. Sie können sich an die oben S. 323 f. aufgezählten ästhetischen Vorstellungen anschliessen, Entzücken über eine edle oder mutige Handlung eines fremden Menschen, Empörung über Grausamkeiten, die in fremden Ländern begangen worden sind, Bewunderung einer von einem fremden Gelehrten gefundenen, der eigenen widerstreitenden Theorie, Verachtung einer der eigenen günstigen, wenn man eine oder die andre, oder beide als schlecht erkennt, — jedes Lachen, auch über einen guten Witz, der mich oder einen Freund trifft, eine komische Lage, in der ich oder ein Freund mich befinde, — oder auch heftiges Begehren, wie die Lust bei einem gegenwärtigen ernsten Kampfe, sei es eine Prügelei, ein Zweikampf oder eine Schlacht, für den Kämpfenden nicht bedingt zu sein braucht durch die Erinnerung an ein empfangenes Leid, das er rächen, oder durch die Liebe zum Vaterland, dem er durch den Sieg ein besseres Schicksal bereiten will. Dabei treten sonst unter ähnlichen Bedingungen sich einstellende unlustvolle Seelenbewegungen, wie Furcht, ganz zurück; ja sogar der leibliche Schmerz kann vergessen werden. S. die Berserker. — Hieher gehört auch die Lust an gewaltsamen Vorgängen, an Gewitter, Feuer, Wassernot, an Mifshandlungen, Mord und Todtschlag, an Hinrichtungen und Schlachten, die der Zuschauer empfindet. Von dem Leid andrer, wenn wir sie nicht hassen und Schadenfreude empfinden, wird oft gänzlich abgesehen. Die Lust ist so grofs, dafs sogar eine Unglücksnachricht, wenn sie nicht den Hörenden selbst betrifft, widerrufen, ein Gefühl der Enttäuschung hervorbringt. Hierher auch die Lust an Entladung, die sich bei heftigem Weinen und bei Zornesausbrüchen einstellt, also bei schmerzlichen Seelenbewegungen, deren Schmerz aber gemildert wird. Sogar die Furcht kann einen gewissen Reiz haben. — Verwandt mit diesen Seelenbewegungen ist die grausame Freude am Leid anderer Wesen. Sie ist

besonders intensiv, wenn dieses seinem körperlichen und seelischen
Schmerze Ausdruck verleiht. Unsere Passionen und Märtyrerdramen
bieten nicht viel von solchen Schmerzeäufserungen, aber es läfst
sich denken, dafs die Schauspieler die Schmerzempfindung nachahmten.
S. Valentin. Zeitschrift für vergleichende Litteraturgeschichte V S. 363:
die nordamerikanischen Indianer jubeln erst, wenn das Opfer am
Marterpfahl Schmerz zeigt, Holub, Neue Freie Presse, Feuilleton vom
14. Januar 1896: ein Zulustamm reifst einem lebenden Ochsen ein
Bein aus und jubelt, je mehr das Thier brüllt. S., was Stanley von
der Grausamkeit der afrikanischen Zwergvölker gegen Thiere berichtet, andere Reisende von den Kindern der nordamerikanischen
Indianer, was die Erfahrung von europäischen Kindern lehrt.
L. Tolstoi, Krieg und Frieden, deutsch bei Reclam II S. 371.
Wereschtschagin wird dem Volk zur Bestrafung ausgeliefert. Dieses
rührt sich nicht. Da haut ein Soldat ihm über den Kopf, und er
schreit. 'Und das war sein Verderben'. Jetzt fällt das Volk über
ihn her und tötet ihn.

Ästhetische Seelenbewegungen sind dann die suggerierten.
Wenn ein Volksredner mit dem Ton voller Überzeugung und
zugleich mit dem Ausdruck des Hasses und der Verachtung erklärt:
N. N. ist ein Schurke, so glauben seine Zuhörer das nicht nur,
sondern erhalten auch die vom Redner vielleicht nur gespielten
Empfindungen des Hasses und der Verachtung gegen N. N. Ein
Vater oder Lehrer, der mit dem Ausdruck des Entzückens von
Homer spricht, kann in dem Sohne, dem Schüler dasselbe Entzücken erregen, selbst wenn er Homer noch gar nicht gelesen hat.
F. Th. Vischers 'Einfühlung', 'Man fliegt mit der Wolke, dem Vogel'.
vgl. Th. Ziegler, Zeitschrift für vergleichende Litteraturgeschichte
VII S. 113, ist etwas Ähnliches. — Bei starken Gegenwirkungen
versagt natürlich die Kraft der Suggestion. — Unästhetische Seelenbewegungen im wirklichen Leben wären die oben S. 326 geschilderten. — Ebenso ruft ein leidenschaftliches Dichtwerk oder Musikstück starke Seelenbewegungen hervor, ohne dafs der Hörer deshalb
und dadurch bestimmten Mitmenschen gegenüber Liebe oder Hafs,
Sehnsucht nach ihnen und Schmerz um sie in höherem Grade empfinden müfste. — Die ästhetischen Seelenbewegungen sind immer
ganz oder zum Teil lustvoll.

Aber von den oben mit Kunstwerken zugleich angeführten, unmittelbar ästhetische Lust oder Unlust bereitenden Naturdingen

unterscheiden sich das Bild, die Statue der schönen oder häfslichen Frau, das Liebeslied und alle Werke der bildenden und musikalisch-poetischen Künste dadurch, dafs sie Nachbildungen wirklicher oder als wirklich vorgestellter Zustände und Vorgänge, äufserer und innerer, durch konventionelle Mittel in einem bestimmten von der Wirklichkeit verschiedenen Material darstellen und im Zuschauer und Zuhörer Vorstellungen von nachgeahmten Dingen und der Nachahmung selbst, sodann auch Nachahmungen von Seelen-bewegungen erregen, die den wirklichen nur ähnlich sind.

Diese Nachbildungen von Zuständen und Vorgängen haben ihren selbständigen, von dem Inhalt der oben angeführten wohl-gefälligen oder mifsfälligen Vorstellungen aus dem Bereich des wirklichen Lebens, das nachgebildet wird, unabhängigen Wert, d. h. sie erregen schon dadurch Lust, dafs sie gelungene Nachbilder, nicht Wirklichkeit sind, und Unlust, wenn sie als Nachbilder mifs-lungen sind. Das gilt von allen Nachbildern, auch der häfslichsten oder alltäglichsten Dinge, jeder tierischen oder menschlichen Gestalt oder Handlung, jeder Landschaft und ihrer Teile. Wie diese Strafse hineingeht! sagt der Kenner wohlgefällig vor einem Bilde, während die gelobte Eigenschaft an einer wirklichen Strafse ihn kalt läfst. Träume, Hallucinationen, die ja auch Nachbilder sind, langweilen nie. — Nur währt die Lust an der Nachahmung ganz geringfügiger Dinge oft nur kurze Zeit: diese Zeitdauer kommt aber auch bei Naturdingen in Betracht.

Hier liegt ein Heraustreten aus dem Bereich der ästhetischen Betrachtung, ihrer Lust und Unlust, nahe durch Vergleichung der durch das Kunstwerk erregten Vorstellungen mit denen des wirk-lichen Lebens, unserer Erfahrung, unseres Wissens, welche mit den ersteren gröfsere oder geringere Ähnlichkeit haben. Schillers Jungfrau von Orléans und ihr Tod ist eine vorgestellte Wirklichkeit, die er nachahmt, die rasche Umstimmung Annas in Richard III. beruht zum Teil auf der im Schauspiel notwendigen und nicht blofs in der Scene zwischen Richard und Anna vorkommenden Verdichtung, Zusammenziehung, nur andeutenden, nicht ausführenden Dar-stellung. Man erinnere sich der Schlachten. Die Vorstellungen von der wirklichen, d. i. uns und Schiller aus anderen Schriftwerken bekannten Jungfrau von Orléans, die der vergangenen Wirklichkeit näher stehen, und von der Langsamkeit menschlicher Sinnes-änderungen dienen nicht zur Verdeutlichung der genannten poetischen Kunstwerke. Und wer hier eine vollständige Übereinstimmung mit

dem wirklichen Leben verlangte, müfste es auch an einer Statue
vermissen, dafs man in ihr Fleisch keinen Eindruck machen könne.
Er vernachlässigt das Material.

Dieses Nachahmen ist aber selbst eine ästhetische Lust, welche
der Dichter, der Komponist und der ausübende Künstler empfindet.
S. den Nachahmungstrieb vieler Tiere, der beweist, dafs ihnen das
Nachahmungsspiel Vergnügen bereitet. S. Groos, Spiele der Tiere.

Die durch das Kunstwerk hervorgerufenen Seelenbewegungen
sind Nachahmungen wirklicher, d. i. solcher, welche wir bei ähnlichen Vorgängen der Wirklichkeit haben oder haben würden und
lustvoll wie das Nachahmen überhaupt. Aufserhalb der Kunst
kommen solche lustvolle Nachahmungen von Seelenbewegungen auch
bei gesunden Menschen im Rausch und Spiel vor, im Rausch, wenn
bei geringen Anlässen oder zufälligen Ideenverbindungen unge-
messenes Lachen, Freudentaumel, Liebe, Zorn, Wehmut sich in
einem Grade einstellt, wie im Leben nur bei grofsen und wirklichen
Anlässen, — im Spiel, wenn Kinder klagend eine gestorbene Puppe
begraben, beim Soldaten- und Räuberspiel, beim Hängenspiel
Kampflust, Wut, Furcht, Grauen empfinden, Erwachsene, beim
Scheingefecht, ein leidenschaftliches Streben empfinden, den Gegner
zu treffen, bei der Parforcejagd, das gehetzte Tier zu erreichen,
obwohl das Treffen des Gegners, die Erreichung des Thiers für
den Menschen nur einen kleinen Gewinn bedeutet. Beim Exerzieren,
Angriff mit dem Bajonett unter Hurrah, zu Pferd beim Kommando
Marsch! Marsch! — beim Manövrieren wird sich dies gesteigert einstellen. — Spencer in dem Abschnitt über Ästhetik seiner Psychologie
hat von einem Freund gehört, dafs ein deutscher Gelehrter den
Spieltrieb als eine Quelle der Künste aufgefasst habe, was er billigt
und verwertet!

Für die nachgeahmten Seelenbewegungen kommen auch jene
verdeutlichenden, oben S. 323. 327 erwähnten Nebenvorstellungen von
Thatsachen innerhalb und aufserhalb des Kunstwerkes in Betracht,
die durch ihren Gefühlswert Seelenbewegungen, wie lustvollen
Schmerz über ein vergangenes Bühnenunglück, lustvolle Furcht und
Hoffnung in Bezug auf in dem Kunstwerk zu erwartende Vorgänge,
erregen können, also etwa Furcht für Desdemona bei der er-
wachenden Eifersucht Othellos, für Christus bei den ersten Zeichen
der Feindseligkeit von seiten der Juden in einer Passion, ja auch
schon in einem Weihnachtsspiel, wenn der künftige Martertod Christi
angedeutet wird.

Daſs diese nachgebildeten Seelenbewegungen von den wirklichen verschieden sind, zeigt sich darin, daſs der nachgebildete
Schmerz lustvoll ist bei Dingen, die uns im Leben fast aus-
schlieſsenden Schmerz bereiten würden, daſs ein Ungläubiger die
in einem dichterischen Kunstwerk ausgedrückte Frömmigkeit oder
Höllenfurcht nachempfindet, daſs diese nachgebildeten Schmerzen
und Freuden nur kurze Zeit dauern, daſs doch nur ganz selten ein
sehr ungebildetes, nicht das normale Publikum den Schauspieler,
welcher den Tyrannen giebt oder gegeben hat, ermorden oder
wenigstens durchprügeln will, ebenso wie eine gemalte Speise oder
eine weibliche Statue nur die sinnliche Begehrlichkeit der Thiere
oder ganz ungebildeter oder geistig Gestörter auf sich selbst lenken.
Daſs der Schauspieler, der auf der Bühne in eine lächerliche und
belachte Lage gerät, nach der Vorstellung vom Publikum ausgelacht
wurde, ist, glaube ich, noch nicht beobachtet worden.

Der eigentliche Komiker aber, der durch Worte und Gebärden
Lachen erregt, wirkt durch diese auf der Bühne wie im Leben.
Die Heiterkeit, die er hervorruft, ist keine Nachbildung, aber sie
ist ästhetisch wie jedes Lachen, s. oben S. 329. — Aber die Frage
ist bei der Komik schwierig, da das Komische auch im Leben unbedingt lustvoll ist, und wir daher nicht wie bei dem Lustvoll-
Tragischen durch Vergleichung eines Bühnenvorgangs mit einem
analogen des wirklichen Lebens sagen können, ob und wodurch
sich das durch ein Kunstwerk erregte Lachen von dem des wirklichen Lebens unterscheide.

Unter den durch das Kunstwerk erregten Seelenbewegungen
wird ein Begehren selten vorkommen. Über das Rachegelüste
eines ungebildeten Publikums gegen einen Bühnentyrannen s. oben.
Allgemeine Kampflust ohne einen bestimmten Gegner kann
Zigeunermusik hervorrufen. S. die Nachrichten der Alten über
orgiastische Musik und ihre Wirkungen. Associativ natürlich mag
es eintreten, so Anmeldungen zum Kriegsdienst nach Absingung
eines patriotischen Liedes, eine Judenhetze bei dem Publikum, das
eben einer Passion beigewohnt hat.

Der immer vorhandenen Lust der nachgeahmten Seelenbewegungen kann auch Unlust beigemischt sein, selbst in hohem
Grade, so, wenn sie aus der bildlichen oder dichterischen Nachahmung gräſslicher Martern hervorgehen.

Ein dichterisches Kunstwerk bringt dergleichen Seelenbewegungen hervor, indem es sie über nachgeahmte Zustände und

Vorgänge erweckt, oder indem es sie suggeriert. Die durch ein Kunstwerk dargestellten Seelenbewegungen können dieselben bei dem Hörer, Leser, Zuschauer hervorrufen. Montaigne bei Baumgart, Poetik S. 521. 553: der tragische Dichter teilt dem Schauspieler *cholère, deuil, haine* mit, dieser dem ganzen Volk, Pascal Pensées, N. XLII, Paris 1891, S. 103: *Qu'il est difficile de proposer une chose au jugement d'autrui, sans corrompre son jugement par la manière de la lui proposer! Si on dit, Je le trouve beau, je le trouve obscur, on entraîne l'imagination à ce jugement ou on l'irrite au contraire.* Dubos bei Baumgart S. 516. In Fieldings Tom Jones ist Partridge, der Diener des Helden, zuerst vom Erscheinen des Geistes im Hamlet gar nicht ergriffen, erst als Hamlet seine Furcht, sein Grauen und Entsetzen darstellt, packt ihn die Angst. S. auch Baumgart, Poetik S. 516. 521. 553.

Auch hier kann bei starken Gegenwirkungen die Kraft der Suggestion versagen; s. oben S. 333.

Auch diese nachgeahmten Seelenbewegungen hat neben dem Publikum der Dichter, Komponist und der ausübende Künstler.

Bevor ich mich zu den mittelalterlichen Schauspielen wende und das eben Ausgeführte auf dieselben im einzelnen anwende, bemerke ich, daß, was unten als Association bezeichnet und eingerückt ist, sich nur auf die unästhetischen, durch das Kunstwerk nebenher erregten Vorstellungen und Seelenbewegungen bezieht, s. oben S. 323. 326. 329, nicht auf die Vorstellungen von den mit dem Kunstwerk eng verbundenen, dasselbe verdeutlichenden gegenwärtigen, vergangenen, künftigen Thatsachen, s. oben S. 323. 325, auch nicht auf jene Seelenbewegungen, die aus diesen verdeutlichenden Nebenvorstellungen entspringen.

IM BESONDEREN.

Durch die behandelten Schauspiele werden

Vorstellungen

geweckt, die sich auf das Stück, die Aufführung, den Dichter beziehen.

Auf das Stück.

Wenn wir hier, wo volles Verständnis des Dargestellten vorausgesetzt wird, von den ersten Vorstellungen absehen, s. oben S. 9 ff.,

so stellen sich durch die Aufführung oder Lektüre Vorstellungen
ein von Zuständen und Vorgängen eines als wirklich gedachten,
geglaubten oder angenommenen, somit vielfach der Gegenwart ähnlichen, durch sie kontrollierbaren vergangenen Lebens, — das aber
allerdings durch seine traditionellen, wunderbaren — s. S. 169. 221 —
und typischen, allegorischen — s. S. 191 f. 221 — Elemente von der
gegenwärtigen Erfahrung absticht, — entweder unmittelbar, indem
der gegenwärtige Theaterzustand oder -Vorgang einen entsprechenden
wirklichen andeutet, oder indem durch Berichte oder Andeutungen
sich Vorstellungen von zeitlich vorhergehenden, gleichzeitigen oder
kommenden Dingen erzeugen, die entweder im Stück selbst vorgeführt werden oder dem Publikum sonst bekannt sind oder ihm
bekannt gemacht werden. So, wenn im Cass. Weihn. auf den künftigen Martertod Christi, in den Ost. und Ost. H. auf das vergangene
Leiden und Sterben des Heilands hingewiesen wird.

Alle diese Vorstellungen sind mit Lust verbunden, einmal weil
sie Nachahmungen in einem andern Material sind, s. oben S. 331.

Dieses andere Material besteht in dem bestimmten, selten
wiederkehrenden Spieltag, der Bühne mit ihren Ständen, die Häuser
und Städte ferner Gegenden vorstellen, s. S. 17. 171, in den
kostümirten, fast immer insgesamt sichtbaren Schauspielern, die
Menschen alter Zeiten bedeuten, s. S. 23. 180, und sich dem
Publikum in einer feierlichen Prozession, s. S. 53, oft auch durch
ihre eigene Rede vorstellen, s. S. 262 ff., in der gebrauchten Sprache,
die eine tote, Lateinisch, oder gar eine Mischung von Latein und
Deutsch sein kann, s. S. 74 ff., 300, die meist metrisch ist, s. S. 76,
und gesungen werden kann, s. S. 79. 300, in den Formen der Rede,
den Monologen, s. S. 63. 200, Aparte, s. S. 67. 200, litterarische
Tradition, s. S. 215, wörtliche Wiederholungen, s. S. 112, und verschiedene Formen des Parallelismus, der Symmetrie, s. S. 120, anwendet, in der mehrere zugleich dasselbe sprechen oder singen,
s. S. 79. 310, in der Vorführung chronologischer, s. S. 229. 271.
277, und synchronistischer, s. S. 148. 288. 292. Reihen, von denen
die chronologischen sich durch Lücken, Pausen, s. S. 279. 285, von
der Wirklichkeit und Erfahrung, die synchronistischen durch ihre
Gleichzeitigkeit selbst von der Erfahrung entfernen, wobei diese
Gleichzeitigkeit auch durch Verschlingung der Bühnenvorgänge, s.
S. 126. 165. 316, oder selbst durch ein Nacheinander ausgedrückt
werden kann, s. S. 313 ff., — in der Verkleinerung der räumlichen,
s. S. 269, und zeitlichen, s. S. 273, Verhältnisse, in der oft sehr

starken Verdichtung beider Reihen, wobei Rede den Vorgang ersetzen
kann, s. S. 239. 274. 276. 283. 288 f. 294. 307. 309, wobei der
Dichter schon sich den wirklichen Raum verkleinert, s. S. 269,
oder einen oder zwei Schauspieler statt einer grofsen Mehrheit
sprechen läfst, s. S. 191, wo blofse Andeutungen bestimmte Vorgänge ersetzen, s. S. 191. 219. 288. 291 f., ja eine Art Loslösung
von Raum und Zeit stattfinden kann, s. S. 179. 195. 270. 288. 290 f.,
letzteres, was besonders in den Marienklagen erscheint, ist nicht
blofs Verdichtung, sondern auch ein Übergang von der dramatischen
zur lyrisch-elegischen Kunstform, — in der notwendigen Verletzung
der Proportionen, wenn die Bühnenstände weit voneinander liegende
Orte bedeuteten, s. S. 253, wenn die Seh- und Hörweite wechselte,
letztere scheinbar, s. S. 61. 162. 253, wenn wichtige Personen und
Vorgänge reich, unwichtige ärmlich mit Attributen versehen werden,
s. S. 270. 277, wenn wichtige Vorgänge ausgewählt, unwichtigere
unterdrückt oder nur angedeutet werden sowohl in der chronologischen als in der synchronistischen Reihe, s. S. 277. 288, was
trotz des oft umständlichen, durch die fortwährende Sichtbarkeit
aller Schauspieler bedingten Botenverkehrs, s. S. 271, und der
Neigung auch Nebenvorgänge einzuleiten und abzuschliessen. s.
S. 229. 232. 271, häufig geschieht, — in der Verbindung dramatischer Darstellung mit dramatischen Ansprachen an das Publikum,
also einer anderen, z. T. epischen Kunstform, s. S. 256. 264 ff., —
in der Versetzung der Personen und Zustände alter Zeiten in den
Vorstellungskreis mittelalterlicher Stadtbürger, s. S. 196.

Aber es kann sich Mifsfallen einstellen, wenn innerhalb dieser
durch die gewählte Kunstform gegebenen Grenzen Abweichungen
von der erreichbaren Naturwahrheit vorkommen, wenn die Charaktere der Personen schablonenhaft, einseitig gezeichnet sind, wie
Herodes, der typische Tyrann, oder wenn ihre Gefühlsäuferungen
sich zu widersprechen scheinen, Magdalenas, der reuigen Heiligen,
rohe Worte an Martha, Johannes' und Petrus', der Apostel, plötzlich possenhaftes Benehmen beim Wettlauf zum Grabe; zu starke
Abhängigkeit von der literarischen Tradition, die Worte *Rabi, quod
dicitur magister* im Munde der aufs höchste erregten Magdalena an
Christus als Gärtner, s. S. 217, andres Formelhafte, s. S. 216, die
schwache oder fehlende Motivierung, s. S. 239, durch vieles von den
Unwahrscheinlichkeiten und Widersprüchen, s. S. 239. 244, durch
Übertriebenes, s. S. 243, Schwankendes, Unklares in den Vorstellungen,
s. S. 192, die Selbsteinführung schon bekannter Personen, s. S. 264.

318, epischer Bericht in dramatischer Ansprache nach der Aktion, s. S. 266. 318.

Oder es kann die stärkere oder geringere Verwendung der scenischen Mittel gegen die Stellung der betreffenden Person oder Handlung, im Zusammenhang des Ganzen betrachtet, zu verstofsen scheinen, unwichtige Personen, wie der Krämerarzt und sein Diener, sehr reich, wichtige dürftig ausgestattet sein; wichtige Vorgänge, wie das Abendmahl, der Untergang des Antichrists, durch blofse Aktion, unwichtigere, wie die Scene zwischen dem Krämerarzt und seiner Sippe, mit reichlicher Rede vorgeführt werden, s. S. 253. 274. 276, wenn Berichte die Darstellung bei wichtigen Dingen ersetzen, s. S. 278, — die Fälle aus der Mastr. Pass., — 279, wenn Wiederholungen nicht der Deutlichkeit und Eindringlichkeit der Vorstellungen dienen, s. S. 296 ff. 303 f. Das ist ein Mifsfallen ähnlich jenem, das gegenwärtig empfunden werden kann, wenn ein ungeschickter Dramatiker, trotzdem er über den Scenenwechsel verfügt und ihn sonst anwendet, einmal dasselbe Lokal in unwahrscheinlicher Weise beibehält.

Durch Association kann Mifsfallen entstehen, wenn jemand z. B. durch die Aufführung einer Passion an die Juden und Römer der Geschichtswerke erinnert wird oder bei raschen Umstimmungen des Gemüts, s. S. 241, an die langsamen des wirklichen Lebens oder an andere dramatische Kunstformen, durch deren andres Material Juden, Römer und Umstimmungen zu seinem Vergnügen naturwahrer dargestellt schienen. — Andererseits ist oft die Erregung religiös-moralischer Vorstellungen wirksam. Sie können so anziehend sein, dafs sie über sonst Mifsfälliges hinweghelfen: die Ehrfurcht vor der Bibel als Buchquelle über das Epische neben dem Dramatischen, über Magdalenas Worte bei der Begegnung mit Christus als Gärtner: *Rabbi, quod dicitur magister.* S. das mit grofser Ergriffenheit am Gründonnerstag gesungene *Incipit lamentatio — Aleph — Beth — Gimel.*

Durch die lustvolle Darstellung des Nachgeahmten können auch die unten bei der Auswahl erwähnten mifsfälligen Vorstellungen angenehm werden, wenn auch nicht in dem Grade wie jene, die schon im Leben gefallen und nun noch das Angenehme der Nachbildung erhalten.

Die geweckten Vorstellungen sind ferner lustvoll, weil sie aus der Fülle des menschlichen Lebens eine Auswahl dessen enthalten,

was auch im wirklichen Leben anzieht, interessiert. Der Inhalt
dieser Vorstellungen ist wichtig bis zum Tragischen, heiter bis zum
Lächerlichen. Einerseits leidenschaftliche Bestrebungen, liebevolle
Teilnahme, große Schicksale, Freuden und Leiden. — Herodes.
Johannes der Täufer, Christus, die Märtyrerinnen; andererseits unzu-
längliche Hülflosigkeit, freche Vordringlichkeit ohne inneren Wert,
der h. Joseph. der Krämerarzt. Das Ernste und Heitere wird meist
in erregten Gesprächen mit eifriger Rede und Gegenrede, bis zu
gegenseitigen Beschimpfungen und Verhöhnungen, vorgetragen; s.
die Verhöre Christi, das Gezänke zwischen dem Krämerarzt und
Rubin, Josephs mit den Mägden. Solches zu hören giebt das
Leben nicht oft Gelegenheit und erweckt immer Interesse.

Von diesen im allgemeinen anziehenden Dingen wird aber
wieder nur das Interessanteste ausgewählt: das Gleichgültige, Lang-
weilige, das jedem länger ausdauernden Vorgang des wirklichen
Lebens anhaftet, wird zum Teil beiseite gelassen, trotzdem häufig
eine längere chronologische Abfolge, Jahre umfassend, dargestellt wird.

Aber die Auswahl kann auch mißfallen, — z. B. durch den
geringen Gehalt der theoretischen Erörterungen, — durch die Fülle
von wenig bedeutenden oder charakteristischen Personen und
Vorgängen.

Hier werden sich reichlich Associationen einstellen. Sie
können Mißfallen erwecken an dem so häufigen didaktischen
Inhalt, ohne Rücksicht darauf, ob er einen wertvollen Gehalt
habe oder nicht, s. die Gespräche von Ecclesia und Synagoga
oder das Innsbr. Fronl., — an der Vorführung heiliger Personen,
deren Würde durch rohe Beschimpfungen und gräßliche Marter
leidet, — an dem geringen Grad von geistiger und sittlicher
Bildung, den die vorgeführten Personen zeigen, — Pilatus ist
nicht als kühler römischer Staatsmann dargestellt, sein Wort, 'Was
ist Wahrheit?' nicht verstanden und verwertet, Maria sagt von
ihrem toten Bruder Lazarus, er stinke wie ein fauler Hund;
Magdalena ist grob gegen Martha, ist also eine gemeine Natur, —
nicht inkonsequent gezeichnet wie oben S. 336, — Ecclesia und
Synagoga zanken in gemeiner Weise, — an dem niedrigen
Charakter der komischen Scenen, in denen die Heiterkeit meist
nur durch den berufsmäßigen Spaßmacher und seine skurrile
Beredtsamkeit erzielt wird, — an dem Untragischen des Konflikts,
insofern dem Helden nicht gleich- oder nahezu gleichberechtigte

Gegner gegenüberstehen, der Held auch nicht gerade durch jenes Mittel zu Grunde geht, durch welches er sich und seine Sache retten will. — Hinzukommen kann auch Abneigung gegen die mittelalterliche Form der Religiösität, gegen den Judenhafs.

Diese Vorstellungen interessanter Dinge sind ferner dadurch wohlgefällig, dafs sie deutlicher und eindringlicher sind als im Leben. Die Motive der handelnden Menschen sind meist durchsichtig. Die handelnden Personen sprechen ihre Absichten klar aus, oft in Monologen, die im Leben nicht vorkommen, oder in Beratungen einer kleinen Anzahl von Teilnehmern, denen das Publikum anwohnen darf. Die Äufserungen der hohen und niederen Personen sind oft charakteristischer als im Leben, wo sie immer erfreulich wirken: 'Das ist der ganze N.N.'

Diese Deutlichkeit der erregten Vorstellungen wird auch dadurch erregt, dafs sie reicher sind, als im wirklichen Leben, indem man bei der meist ununterbrochenen Abfolge der dargestellten Vorgänge jedesmal gleichzeitig sieht und hört, was an verschiedenen Orten vorhanden ist und sich ereignet, das Abendmahl Christi und die ihm feindseligen Beratungen der Juden, also fast die ganze Breite des menschlichen Lebens, was weder dieses noch die antike oder moderne Bühne gestattet, die für den dramatischen Augenblick nur einen Ort kennen und im Verlauf des ganzen Stückes entweder nur die Vorgänge darstellen, die sich ununterbrochen innerhalb eines kurzen Zeitraums der Wirklichkeit an einem Lokal abspielen, was in besonders günstigen Fällen eine Person im wirklichen Leben beobachten könnte, — oder mehrere zeitlich und räumlich oft weit getrennte, nach ihrer Wichtigkeit gewählte Ausschnitte aus wirklichen Vorgängen zur Anschauung bringen.

Zur Deutlichkeit und Eindringlichkeit der Vorstellungen gehört auch die dem Leben sich nähernde Menge der handelnden Personen, s. S. 270, die Wiederholungen und Gegensätze, s. S. 296 ff. 304, das Aufsteigen, auch Abfallen aufeinander bezogener Vorgänge, ihre Ordnung, s. S. 317.

Aber die Pluralität der Bühnenorte, die dadurch bedingte wechselnde Seh- und wirkliche Hörweite — zu trennen von der scheinbaren, s. oben S. 336 —, je nachdem eine Person im Publikum dem Orte, an dem gerade gespielt wurde, näher oder ferner stand, der zufolge ein Teil des Publikums häufig schlecht sah und hörte, hat durch die Undeutlichkeit des Eindruckes gewifs auch Mifsfallen erregt, — ebenso konnte eine Fülle gleichgültiger Nebenpersonen mehr verwirren als verdeutlichen.

Zu der gefallenden Deutlichkeit interessanter Vorgänge kommt die grofse Anzahl, die sich in der verhältnismäfsig kurzen Bühnenzeit zusammendrängt. Es wird im Leben sehr deutlich und stark empfunden, wenn einmal während weniger Tage mehreres Wichtige vorfällt. — Dann kann dieselbe Begebenheit auch unter verschiedenen Gesichtspunkten aufgefafst werden. Christus, der unschuldige Mensch, gerät in die Gewalt der Juden und wird getötet. Aber er ist nicht nur unschuldiger Mensch, auch Gottes Sohn, er geht durch einen nahen Genossen unter, er bereitet Marien durch alles dies den gröfsten Schmerz.

Auf die Aufführung.

Sie kann wohlgefällige Vorstellungen von der Kunst des Schauspielers, Sängers, Leiters, Malers erregen — oder mifsfällige —. Aber wir haben keine oder zu allgemeine Nachrichten darüber, um uns selbst ein Urteil zu bilden.

Eine Association wäre das Wohlgefallen an dem Schauspieler als Mitbürger, Zunftgenossen.

Auf den Dichter.

Die oben angeführten wohlgefälligen oder mifsfälligen Vorstellungen können wir auch auf den Dichter und seine eigenartige Weltanschauung beziehen, sie ihm anrechnen und uns dadurch eine angenehme oder unangenehme Vorstellung von seiner Kunst machen. Unser ästhetisches Vergnügen an ihm ist wie das an einem erfreulichen Naturwesen, — im Gegensatz zu dem an dem Text des Stückes oder an der Aufführung.

Associativ wäre die angenehme Vorstellung von seiner Frömmigkeit, Bravheit, oder dafs er Maria nicht gebären lasse wie Bonaventura, stehend an eine Säule gelehnt, — die unangenehme von seiner Unbildung, seinem Aberglauben.

Es ist aber auch möglich, gerade an der Unkunst und Unbildung des Dichters ein ästhetisches Vergnügen zu haben, insofern einem die Vorstellungen von dem Gegensatz zwischen anspruchsvollem Bestreben einer minderwertigen Persönlichkeit und kläglichem Mifslingen deutlich werden, — oder die von seiner unschuldigen, kindlichen Naivität.

Durch weitere Association kann man die angenehme Vorstellung von der Tüchtigkeit der Unternehmer, den überwun-

denen Schwierigkeiten, dem Reichtum und dem Kunstsinn der
Stadt gewinnen, in welcher ein Schauspiel aufgeführt wurde, —
oder die unangenehme von dem geringen Bildungsgrad dieser
Stadt, welche sich mit solchen Aufführungen zufrieden gab, indem man etwa das alte Athen zum Vergleich heranzieht.

Die angeführten mit Lust oder Unlust verbundenen Vorstellungen haben sich bei dem Dichter, dem Schauspieler und Spiel-
leiter, dem mittelalterlichen Publikum und dem mittelalterlichen
Leser erzeugt und erzeugen sich noch bei dem gegenwärtigen Leser.

Für den alten Dichter und Schauspieler werden die nachgeahmten Vorstellungen als Nachgeahmtes und als Akt der Nachahmung wohl immer mit Lust verbunden gewesen sein. — Dabei
sah der Schauspieler sich auch befriedigt als andern Menschen. S.
die weit verbreitete Lust, sich geläufig in einer fremden Sprache
mündlich oder schriftlich auszudrücken, ihre Idiotismen, das Tempo
und den Satzton ihrer Rede nachzubilden, worauf, wie Scherer
einmal bemerkt hat, zum Teil die lateinische Litteratur des Mittelalters und der neuen Zeit beruht. Auch gewissen Tieren bereitet
neben dem Nachahmen überhaupt das Nachsprechen insbesondere Vergnügen. — Außerdem wird Dichter und Schauspieler der religiöse
Inhalt der von ihnen hervorgerufenen oder zur Darstellung gebrachten Vorstellung gewiß nur angenehm gewesen sein. — Auch von
ihrer eigenen Kunst werden sie höchstwahrscheinlich befriedigende
Vorstellungen gehabt haben.

Bei dem ausübenden Schauspieler kann durch Association
die angenehme Vorstellung von seiner schönen, nun durch das
Kostüm erhöhten Erscheinung hinzukommen oder von der Würde,
welche ihm eine wichtige oder ansehnlich ausgestattete Rolle
verlieh, oder wenn er vornehme Personen oder Krieger zu
spielen hatte.

Das Publikum hatte unter der verschiedenen Seh- und Hörweite zu leiden, s. oben S. 336. 339, und erhielt dadurch auch miß-
fällige Vorstellungen.

Diese werden sich dem gegenwärtigen Leser häufiger als dem
alten oder dem Publikum einstellen, hauptsächlich weil es bei alten
Kunstwerken noch schwerer ist, als bei neuen, sich von Associationen
freizuhalten.

Wahrscheinlich nur ihm, nicht auch dem gebildeten Zuschauer
oder Leser des Mittelalters kommen die lusterfüllten, aber mit

Geringschätzung gemischten Vorstellungen von der naiven Unfähig-
keit des alten Dichters zu. Er wird also Vorstellungen haben,
welche der alte Dichter bei seinem Publikum nicht hervorrief noch
hervorrufen konnte. Die Fehler gegen die Nachahmung werden
meist nicht bemerkt worden sein, und Komik und Naivität waren
gar keine Eigenschaften der mittelalterlichen Dramatiker, da ihr
Kunstvermögen, ihr Bildungsgrad und ihre Weltanschauung sie von
den Begabteren und Höhergebildeten ihrer Zeit nicht so weit entfernte, als sich gegenwärtig ein ländlicher Puppenspieler von einem
gleichzeitigen Kunstdichter unterscheidet.

Das Vergnügen an der unfreiwilligen Komik und Naivität der
alten Dramatik ist zwar ästhetisch, gehört aber nicht in die Be-
schreibung des alten Kunstwerks selbst, sondern in die seiner
Wirkungen auf spätere Zeiten. Das gilt ebenso für Homer und
Hans Sachs. Wer Hans Sachs als Erscheinung des sechzehnten
Jahrhunderts in der Weise naiv findet, wie etwa ein gegenwärtiges
Kind oder Landmädchen, der fällt in den Fehler Voltaires oder
Gervinus', wenn sie die Wortwahl bei Dichtern des siebzehnten
Jahrhunderts tadeln.

Ferner werden durch die behandelten Stücke

Seelenbewegungen

erregt, die sich auf das Stück, die Aufführung, den Dichter beziehen.

Auf das Stück.

Diese Seelenbewegungen werden erregt:

1) durch die schauspielerisch dargestellten Zustände und Vorgänge, sowie auch durch eingestreute epische Teile, durch Rückblicke,
Beziehungen auf Vergangenes, Andeutung des Künftigen, beides
innerhalb und aufserhalb des Stückes, s. oben S. 192. 195. 222. 227.
255 über den Gefühlswert der dramatischen Zustände und Vorgänge. S. auch S. 38 ff. 200 ff. Diese Seelenbewegungen entsprechen
solchen, die im wirklichen Leben durchaus erfreulich oder mit
Schmerz verbunden sind.

a) Die im Leben durchaus erfreulich sind.

Freudige Billigung, Liebe gegenüber gütigen, freundlichen
Menschen und ihren Handlungen. S. Christus mit Lazarus, Magdalena, Innsbr. Ost. H. 1051, der Ehebrecherin, der Samariterin,
die Liebe der Familie des Lazarus untereinander und zu Christus,
besonders Magdalenas zu Christus, Muri. Ost. H. 215. 291, Marthas

zu Christus, Eger. Pass. 2875, Lazarus' zu Magdalenen, Don. Pass.
379. Diese kann sich zu liebender Rührung, bis zu Thränen
steigern, wenn ein Gegensatz zwischen wertvoller Gesinnung und
Handlung und äufserster Schlichtheit, ja Unbeholfenheit der Form
hinzutritt. S. die 'Reize der Moral' im vorigen Jahrhundert. Etwas
von diesem Eindruck bewirkt der h. Joseph im Cass. Weihn. —
Andererseits kann freudige Billigung auch einem gelungenen Spitz-
bubenstreich gelten; s. die Entführung der Frau des Arztes durch
Rubin.

Bewunderung, oft mit Ehrfurcht verbunden, bei grofsartigen
Personen und Vorgängen: Gott Vater als Weltschöpfer und -Ordner,
Mastr., Eger. Pass., Wolf. Sünd., Christus als Welterlöser durch seinen
Märtyrertod, als unerbittlicher Weltenrichter. Der deutsche Kaiser
als sieghafter Fürst, und wie er die Krone auf dem Altar nieder-
legt, Teg. Ant. Dorothea, Katharina als heldenhafte Märtyrerinnen.
Lucifer, indem er sich Gott kühn gegenüberstellt, Mastr., Wien.,
Eger. Pass., Wolf. Sünd. — Auch Sachen gehören hierher: das
Kreuz und die Hostie im Innsbr. Fronl.; s. oben S. 195.

Durch Association. Durch religiöse Verehrung Gottes, Dank-
barkeit gegen Gott, patriotischen Stolz.

Behagen. Bei dem Jubel in der Wochen- und Kinderstube in
Cass. Weihn., wo ein Fest mit Gesang und Tanz um die Wiege
herum gefeiert wird, und Maria den kleinen Jesus bittet, die allgemeine Freude nicht durch Erwähnung seines künftigen Marter-
todes zu stören, 336, — im Erl. Weihn., wenn die Hebamme mit
Pfanne und Löffel erscheint. Bei Magdalenas lustigem Weltleben.
Bei dem Fest, das König Salomon den Propheten und der Königin
von Saba giebt, wobei Eimbecker Bier kredenzt wird[1]).

Freude, Mitfreude. Wieder bei dem Jubel in der Wochen-
und Kinderstube im Cass. und anderen Weihnachtsspielen, sowohl
mit Maria, der glücklichen und heiligen Mutter, als mit gleich-
gültigen, ja niedrigen und komischen Personen, die sich auch über

---

[1]) Wenn Aristoteles nach Cramers Anekdoton von der Komödie gesagt
hat: δι' ἡδονῆς καὶ γέλωτος περαίνουσα τὴν τῶν τοιούτων παθημάτων κάθαρσιν,
und er die Proportion φόβος: ἔλεος = τὸ γελοῖον: ἡδονή aufstellt, so muls er
hier unter ἡδονή etwas anderes verstanden haben, als etwa im c. 14 der Poetik,
wo er die ἡδονή der Tragödie u. a. von ἔλεος und φόβος ableitet. Gemeint ist wohl
die Darstellung behaglicher, meist sinnlicher Vorgänge, Gelage, Liebesscenen
aller Art. Vielleicht waren Aristoteles' eigene Worte δι' ἡδέος καὶ γελοίου,
da τὸ ἡδύ als Behagen im engeren Sinne gebraucht werden kann als ἡ ἡδονή.

die Geburt Christi freuen, mit Joseph, den Engeln, den Jungfrauen
von Sion, den h. drei Königen, den Hirten, den Knechten und
Mägden, — mit Magdalena und Theophilus bei ihrer Bekehrung und
Rettung, — mit Magdalena, als sie Christus im Garten findet, — mit
Joachim und Anna bei der angekündigten Geburt einer Tochter, —
mit den Geretteten in Zehn Jungfr. und Rhein. j. Tag, sowie mit
den aus der Vorhölle erlösten Vätern in den Ost. H.

Heiterkeit bis zum Lachen wird erregt durch Worte und
Handlungen der Berufskomiker, vor allem durch ihre skurrile Beredsamkeit, s. oben S. 188. 207. 215. Hierher gehört Rubin und Pusterbalg in der Ost., Ost. H., Pass., auch ihr Herr, der Krämerarzt,
der Hofnarr des Herodes in S. Gall. Weihn., Erl. Dreik., der Diener
der Blinden in Alsf. Pass. 2413, der Teufel Tutivillus in Red. Ost. H. 616,
der wirkliche Gärtner und sein Knecht in Sterz. Ost. S. 152, einige
Prolog- und Epilogsprecher, s. oben S. 258. — Eine andere Gruppe
komischer Personen sind solche, die durch ihre Eigenschaften
komisch wirken. Einmal niedrige oder kleine Naturen, die einen
habituellen Gegensatz zwischen Eigenschaft und Stellung, Vermögen
und Willen und Ansprüchen zeigen; die frechen Diener des Krämerarztes Rubin und Pusterbalg, die frechen Mägde im Cass. Weihn., —
s. auch die frechen Teufel als Diener Lucifers im Red. Ost. H., —
die frommen aber tölpelhaften Hirten in den Weihn., besonders
Cass. Weih. 440, die prahlerisch-feigen Grabwächter in den Ost. H.
und Pass., der prahlerisch-unwissende Krämerarzt in den Ost., Ost.
H. und Pass., die von Lucifer übel behandelten, sonst so gefürchteten
Teufel in Red. Ost. H. Auch der h. Joseph und die Apostel Petrus
und Johannes werden so aufgefasst, was Petrus anbelangt, wohl
wegen seiner bewiesenen Charakterschwäche. Der h. Joseph ist
der eifrig-hülflose Nährvater Christi, Cass. Weihn. 562. 600. 607.
614, Petrus und Johannes werfen sich gegenseitig wenig mit ihrer
Stellung vereinbare Sünden vor, Trunksucht, Lüge, Diebstahl, Petrus
hinkt zudem, Eger. Pass. 8107, Sterz. Ost., Wien. Ost. H. Auch das
Temperament der Juden zeigt den Gegensatz; sie wenden mehr
Eifer in Reden und Gesten an, als zu einem bestimmten Zwecke
nötig ist. S. den nervösen Archisynagogus im Ben. Weihn. in seinem
Kampfgespräch mit dem würdig ruhigen Augustinus. Judas' Ärger
über Magdalenens Vergeudung der Salbe in Eger. Pass. 3071, sein Miss-
trauen beim Empfang des Geldes, Alsf. Pass. 3212, Augsb. Pass. 225. —
Besonders tritt die Komik hervor, wenn solchen Personen ein kleines
Missgeschick begegnet; s. die Beschimpfungen, Verhöhnungen oben

S. 207, oder ein Grabwächter, ein Hirt wird von seinem Genossen
mit einem Fußtritt geweckt, Don. Pass. 3991, Cass. Weihn. 858,
die frechen Mägde prügeln Joseph, Cass. Weih. 614, die Diener des
Krämerarztes, die Grabwächter und Juden prügeln sich in den Ost.
und Ost. H., Petrus als Hinkender fällt beim Wettlauf, Eger. Pass.
8125. 8144, Erl. Ost. 1293, Sterz. Ost. S. 167, Wien. Ost. S. 334,
15. Malchus verliert sein Ohr. Wenn er dann, um zu sehen, ob
es wirklich wieder angewachsen ist, es von einem Kameraden hin
und her ziehen läßt, Frankf. Pass. 2399, so bedenkt er in seinem
Eifer nicht, daß er sich dadurch in eine sonst für schimpflich an-
gesehene Lage bringt. Auch die Verurteilung der Berufs-, meist
Handwerkssünder in der Hölle, Innsbr. Ost. H., Wien. Pass., M. Magd.,
Red. Ost. H., ist wohl nicht ernst gemeint, mehr ein Bühnenunglück,
gehört also unter die kleinen Mißgeschicke. Im Rhein. j. Tag kommen
solche Leute nicht vor. Auch Glück, das komischen Personen begegnet, kann sie zu lächerlichen Gefühlsäußerungen bewegen; s.
Joseph und das Gesinde im Cass. Weihn. — Ferner ehrwürdige
Personen, die aber in einem gewissen Fall, nach einer gewissen
Seite den oben erwähnten Gegensatz zeigen und darüber in kleines
Mißgeschick geraten. So wenn dem königlichen Propheten David, der
ja überhaupt seine Schwächen hat, von dem Erzengel Michael seine
vor Gott als einem so großen Herrn unpassende Geschwätzigkeit
vorgehalten wird, Wolf. Sünd. 3599. Hierher gehört vielleicht auch
einiges absichtlich Anachronistische, s. oben S. 196, wobei das Kunstwerk, das doch vergangene Zeiten darstellen will, seine Entstehung
in der Gegenwart verrät. An den Dichter dachte man hier wohl
nicht und thut es auch jetzt nicht immer.

Lächerlich sind auch alle Unsauberkeiten der Rede, s. oben
S. 214, oder der Handlung, s. oben S. 220, wie das Trinken der
Juden aus dem *culus vituli.* Das Unverständliche in den Reden
der Juden und Teufel, s. oben S. 75 f. Das Wunderbare, wenn es
skurril ausgedrückt ist, s. oben S. 215. 221, wenn der Hahn
in Worten singt, *Gucse gu gu gu ga! Peter lug lug lug nu da.* Die
dem Mond und den Sternen in den Mund gelegten Worte, in demselben Alsf. Pass. 6320. 6334, sind aber nicht komisch. S. oben
S. 194.

Hoffnung, sichere Erwartung, daß es einem Gehaßten noch
übel ergehen, der Geliebte noch Glück erfahren werde. Judas,
Herodes, Fabricius in Dor., Maxentius in Kath., — Christus, Dorothea,
Katharina.

Durch Association entstünde die Hoffnung, daſs wir in dem Stück noch Interessantes sehen werden, daſs eine Judenhetze sich anschlieſsen werde.

Schadenfreude. Sie wird erregt von Judas, dem Antichrist, Herodes, Fabricius in Dor., Maxentius in Kath., Sathan in M. Magd., Theoph. Trier., dem aufgeblasenen Krämerarzt, dem sein frecher Diener Grobheiten sagt, dem er seine Frau entführt.

Associative Schadenfreude wäre das Vergnügen, das ein Zuschauer darüber empfände, daſs den gegenwärtigen Juden in den Passionen so unangenehme Dinge gesagt werden.

Bei dem Anblick und dem Anhören von grausamen, unter Hohnworten zugefügten Miſshandlungen wird z. T. durch Erregung der grausamen Instinkte des Publikums Lust erregt, wobei es von der Person des Miſshandelten gänzlich absieht; s. oben S. 330.

Auch bei a) ist für feiner Gebildete gute Nachahmung, also lustvolle, durch die Nachahmung erweckte Vorstellung, Bedingung des Gefallens. Die Freude über eine dargestellte edle Handlung edler Personen kommt gegen das Miſsfallen, welches schlechte Nachahmung erregt, nicht auf, auch nicht die durch Association erregbaren religiösen Gefühle — s. oben S. 343 —, sie werden sich vielleicht gar nicht einstellen, wie jetzt ein gebildeter Mensch an einem Drama keinen Gefallen findet, wenn ein unzulänglicher Dichter oder Schauspieler die politischen, socialen, ethischen Ideale des Lesers oder Zuschauers darstellt.

b) Die im Leben mit Schmerz verbunden sind, wenn auch oft von einer gewissen Lust begleitet, s. oben S. 330. Wenn solche Seelenbewegungen, durch das Schauspiel in uns erregt, ausschlieſsende Lust bereiten können, so erklärt sich dies dadurch, daſs es durch nachgebildete Vorstellungen erregte Nachbildungen von Seelenbewegungen sind, s. oben S. 332, die sich nie auf den Zuschauer beziehen. Derselbe empfindet im Schauspiel nie einen körperlichen Schmerz, auch nie, auſser durch Association, die bei verschiedenen Menschen verschieden sein muſs, Beschämung, Reue, einen erlittenen Verlust, Furcht für sich und dies um so weniger, als die Leidenden des Schauspiels göttliche und heilige Personen sind, von denen und deren möglichen Schicksalen sich der Zuschauer weit entfernt weiſs.

Mitleid, Rührung bis zu Thränen, bewirkt durch den Gegensatz zwischen einer liebenswürdigen oder von mir geliebten Person, die trotzdem leiden muſs: ihr Wert kann sich gerade im Leiden zeigen; jedenfalls wird die Liebe des Zuschauers zu ihr erhöht, was immer Lust bereitet. Beispiele: die Marienklagen, Maria mit dem Leichnam Christi im Schoſs unter dem Kreuz, das Wiedersehen Mariens und Christus' nach der Auferstehung, Augsb. Ost. H. 2541, das Leiden Christi selbst. Bei diesen Anlässen wird das Publikum geradezu aufgefordert zu weinen; s. oben S. 259. Die Trauer Magdalenens und ihr Wiedersehen mit Christus als Gärtner, die Klage der Mütter bei der Ermordung der unschuldigen Kinder, Christus' liebende Trauer beim Tod des Lazarus, Mastr. Pass. 1187. S. auch oben S. 342 unter n) 'Freudige Billigung'. — Man sieht, daſs Lachen, s. oben S. 344, und Thränen durch Ähnliches, d. i. einen Gegensatz, hervorgerufen werden können. Aber jene andere Komik, welche durch spaſshafte, witzige Rede und Gebärde hervorgerufen wird, hat keine Entsprechung auf Seite der traurigen Empfindungen.

Miſsbilligung. Schon im Leben verbindet sich hiermit leicht die lustvolle Empfindung der eigenen Überlegenheit. Beispiele: Magdalena, Theophilus.

Haſs, Abscheu; ist auch im Leben als Entladung mit Lust verbunden, z. T. auch durch das Gefühl eigener Überlegenheit, aber diese Lust wird im Leben durch Erinnerung an das Böse, das der Gehaſste uns oder anderen angethan hat, getrübt. Beispiele: Judas, die Juden als Feinde Christi, Fabricius in Dor., Maxentius in Kath. — Der Haſs wird gesteigert, wenn es dem Gehaſsten gut geht, also ein Gegensatz wie bei der Rührung, beim Lachen, s. oben. Beispiele: Herodes, der ältere und jüngere, beim Gelage, die Juden und Henkersknechte, wenn sie Schadenfreude zeigen, wenn sie unter dem Kreuz singen, tanzen, trinken, würfeln.

Verachtung. In Bezug auf das Leben gilt, was bei Miſsbilligung, Haſs und Abscheu gesagt wurde. Beispiele: Judas, Petrus, die Schwestern Dortheas, die Juden.

Bei Miſsbilligung, Haſs, Verachtung stellt sich leicht die Hoffnung, die schadenfrohe Erwartung ein, daſs der Schlechte, Gehaſste Strafe erhalten werde. S. oben S. 345.

Association aber ist es, wenn wir mit Lust daran denken, daſs Judas usw. ihre Strafe ja wirklich empfangen haben.

Schrecken, Entsetzen, Grauen; s. oben S. 329. Beispiele: die Martern Christi, die Geiſselung, besonders Eger. Pass. 5306, Frankf. Pass. 3440, die Einzelheiten der Kreuzigung, die stumpfen Nägel,

Don. Pass. 3242, Frankf. Pass. 3656, die zu weit von einander ge-
bohrten Nagellöcher, Alsf. Pass. 5606, Augsb. Pass. 1635, Don.
Pass. 3242, Eger. Pass. 6120, Frankf. Pass. 3705; Christus windet
sich wie eine Schlange am Kreuz, was Maria sieht, Bord. Mkl. 185,
Red. Ost. H. 422. Die Martern Dorotheens und Katharinens; der
Frau des Maxentius werden die Brüste ausgerissen, Kath. S. 160.
Der Kindermord. Die Schrecken der Hölle und des jüngsten
Gerichts mit seinen entsetzlichen Posaunen, Zehn Jungfr., Rhein.
j. Tag. — Oft verbinden sich mit der Darstellung dieser leiblichen
und geistigen Qual spafshafte Handlungen und Reden der Henker:
Don. Pass. 2237 ziehen sie Christus den Stuhl weg, nachdem sie
ihn aufgefordert haben, sich zu setzen, Eger. Pass. 4516 spielen sie
mit Christus Kinderspiele; s. die Hohnreden 5796. 6552 *Hört zu,
Ihesum den dürst Auff die nechtigen praticürst*, oder es wird unter
dem Kreuz getrunken und gewürfelt, Frankf. Pass. 3725. S. die
Beteiligung von Herodes' Hofnarren am Kindermord, Erl. Dreik. 325. —
Mit dem Schrecken, Entsetzen, Grauen verbindet sich leicht das
Wohlgefallen an der Grausamkeit; s. oben S. 330.

Die schrecklichen, entsetzlichen Bühnenvorgänge können aber
so grell sein, dafs einzelne oder alle Zuschauer davon abgestofsen
werden, nur Abscheu empfinden. Man sollte meinen, die Darstellung von Christi Martern besonders im Eger. Pass. müfste auf
manche so gewirkt haben. Dasselbe finden wir auch im Leben.

Association wäre es, wenn der Gedanke, dafs der so
schmählich und grausam mifshandelte Mensch auf der Bühne
Christus, der Gottessohn, ist, Abscheu vor der Entwürdigung
einer verehrten Person hervorriefe.

Die associative Betrachtung, dafs das Schicksal der Fatuae
im Zehn Jungfr. auch ihm droht, hat dem Landgrafen von
Thüringen alle Freude am Schauspiel ausgelöscht und ihn in
Verzweiflung gestürzt. Aber s. dazu unten S. 352.

Furcht für den Helden, für Christus beim Abendmahl, auf dem
Ölberg, für Maria bei Christi Gefangennehmung, für Dorothea,
Katharina, Magdalena in ihrem Weltleben, Theophilus, die Fatuae,
die Menschheit im zehn Jungfr., im Rhein. j. Tag, in Wolf. Sünd.
Diese Furcht ist das Gegenteil der schadenfrohen Erwartung, s. oben
S. 347.

Die associative Furcht, dafs ich etwas Schreckliches sehen
werde, nach zu greulichen und zu natürlichen Vorbereitungen,

kann peinlich sein.   S. die Vorbereitungen zur Geifselung,
Kreuzigung Christi.

Diese Seelenbewegungen treten in grofser Fülle auf, wie nie
im Leben in so kurzer Zeit.   Dabei sind sie oft verbunden, Furcht,
Liebe und Mitleid, Hass und Schadenfreude.   Die verschiedenen
Gesichtspunkte, unter denen sie angesehen werden können, ver-
stärken den Eindruck auf das Gemüt.   Christus geht unter als unschuldiger Mensch, als Gottes Sohn, durch den Verrat eines Freundes
und bereitet Marien dadurch den höchsten Schmerz, weil sie ihren
Sohn verliert, der zugleich Gott ist.   Maria gebiert einen Sohn, sie
gebiert Gott.

Sie steigern sich auch durch die Zerlegung in mehrere Teile
und durch die Abfolge, s. oben S. 233. 238. 317; Spannung ist
auch im Leben interessant, ein Säbel-, Degengefecht mehr als ein
Pistolenduell.   Maria hört zuerst Hammerschläge, sieht dann etwas,
das sich an einem Pfosten windet und dreht, wie eine aufgehängte
Schlange; dann erst erkennt sie Christus am Kreuz.   Unsere Furcht,
dafs sie etwas Schreckliches sehen werde, steigert sich wie ihre
eigene.   Ebenso unsere Furcht für Christus, wenn wir den wiederholten Beratungen der Juden anwohnen, denen sich dann Judas
naht, mit dem erst allmählich der Handel abgeschlossen wird, bis
zum entscheidenden Beschlufs, Christus auf dem Ölberg gefangen
zu nehmen.

Hier wie in a) wird die gute Nachahmung vorausgesetzt.

Die lustvollen Seelenbewegungen können durch Sprache, Vers,
Musik verstärkt werden, so dafs ein Genufs bis zur ekstatischen
Selbstvergessenheit eintreten kann, aber ihre Wirkung auch durch
Mängel nach dieser Seite hin leiden.

Auf die Aufführung.

Bewundernde Freude über den guten Schauspieler, Sänger,
Leiter.

Ärger über den schlechten Schauspieler, Sänger, Leiter.

Auf den Dichter.

Bewundernde Freude über die Kunst, Weisheit, Bildung, Fein-
heit des Dichters.   Z. B., dafs er Maria ohne Zeugen gebären läfst,
über die glückliche Form der Sprache und Metrik, über die
Musik, — über seine Naivität, ja seine Schlechtigkeit; s. oben
S. 340. 341 f. bei den Vorstellungen.

Ärger, Empörung über die Unkunst, Dummheit, Unbildung, Roheit des Dichters, die sich u. a. in seinen Fehlern gegen die Nachahmung und in der Auswahl zeigt, s. oben unter den Vorstellungen S. 337 f., in der reizlosen Sprache, dem vernachlässigten Vers, den Flickworten und -Phrasen, der unnatürlichen Wortstellung, s. oben S. 217, — vielleicht auch in der schlechten Musik.

Associativer Ärger über seine Unwissenheit bei den unbeabsichtigten Anachronismen, seine unrichtigen Vorstellungen von Gott und den höchsten Dingen.

Diese Seelenbewegungen erhält der Dichter, der darstellende Schauspieler, das mittelalterliche Publikum, der alte und der gegenwärtige Leser.

Der Dichter empfand Schmerz über Christi Martertod, wie er ihn dargestellt hatte. Das befähigte ihn, das Leid Marias um Christus entsprechend auszudrücken.

Der Schauspieler, der Marien spielte, empfand den Schmerz um den leidend gestorbenen Christus, wie das Publikum und der Dichter, und vermochte dadurch Marias Schmerz um Christus zur Anschauung zu bringen.

Das Publikum war z. T. durch eigene Erfahrungen, auf welche die Ansprachen verweisen, s. oben S. 259 f., vorbereitet, den traurigen Inhalt der Spiele nachzuempfinden.

Oft werden sich bei ihm religiöse Associationen eingestellt haben.

Der gegenwärtige Leser. Die Urteile lauten meist sehr ungünstig. Die große Mehrzahl der Leser scheint blofs Langeweile, also das Gegentheil von Seelenbewegungen, zu empfinden. Ich empfinde oft entschiedenes Mitgefühl bei den Marienklagen und den entsprechenden Stellen der Passionen, bei den Scenen zwischen Magdalena und Christus als Gärtner; auch den tollen Jubel im Cass. Weihn. mit dem hülflosen h. Joseph, die derben Späfse der Teufel im Red. Ost. H., des Krämerarztes und seiner Sippe, der Grabwächter untereinander und mit den Juden weifs ich zu würdigen.

Der gegenwärtige Leser allein wird Freude, oft mit Geringschätzung gemischt, an der Naivität des alten Dichters haben, einen Eindruck, den dieser nicht machen wollte noch konnte; s. oben S. 340. 341 bei den Vorstellungen.

Seelenbewegungen werden

2) durch Suggestion erregt. Die auf der Bühne dargestellten Seelenbewegungen rufen dieselben beim Zuschauer und Leser hervor.

Freudige Billigung, Liebe, mit Rührung bis zu Thränen. Magdalena, Maria drücken diese Empfindungen gegenüber Christus aus und erregen sie im Publikum zu Christus. Lazarus als liebevoller Bruder im Don. Pass. erregt im Publikum Liebe zu Magdalena.

Bewunderung, Ehrfurcht. Die Engel preisen Gott als Weltschöpfer und erregen die genannten Empfindungen im Publikum.

Behagen. Das Behagen, das die h. Familie und die Hausgenossen in der Wochenstube nach der Geburt Christi empfinden, im Cass. Weihn., verbreitet sich über das Publikum. Die Zechgesellschaft bei König Salomon in Wolf. Sünd. drückt ihr Behagen aus und teilt es dem Publikum mit. Die Scene zwischen dem Procus und Magdalena, bei der Liebeslust zum Ausdruck kommt, erweckte ähnliche Empfindungen, vielleicht auch Begierden im Publikum.

Freude, Mitfreude. Die h. Familie, ihre Hausgenossen, die Jungfrauen und Hirten im Cass. Weihn. erregen im Publikum dieselbe Freude über Christi Geburt, die sie empfinden.

Heiterkeit bis zum Lachen. Der Krämerarzt erregt im Publikum Lachen über Rubin, dieser über den Krämerarzt, weil beide einander verhöhnen, verspotten. Die Frau des Arztes über Lasterbalc, Innsbr. Ost. H., den sie mit seinen unbegründeten Liebesansprüchen höhnt.

Schadenfreude. Der Teufel erregt sie im Publikum gegen Judas, Herodias, Fabricius, Maxentius in Dor., Kath., indem er sie ausspricht.

Die Instinkte der Grausamkeit, welche im Publikum leben, werden durch die grausamen Henkersknechte aufgeregt.

Mitleid bis zu Thränen. Maria erregt es durch ihr eigenes im Publikum für Christus.

Mifsbilligung. Martha und Lazarus erregen es gegen Magdalena, die h. Jungfrau gegen Judas, Petrus, Christus gegen die Sünder, in den Passionen, insbesondere gegen die jüdischen, so bei Austreibung der Wechsler aus dem Tempel, im zehn Jungfr., im Rhein. j. Tag.

Hass, Abscheu. Die Ecclesia erregt diese Empfindungen gegen die Synagoga, Christus gegen die jüdischen Sünder.

Eine sehr naheliegende Association ist Haſs gegen die Juden, des wirklichen gegenwärtigen Lebens.

Verachtung. Maria erregt sie gegen Petrus, Pilatus, die Juden, der Vigil im Red. Ost. H., gegen die Grabwächter, Ecclesia gegen die Synagoga.

Association wie vorher.

Schrecken, Entsetzen, Grauen. Der Centurio bei der Kreuzigung erregt Schrecken über die Naturvorgänge nach Christi Tod. Die Fatuae im Zehn Jungfr. und die Menschen überhaupt im Rhein. j. Tag teilen dem Publikum ihren Schrecken über das jüngste Gericht mit.

Furcht. Maria in den Marienklagen und Passionen erregt Furcht für Christus, für sich selbst, insofern sie sich vor dem schrecklichen Anblick fürchtet; Christus auf dem Ölberg erregt Furcht für sich, insofern er sich fürchtet; Theophilus erregt Furcht vor der Hölle, indem er schon vor der Vertragsurkunde Grauen empfindet. Die Fatuae im Zehn Jungfr. teilen dem Landgrafen ihre Furcht mit; s. oben S. 348.

Aber es war nur Association, wenn er diese Furcht als Mensch, nicht mehr als Zuschauer auf sich bezog.

Die Äusserungen der Schadenfreude, des Hasses, der Verachtung der Juden gegen Christus, der Kindermörder gegen die Mütter, der Büttel gegen Johannes den Täufer erregen natürlich im Publikum nicht die genannten Empfindungen gegen die genannten Personen, wie etwa ein Demagoge Hass und Verachtung gegen einen ehrenwerten, früher hochgeachteten und geliebten Mann erregen kann; s. oben S. 330. Dazu sind die Gegenwirkungen zu stark. Auch werden die Gesinnungen der Feinde jener heiligen und unschuldigen Personen nicht als begreiflich und von ihrem Standpunkt aus berechtigt dargestellt, sondern sie sind die unbedingt Schlechten wie jene die Guten; s. oben S. 338. Aber die Äusserungen der genannten Empfindungen regen die lustvolle Grausamkeit an.

Die Associationen von 1), s. oben S. 342 ff., können sich auch hier einstellen.

Auch diese suggerierten Seelenbewegungen treten in groſser Fülle auf, oft verbunden, Furcht, Liebe und Mitleid, Haſs und Schadenfreude.

Die Ordnung ist wirksam. Die sich steigernde Furcht Marias wird von uns in der Steigerung mit empfunden; s. oben S. 349.

Gute Nachahmung, besonders durch den Schauspieler, wird auch hier vorausgesetzt.

Über die Mitwirkung von Sprache, Vers, Musik s. oben S. 349.

Da der Schauspieler und der Dichter dem Publikum keine Seelenbewegungen vormachen, die sich auf sie selbst beziehen, kann das Publikum, insofern es die suggerierten Seelenbewegungen erleidet, nur durch Association an den Schauspieler oder Dichter denken.

Also Freude am guten, Ärger über den schlechten Schauspieler, — dafs er in der Suggestion geschickt oder ungeschickt ist.

Freude über den guten Dichter, der die gewollten Seelenbewegungen im Publikum wirklich hervorruft und durch Sprache, Vers, Musik verstärkt. Ärger über den schlechten, von dem das Gegenteil zu sagen ist.

Auch solche Seelenbewegungen erhält der Dichter, der Schauspieler, Sänger, der alte und der gegenwärtige Leser.

Der Dichter erfährt suggestive Seelenwirkungen durch Gefühlsäufserungen seiner Quelle, die er mit Lust darstellt.

Der Schauspieler läfst sie sich vom Dichter suggerieren und bringt sie mit seinen Mitteln zur Darstellung. Wie lustvoll das ist weifs jeder Deklamator und Sänger, auch wenn er Monologe der Verzweiflung oder Schuberts Harfnerlieder vorträgt.

Das Publikum empfängt als Ganzes die Suggestionen des Dichters und Schauspielers und verstärkt sie sich gegenseitig, wie ein Herdenthier Furcht oder Freude zeigt, und alle sie empfinden.

Der gegenwärtige Leser; s. oben S. 350 und S. 341.

Bei den Seelenbewegungen 1) und 2) kommt für Dichter und Schauspieler zu der Lust am Nachgeahmten auch die Lust am Akt des Nachahmens.

Während bei den Vorstellungen Publikum und Leser sich des hohen oder niederen Grades der Ähnlichkeit mit Vorstellungen des wirklichen Lebens bewufst wurden, z. B. der Ähnlichkeit des Bühnenschmerzes, den der Schauspieler für Maria ausdrückt, mit wirklichem Mutterschmerz, ist das bei nachgeahmten Seelenbewegungen, die Publikum und Leser empfinden, nicht der Fall. Niemand sagt sich: wie ähnlich ist das Mitleid, das ich für Maria empfinde, mit jenem, das ich für eine unglückliche Frau im Leben empfunden habe! und erfreut sich an dieser Ähnlichkeit.

Das Ganze der behandelten Stücke wurde durch Associationen als schön empfunden: weil der Stoff ein christlich-moralischer war, weil die Aufführung ein seltenes Stadtfest bedeutete, — durch Suggestion, weil die Älteren wohl den Jüngeren von der Herrlichkeit einer solchen Schaustellung mit Worten und Gebärden des Wohlgefallens werden gesprochen haben.

Pierer'sche Hofbuchdruckerei Stephan Geibel & Co. in Altenburg.